社會福利行政

白 秀 雄 著

學歷：政大研究所碩士
　　　中山獎學金留美哈佛大學社會關係研究所
　　　及南加大學社會工作研究
經歷：任教於政大、實踐家專、文化大學、東海大
　　　學及台灣大學
　　　高雄市政府顧問及社會局局長
　　　台北市政府社會局局長
　　　中華民國社會服務志願人員協會理事長
現職：台北市副市長

三 民 書 局 印 行

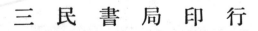

國家圖書館出版品預行編目資料

社會福利行政／白秀雄著.--增訂三版.--
臺北市：三民，民85
　　　　面；　　　公分
附錄：世界各國社會行政組織體系等 5 種
參考書目：面252-259
ISBN 957-14-0034-3（平裝）

1.社會福利-行政　Ⅰ白秀雄著

547.5/8684 78

國際網路位址　http://sanmin.com.tw

© 社會福利行政

著作人　白秀雄
發行人　劉振強
著作財產權人　三民書局股份有限公司
印刷所　三民書局股份有限公司
　　　　地址／臺北市復興北路三八六號
　　　　郵撥／○○○九九九八一五號
印刷所　三民書局股份有限公司
　　　　復興店／臺北市復興北路三八六號
門市部　重南店／臺北市重慶南路一段六十一號
初版　中華民國六十八年七月
再版　中華民國七十八年七月
增訂初版　中華民國七十八年十一月
增訂三版　中華民國八十五年十一月
編　號　S 54055
基本定價　柒元捌角
行政院新聞局登記證局版臺業字第○二○○號

ISBN 957-14-0034-3（平裝）

增訂新版序

　　《社會福利行政》一書自六十八年七月出版以來，十載於茲，在此期間，我們的社會變化太大了，書中有很多內容，尤其是實務部分，亟待修訂充實。非常感謝社會福利界許多先進的指教，尤其特別要感謝行政院勞委會職訓局陳局長聰勝、內政部營建署林主秘益厚、國宅組蔡組長定芳、臺閩地區勞保局柯主任木興及銓敘部呂科長海嶠提供非常完整的資料。更值得一提的，在修訂過程中，我深深感受到，不分中央或地方，不論是政府或民間單位的工作伙伴，在主客觀條件不理想的情況下，大多能堅守工作崗位，全力以赴，主動積極不斷創新求變，迎接各種重大的衝擊與挑戰，實在令人感佩。特謹向他（她）們致最高的敬意。

　　　　　　　　　　　　　　　　　　白秀雄　謹識
　　　　　　　　　　　　　　　　　　七十八年十月二十四日

序

社會福利是現代民主國家施政的重心，因為社會愈是高度工業化，個人與羣體之關係愈為密切，社會福利愈形重要。工業革命帶來經濟進步，也造成社會結構的變遷，社會秩序也大有變動，因而帶來了許多社會問題，乃產生社會福利的需求與供應。各國均建立法制，每年編列鉅額預算，並發動社會力量，積極推行。我國則自古以來即重視社會福利，如〈禮運大同篇〉「世界大同」之理想，以及歷代倡行「仁政」，尤其自民國成立以來，各種社會福利制度陸續建立，逐步充實。

筆者於民國五十五年獲政大法學碩士學位後，考取中山獎學金（社會學門）赴美國南加大社會工作研究院專攻社會福利。其時，正逢美國全國上下大力推動「大社會」計畫，筆者深感興趣，乃於課餘之暇實地參與，以期深入了解。民國五十六年，開哈佛大學社會關係研究所開授有關「大社會研究」之課程，並由聯邦政府各部會首長輪流主講，筆者毅然決定前往研習。而且，儘量把握機會參與各種討論會及社區服務。其中，以多次親聆最關心社會福利的愛德華·甘乃迪參議員之演講，獲益最多。民國五十七年返國後，即在中央社工會參與社會福利工作，至六十一年返母校政大專任教職迄今。溯自返國以來，十年於茲，除教學研究外，積極參與政府及民間社會福利工作，十年如一日。歷任中央社工會編審及社會福利組委員、中央工作組（社會組）委員、臺北市黨部總幹事及臺北市志願（義務）服務團執行秘書、實踐家專社工科主任、中華民國社區發展協會秘書長、社會發展委員會主任委員、中華民國社區發展研訓中心研究組主任兼月刊及季刊主編、熊大姊電話（青少年服務中心）主持人及基督教兒童基金會臺北扶幼委員會主任委員及其他職

務，雖愧無建樹，但對實務之了解與本書之撰寫頗有助益。

去年筆者應中華電視臺之請，主講「社會行政」，並出版專書，各界反應良好，並蒙各大專院校指定爲參考書，惟篇幅所限，過於簡略而未能深入檢討，實爲憾事。職是之故，承三民書局邀請撰寫一本《社會福利行政》大專教科書，乃欣然同意。本書內容主要是來自平時教學材料，以及歷次出國研習所搜集的資料。尤其是近兩年來，筆者致力於社會福利國際交流，二度策劃並率團前往美國研習與考察，獲取不少新知識、新觀念與新材料。

全書五十萬餘言，分十章，從闡述社會福利行政意念開始，到討論社會福利行政的推行要件、實施基礎，以及中美各國社會福利行政體制，力求詳實。有關社會福利的實施內容及方法 (interventive methods)，因爲筆者已分別在 《瑞典美國及我國社會福利比較研究》 及 《社會工作》 兩本書中詳細介紹，所以，本書對這兩部份不再討論。

本書能夠順利完成，要感謝的人，實在是太多太多。不過，在此我要特別感謝美國楊百瀚大學夏威夷分校 (Brigham Young Univ-Hawaii Campus)的福祿多教授 (prof. Furuto)、南加大 (Univ. of Southern California) 的克拉斯教授(prof. Class)及哈佛大學 (Harvard Univ.) 的歌德利普教授 (prof. David Gottlieb) 的悉心指導及鼓舞勗勉。承福祿多教授惠贈許多參考書籍，助益甚多，更是感激萬分。

本書匆促寫成，且以時間所限，謬誤在所難免。願讀者不吝指正，俾將來再予修訂或充實。

白秀雄　謹識

六十八年八月二十日於松石園

社會福利行政　目次

第一章　總　　論

第二章　社會行政的起源與發展

第三章　社會福利行政的推行要件

第四章　社會科學與社會福利：實施的基礎

第五章　各國社會福利行政體制（上）：美國部份

第六章　各國社會福利行政體制（下）

第七章　我國衛生及社會福利行政體制

第八章　社會福利行政工作執行情形

第九章　我國社會福利行政工作檢討與改進（上）

第十章　我國社會福利行政工作檢討與改進（下）

第一章　總　論

第一節　基本概念

社會福利是一概念，透過許多分立(separate)但相關的專業(related profession)而運作，每一專業是獲取一個或多個社會福利目標的手段。由此形成社會中社會福利結構 (societal social welfare structure)的一部分。不過，每一社會福利專業 (social welfare profession) 有它自己的領域和技術以別於其他的專業。而大學社會福利教育 (undergraduate social welfare education)，必須經由認同和明瞭幾個要點開始：(1)在被當作一個概念而言，社會福利的意義為何；(2)社會福利專業這一概念是透過具體的財源供應和服務的方式；(3)社會福利專業的範圍 (social welfare professions)和他們之間的關係。因每一社會福利專業皆由相同的概念基礎分枝出來，分享主要的概念、操作技術 (practice techniques)和組織特性(organizational characteristic)❶。

---

❶ Ronald C. Federico, *The Social Welfare Institution*, D.C. Heath & Company Mass, 1976, p. 17.

社會工作可用來例示社會福利專業 (social welfare profession)
如何將社會福利概念轉變爲具體的資源和服務 (concrete resource and
service)。社會工作或可定義作: 一種專業, 在幫助個人和團體去發展和利
用個人的和社會的資源以達目標的一種專業 (詳見拙著《社會工作》,
三民書局印, 六十七年七月再版)。 而社會工作被看作一種專業 (pro-
fession) 和社會福利被看作一種概念, 二者間常使人混淆不清。

一、 社會福利體系 (The Social Welfare System)

在本書, 社會福利將被定義作: 在一社會結構的所有層面中, 經由
社會認可的財政的 (financial) 和社會的服務的系統, 以改進社會機能
和減少苦痛。社會福利系統的中心可解決既有問題 (治療性) 或預防未
來問題的發生 (預防性) 或對有問題者予以復建以預防將來的問題 (復
建性)。

社會福利系統的範圍可包括一些早有經驗的需求和問題 (already
experienced need or problem), 一剩餘體系 (residual system), 或提
供大眾服務以作社會環境中的正式部分一制度化體系 (an institutional
system)。

將社會福利下定義爲改善社會功能和減低痛苦爲此系統的主要功
能, 並包括社會許可的財政和社會服務在定義中, 我們可說社會福利是
種制度, 是一套規範叢環繞的社會功能系統, 並藉社會位置和角色結構
來運作。社會福利爲一社會制度, 有三個重要特性: (1)是有組織的活動
結構; (2)努力求取滿足社會需求 (social need); (3)在一社會的特有規範
(價值) 體系中苦壯。

今日對社會福利制度視作一有組織的活動結構的觀點, 是種系統研

究途徑 (system approach)。 Brill 定義系統 (system): 「由一相關但獨立的部分組成的一個整體。各部分存著一種平衡 (balance) 狀態, 當其中一部分發生變遷, 必使其他部分跟著變。」她進一步說一體系中的變遷將影響體系中的其他部分, 且將影響相近系統的變遷❷。

任何體系必解決二個問題: 一是本身內部得以獲取均衡, 一是建立一回饋途徑 (feedback channel), 使注意到發生在外體系的一些可能影響其本身凝聚力的活動。

由上得知, 社會福利制度確是一有重疊和相關 (overlap and inte-rrelate)關係的系統的網絡, 與家庭系統, 社區系統, 和政治的、經濟的系統互動, 由其中認同需求和認知一切助人過程遭遇到的障礙和資源。

系統結構的 連鎖包括三個 主要成素: (1) 專業人員 (professional helping persons); (2) 接受服務 者的社會環境 (the social contexts of the users of services); (3)社會價值體系 (societal value system)。

(一) 專業人員(professional helping persons) 在組織內作業, 有其專業的標準以指導活動的種類, 此協助他在其面對第一個 client 前, 要先思考他工作的內容, 以及其在面對機構外的結構之前, 如 client 的家庭結構、社區結構及決策結構 (decision-making structure) 等。

(二) 接受服務者的社會環境(the social contexts of the users of services), 接受社會服務的人(the users of social welfare services), 存在於整個社會制度網絡中, 他們在福利制度的經驗受到其他團體成員的影響, 這即專業人員 (professional helping persons) 不能集中全力在個人需求和請求協助之上的原因之一。一般認為, 若專業人員 (pro-fessional helping person) 只去協助一少數團體成員的特殊問題是愚笨

❷ Naomi Brill, *Working With People*: *The Helping Process*, Phila-delphia: J. B. Lippincott, 1973, p. 63.

的，因他的問題常起於其社會制度結構（助一個人很難不注意到他生活的社會環境，此有時是引起問題之因，有時是解決問題的資源）。

對一社會福利專業採取制度研究(institutional approach) 有助於了解這樣的角色：其在社會福利服務中扮演的既非專業人員 (professional helping persons)，亦不是接受服務者 (users of service)。這種非使用者 (nonusers) 可分爲下列二類：(1)可直接影響社會福利服務決定的人，如立法者；(2)一般公民，雖非直接參與福利決策，但對這些決策有衝擊力，如所有公民有權參與政治而影響公共政策。

(三) 社會價值系統 (societal value system)，由此社會福利服務在任務上才可符合正常的機能模式。

1.Keith-Lucas，討論美國社會的三個普遍而基本的價值：

(1)資本主義——清教徒 (the capitalism-puritan)；(2)人道主義——實證主義——烏托邦者(the humanist-positivist-utopian)；(3)猶太——基督教徒 (the Judeo-christian)。

2.Keith-Lucas 認爲專業的助人價值觀念最主要的是：

(1)人有選擇的自由（包括失敗的選擇）；(2)個人的事務和興趣不全受社區支配；(3)人無權亦無能力判斷其同胞所認爲值得的事；(4)協助人們尋求自己的方式甚過於控制他們，不管你設想多精妙；(5)情緒及個人關係影響重大 (feelings and personal relationship matter)；(6)視受助者爲「人」而非「物」(People should be treated as "subjects" and not as "objects")。

部分專業人員 (professional helping persons)的工作在謀使社會價值融入專業價值，使其專業助人行爲成爲一意識型態的和物質的支持，以利成功，因而社會福利制度和其他社會制度的交互關係更形重要，因其價值觀或會和其他制度中的價值觀衝突。

　　社會福利亦可視一投資與效益 (input and output) 體，其 output
是提供個人和團體的服務，而這 output 有賴 input 一社會支持，而其
又可利用 input 改變社會，使資源更有效支持社會福利目標。

二、將社會工作當作一項社會福利專業 (Social Work as a Social Welfare Profession)

　　社會福利被視 作一社會制度， 涵蓋廣泛的協助服務， 包括個人諮
商、物理治療、職業復健、家事服務、身心衛生保健服務等，有些服務
需要有高度特殊物理專業技能，有些需要一套人際關係導向技能 (a set
of relationship-oriented skill)。 但這些專業都需要一基本了解，社會
福利是一社會制度，以認知其終極目標的本質，他們有一些共通的基本
技能， 了解和適當處置每一特殊社會環境背景。 故其必視社會工作是
一特殊社會福利專業 (profession)，其或是最通常和最廣泛社會福利專
業。

　　社會工作和社會福利一樣有許多定義方式，但不論我們選那一個定
義，其方法和資源都在解決個人、團體和社區問題，和其他社會福利專
業互動，各推行其特有功能並共同解決複雜而常重覆的問題。誠如前面
所言，福利制度乃是結構與行為的相關網，使得不同的專業團體無可避
免的要面對相同的問題，the welfare institution is an interrelated web
of structures and behaviors, making it inevitable that different
specialized professional group will frequently be dealing with parts
of the same problem, 此乃產生協調問題❸。

　　社會問題的傳統解決途徑在今日是否合宜，是不好斷言，但這些知
識對明智的決定 (intelligent decision) 是重要的。

---

❸　Ronald C. Federico, Op. cit., pp. 17-33.

人的二個特性，使社會福利成爲我們人性中不可缺少的一個部分，一是和大多數動物一樣的，人初生是無助且有一段較長時間要依賴他人，另一是能學習和適應，從生長文化中學習行爲，表現人性存乎我們互動中的特性，由互動中學習合適的行爲，並由此獲取團體的認同和得知自己在團體的位置 (a position)，而獲取自我意識。

家庭可想作人類最早的社會福利單位 (unit)（若說社會福利是在改進社會功能和減少痛苦），並且繼續是一基本的福利來源，在擴展家庭 (extended family) 中有許多家庭成員能一起工作，互相供應彼此需求，核心家庭 (nuclear family) 的人力資源較有限，早期擴展家庭扮演一重要社會單位，在後來的社會，部落 (tribe) 在概念上同於家庭，對更大單位的人負責，原來家庭是唯一社會福利單位，但漸擴及其他社會資源，以至如今日我們自己的這樣複雜的社會福利網絡，不過今日家庭仍在社會福利中佔有一特殊角色，常要做一些決定是其他社會福利單位避免反作用而不願做的。

三、家庭以外的早期社會福利服務 (Early Social Welfare Services outside the Family)

教會可能是家庭以外最早關心貧病老人，早期教會提供的社會福利服務是藉著教區 (parishes) 和修道院 (monastaries) 這些網絡[4]。

工業革命開始帶來變遷，引發對既有私人慈善系統的壓力，它帶來三個重要變遷：中世紀封建制的破碎、國家政府的政治權力之集中、教會權力被世俗政府代替。因而國家政府單位增加其對貧者的照顧[5]。

---

[4] Philip Klein, *Philanthropy to Social Welfare*, San Francisco: Jossey-Bass, 1968, p. 10.

[5] Blanche D. Coll, *Perspectives in Public Welfare*, Washington, D. C.: Government Printing Office, 1969, p. 2.

一六〇一年伊麗莎白貧民法 (Elizabethian Poor Law) 立法保護貧者，立法上建立貧民的三個類屬 (categories)：無依者，非自願的失業者，流浪者。無依者如老人、孤兒、精神病患、視覺障礙者……；非自願失業者包括因不幸，如失火而致窮者，或小孩過多；流浪者包括無家可歸，異鄉人，以及乞丐等。他們是被排斥的。伊麗莎白濟貧法中規定禁止無家可歸及無業游民行乞遊蕩，每一教區對其成員有責任，但不顧非其成員者，後人就此譴責其在創造一羣不屬於任何地方的貧人團體，許多人仍是流浪者。

一六六二年的居住法案 (The Settlement Act) 更進一步將設籍需求 residence requirement 的概念合法化。

教區福利結構受貧民立法 (the poor law) 合法化，它是由三個主要部分構成：救濟院 (almshouses)，有時稱作院內救濟 (indoor relief)；院外救濟 (outdoor relief)，協助那些有自己的家的人；貧民習藝所 (workhouse)，使貧者習藝，貧窮家庭小孩亦以工作換取饍食。

貧民立法規定貧民救濟由地方分區辦，每一教區有一在復活節由和平法官任民的貧命監督員，其基金來自自願奉獻和公共土地稅，又強調家庭單位是社區的基礎，規定雙親和祖父母有責任養育兒女直到男24歲女21歲，如親戚無力供養的孤兒送給人收養或習藝工作換食，拒工作者送感化院。

隨著貧者增加，態度變遷，一七〇〇年較嚴屬的法律和狹隘的貧民救濟發生，對貧者的立法具懲罰的性質，跟隨著工業革命（一七四〇～一八五〇），人口急增，也增加社會問題，為應需求，一七九六年通過 Speenhamland Act，規定最低工資不得低於生計水準 (subsistence level)，但這種期盼建立一保證收入 (approximation of a guaranteed income) 並沒成立，人性的貪婪所致，雇主認為不論其付多少，工人都

能獲取一最低基本生活水準。

一八一五年戰後蕭條，貧窮到處可見，使得必有一更大的政治變遷，一八三四年新濟貧法（New Poor Law）規定健壯的貧者以工作換取救濟。院外救濟受重視，謀使家庭人員能同住，當時的救濟金都低了些，又常支付不足，不過新貧法在醫療、住宅、公共衛生都有了改進（當時 widows 和 aged 構成二個被扶助的少數團體），然而其抑制性及懲罰性色彩至爲明顯。

綜觀英國由一六〇一～一八三四的社會福利發展，可看出濟貧法在尋求一防止混亂(disorder) 的方法，在一七〇〇年財富是一種美德，貧窮被視作一種罪惡，而工業革命帶來財富不均，富者又都敵視貧者，不憫恤窮人❻。

四、美國殖民時代的社會福利體系（The Colonial Social Welfare System in American）

English Poor law of 1601 及 the law of Settlement 及Removal of 1622 都在這新地方被採用，公共當局知道他們有責照顧 needy（貧者），但此不意味貧者的被接納和了解❼。

原本著重自助的概念，但二個事實修正這早期的信念；一是法印戰後，使許多人失去父親，因這些戰亂而入境美國之移民生活無著，一是歉收年和自然災變等，促使物價猛漲，這些使人懷疑清教徒的自足，工作的益處，以及家庭力量的價值。又美國的流血革命，使人獲得權力及浪漫主義的流行，企圖增加個人的自治（individual autonomy）和提供大家基本的社會福利服務（social welfare services）。又在拿破崙戰爭

❻　Ronald C. Federico, Op. cit., pp. 38-41.
❼　Blanche D. Coll, Op. cit., p. 18.

（一八一五～一八二一），大批移民入美，人口劇增。在Romanticism 概
念運作下首先是監獄改革，隨著是救濟院（almshouses）的條件改善，
救濟院有如貧人醫院，當時大量移民都是貧、病，且又找不到工作，有
賴救濟院照顧他們重獲健康及順應新社會，其時救濟院多半擁擠，不利
健康，一些批評使一八三〇～一八六〇年有一陣子的社會改革（social
reform）活動，Thoreau、Emerson等一些知識分子謀建立一實驗社區，
以發現更好生活方式，直至今日我們仍在研究更令人滿意的社區條件。

　　傑克遜時代（一八三〇～一八四六），有些運動，如修正工廠的社
會病，消除宗教偏狹，妥善處理精神病患。不過福利上的一些衝突仍存
在，有認為辛勤工作的個人不要付稅支持懶惰者，有認為這些人在社會
困窘時有所貢獻❸。

五、助人的新模式：一八〇〇年代的遺產（New Patterns of Helping: The Legacy of the 1800s）

　　從一八六〇～一九〇〇年，美國人口由三一·五萬增到七六萬，其
中一三·七萬是移民，工業革命在此期對美國更有深的影響，國家迅速
發展，都市社會很多不可預知的問題產生，一八〇〇年，社會福利進步
到三個主要範圍：公共社會福利事業，民間私人社會福利事業，對特殊
團體的服務。

（一）公共福利方面的進展（Progress in Public Social Welfare）

　　一八五七年開始，院外救濟（outdoor relief）更形普遍，並取代許

---

❸　Ronald C. Federico, Op. cit. pp. 41-43.
　　有關早期英美社會福利發展史，詳見拙著《瑞典美國及我國社會福利比較
　　研究》。

多濟貧院。院外救濟的給付很少，但多人認爲低給付能鼓舞被扶助者盡力找工作❾。在城市給付現金，在鄉下則給實物；如衣服、食物……❿。又美國內戰及其餘波導致公共社會系統的變遷，此期以人生而平等爲信念，對此國會通過Morrill Act 及在一八六五年成立Freedman's Bureau 協助貧者。

（二）民間社會福利方面的進展

慈善事業組織會社 (Progress in Private Social Welfare: The Charity Organization Society)， COS 慈善組織協會首先一八六九年於英國，美在一八七七年首先在 Buffalo 成立第一個 COS， 到一八九二年美國有92個 COS， COS 也注意及民間社會福利事業的協調，並對被濟者進行訪問 (investigation of claims)， 訪視待助者乃成爲專職工作人員的職責，這些工作人員即我們今日所稱的社會工作人員。

COS在美國的福利發展上扮演一重要角色，對抗社會達爾文主義的嚴酷，也提供一些補助性服務：就業局 (an employment bureau)、借貸所 (a loan office)、工作室 (a workroom)、日間托育 (day nursing) ……而後公營的第一個州立慈善委員會 State Board of Charities 於一八六三年在 Massachusetts 成立，是仿效 COS 而來，到一八九七年有十六州已設這種委員會， 他們改進貧者的條件， 特別對兒童、 殘障和弱智者的服務， 謀改進 COS 的過分嚴厲面， 以院外救濟爲最有效方式， 院外救濟的影響甚大， 今日許多州仍在院外救濟和院內救濟間猶豫不決⓫。

---

❾　Coll, Op. cit., p. 30.

❿　Ibid., pp. 36-37.

⓫　Frank Bruno, *Trends in Social Work*, New York: Columbia University Press, 1957, p. 108.

(三) 其他民間社會福利方面的發展 (other Private Social Welfare Developments)

院外救濟(outdoor relief)不足於改進個人條件，尋覓更好的方法。一八七七年，紐約的鄰里中心 (Neighborhood House)，芝加哥的霍爾館 (Hull House) 等，都是那時的社區中心，配合特殊社區需求、實際教育、娛樂和社會凝聚力 (social cohension) 幫助移民在美國覓得立足點，和社區及大學合作探討更多致貧原因。社區睦鄰組織(Settlement House) 並以社區觀點 (community approach) 解決問題。

psychological approach 長期被認爲是最好的方法，但其也有缺陷，今轉向以社區爲中心的觀點 (community-focused approach)，社區睦鄰組織運動(Settlement House Movement)改善生活品質，是此原則的成功例證。今天，我們談到貧民參與、社區組織、社區發展等等，儘管這些名詞是現代的，但其觀念早在早期社區睦鄰運動卽已存在。

對特別團體的服務之改進，在一八〇〇年轉向幾個範圍；當美國社會工業化，更形成勞工和工廠管理人員 (industrial manager) 間的差別，社會達爾文主義 (Social Darwinism) 是其時的哲學，它不鼓勵政府干涉商業實體，工人爲對抗這種信念，乃組成各種團體如全國勞工聯盟 (National Labor Union, 1866)、勞工騎士 (the Knights of Labor, 1878)、美國勞工聯盟 (American Federation of Labor, 1866)，以保護工人利益⑫。

生理及心理疾病的解決也是十九世紀中期的課題(The need of the physically and mentally ill were also issues at midcentry) 美國醫學協會 (The American Medical Association, 簡稱 AMA) 在一八四七

---

⑫ Nathan E. Cohen, *Social Work in the American Tradition*, New York: Dryden press, 1958, p. 49.

年成立，致力改善醫療和實務標準。改進對兒童及受監禁者的服務是此一時期的二個最後目標 (children and prisoners were two final goals for which service were improved during this period)，法律在一八七八年以前禁止兒童只單因貧窮而得搬離家，而在一八八七～一八九〇年，改進有關程序，何時兒童必須安置在寄養家庭 (foster home) 或大規模住宿設備。reform schools 在使犯罪青年復建也發展起來，少年法庭(Juvenile Courts)在一八九九年建立……，又將男女犯分開，並排除在監獄和犯人上的政治影響力。一八九一年 the National Conference of Charities and Correction (今 the National Conference on Social Welfare) 鼓勵犯人學習技藝，獎勵行為優良者，給予班社指導，並允參加規律性宗教服務，其行為也都有紀錄⓭。

六、廿世紀的美國社會福利 (Social Welfare in the Twentieth Century in the U.S.）

一九〇〇年以前，認為貧窮是個人的失敗，一九〇〇年以後，社會和生物科學的發展，有助人們認知到社會的、經濟的和環境的因素在人的生活中扮演重要角色。

一九〇〇～一九五二年美人口達到一億，50％住在城市，當時美國是世界強國、富國，Robert Hunter's *"Poverty"* (一九〇四) 指出貧民是不佳環境的犧牲者，而非道德上的缺陷 (The poor to be victims of unfortunate circumstances rather than moral inadequacy)。

當時移民問題，雖非全是失業團體的構成者，但也是大多數是如此，一九二四年移民法案就限制和控制移民，而遺憾的是這些立法並沒

⓭　Ibid., p. 7.

提高工資，也沒設法幫助貧瘠農場家庭的移民在城市找到工作❹。

一九一二年，Conference on Charities and Correction, the Committee on Standards of Living and Labor 重申一些有關勞工問題，如八小時制，每週工作六天，晚上不用工作——聯邦貿易委員會立法規定鐵路工人工作八小時，又不得僱童工搬貨等。

兒童亦受注意，由一九〇九年 Theodore Roosevelt 召開第一次白宮兒童福利會議（White House Conference on Children），一九一九年 President Wilson 召開第二次，一九三〇年 President Hoover 召開第三次，一九四〇年 President Roosevelt召開第四次白宮兒童福利會議。一九一二年成立兒童局 Children Bureau 於勞工部。一九一八年兒童局認同在少年法庭中學習的兒童需要特別服務，又注意及兒童衛生健康。

一九二〇年，四十三州通過勞工賠償法（Workmen's Compensation Law）只是各州間不太統一。其政治結構特性,尊重州權,州在聯邦的原則之下,發展自己的工人賠償方案,造成不同州民有不同的給付(benefit)。這種州自治(state autonomy)造成州間的不平等，不過其也可衝擊當局如何構成一全國統一的方案。

社會福利計畫除上述外，又如待助的母親、高齡者的服務亦是。

一九〇〇年代一些有名志願組織團體，如Boy Scouts, Girl Scouts, Goodwill Industries, National Association for the Advancement of Colored People (NAACP), National Child Labor Committee …Red Cross …。 另慈善信託基金的有 Rockefeller and Carnegie Foundations…。

---

❹ Walter A. Friedlander, *Introduction to Social Welfare*, Englewood Cliffs. N. J.: Prentice-Hall, 1961, p. 107.

七、不景氣的衝擊 (The Impact of the Great Depression)

經濟蕭條 (the Great Depression)粉碎人只要努力工作就能成功的美夢，大量失業等使人懷疑人只要認真努力工作的價值系統，在此期也顯示民間部門不能控制經濟循環。好政府不是最少管事的政府，自由放任資本主義失敗，失業和經濟機會的缺少，尤在年青人、老年人、女人、少數民族這些人身上，只有由政府輔導商業（企業）才能挽救失敗，不景氣是使貧窮視作一社會的問題甚過個人問題的一個主要原因。

早期社會福利對不景氣的反應，經濟蕭條使戶外救濟和扶助行政有所變遷，增加公共事業及工賑計畫，最後是建立社會保險及社會救助計畫。失業救助上，有些州政府成立緊急救助行政。一九三三年，羅斯福總統成立一聯邦緊急救濟法案 (Federal Emergency Relief Act, 簡稱 FERA)，近五億美元撥給州政府當工作救濟和失業救濟，又一九三五年，又公共事業管理局 (Public Work Administration)致力增加需求及刺激購買力。在羅斯福新政和一九三五年社會安全法下，由國家來辦社會福利。社會安全法：(1)老年和遺族保險，增加聯邦福利行政，又由聯邦補助州政府對老人、盲人 (the blind)、失怙兒童的財務扶助，也包括保健服務和職業復健 (new approach to social welfare in U. S.)；(2)一九三五年社會安全法 (The Social Security Act of 1935)。

社會安全法是今日美國社會福利系統的根基，其顯要點在二個計畫的建立：(1)社會保險 (social insurances)；(2)補助計畫 (grant program)。

因社會保險亦擴及殘障工人及其家屬，和必要的衛生保健。故此項計畫被稱作老年遺屬殘障及健康保險 (old age, survivors, disability and health insurance program, 簡稱 OASDHI)。

根據一九三五年社會安全法建立第二個社會保險：失業保險是在暫時，非自願性失業情況下一個暫時的薪資維持計畫。

而社會安全法中最受議論的計畫是目前的公共扶助計畫 (public assistance programs)，此乃對未包括在社會保險保護下的盲人、失依兒童及老年人提供直接救助的計畫。其被爭論是因被救濟者由稅收入獲現金給付 (cash grant)，而不像社會保險是由受益者先繳納保險費。因其如此受議論，限制接濟的團體：貧困的老人、盲人及無依兒童。這種救助計畫對全部或部分殘障的救助是後來才有。這些救助計畫是中央、地方合作的，這些計畫的基金是來自聯邦、州及地方的一般稅收。

在一九七四年一月，有關盲人、殘障 (disabled)、老年的計畫轉而完全是由聯邦提供資金並直接管理，稱做補充安全收入 (supplemental security income) 所涵括。而置失依兒童家庭救助 (the aid to families with dependent children, 簡稱 AFDC) 是唯一的聯邦與州的公共救助計畫。

由一九三五年的社會安全法而建立的計畫雖在範圍和給付水準上漸擴大，但基本的社會安全法結構沒變，而這社會安全法在目前有些不適宜之處：

1.範圍太小(It was Limited in Scope)，反應一九三五年時的政治和社會實體，新立法雖承續其部分（如社會安全和失業保險），但對整個社會福利需求的基本將會合理的變遷(health care等)，SSI 是此方向的一步。

2.今日社會不同於一九三五年，鄉村人口自都市集中，公民權的增進，教育機會平等，這些衝擊社會生活的改變和社會問題的定義不同，新立法應配合這些變遷。

3.經費來源及政治實體已有所變遷(Funding and Political Realities Have Changed)「歲收分享」乃是解決此一問題的一種努力 (revenue Sharing)。

4.國家優先順序已有所改變 (National Priorities Have Changed)。少數民族較具有權利,所有這些優先順序調適 (priority adjustments) 必反應在國家福利政策。

簡而言之,一九三五年的社會安全法說明政府對人民需求的責任,這個法案繼續是美國社會福利系統的基本架構,但將合理地補充時代立法或由時代立法替代。

一九五三年,國會認識到為獲行政效率和更協調的計畫 (planning) 的福利結構,修正社會安全法,一九五四年和一九五六年的社會安全法將一 labor 帶進其原被排除的系統內,失業保險範圍更廣, The Social Security Amendments of 1962 有一明確基金以利公共扶助人員的訓練,並增加公共扶助計畫的財務目標之社會服務,使公共福利的概念是一復健計畫,福利只是暫時的直到人們能獨自參與這樣競爭的社會。

八、當代社會福利發展 (The Development of the Contemporary Social Welfare Science)

在五十年代,是意義非凡的社會福利成長的新階段,最高法院在一九五四年發現學校隔離是不平等的,一九五七年民權法案 (Civil Right Act)在民權上的努力……行動追求社會公正和平等,黑人首先攻擊制度上的不平等,而後他們的成功,刺激其他被壓制團體作同樣的爭取,特別是美國的原住民、婦女。

一九六〇年代, President Kennedy 在其聞名的新境界 (New

Frontiers) 的政策中，特別關切社會問題，並且將解決社會問題的權威交付知識份子。

一九六一年，通過再發展法案，一九六二年，人力發展及訓練法。Food Stamps是新創作對服務對象的營養需求的協助方式。而後Johnson總統的大社會 (the great society) 也在求取一完美社會，而在當時通過一些法案。

經濟機會法 (The Economic Opportunity Act, 簡稱 EOA)，建立了經濟機會局(the Office of Economic Opportunity, 簡稱OEO)，內有 vista, job corps, head start programs 是幾個較有名的，也是當時最重要的活動，此乃向貧窮作戰中首次以社區行動機構及運動促成貧民參與。

經濟機會法 (Economic Opportunity Act) 成功創造一新的社區組織論點和使使用者參與決策機會，另外其證明計畫的一些價值建立在實驗基礎。

七○年代的生活方式，新政策、社會立法的出現，顯得美國似乎在追尋一個更公正的社會，The New Left 是改革政府的科層制、少數民族團體 (minority group)和窮人的社會和經濟剝奪、……而政府對越南戰爭、公民權、福利改革等問題，都處理得太慢而常沒效果，「對目的定義不清楚，也無一福利事業的中心方向……」是當時之寫照，……在七○年代，有些重要立法改善福利系統，然而也有些是頗有問題的，在立法上的另一困難是改變社會上不完善的醫療體系。第一個問題是在全民健康保險計畫大眾的醫療利益 (national health insurance plan)，由國會同意定案前，第二個問題是鼓勵預防性醫療(preventive medicine)立法支持健康維護組織(Health Maintenance Organization, 簡稱HMO)和健康保險相輔相成 。 健康維護組織只是一種私人健康保險的替代方

式，它並不是一項由政府提供的健康保險方案。

　　一項很要重的法律在一九七二年通過 (Public Law 95-512)，此卽稅收分享(revenue sharing)，此項立法是 Richard Nixon's 所謂新聯邦主義(New Federalism)中之一部分，努力轉變決策責任，盡可能由聯邦政府回到州及地方政府上，PL92-512提供州和地方政府財政扶助，對州三分之一，對地方三分之二，地方用錢受限制(1)ordinary and necessary capital expenditures; (2) ordinary and necessary maintenance and operating expenses' in eight priority areas: 公共安全(public safety)、環境維護、公共交通運輸、衞生保建、娛樂、圖書館、貧人民或老年的社會服務、財務管理……。歲收分享(revenue sharing)可增加聯邦計畫(federal planining)和社會福利系統的監督(supervison)。至今還不能斷言 revenue sharing 是否能配合美國人的福利需求。不過在既有資料中似乎不太樂觀。在一九七四年所提出的一項報告中指出：一般 revenue sharing 計畫企圖在「將權力交還給人民」增加公民影響力和使更有效反應納稅人的需要，但此顯示的是失敗。

　　有些法案未被通過，但卻很合需要，下述幾項是這些法案中所建議的：

　　(1)保證收入 (guaranteed income) 有一 plan 其在輔助個人和家庭所得以達到預定的水準， Nixon 總統有這樣方案的提議家庭救助方案(the Family Assistance Plan)，但未被國會允許。

　　(2)負所得稅 (negative income tax) 此項計畫再度建立基本收入標準，凡收入超過此一標準就得納稅，凡是收入未達此標準者則發放補助，以達此基本收入的標準。

　　(3)兒童津貼 (children's allowances) 此項計畫是自動給予父母親每一位兒童的現金津貼。在這些工業國家已用此法，以調節出生率，但

對這些沒小孩的差別待遇，且自動付錢給所有為人父母者，將在事實上補助一些並不窮的。

(4)社會紅利 (social dividend) 此項計畫不問收入或地位均提供劃一的給付，此乃所有計畫中最昂貴的，但也是最公平的。

不管何種保證收入計畫會被選擇，美國需要朝向此方向努力……。此一信念將是由社會福利的歷史中促使社會對其成員的基本福利有責任。滿足民眾的經濟需求，絕非意味滿足民眾的社會需求，但可說是朝此一方向的重要的一步。

在不久的將來勢必成為第二項重大立法，即是全民健康保險。而在私人保險方案，都與一人工作地相連，且有時間性，是不夠的，總而言之，過去的知識可助我們全體更明智的對未來做決定。

同時，在社會福利史上有若干重要發展趨向，對今後社會福利制度將有重大影響，茲分述如下：

1.非正式福利結構 (Informal Welfare Structure)

家庭是最早滿足人類基本需求的結構，不管今日福利結構如此正式化和專業化，這些非正式的（如家庭，friendship group，互助團體）仍算重要，但當這些需求和所要負的責任超越親族等所能負擔的，正式結構就成必要了。

2.需求的起因 (the Cause of Need)

需求常關係到社會條件，工業革命起，莊園系統破落，引發許多種需求，對住宅、食物、治病等，又制度化的不平等 (institutionalized inequality) 如奴隸、童工、婦女權的缺乏，宗教迫害等等亦刺激需要……，在歷史發展中可知需求經常是社會現象。

3.困乏者的歸類 (Categorizing the Needy)

隨著福利事業的正式化，就有必要類分困乏者，使決定何種人需要

何種服務，伊麗莎白貧民法類分成三:

(1)無助者因年齡、疾病和殘疾而致貧者，常施戶外救濟或安置在救濟院，今日則儘使他們留在自己的家而不放在救濟院。

(2)非志願失業者常送到 workhouse 或 house of correction，以工作換取幫助，今日則一般施予戶外救濟。

(3)流浪者他們經常被排棄，若得一社區接納，就安身在 workhouse 或 house of correction，不過今日所指 Vagrant 不同於前，指的是一些生活在規範結構以外的人（如 drug users, sexual deviants 等），他們多半住在今日的 house of correction——監獄或精神病醫院(mental hospital)，而他們仍是受到社會輕蔑。

4.政府與民間對困乏者的責任 (Public and Private Responsibilty for the Needy)

政府對困乏者的職責常基於對成員負責的社會認知，民間社會福利則有賴個人責任感的意識，而其貢獻常有賴社會經濟的健全。……公共服務對困乏者是多變的，特別是一九三五年以後。

5.經濟援助、社會服務及特殊團體(Financial Aid, Social Services and Special Groups)

社會服務由基本生存需求（如食物、宿泊處、健康衞生療養）的焦點漸增一些更社會導向的服務(socially oriented services)如婚姻諮詢、工作技能、心智健康、團體參與等等，因而發生一種途徑: 對特殊團體的注意一如兒童、老人、殘障者、心智低能和犯罪者，發展一綜合性服務網絡以應他們需要，這些常導向 fragmented service delivery network（對老人計畫就不同於兒童），但仍是更普遍服務的擴伸網絡，部分理由是原有的焦點僅在一種類型的服務（如財政協助）或一特殊團體的需求似乎明顯的就在社會定義何種需求值得援助的掙扎上，另一理由是在於對

需求起因的覺醒和解決方式上的變化和發展，第三因素是歷史偶發事件
(historical accident)此乃是因為發生了像Dorothea Dix, Jane Addams,
or Michael Harrington 等人以事實證明特定團體的需求和經常為配合
需求的認同而服務的發展上相爭。

6.專業化社會福利 (Professionalizing Social Welfare)

社會福利由非正式服務，進步到結構的服務，再進到結構的專業服
務 (structured professional services)， 在西方工業化社會，社會福利
的專業化是社會完成社會福利目標的指標。

7.社會公正的追求 (the Quest for Social Justice)

社會福利應涉及社會公正， 使需要者能分享社會資源。 早期對需
求的注意點是物質的需求 (physical need)，漸因個人自主 (individual
autonomy) 為社會認知而注意到心理功能個 人 照 顧 (psychological
functioning personal care)， 而後又有社會參與 (social participation)
需求之認知。社會公正的意義是有權平等參與社會的決策，和平等機會
接近社會資源， 社會福利的未來更在高水準的社會公正的社會特性中發
展❺。

第二節　社會福利行政的意義

行政一詞是從英文的 administration 一詞翻譯而來的， 意指管理
眾人或機關的事務的一項工作，是政府機關或公共團體為達其目的或完
成其使命，研究如何用有效的方法和合理的機構，對其所需的人、財、

---

❺　Federico, Op. cid., pp. 48-83.

物作最高的運用，同時並顧及時間和空間的關係和需要。這種見解是純由從事於行政學研究的立場來解釋，若從研究社會工作的立場來解釋，則行政是與人們工作所建立和維持合作的力量之組織及供給服務的「過程」，同時它更包含著適當人力和物力之有效利用以完成一種事業目的的「全部過程」，強調它是一種有連續性和有動力的過程。

「社會行政」(social administration) 或稱「社會福利行政」(social welfare administration) 或稱「社會工作行政」(social work administration)是現代國家公共行政之一部門，並為現代社會工作專業方法之一。社會行政一方面是指一個政府根據其立國主義與社會政策，順應社會福利世界潮流，並參照其當前社會需要與狀況，所從事的有關社會福利的各種措施及活動，其目的在發揮政府福利工作的功能，與完成國家福利工作的責任，以保障人民的生存權、工作權及財產權，亦卽我國古代所謂的仁政。另一方面，目前社會工作教育界人士通常把社會行政列為社會工作中間接服務 (secondary services) 的專業方法，是透過行政程序

表 1-1 社會工作專業方法

	直接的方法	間接的方法
以個人為集中點	社會個案工作 社會團體工作	社會工作督導 社會工作諮詢 社會工作研究
以社會為集中點	社區組織與發展	社會行政 社會工作研究 社會計畫 社會行動

以確保服務的功效，實現社會福利的目標。在社會工作專業教育系統中，社會行政亦與社會個案工作、社會團體工作及社區組織與發展等一樣被列爲一門專業科目、課程，透過這種課程的學習，使每一位社會工作人員均能認識與運用社會行政的方法與技術。換言之，社會行政是指被運用於社會機構的行政程序❶。

在現代社會工作專業方法中，社會行政的發展雖然較晚，但其影響卻是最大。社會機構的行政人員（administrator）負責協助成千成萬的人們以滿足他們的基本需要，這些行政人員經常決定重大決策，對接受服務的人們有重大的影響。誠如 David Fanshel 所說，社會福利計畫執行的方式——作業的效率、行政目標的明確以及程序的合理化程度——對許多人的生活具有直接的影響。拙劣的行政服務，就如在個案處理中拙劣的診斷或社會團體中拙劣的領導，會產生顯著的不良影響❷。由於社會行政人員的努力，使得受助者當他們需要的時候，能適時獲得專業的協助。所以，大家均認爲社會機構的行政工作，對於受助者、社區乃至整個國家有其密切的關係。

社會行政向有廣義、狹義之分，狹義的社會行政，其任務在使得所有在社會機構的工作人員均能依照他們的功能擔負其責任，均能適才適所，均能充分發掘並運用資源，以期有效爲民眾提供最佳服務。社會行政是與民眾在一起工作，以便發揮其力量，運用所有資源，以達到爲民眾提供所需之服務的一種過程。民眾、社會資源與社會福利的目的，乃經由社會行政在一種持續、動態的過程連結在一起。簡言之，社會行政

❶　見拙著《社會工作》，三民書局，六十七年七月再版，第四〇五頁～四〇六頁。
❷　Encyclopedia of Social Work, *National Association of Social Workers*, New York, 1965, p. 785.

是與民眾一起工作以建立並維持協同努力的體系的一種過程⑱。當然，社會行政具有實際的內容與方法，以致與其他方面的行政有所不同。其間的差異，主要在於社會工作的性質與目的，以及社會工作的價值與方法。因此，一個從事社會行政者，不但須了解行政的技術，同時也須了解社會工作的內容。據美國 Harry A. Schatz 主編而由「社會工作教育委員會」(Council of Social Work Education) 在一九七〇年出版之《社會工作行政》(*Social Work Administration*)一書，指出行政的範圍包括非營利及營利性的二種。非營利的，亦卽以服務為目的，有福利、衞生、教育及其他。

由此可見，社會行政一方面是社會工作專業方法之一，另方面是行政的一部分。社會行政是一種動態的、持續不斷的過程，每一個人均參與其中，包括專業人員、非專業人員、董事會（或是理事會）、民眾及社區團體均參與或專心於全面的社會行政過程，如附表 **1-2**。社會機構是整體的，其各個部分是相互關連的。所以，我們必須將社會行政視為一個整體的過程，而不是一連串片斷分割的行為。綜觀有關狹義方面社會行政學者專家所下之定義，其共同要素為：

表 1-2 行政的領域

公共行政（以服務為目的）		其他（以營利為目的）
普通行政	司法行政	
社會行政	衞生行政	
教育行政	其　他	
交通行政		

⑱ 見拙著《社會行政》，中華電視臺印，民國六十七年二月，第一一三頁。

1.社會行政是一種持續不斷的動態過程。

2.此一過程開始運作以便達成共同的目標。

3.發掘並運用一切資源以達成共同的目標。

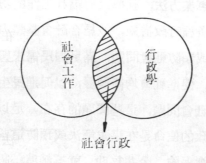

圖 **1-1**　社會行政與社會工作、行政學的關係

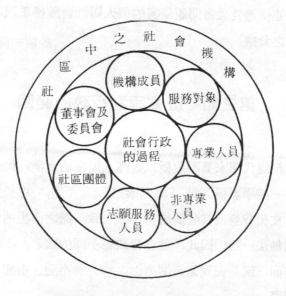

圖 **1-2**　社會行政持續的過程

4.以協調與合作方式去獲取各種資源。

5.在定義內包括設計、組織及領導等要素。

廣義的社會行政乃是一個國家根據其立國主義與社會政策，順應自己社會需要，配合社會福利世界潮流，參考各國經驗，以全體國民為對象，運用社會工作專業方法，發揮政府福利工作的功能及完成國家福利工作的責任，配合各種行政措施，並結合社會整體力量，擬訂整體的社會福利計畫，解決或預防社會問題，滿足國民需求與願望，調整社會關係，革新社會制度，促進社會均衡發展，以促進民生安和樂利。貧窮、失業、疾病等都是社會問題，這些問題的存在，足以妨礙個人及社會的福利，所以社會行政的使命是在謀求解決或預防這些社會問題。一般社會行政之措施像社會保險、公共救助、就業輔導、國民保健等，均旨在一方面保障個人生活，促進個人健全發展，避免問題之產生，以增進個人與社會之福利，一方面在解決或減輕社會問題，防止其侵害個人及社會之安全，並使遭受社會問題侵害的個人與社會獲得重建，以減個人的痛苦與社會之負擔。

第三節　社會福利行政的範圍

二十世紀現代國家莫不積極以提高人民生活水準，促進人民生活幸福為目標，一般學者稱之為「福利國家」。不過，由於各國政治、經濟、社會及文化背景及其發展趨勢不很一致，隨之而生的社會福利的內容及形式也無法一致；因此，社會行政在不同的國家，不論在組織、計畫和實務方面，或是在實施範圍方面，均有所不同。有關專家學者的看法也不盡相同。

　　有人認爲舉凡政府辦理有關人民一般福利設施皆可屬於社會行政範圍，如教育、衞生、康樂、住宅、公共救助、就業輔導、傷殘重建、社會保險以及其他各種福利設施皆屬之。有的認爲社會行政僅指由政府所舉辦的社會保險、社會救助及福利服務工作。我國社會行政的範圍是包括了公共救助、社會保險、社會運動、勞工福利、兒童福利、合作事業、人民組訓、社區發展、都市計畫及國民住宅（見內政部編印《社會福利概況》，民六十四年五月）。

　　聯合國在一九五九年出版的《社會發展計畫之國際調查》一書，則將社會行政的範圍分爲如下：

　　1.國民健康計畫。

　　2.營養及家政計畫。

　　3.國宅計畫。

　　4.勞工福利計畫。

　　5.教育計畫。

　　6.社會安全及有關收入保持計畫。

　　7.社會發展特殊計畫包括保護及重建計畫。

　　8.鄉村發展計畫。

　　9.鄉村社區發展計畫。

　　10.都市發展計畫。

　　有的從社會福利工作的內容來分類，認爲社會行政可在下列範圍實施：

　　1.一般社會行政工作

　　　如中央內政部（社會司）、臺灣省社會處、臺北市社會局、以及縣市政府社會局、科或課等。

　　2.一般人民團體工作

如中華民國社區發展協會、中國社會福利事業協進會、及中國老人福利協會等。

3.兒童福利工作

實踐家專的兒童中心、兒童福利諮詢中心、臺灣省基督教兒童基金會等。

4.青少年服務工作

如張老師電話、熊大姊電話、勵友中心、青少年招待所等。

5.家庭服務工作

如家庭協談中心、社會互談中心等。

6.醫院社會工作

如臺大醫院、榮總醫院、馬偕醫院、仁愛醫院等所屬社會服務部。

7.學校社會工作

各級學校之指導活動室、學生輔導中心、心理衞生中心或懇談中心，以及中小學之啟智班、益智班。

8.犯罪矯治工作

少年觀護所、少年輔育院等。

9.勞工福利行政

如行政院勞委會、省市政府勞工福利處局等。

10.工廠社會工作

在工廠內設置社會工作專業人員負責推動輔導員工生活及為員工謀福利的各項工作。

11.老年福利工作

如公私立安老院所、榮民之家及政府老年福利部門。

12.休閒娛樂服務

　如男女青年會等。

13.就業服務工作

　如省市政府國民就業輔導處、室、中心及工作站，行政院青輔會
　及行政院退除役官兵輔導會等。

14.國民住宅服務

　如內政部營建署之國宅組、經建會之國宅及都市發展處、臺灣省
　住宅及都市發展局、臺北市政府國宅處以及縣市政府國宅科、課
　等。

15.公共救助工作

　省市政府的小康、安康計畫以及其他有關貧民救助等。

16.社會保險

　臺閩地區勞工保險局──勞保

　考試院銓敍部　　　　──公保

　國防部　　　　　　　──軍保

17.家庭計畫

　臺北市家庭計畫推廣中心及臺灣省家庭計畫研究所等。

18.傷殘重建

　振興復建醫學中心、榮總復建部等。

19.社區發展

　各級政府社區發展委員會、各級政府社區發展科或主辦單位、中
　華民國社區發展研究訓練中心及社區理事會。

20.社區心理衛生工作

　如北、中、南區的社區心理衛生中心。

21.精神病理社會工作

　臺北市立療養院及臺灣省立高雄、臺北療養院等。

22.婦女社會工作

　　婦女福利服務中心、「未婚媽媽之家」、「婦女職業訓練所」
等。

23.其他福利設施

　　民眾服務社、青年救國團以及生命線等。

　　社會行政的範圍隨著一個國家或地方之政治經濟社會需要與文化背
景而有所差異。社會行政的範圍不只包括了政府主管社會福利的行政機
關所辦理的各種措施與活動，並包括其他行政機關所有關於人民福利的
各種活動與措施，以及政府對所有公私機關團體與人民所辦以促進社會
福利爲目的之各種設施之監督、輔導、補助、發展、協調與管理。

　　今再以臺北市社會行政工作解說。目前主管臺北市社會行政工作者
爲市政府社會局，其組織編制爲五科一室，其業務職掌爲：

第一科　　主管人民團體輔導。

　　第一股　工商團體、自由職業團體、宗親會、同鄉會等組訓工作
　　　　　　事項，辦理人民團體、負責人民主要工作人員會報及業
　　　　　　務研討會事項，以及業務考核事項等。

　　第二股　合作事業、社會運動及社會服務有關事項。

第二科　　主管社會救助，內設二股，包括社會救助戶調查、復
　　　　　　查、審查、統計分析及收容照顧平價住宅等事項。

第三科　　主管福利服務，內設二股，包括傷殘、及老年福利工
　　　　　　作之研擬規劃和推動、協調、督導等事項，以及公私
　　　　　　立老人、傷殘機構之籌設、許可、監督輔導、考核事
　　　　　　項。

第四科　　主管婦女福利、兒童青少年福利有關事項。

第五科　　主管社區發展工作，內設二股，包括社區發展基礎建設

　　　　之計畫之擬訂、工程規劃督導協調監辦考核事項、社區
　　　　理事會組織之輔導考核、社會福利措施和精神倫理建設
　　　　計畫擬訂、工作協調督導考核事項，以及社區工作人員
　　　　與志願服務人員之選拔訓練等。另有殯葬管理與服務。
　　社會工作室　　社會工作專業輔導。

　　總而言之，社會行政的範圍隨著一個國家或地方之政治經濟社會需
要與文化背景之不同而有所差異，一般來說，經濟政治社會等各方面較
爲發展的地區，其社會行政的範圍亦較爲廣大。社會行政的範圍不只包
括了政府主管社會福利的行政機關所辦理的各種福利行政，並包括其他
行政機關所有關於人民福利的各種措施，及政府對所有公私機關團體與
人民所辦以促進社會福利爲目的之各種設施之監督、輔導、補助、發
展、協調與管理。就一個國家或地區來說，社會行政的範圍包括自社會
問題的發現至社會問題的解決，處理及預防，以至社會福利的促進。其
中包括：(1)關於社會問題的調查研究事項；(2)關於社會政策的決定事
項；(3)關於社會立法創制、修訂與廢止之建議事項；(4)關於社會福利之
設計事項；(5)關於社會福利制度與方法之研究實驗事項；(6)關於社會福
利工作制度與標準之建立事實；(7)關於私立社會福利工作之登記、管
理、補助、獎勵及監督輔導事項；(8)關於社會福利人員訓練事項；(9)關
於社會福利經費之預算、籌措與分配保管運用事項；(10)關於社會組織與
社會建設之促進發展與社會人力物力之發動事項；(11)其他有關社會福利
之促進事項。就一個社會福利機構來說，社會行政具有重要領導角色，
去實踐、貫徹社會福利機構的目標與工作，換句話說，社會行政在下列
主範圍擔任領導責任：(1)社會行政在探尋、識別社會福利機構所服務的
社區之社會福利需要的持續過程中，擔負起領導責任。在探尋、識別需
要的過程中，社會行政人員與社會福利機構董事會（理事會）、工作人

員、服務對象、其他機構以及社區民眾一起工作，以分析社區問題、發展趨勢及可能的計畫。(2)社會行政在界定、重新界定、釋闡社會福利機構之目標，以及依據機構之目標建立計畫與服務方面，擔任領導責任。倘使一個機構無明確的目標，則很難有效推展其工作，同時，也不易對其工作予以評價。(3)社會行政對於提供社會福利機構所需之財力資源、設備、人員及其他方式的支助，負起領導的責任。社會行政經常負起責任使社區知悉為推動工作需要何種資源，同時，社會行政努力設法透過各種途徑獲致所需之資源。(4)社會行政在社會福利機構發展服務計畫方面，負起領導的責任。當然，在一個機構內，其服務計畫之建立，工作

圖 1-3 社會行政主要責任範圍

人員均參與其事，不過，最後還是有待社會行政致力使機構的計畫能符合社區之需要。(5)社會行政在發展一套組織與結構形態，俾協調機構內所有工作人員的努力方面，負起領導的責任。(6)社會行政在政策形成、手續建立之過程及一般作業原則上，擔任領導責任。倘使一個社會福利機構沒有明確的政策及手續，則很難有效、健全的作業。(7)社會行政在評價社會福利機構執行情形負起領導責任。(8)社會行政在變遷過程上負起領導責任。在今天這樣一個動態、變遷的時代，時時刻刻不斷地有新的需要出現，大多數的社會福利機構就要因時變遷以適應需要。社會行政必需是變遷取向（change oriented），且要負責致力促成所需之變遷，只有如此，社會福利機構才能永遠生存下去。

第四節　社會福利行政人員應有的認識

社會行政工作對於受助者，社區乃至於整個社會國家有其密切關係，因此，作爲一個社會行政人員，必須對下列各項有明確的認識：

（一）社會行政人員必須對基本的社會工作價值、貢獻、重要性有所了解

社會工作之成爲現代民主社會中一門不可或缺的事業，乃在於其具備有專業的共同特性之一的「專業人員的哲理信念」。此亦卽是人道主義和科學方法。申而言之，乃是強調個人之天賦尊嚴與生存價值。由此種哲理信念而產生社會工作之原理原則，又從這些原理原則而形成各種實施的方法。例如有了「人是社會動物，必須重視其與團體之連繫」之哲理信念，而有「人的自我實現，必須透過社會接觸」的原理原則，然

後有「社會團體工作的程序和技術的實施」，以加強團體成員之參考和團體自我決定的經驗。

社會行政人員必須了解社會工作相信人生而平等，相信每一個人應獲得個人滿足和社會有價值生活的權利和機會，以及充分發揮潛能，維持人類尊嚴。世界各種族雖有強弱之分及體態膚色之差異，但吸收文化之能力與創進文化之潛能，並無不同。十九世紀末的學者竟有種族史觀之說，予帝國主義者及極權主義者以謬誤的理論根據，使二十世紀人類遭受二次空前的戰禍。不過，自文化人類學家克拉克法(E. Kluckhonh)著《人類學的研究與世界和平》（一九四七年）一書結論說，積極的證明某特定的人稱為劣等種族，已是不可能的事。而聯合國的憲章及其重要文獻，亦均一再標明各種族一律平等。

聯合國憲章中提出「重伸基本人權，人格尊嚴與價值」，一九四八年世界人權宣言的第一條即規定：「人皆生而自由，在尊嚴及權利上均各平等。人各賦有理性與良知，誠應和睦相處，情同手足。」二十世紀福利國家的措施，即以保障全體國民人格尊嚴為其首要目標。諸如對貧窮的扶助，老弱的收容照顧，傷殘的重建，婦女福利及勞工、農民的保護，均基於人權的保障與國民人格尊嚴的維護。二十世紀的今天，各國經濟快速成長，工業化及都市化現象，帶來許多社會問題，諸如貧窮、失業等，嚴重影響人類尊嚴與價值。社會福利、社會工作的各種措施與活動，解決或預防社會問題，諸如保證充分就業，保證最低收入，縮短富貧差距，保障國民生活水準，維護國民人格尊嚴。社會福利與經濟發展，不能分離。福利國家對於保障國民經濟生活之安全，乃一重大財政支出，若不能促進經濟之發展，則福利政治的理想，必然難以實現。社會福利政策之實行，乃以財政經濟政策為其基礎。在傳統的經濟思想，

以為富而後均，視作必然的次序，但資本主義既已形成，則勞資階級之間的鬥爭，終必難免。故福利國家的經濟思想，必然是富與均同時推進，既促進國民經濟的自由發展，又逐漸和平的實現財富分配的平均。故社會福利、社會安全又稱為不流血的社會革命，此正與　國父民生主義的理想，完全一致。

（二）社會行政人員對於社會工作是一種專業性服務充分認識

科學愈發達，分工愈精細，一般科學如此，社會工作亦不例外。從事社會工作者均須接受過社會工作專業教育與訓練，此關係社會福利政策之貫徹。有此一認識，社會行政人員了解並能支持為提高服務品質，為確保服務功效，應積極致力於建立社會工作專業體制。

據美國人口調查局對事業的分類是：會計師、建築師、藝術家、律師、大學教授、牙醫、工程師、新聞記者、法官、圖書館管理員、自然科學家、眼科醫生、藥劑師、醫生、社會科學家、社會工作員、外科醫生及教員等。我們進一步研究，可以發現上述這些事業有五項基本特性，為非專業性的職業所沒有的，此即：一為系統的理論體系，二為專業權威，三為獲社區的認可，四為共同信守的工作道德守則，五為一套專業的文化。至於社會工作專業化一詞，廣義言之，應有下列四種意義：第一是社會工作人員職業化，脫離業餘服務，自立門戶，成為一種新職業。第二是社會工作人員專業化，社會工作人員的專業養成教育，不但是擔任未來社會服務工作的必備條件，而且也是完成社會服務工作理想、任務的要件。第三是社會工作人員分工化，社會工作員需對特定服務項目具有專業知識，始得擔任專業性服務工作，如老年社會工作、兒童社會工作等。第四是社會工作的體制化，所謂社會工作的體制化乃是指必須建立社會工作教育、會社、守則、證照、審驗及保障的一系列體制，使從事這一行業的人想到他們自己的重要，有他們自己的園地，

並不是依附在甚麼學科之下。

上述社會工作專業化的四個意義是具有相互銜接的關係，首先社會工作人員職業化，擺脫往昔業餘服務的範疇；次則專業養成訓練，脫離其他職業，立門設戶，獨立起來，再則社會工作的業務分門別類，實行分工化；最後完成獨立體制，發揮它的功能，與其他專業一樣，為人類幸福提供服務。具體而言，社會工作專業體制的建立，不但須有合格的社會工作教育機構來養成合格的專業人員，尚須要公私立社會工作機構的社會行政人員必須任用合格的社會工作專業人員，須要社會工作人員有自由組織，信念與價值標準，以及須要執照制度來保障和維護合格的社會工作人員。

總之，社會行政人員必須充分了解並支持擔任社會工作職務所需的知能，必須經由正規的社會工作教育與訓練，而且教育與訓練結束後，並參加政府或政府委託民間社團所舉辦之公開甄審或考試合格並獲有證照者方得為社會工作員。凡此主要是因為今天我們人類所遭遇的問題，不是僅賴愛心、熱心及慈悲即可解決，而是須具備社會工作專業知能，並須運用行為及社會科學知識。不但須注意個人尊嚴及社會互助外，並且還要隨著時代潮流的演化，不斷去開拓新的服務領域，改變措施的內容。

除此而外，社會行政人員必須與社會工作專業教育及其目標有著強烈的認同。社會行政人員必須知悉並整合社會工作實務及行政學理論。社會行政人員不但須了解行政的技術，也須了解社會工作的內容。社會行政人員要在社會工作專業人員與受助者之間建立有效工作關係，配合社會工作機構的目標提供服務，組織、協調並激勵工作人員充分發揮其最高潛能，以獲致最大成果。同時，社會行政人員對所提供服務的品質負其責任。

社會行政人員具有雙重責任，其一為專業領導，其二為機構行政管理方面。社會工作本身提供一套實際的知識、原理、技術與價值，可作為處理社會行政的基礎。 社會工作是以服務為目的， 不是以營利為目的，因此，對於社會工作機構之效率或社會服務計畫之效益，其衡量標準是不同於以營利為目的商業性機構。在以營利為目的之商業機構，其評價的標準是看其賺錢的程度。但在非以營利為目的之社會工作機構及社會服務計畫，其評價的標準是看其是否滿足人類需要。同時，以營利為目的之商業性機構之間的關係，在本質上是競爭性的(competitive)，而社會工作機構之間的關係在本質上是協力合作的 (cooperative)。他們是協力合作的，他們共享他們的知識與發現，他們協同努力以期為民眾提供最佳服務。

社會行政人員須與不同的個人及團體工作在一起，包括工作人員、董事會及社區民眾。如附圖 1-4 所顯示，社會行政人員必須了解自己、機構以及機構內的工作人員與團體。社會行政人員的工作主要在人們之間以及社會行政人員與人們之間建立一種有效的工作關係。雖然所有社會工作專業人員均須對社區有所了解，不過，社會行政人員既是一位設計者與協調者，更應充分了解。此並非意指社會行政人員單獨負責蒐集社區的一切資料，而是透過一種諮商關係系統，促成社會行政人員與工作人員雙邊的溝通 (two-way communication)，激勵大家共同負擔此一責任。

社會行政人員亦須對社會工作機構及其結構與政策有所了解，並進一步認識此等因素所提供的服務之關係。社會行政人員不但是「工作取向」 (task-oriented)，而且亦須「人為中心」 (person-oriented)。社會行政人員應能提供有組織的工作環境， 一種協力合作的系統使工作人員情感得以解放。社會行政人員對人們的了解有助其將注意力集中於

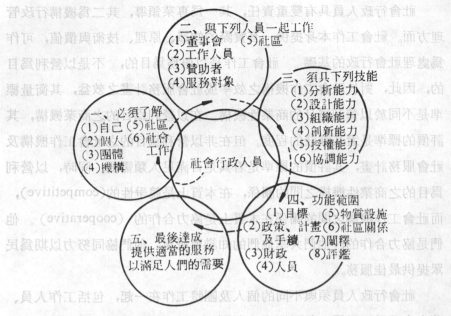

圖 1-4 社會工作行政人員之認識、技能、功能及目標間之相互關係

每一個正式組織內產生的非正式的團體結構。這種非正式的結合，是很重要的，社會行政人員不能不予應有的重視。社會行政人員必須認識自己、認識與其他人互動關係，以及為本身的需要與機構的目標而採取行動間之關係，才能有效建立一種有計畫、協力合作的關係體系。社會行政人員在運用社會工作專業方法以建立一種環境促成其他人員亦參與決策過程時，必須為其決定負起責任。社會行政人員必須將其決定建立在健全的專業原理原則及知識上，同時，必須將公共利益以及服務對象的利益放在自己的利益之上。

總而言之，社會行政人員的功能至為重要，責任至為重大，而且，具有多重角色，與許多團體來往，如圖1-5 所顯示，社會行政人員一方面與批准核可、授權及支持社會工作機構的董事會、立法機構與捐款者

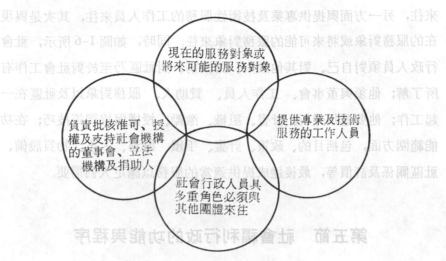

現在的服務對象或
將來可能的服務對象

負責批核准可、授
權及支持社會機構
的董事會、立法
機構及捐助人

提供專業及技術
服務的工作人員

社會行政人員具
多重角色必須與
其他團體來往

圖 1-5 社會工作行政人員多重角色

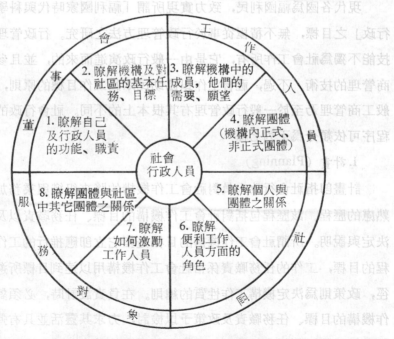

社會
行政人員

1. 瞭解自己
及行政人員
的功能、職責

2. 瞭解機構及對
社區的基本任
務、目標

3. 瞭解機構中的
成員，他們的
需要、願望

4. 瞭解團體
（機構內正式、
非正式團體）

5. 瞭解個人與
團體之關係

6. 瞭解
便利工作
人員方面的
角色

7. 瞭解
如何激勵
工作人員

8. 瞭解團體與社區
中其它團體之關係

圖 1-6 社會行政人員應有的基本認識

來往，另一方面與提供專業及技術性服務的工作人員來往，其次是與現在的服務對象或將來可能的服務對象來往。同時，如圖1-6所示，社會行政人員須對自己、對其他個人、對機構、對社區乃至於對社會工作有所了解；他須與董事會、工作人員、贊助人、服務對象以及社區在一起工作；他要運用分析、計畫、組織、激勵、授權與協調等技巧；在功能範圍方面，包括目的、政策、計畫、手續、財務、人事、物質設備、社區關係及評價等，最後達成提供適當的服務以滿足人們需要。

第五節　社會福利行政的功能與程序

現代各國為福國利民，致力實現所謂「福利國家時代與科學的服務行政」之目標，無不積極從事於行政管理方法之研究。行政管理方面的技能不獨為社會工作所有，它是由一般行政演進而來的，並且參考了工商管理的技術。不過，社會工作以協助民眾為工作目標的原則，此與一般工商管理乃至於一般行政管理有其根本上的不同。社會行政的功能或程序可依類分為下列七種：

1.計畫 (Planning)

計畫即指社會行政人員對社會工作機構的將來組織與業務加以深思熟慮的歷程。該歷程包括對社會工作機構的目標、任務職責以及政策之決定與說明。所謂社會工作機構的目標是指它立即應推行的工作以及長程的目標，工作的任務職責係指社會工作機構用以達到目標所遵循的途徑，政策則為決定機構工作性質的總則。在負責設計時，必須對社會工作機構的目標、任務職責及政策予以檢討，力求其靈活並具有彈性，以便滿足民眾不斷變化的需要。不論何種層次的社會行政計畫，從執行國

家社會政策之政府部門到各種類型公私立或大小社會工作機構，在其行
政計畫的範圍和內容上均應考慮下列幾項要點：

　(1)事先決定行動的主題。

　(2)蒐集事實。

　(3)社會情況及爲滿足人類需要所提供的服務之分析。

　(4)獲致此一目標最佳途徑之決定。

　(5)根據目標與政策訂立方案與服務設施。

　(6)按設計分配資源。

　(7)分層計畫，包括機構整體、各部門及各個工作人員等各層次的分
　　　別的計畫，三者必須是連貫性的。

　(8)計畫期限分近程、中程及長程計畫三種。

　(9)其他對行政計畫執行時之特殊考慮事項。

　以上各項計畫的範圍和內容的是否具體和週密，對社會行政的實施
有重大的影響。

　2.組織 (Organization)

　組織規定社會工作機構行政上應有的結構，這種組織結構的目的，
乃在於分工與合作，分層負責，以有效發揮專業服務的實際功效，有效
爲民眾提供所需服務，因此，有效的組織系統與工作調配，關係社會福
利之目標、政策之實現。此外，各國因工業起飛，經濟發展迅速，社會
變遷日趨劇烈，社會問題日益嚴重，社會福利之需求日益迫切，乃積極
建立社會福利之目標、政策。爲實現社會福利之目標、政策、新創設
施、新設機構乃日益增加，易生瓦上加屋及機構組織紛繁重疊等等弊
病，二個或二個以上機構進行同一工作，由是新設機構組織愈多，問題
愈嚴重，常有重複衝突、矛盾磨擦、分散混亂、政出多門、責任不一及
浪費情形發生，嚴重影響行政效率乃至於社會福利目標之實現至鉅。所

以，如何依據各機構之主要目標、任務，予以適當改隸、廢止、歸併或集中或改組，以求節省經費，簡化行政單位及提高行政效率，亦卽經濟有效地實現社會福利之目標、政策，亦至爲重要。

社會工作機構的組織形態包括有形和無形的組織力量在內。無形的組織力量往往是指上下之間或左右之間的日常的工作過程中的連繫與協調的表現，一個領導者與所屬之間雙邊交流關係和工作人員之間的和睦的工作關係，均爲重要的無形組織力量，是社會工作機構行政組織不可忽略的一面。

3.人員部署 (Staffing)

人員佈署是指包括社會工作機構中有關招聘人才、任用、任期、薪給、假期、訓練、進修、考績、陞遷、保險、退休、撫邮及工作條件等人事政策之實現。此是一項很重要的職責，因爲一個社會工作機構的全體工作人員組織、編制大小以及任用的資格均足以決定該機構工作的素質與價值。總統 蔣公曾言「任用有方，考核有效，然後人得盡其才，事獲臻其功，行政效率始克提高」。 國父亦曾以「人盡其才，地盡其利，物盡其用，貨暢其流」爲富強治國之道，並言人盡其才，乃教養有道；鼓勵有方，乃任用得法。因爲教養有道，則天無枉生之財，鼓勵有方，則野無抑鬱之士，任用得法，則朝無倖進之徒；三者不失其序，則百事可舉；富強可期。由此可見，正確的人事分配，健全的人員選擇招聘與升遷辦法，合宜的工作環境，至關重要，可達到人盡其才，適才適所，有效發揮工作人員的功能與價值，以有效爲民衆提供適切服務。

對於工作人員之任用與訓練等課題包括下列內容：

(1)人事制度與專業倫理。

(2)工作說明與職業分類。

(3)人員的任用、徵選與訓練。

(4)專業督導與行政督導。

(5)人員的考績與升遷、薪金給付辦法、專業人員與非專業人員、人
　　員之間之連繫配合及分工合作、志願人員的參與，以及專業人員
　　參與專業人員會社等。

4.領導（Directing）

領導是機構首長的職責，其中包括負責最後決定，以及監督社會工
作機構行政之權。領導工作須具備創造性的領袖才能，並能博取工作人
員的熱心與合作，另具與工作人員交換意見及改進工作方法、工作內容，
以及透過公平的考核與待遇獲得工作人員信賴的能力。社會工作機構在
其行政首長的領導之下，其例行工作乃得以展開。社會行政人員需採取
民主方式的領導，因為社會工作專業本身是以民主社會哲學為依據，而
工作人員對於受助者的服務尤應以民主方式提供人道服務。在整個行政
與服務的過程中，切合社會工作專業的領導方式應是高度民主方式的。
社會行政人員在領導工作人員的過程中，必須表現出合乎專業倫理、專
業方法以及尊重工作人員的人格和創造性的精神。

溝通（communication）是領導程序中最主要的技術，而溝通方式
應採雙邊溝通方式（two-way communication）。總之，民主式的領導
和雙邊式的溝通，是社會工作機構促進工作關係和諧和達成目標的有效
途徑。

5.協調（Coordination）

社會工作機構依據其所樹立清晰的目標與職責，劃分職掌，分配工
作，分工合作，透過協調積極提高日常的行政效率，消極的適時處理在
服務過程中所遭遇的阻礙或疑惑等難題。一個社會工作機構內的協調，
首須對每一位工作人員的職掌有明顯的決定，並應樹立責任與權力的限
度。

社會工作機構之間的協調，積極的聯合設計、共同行動，力求配合及集中力量以發揮最高之行政效率，以促進整體的福利，消極地避免社會工作機構之間的分立與衝突，以及職權及工作上之紛歧與割裂。各有關機構在組織上應為一有機體系，在職權上應有一適當分工，而各種組織與職權均能在一有機體系與綜合設計中各盡其能，相輔相成，以維護並發展組織整體之生命與活動。

6.報告 (Reporting)

即將社會工作機構所從事的工作向其董事會、會員、工作人員、立法機關或社會大眾予以說明的一種行政功能。社會工作機構提出報告時須根據一套有系統的紀錄、說明、統計與研究工作。此外，尚須藉報紙、電視等大眾傳播工具向社會大眾報導。報告是闡釋機構工作及做好公共關係的最有效辦法，因為它能使人充分了解機構的價值。簡潔明瞭的報告，可以獲取社會大眾對社會福利的關切與了解，對社會服務項目的支持，對機構的立場和措施的良好印象，以及對社會福利工作的積極參與。社會行政的報告各種定期性或非定期性的行政報告：(1)工作人員個別定期報告；(2)各部門的單位工作報告；(3)各種方案的進展報告或總報告；(4)各種評價與研究報告；(5)會計報告；及(6)專業服務報告。

7.預算 (Budgeting)

預算的功能為對機構財源加以運用支付並稽核。此外預算尚須包括樹立一個良好的會計制度、年度的帳目、稽核手續，以擔保經費之用途不違反機構之目標、政策。預算的另一意義，乃是對機構的各個分支部門在經費上作合理的分配，使各個單位能夠有效地推展業務。

另據崔克爾(H. B. Trecker) 在其所著《社會工作行政之原則與實施》（一九七一年出版，全書二八七頁）指出，社會行政的功能與程序可分六項說明：

1.目的與目標的決定

他特別強調，作爲一個社會行政人員，應特別重視目的、目標的確立。目的、目標不但是行動的方向，而且，也是行動的動力(motivating forces for action)（泉源）。大家採取一致行動前進或後退。

2.提供有組織的工作環境

社會行政人員對於提供有組織的工作環境，亦應視爲工作重點之一。每一個社會福利機構是一羣人的結合，每一個人的需要，包括需要地位、需要被承認及成長，均帶進社會福利機構。作爲一個社會行政人員，應謀求將這些人組織成爲一個協力合作的工作團體體系，讓大家都覺得而且事實上是工作在一起。

據各種調查研究顯示，工作環境的氣氛，對工作進行有莫大的影響。倘使社會行政人員能致力創造一個自由開放、輕鬆和諧及舒適的環境，工作人員將和睦相處、通心合力的工作。

3.便利機構內的溝通

社會行政人員必須了解如何便利社會福利機構內的溝通。不少專家學者認爲創造並維持有效溝通的路線（channels）之技術，是社會行政人員所應具有的最重要的技術。自白納德（C. I. Barnard）將溝通列爲組織的重要因素以來，現代管理人員均已廣泛地承認，有效的溝通，乃是集體工作的基礎。由於溝通並不是單方面的行爲，所以溝通過程中除了必須要有數不清的干擾存在其間。因此，作爲一個社會行政人員，肩負著社會福利機構組織成敗的責任，他必須首先認清溝通的重要性，把溝通視爲自己的職責，警惕並克服溝通之障礙。因此還要以積極的態度，發展一種有效的溝通系統，使消息和意見的傳送交流，能够投合組織的行爲和效率。

有效的溝通，可以使社會福利機構組織的工作人員，了解組織的工

作目標，並整合組織的各單位的工作與意見，保持行政計畫的完整性。一個行政人員欲對複雜的行政作一合理的決定，必須要有事實與資料作為判斷或抉擇的依據。所以，工作環境所提供的情報或消息的「質」與「量」將決定了決策合理性的程度。同時，作成的決策也要能以最迅速有效的方法，傳送給組織內的每一成員。現代的決策不單是要收集或傳送各部份的意見，決策單位還要收集決策推行的成果與影響，以作為以後檢討和修正的參考。凡此過程都需借重有效的溝通。透過有效的溝通，尊重並瞭解工作人員的意願，讓工作人員的情緒得到宣洩，讓工作人員參與決定之作成，使工作人員充分感覺到有做人的價值，而養成責任感，積極的態度，對組織作更大的貢獻。

在一九二四年，美國芝加哥西方電氣公司的霍桑工廠（Hawthorne Plant）與哈佛大學合作，作了一連串的長期實驗，也就是聞名的「霍桑實驗」。其實驗結果顯示:

(1)支配工作效率的要素，除了工作時間、工資制度、工作環境等要素外，還有工作人員對同事、監督人員，或機構組織、社會全體的情感態度等要素。一般而言，後者比之前者對工作效率更具影響力。

(2)人們在所處的環境中，對於各種人的關係，如同事相互間，和負責人或監督人員的關係，對於他們的工作態度、情感、心理會產生改變，是故促進工作效率者乃是人員間的團體意識與相互了解。

總之，有效的溝通，使工作人員感到他是團體的一份子，他的人格價值和內在價值，可以藉組織獲得最高的成就和最大的發揮。同時，工作人員也自覺對於機構組織的政策曾參與意見，因此對政策的實現亦負有當然的責任，而養成強烈的責任感。所以溝通是組織之基礎，其價值日益受重視，作為一個社會行政人員必須充分瞭解。

作為一個社會行政人員必須特別重視與負責推動社會福利機構任務

的工作人員建立有效的關係，同時，也要在工作人員彼此之間建立有效關係。社會行政人員如何待人處世，將影響社會福利機構的工作人員。

4.計畫與協調

作爲一個社會行政人員，自然要擔負設計與協調的責任，對設計與協調的過程特別重視。社會行政人員與工作人員、董事會及社區民眾的有效工作，必須建立在熟思慎慮、考慮週詳的計畫。有效的計畫，顯示社會行政人員明確了解要獲致的目標是什麼及爲何目的而設計。計畫一詞亦意指社會福利機構所要完成的事將由大家一起來完成，同時，大家參與決定要完成的事。作爲一個社會行政人員有責任促成大家對計畫的過程有著整體感 (a sense of wholeness & a sense of totality)。 當一個社會福利機構的工作人員一起從事計畫，並且，在一個適任的社會行政人員領導下，協力合作，我們將會發現，大家對整體計畫的各個層面，有新的認識與了解。

5.瞭解並便利變遷

作爲一個社會行政人員，必須了解，並便利變遷。現代社會是變動不居的，社區中的各種事物亦不斷在急劇變遷，社會福利機構爲適應這種情況，無論在組織上、在計畫上、實施內容與方式，均須不斷地改進。

6.動態的領導角色

現代社會福利機構是一種複雜的社會制度 (a complex social system)，涉及很多人羣。 他們包括董事會、專業工作人員、其他工作人員、志願人員、會員、服務對象及社區民眾等。如何把這些人羣結合在一起，成爲一個功能上的整體 (a functioning whole)，乃是社會行政人員的主要功能與職責之一。當一個社會行政人員能了解社會福利機構是一個社會制度，他才能把它當作一個整體 (as a whole)， 每一個

部份與其他每一個部關係密切，每一個部份間是互相依賴的。

社會福利機構是社會的器具，是由政府或民間努力建立來滿足民眾的社會需要。在美國，有雙重的制度來滿足社會福利需求。當民眾的需要經適當表達，立法機構授權給政府的或民間的機構來提供服務。此雙重制度是相輔相成的，如鳥之雙翼，缺一不可。事實上，古今中外，任何社會均有其問題，每個地方民眾亦均有其需要，問題經發現，需要經

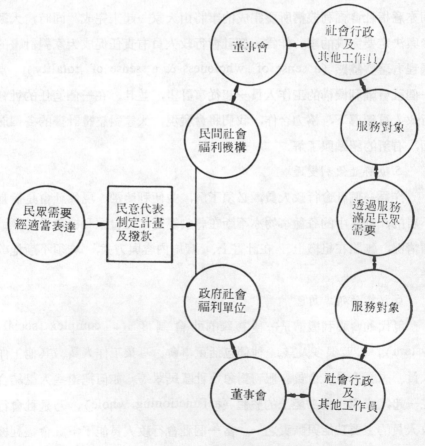

圖 1-7　滿足社會福利需要的雙重制度

表達，必須設法予以解決或滿足。倘民間社會福利事業發達，則可透過民間力量解決許多問題、滿足民眾的需要，如此一來，須要政府解決的問題或滿足的需要就減少很多，政府的負擔乃可大大減輕。反之，若民間社會福利事業不發達，則大多數的問題、大多數的需要，均有賴政府力量始可，則政府的負擔過重，常無法有效解決問題、滿足需要。因此，政府力量與民間力量結合，乃當前社會福利世界潮流。

　　筆者想再強調的是，現代社會福利機構是一項複雜的社會制度，涉及很多人羣，如何將這些人羣結合在一起成為功能上的一個整體，乃是社會行政人員的主要功能與職責之一。當一個社會行政人員能了解社會福利機構是一項社會制度，他才能將它當作一整體，每一個部份與其他各部密切相關，而且，每一個部份之間是互相依賴的。

　　此外，為滿足民眾社會福利需要，政府與民間力量必須相輔相成，如圖 1-7 所顯示。

第六節　有關社會福利與行政名詞釋義

　　國際間學者專家及各國政府對社會概念未能完全一致。對名詞含義的解釋各不相同，不僅是各國的解釋不同，就是在一國之間，不同的地方，不同的機關，或是不同的專家學者之間的解說也不盡相同。造成此一現象的原因，固然是由於現代社會福利與行政正在發展中，各家對其解說尚不能一致，同時，也是因為各國社會福利與行政的發展視其國內政治、經濟、社會文化發展情形而定，而各國政治、經濟、社會文化背景及其發展趨勢既不一致，隨之而生的社會福利與行政的內容與形式也無法一致。

對於社會福利之思想，雖早已有之，如孔子之「大同世界」、柏拉圖之「理想國」。然而，有關「社會福利」（social welfare）、「福利經濟學」（welfare economics）、「福利國家」（welfare state）、「社會安全」（social security）、「社會保險」（social insurance）、「福利服務」（welfare service）等等有關的名詞，其產生的歷史，甚為短暫。

一、福利國家

福利國家（welfare state）又稱福利之邦，此詞源於英國，首見於一九四一年《公民與教徒》一書中，在第二次世界大戰後為世界各國普遍使用，尤以英、美、西德、法國等為盛。福利國家之概念導自民主、自由、平等、博愛的思想。它是透過有計畫、有組織的行政力量──社會安全政策，來解決人民貧困，並保障每一個國民都能分享社會的福利，共同在自由氣氛下，安居樂業。達成福利國家的途徑很多，諸如保障或保證每個人或家庭之最低收入等。綜而言之，福利國家強調種族平等、生存互助、人民自治、維護個人尊嚴、增進家庭幸福、保障國民經濟安全、促進社會進步、並擴大政府服務人民之職能。我國三千年前〈禮運大同篇〉之政治理想，及孔孟忠恕仁義之政治理想，以及三民主義建國理論，均與現代福利國家思想吻合。

二、社會福利

社會福利（social welfare）是指在協助個人與社會環境之相互適應，使獲得生活健康的適當水準為目的之有組織的活動。通常是由公私

機構或團體，運用有目的之組織及有系統之方法，提出有關公共福利之措施，包括提供各種慈幼安老與救助措施，提供醫療照顧與公共衛生服務，提供住宅、給付、康樂與文教服務。社會福利源自早期民間慈善救助工作，其後由於工業化、都市化，社會問題日益嚴重，必須賴國家加強社會立法，興辦福利措施，以及社區發展工作，予以有效解決，使社會上每個人獲致生活上與健康上均能滿足，求得個人與社會關係之調適，以利充分發展其才能，提高其人格尊嚴，以及維持其正常之生活。

「社會福利」一詞首見之於一九四一年，羅斯福總統與邱吉爾首相所擬訂之「大西洋憲章」，及一九四五年所簽訂之「聯合憲章」。因此，迄今國際間專家學者及各國政府對社會福利之概念尚未能完全一致，名詞用語，含義參差，對內容範圍之認定殊爲分歧，且各國政府組織形態和職掌劃分互不一致。許多書籍曾經想爲「社會福利」 (social welfare)、「社會服務」(social service)、「社會工作」(social work)、「社會安全」等有關名詞，下簡明的定義，但結果眾說紛紜，莫衷一是。總之，要想建立一個能爲大家普遍接受的一致定義，似乎不太容易。美國衞生教育福利部在一九七〇年出版的「全國性社會服務體系——各國比較研究與分析」中就認爲，社會福利與社會服務二個名詞，在今天聯合國及其他國際會議上是交互使用的。聯合國在一九六二年出版的「社會服務組織與行政報告」中指出，社會服務一詞迄今尚未能找出一個獲得普遍接受的定義，社會服務在不同的國家，不論在組織、計畫和實務方面，均呈現不同的形態。因爲此種差別，所以不可能也不需要去建立一個一致的行政體制，適用於每一個地方。社會福利、社會服務和社會工作三個名詞常一併使用，因爲這三者是指同樣的一件事情，只是其使用的立場有所區別，社會福利是一個國家的政策和民眾的理想，這種政策和理想的目標是在服務社會上每一個人的生活需要和增進

其能力, 包括食衣住行育樂和 潛能的發展等方面。 而政策和理想的實現, 則必須透過社會服務的活動才能逐步完成。至於社會服務乃卽是根據一個國家的社會福利政策及其民眾社會福利的理想, 所採行的各種活動的實施、項目和程序。社會服務活動是講求其服務的動力程序 (dynamic process), 透過動力的程序, 以實現社會福利的目標。因此, 這種社會服務的動力程序, 是要依據社會工作專業的知識、方法和技術, 始能確保其服務的功效。換句話說, 必須是運用社會工作專業知識、方法和技術的社會服務活動, 才能達成積極性的社會福利目標。所以說, 社會福利、社會服務和社會工作三者, 嚴格說, 雖有不同的意義, 但三者之間的關係至為密切, 是有其一貫性的 密切關係, 必須要時同連貫使用, 才能發揮其最大效果。

社會福利 (social welfare) 與社會安全二個名詞, 亦常被相互交換使用。對社會福利一詞若採狹義言, 則將之視為與社會安全為平行相對的二回事, 標明「社會安全」時則不涉及「社會福利」, 標明「社會福利」時則亦不涉及「社會安全」。若對社會福利採廣義言之, 則「社會福利」包括「社會安全」。若從有關文獻看, 社會福利主要內容為社會保險、公共救助及其他改善家庭生活及照顧特殊人羣, 如兒童老年與身心殘障等的福利服務, 而社會安全的主要內容亦同。社會福利與社會安全兩者難道全無區別? 若有區別, 其主要區別究竟何在? 一般說來, 「社會安全」一詞只是指政府的方案, 並不包括民間社會福利事業在內。而「社會福利」 一詞, 則除了政府的方案, 亦包括民間的社會福利事業。換言之, 廣義的社會福利, 是政府的社會安全計畫, 加上民間的社會福利事業。今天, 二十世紀的現代國家, 民間的社會福利事業佔極重要的地位。

至於我國採用「社會安全」一詞, 始於民國三十四年, 但社會安全

之立法與行政，至今仍在萌芽階段。一般國人對於社會安全之涵義不甚明瞭，甚有「指鹿爲馬」者，如將警察人員之維持地方秩序，稱之爲保障「社會安全」；將司法人員之判刑管束及監獄感訓，也稱之爲促進「社會安全」；將交通人員之改進交通安全，也稱之爲裨益「社會安全」；甚至將軍人之保障國家、文官人員之提高行政效率，也稱之爲維護「社會安全」。社會安全一詞，由於如此廣泛應用，致各界人士對之未能有充分認識，而未建立正確觀念，終對於國家新政——社會安全體制之建立，阻礙甚大。

社會安全 (social security) 爲現代立法所習用之專門術語，其語源多出自第一次世界大戰後各國之新憲法中，如一九二○年一月十八日公佈之秘魯共和國憲法，列社會安全爲第四章。一九二五年五月十五日公佈之立陶宛憲法，列社會安全爲第十三章。事實上，我人要追溯社會安全制度之來源，首先要推自一八八三年德國首相俾斯麥創辦社會保險開始。當時歐洲自工業革命後，社會財富分配不均，貧富懸殊，共產主義思潮逐漸蔓延，俾氏爲阻遏起見，乃以改善勞動者的生活，增進勞工福利爲目的，創辦社會保險。自是以後，歐洲各國相繼仿傚。不過，這些都是屬於社會安全的萌芽形態，比較具有完整體系的，是一九三五年八月十四日羅斯福總統鼎力促進的美國社會安全制度，及一九四八年七月起在英國依據貝佛里奇報告書(The Beveridge Report or Report of Social Insurance & Allied Services) 而全面實施的英國社會安全制度，以及因麥得爾教授（前屆諾貝爾獎金經濟學門得主）之報告書而於一九四八年全面實施的瑞典社會安全制度。

關於社會安全的涵義，美國羅斯福總統於一九三五年曾對實施社會安全發表演說稱，美國人民將不惜一切保衛自由民主，但保衛自由民主的第一線，是經濟安全的保障 (protection of economic security)——

即社會安全制度的推行。國際勞工局則認為所謂社會安全者，乃社會在其組成分子可能遭遇的若干種危險事故方面，經過適當的組織，給予安全之謂。並認為社會安全思想之淵源，乃由於人民渴望免於匱乏之恐懼。為求實現此一理想，必須盡力設法解除生活不安全之因素，個人對於無法應付的人生災害，政府應予保障。英國貝佛里奇則認為所謂社會安全一詞，係指保障人民失業、疾病、傷害、老年退休，以及家主死亡後薪資中斷時，予以生活經濟之保障。美國名教授 Friedlander 則以為社會安全，乃是一套保障每個人民生存權利的計劃。由社會推行，以防範現代生活中的偶發事故：如疾病、失業、生育、老弱無依、工作傷殘及意外災害等等；並防範那些非個人的能力及遠見，所能對自己或家屬予以保護的事件。

由上述可見，社會安全之目的是在保障一個人由生到死 (from cradle to grave) 的生活，其作用是使勞動者在遭遇到威脅其工資收入的事故時，仍有足以維持其基本生活的費用。在以前，這種工作是私人的施捨，是善士的同情，是僱主的恩惠，如今，則是人民在工作中對社會盡其最大貢獻後，在其不能工作時應得的報酬，是人民對國家盡其義務後，在遭遇不幸應享的權利，因此，它成了政府的責任。它一方面使勞動者有了安全感，消除生老病死的威脅，無後顧之憂，乃能奮發勇敢，擔負更大更重的生產責任，其國家的勞動力乃能不斷地擴張，發揮更高的生產效率。一方面，它藉各種社會安全給付，使不幸者得免凍餒，以保個人經濟安全，且可維持消費能力，繼續刺激經濟繁榮，以保國家的經濟安全。所以說，社會安全制亦即經濟安全制度。社會安全的本質，乃在保障國民經濟生活的安全與國民生活的幸福。美國一九三五年的設計之初即稱為經濟安全，後經國會討論後改稱社會安全。它不但具社會性，且具經濟性意義。總之，不論是經濟安全或社會安全，它是

二十世紀的產物，它是執行社會政策之手段，目的在發揚國民互助合作的精神，保障國民經濟安全，使其由生至死無慮匱乏，且做到幼有所養，如兒童保育計劃、婦幼福利計劃；壯有所用，如就業安全、就業訓練及就業輔導計劃；老有所終，如老年安全、疾病、死亡、遺屬保險等計劃。這些計劃，助長經濟的發展和繁榮，做到國民所得再分配，將國家引入民生均富，安和樂利的大同社會。

環顧當前實施社會安全制度的一百四十二個國家，雖各因經濟情形、財政能力與社會傳統之不同，其設施範圍，各有廣狹，惟有一共同之處，卽無不以社會保險 (social insurance) 爲主，而以社會救助及福利服務爲輔。以美國爲例，從其社會福利各項計劃支出情形來看，一九三六年，公共救助佔第一位，敎育居次，社會保險居第四位。但自一九四三年以後，社會保險開始超過了公共救助及其他措施而高居首位，而且差距逐年增加。因爲，根據世界各國經驗，公共救助措施有很多缺點，它使接受救助者感到屈辱，喪失自尊心與自信心，養成依賴性，救濟金就像投入無底洞，永遠沒有完的時候。例如，美國從一九五九年至一九六九年十年之間，接受救助人數增加五二％，救濟經費支出增加二一一％。同時，公共救助是以貧困爲對象，因此，接受救濟者必須接受經濟狀況之調查，社政單位甚至三更半夜前往搜查，以瞭解是否眞正貧困，卽所謂「午夜福利搜查」(midnight welfare search)，嚴重侵犯人權。至於社會保險措施，就沒有這種缺點，由於受領給付是以自己名義參加，自己亦負擔一部分保險費，使其在受領保險給付時，認係應有之權利，用以激發其自尊心。同時，由於獲得社會保險給付是一種由自己勞力獲取得來的權利，可不問被保險者是否有其他財產、儲蓄、年金或投資，也可不必經調查來證明其是否貧困，一律給付。此不但可鼓勵被保險者勤儉儲蓄，參加私人（民營）保險及作其他投資，預爲自己提供多

重的保護，而且也可避免侵犯人權。再者，一個人獲取社會保險給付的權利——給付金額多少及在何種情況下可以獲得給付，均在法律中明白規定。因此，政府官吏在執行時，自由裁定的範圍就大大地受限制了，任何被保險人只要合乎法律上所規定的條件，就可獲得給付。

社會保險是集合多數人的力量，共同分擔其損害責任的一種辦法，以共同的經濟力量補償少數人所受不幸的損失。其主要的目的，在於保障一般薪資階級的國民，在不能工作或失去工作能力的時候，而失去正常生活的保障。析而言之，社會保險具有下列四項最顯著之功能：

1.國民遭受意外事故經費之共同分擔

社會保險採取共同分擔危險的方式，集合多數人及政府的經濟力量，以補償少數人因遭各種事故而引起的損失，使其在喪失或減少收入時，能獲得經濟上的補償，以維持或恢復其正常生活。

2.國民勞動力之保持

凡參加社會保險的國民，無論在遭遇傷害、疾病或失業時，均可獲得醫藥上的治療或經濟上的補償，使其身體或生活恢復原狀，得以繼續從事工作，參加生產行列。

3.國民儲蓄能力的培養

社會保險具有儲蓄功能，被保險人有工作能力、有收入時，繳納少許的保險費，日積月累，迄至年老退休時，可獲得退休金，頤養天年，而不虞生活費用之匱乏。

4.國民財富之再分配

社會保險之保險費是由僱主及被保險人雙方負擔，或由政府予以補助。故社會保險措施，可以使經濟力量雄厚者分配一部分財富給經濟薄弱者，此即國民所得之再分配。

總之，社會保險是一種納費制的社會福利事業，必先盡繳納保險費

的義務，而後始能享受領取保險給付的權利。我們千萬不可視之爲救濟或消耗性措施，社會保險才能順利發展。事實上，世界各國爲確保國民經濟之安定，提高社會生產效能，促進社會經濟繁榮，無不致力於社會保險之推行。

社會保險確有維持國民收入，保障不虞匱乏之功能。但殘障，無一技之長者，生而貧困者，或因職業所限未能納入社會保險體制者，爲數亦復不少。公共救助（或稱社會救助或公共扶助）乃針對一些人的基本需要未完全或根本未納入社會保險各項計畫者而設計的。公共救助是一種以稅收支出的現金收入的計畫，用來補充納費制的社會保險計畫。當人民在許多情況下自己無法滿足其需要時，公共救助用來滿足個人及其家庭的需要。從這種意義來看，在社會安全制度中，公共救助的設計是在輔助社會保險計畫。因爲公共救助的對象限於貧困而需要予以救助者，所以，必須實施經濟狀況調查——或稱貧戶調查，以鑑定其經濟狀況，作爲實施救助的依據。

在現代的工業社會中，一般國民倘因疾病、受傷或其他事故發生而不能工作時，社會均應負起責任，使他們獲得經濟上的保障。爲達此一目的，須循下列二個途徑：(1)成立社會保險制度，其經費來自受益人與僱主所繳納之保險稅；(2)成立公共救助方案，其經費來源純靠國家稅收。

社會救助 (social assistance) 或稱公共救助 (public assistance)，晚近國人漸有稱爲公共扶助之趨勢。它是指在對社會上特定對象，予以經濟生活上最低限度之保護，或予以經濟收入之安全保障 (income security)，故亦被列爲社會安全制度支柱之一。所救助之對象，係基於自然及人爲原因不能或失去勞動收益之人，及縱能勞動生活而其收益不足以維生之人，包括無法勞動生產無依老年人、失怙失教失養失依之兒童、貧困之機能殘障者、失業者等。救助的方式，有設置救濟院所予以

收容安養，或稱爲院內救助；以及輔助家庭生計與寄託養育等方式，一般稱之爲院外救助。換言之，對於無法自力謀生之國民生活上之照顧，或透過建立機構，如育幼院以及安老院所予以收養，使被收容者能享有合乎健康及娛樂的生活，或是使無依的老年人或貧苦兒童，在自己的家庭，或親人的照顧下，由政府予以現金給付或食物等補助，或其他各項必要服務，不但可減少育幼安老院所的設備費用，且可以使貧苦兒童及無依的老年人，均能獲得正常化的家庭生活。前者稱爲院內救助，後者稱爲院外救助。隨著社會福利思潮的演進，貧民救助工作中，院外救助工作日益受到重視，而且更積極提供各種適當服務，以及與社區工作密切結合，有效發掘運用社區資源，解決各種問題。

與以上兩種方案相輔而行的尚有各種福利服務 (welfare service)，諸如老人福利服務、兒童福利服務、就學服務、殘障福利服務、休閒服務等等。社會保險的保險給付及公共救助之救助金並非無所不能。人們除了經濟方面的照顧外，有時更需非金錢的服務。譬如說，對於老年人，除了老年保險 (old-aged insurance) 提供老年年金給付或透過老年救助 (old-aged assistance) 予以保障經濟安全外，對於老年人的休閒活動、情感安慰、退休後的工作（智慧經驗之繼續貢獻等）等項福利服務工作更有待加強。

第七節　社會福利事業之設計、組織和評估

工業革命帶來分工和大量生產，也導致複雜和集中化的科層結構，這種不講人情 (impersonal) 的組織形式，也被大多數社會福利服務供應系統 (social welfare service delivery system) 採用，部分原因是

謀成功達其使命及應付日漸擴大的事業，單在美紐約就有一萬人接受公共救助 (public assistance)，結果使社會福利從業人員 (social welfare practioner) 變成專業，在組織環境中工作必有特別訓練，並有一套專業的價值和技能。在今日的社會福利研習，組織的科層形式和社會福利專業間的互動已成很重要的一部分。

一、科層的組織模型 (Bureaucratic Model of Organization)

科層制是組織各種人和各種活動於一根基理性規則的控制系統。科層制的形式特徵（formal characteristic）大抵可簡言於下：(1)高度專門化（specialization）；(2)層級權威結構 (hierarhical authority structure)；(3)成員間的非私人關係(impersonal relations)；(4)擇人（新進人員）以能力爲基礎；(5)人員和職務上的資源的分化 (differentiation of personal and official resources)。在理想的科層制，理性規則統馭行爲，個人以組織角色互動。此外，科層制有幾個潛在利益：①效率 (efficiency)；②可預知的行爲 (predictable behavior)，行爲強調勝任，勝過個人感受；③在經訓練的人員和日常活動中，使工作目標得以迅速達成(the possibility of rapid goal attainment)。

另方面，科層制亦有其缺點：當其高度形式構造必要改變時，將導致無效率，且它對人類需求回應是無人性的 (inhuman)，嚴重影響到工作員的創新能力，並有損產品的量與質，又其先決高度專業化，致使工作員不能適應新的做事條件和工作 (trained incapacity) 以及失卻目標的視界 (losing sight of goals)，由於過分徹底探討技巧(technicism)，又其爲獲個人滿足與權力 (personal statisfaction & power)，使在這樣非私人的、理性的結構 (impersonal, rational structure)中，會有不同

類型的非正式組織產生，這些種組織可有利於正式組織，亦可能與其衝突破壞它的成果。

二、專業的組織模型 (Professional Model of Organization)

相對於科層制，專業(professions)有不同的特性：(1)運用專業組織 (the use of the professional organization)當作一項主要的依據；(2)服務公眾 (public) 的信念；(3)自制 (self-regulation) 的信念；(4)接受召喚的意識(a sense of calling to the field)；(5)專業自治 (professional autonomy)……。Dunbar and Jackson 對社會工作員講話時，明確地說明了專業使命的理想 (the ideal of professional commitment)，他指出—科層制著重其目標是否最有效地達成，而專業者著重在專業的價值中配合人的需求，二者不太一樣。

專業知識根基和付與專業特徵的社會過程導生自制(self-regulation)信念和專業的自治 (professional autonomy) 二概念。例如物理治療者 (physical therapists)必有其人類解剖學的專業知識和由知識而來的技術性技能。…這亦使專家堅持認為非專家無足夠知識評價他們的能力，因非專家無專業知識。而使得使用者(consumer)很難去裁可 (sanction) 專家。不過有時專家也不能有效發揮功能，有時候專業自治 (professional autonomy) 干擾了服務的供應 (service delivery)。

服務公眾的信念和接受召喚的意識，在建立專業的價值系統上是重要的，在社會福利專業經常強調 human life 和個人的完整 (personal integrity) ……，這些價值如社會工作價值即強調受助者自決 (client selfdetermination)、保密 (confidentiality)和一視同仁(impartiality)。

在專業的科層化有一些問題發生：(一)需要科層結構——需要專業

自治(need for bureaucratic structure versus the need for professional autonomy)，科層制在結構上每一位置有明確專門的權威和職責，這種構造自動形成參與組織者之間的差異，同時有些人較他人更有權力，這種結構類型很難有專業(profession)所採取的平等態度，其雖不否認有些成員較具有技能，但假設所有的人都至少有其技能，而且由成員不斷溝通過程，增進所有人的技能，當專家被迫在一優勢與劣勢關係中，將使曾受思考自律化的工作員失卻動機，如此就有礙新制度創立 (innovation)。

(二) 需要科層結構──需要專業彈性(need for bureaucratic structure versus the need for professional flexibility)。科層制重視規則，甚過案主 (client) 的需求和慾望，科層規則和專業的價值的衝突是幾個社會福利系統中的重要問題：①服務的缺陷(gaps in service)：機構僅提供部分服務，無法滿足其他需求。②分割案主 (dividing the client)：一個機構將案主的問題分割為幾個專門的部份，分派不同工作員提供服務 (An agency divides up a client's problems into specialized parts, assigning different workers to deal with each other。③競取資源 (competition for resources：每一組織為防護自己而和其他機構競爭資源。

三、科層功能對提供充足服務的影響 (The Effect of Bureaucratic Functioning on the Provision of Adequate Service.)

科層制有其獨特之點，但在緊急或感性情境的處理常不見效。

尋求一條路使 professions 和 bureaucracies 兩相並立 (finding ways to make professions and bureaucracies compatible)。理性科層制結構特性在專門化 (specification)，在日漸複雜龐大的服務業，如何

使其能更有效，具彈性的服務方法；在服務業的漸增集中化之後幾年，分權被當是探究更有效服務的手段，支部分散中央的服務，但其仍有所短！（如心理診斷或特別醫療，很可能需要向中央設備探尋一下案主的情況），不過在日常服務種類，分權亦能使一系統的專家發揮功能。

另一有意義的實驗，卽綜合性鄰里服務中心 (comprehensive neighborhood service centers)，免費診所 (free clinic) 是此一中心的一個模式。Dunbar and Jackson 討論這種設施的特徵如下：

(1)信任 (trust)　不問個人特徵或問題不同，專家和 user 或專家間關係的特性是同情和接納的。

(2)親善 (friendliness)　professional 和 users 間在一非正式基礎上又有正式關係，user 不受壓力自己選擇他們想要的。

(3)立卽服務 (immediate service) There are no waiting lists or eligibility requirements althrough persons can make appointments if they wish to.

(4)記錄 (records)　保持最低限度以防 labeling，保護 user，其目的祇在節省服務時間。

(5)時間 (hours)　應 user 的需要而定時間，常在夜間也提供服務。

The comprehensive neighborhood services center 經常包括有專家一起工作，他們想做的是 應人們需要，甚過於組織對他們所做的計劃，這些擴大 professional commitment 和 selfregulation 減低正式結構程度，也可能導致資源的缺乏。

第三個想處理的問題是在科層制上專業者的問題，卽 ombudsmen 和 indigenous persons 的使用，ombudsmen 在當一 mechanism for user of services 以尋求服務項目和使他們需求不致沒完成，indigenous personnel 其對社區知識勝過典型的職業專家。

第四個可能性是從一科層結構內著手，試著使其更能符合專業目標 (A fourth possibility is to work from within a bureaucratic structure to try to make it more compatible with professional objects)，修正科層結構以增加機構效率和工人滿足，其要項為(1)機構目標：明確、易懂；(2)機構政策：為大家了解；(3)充足合宜的溝通：確實適時傳遞必要消息給大家；(4)監督下的實際運作 (supervisory practics)：促使機關人員行動的自治、創新和奉獻專業任務；(5)agency-imposed constrainte：減少過分和沒有必 要的行政控制；(6)工作環境的固定性： 對機構在計畫、政策人員變遷，透過審慎設計與溝通避免引起騷亂；(7)結構透過減少行政層階，和增加監督的控制範圍，減少複雜與繁文褥節。

另外， bureaucracy 多對專業者和 client 的需要回應， Delbert Taebel 提出下列幾點，其目的是認為 client 愈少依賴科層人員，科層制就愈能回應：

1.政治壓力：有些變遷需施予政治壓力而成。

2.發展競爭的結構。

3.正向投入 (Positive Input)：支持科層制的有用面。

4.自助方案 (Self-help Programs)：這或限於資源和專技 (expertise) 的缺乏，但可由補助金 (grant monies) 和志願專家的協助。

上述並沒完全解決上述科層人員的問題，專家必試著做些決定，以解決個人情況和結構的衝突：(1)個人對其工作單位的職責有多大和提供 Client 多少服務。(2)認機構目標的認同和對專業者目標的認同相競爭，那個支配性大？(3)若幫助他人必造成本身的不便，其助人意願有多強？(4)墨守成規或應急另創規範 (The commitment to follow social norm versus a belief in the appropriateness of norm violation when necessary)。上述這些決定都相關的，專業價值和科層制的限制相衝突，

常導生實質的挫折，這些挫折導致經常的 job change 以尋求一個可接受的結構，或直接面對科層結構，其在 personal action 可能是種抱怨和建議，在 group action 可能是罷工、訴願或組成非正式組織對抗科層結構，或聯合其他專業者團體……，不過，倘能及早了解社會、機構與個人價值的互動關係，將對當前美國社會福利制度的基本價值及組織上的課題提供一個成熟的解決辦法。

（However, early recongnition of the interaction between societal, bureaucratic, and professional value will foster a mature approach to the fundamental value and organizational issues that underline the contemporary social welfare institution in American society.）

四、社會福利的責任與效率 (Accountability and Effectiveness in Social Welfare)

責任 (accountability) 和目標管理 (management by objectives, 簡稱 MBO) 存乎許多社會福利專業者心中，講求效率和效果觀念，使得 service delivery system 以其能提供何種服務而任意定義，限制其在人類需求的觀點，這造成一種真正的憂懼 (fear)，但求一些容易測量的服務——如使多少人獲得工作……，然社會福利系統處理的有些是不易測量的——如心理疾病的治療 (curing mental illness)。

雖重視 efficiency 和 effectiveness 也是好的，易測量而知何事沒做好，但 effectiveness 的測度也不是易事，不過查驗社會福利服務 (social welfare services) 的組織結構是評價其效率和效果的重要部分之一……又在這樣的努力中，亦不得忽視 social welfare practitioners

並發展有意義的評價。

五、社會福利計畫的結構 (The Structure of Social Welfare Programs)

了解社會福利服務通常分有五個類別來看:

（一）公共所得轉移計畫 (Public Income-transfer Programs)

所得移轉計畫，在利用由一團體搜集而來的金錢，謀其他團體的利益，所得移轉可有四個方式: (1) 現金給付 (cash grants)，如稅收入 (tax money) 付給接受公共救助者; (2)實物給付 (in-kind payment)，如: 公家金額(public monies)用來購買食物、住屋、訓練計畫……，以利於 client group; (3)稅負津貼 (tax allowances)，所得稅免除即此一例④社會保險。

任何一種所得移轉計畫，都著重在財源對一合宜生活模式的重要，公共（家）所得移轉計畫是利用公共政策和公共資源來完成其使命: 補助需要的人。

（二）公共社會服務計畫 (Public Social Service Programs)

社會服務是種貢獻 社會功能改 進的非 經濟 服務 (non-economic service)，有些政府社會服務的計畫 (public social service programs) 和公共的所得移轉計畫 (public income-transfer program) 常相關連，如 marital counseling, birth-control information, personal counseling, psychological testing 等，但其並不是一定關聯著。

（三）民間所得轉移計畫(Private Income-transfer Programs)

其和 Public Program 有許多相同點，不過民間社會福利計畫基金來自自願奉獻，其和 public 不同的即 tax allowance 這點。

(四) 民間社會服務計畫 (Private Social Service Programs)

私人（民間）社會福利計畫是私人支持的非經濟服務, 在本質上和 Public 的一樣, 祇是其在資源基礎上較值思慮, 不過其較之公共計畫有彈性, 較易改變其政策和補充公共計畫之未辦的, 其構成全美社會福利系統的一個重要部門, 不過許多私人機構可透過和公共單位訂立契約, 而獲取 public funds, 其顯出私人提供的福利安定化或平穩的衰微 (even declining), 而如此或減少私人單位相對於公共單位的那在潛在利益。

(五) 特定團體的計畫 (Programs for Special Groups)

公共和私人計畫都有對特殊團體的計畫, 這些或是income transfer 或是 social service program, 導致他們關心特殊團體的原因, 有其不同的社會和歷史背景, 包括受戰爭之害的團體, 受自然災害者, 和社會結構對其不利的團體等。

許多 income-transfer program 或可視作 income-maintenance program, 它常影響被濟者的所得水準, in-kind income-transfer, 如 food stamps 和 public housing 也是間接對 income maintenance的影響。

Kramer 認為一般人對私人民間機構 (private agencies) 的描述如下:

(1)創新的計畫 (innovative program) 其較具彈性, 不受制立法和考慮政治支持, 可做些實驗性計畫, 而後來往往 被公家機構採用。

(2)價值的保護者 (guardian of values) 其可反應特殊利益團體 special-interert group 的需求, 其允許一般人參與, 而事實上民間計畫常有賴自願者參與, 在這複雜文化社會 (multicultural society) 實有需要，以代表不同團體的意思。

(3)強化並擴充公共服務（strengthen and expand public services）
民間機構的服務可作公營業的刺激，激勵他們改進服務。

(4)彌補空缺（filling the gaps）民間機構較具彈性，可試著提供公
營機構沒有提供的服務。

但民間機構也有其缺點，被批評的幾個原因：

1. 逐漸脫離貧民（Progessive Detachment from the Poor）
由於資金有限，又強調專業化，常傾向於對較為複雜的個案對象
而非最需要的人提供服務。

2. 過份依賴個別治療（Overreliance on Individual Treatment）

民間機構一般特性在其過分迷信 individual counseling 超過團體
與社區的方法（the group or community oriented intervention），這
種傳統技術的運用，產生效能與效果（用）的問題。

3. 忽略社會變遷（Neglect of Social Change）

民間機構重心多少在非貧者（nonpoor），而少注意社會變遷，因大
半 poor 較易受社會變遷影響而不是 nonpoor。

4. Increasing Bureaucratization, Unrepresentativeness and Pro-
fessionalization

由於民間機構著重特定團體的利益及高度專業化的治療，他們常
傾向於變成為對存在社區的需要（MoreRrigid & Less Responsive）。

5. Dependence on Mass, Inpersonal Fundraising，但捐款者與機構
無直接關連。

六、社會福利計畫的評價 (Evaluating Social Welfare Programs)

Winnifred Bell 揭示八個標準，評價社會福利計畫的效用 (Effectiveness)，其大抵可用於公營和私人的機構：

1. 目標 (Objectives)

預定目標或未被預期的目標之獲取，都在評價內。

2. 立法授權 (Legislative Authorization)

這僅適於用公共計畫 (public program) …… 當一計畫失敗，常是在執行程序上，立法未能充分配合所致。

3. 經費來源 (Source of Funding)

公營方面，考慮 legislation 和 appropriation of funds 間有何差異，authorization legistation 和 the appropriations legislation 二者對一功能性計畫都 是必要的， 在民間基金亦可能因 對一計畫的看法二元性，而沒有合宜資源去執行。

4. 行政結構 (Administration Structure)

行政結構會影響到一計畫的效果(effectiveness) ……一個計畫能否順利實行，有賴其機構是否有一個意義的系統相繫。

5. 資格要件 (Eligibility Requirements)

決定誰有資格參與計畫方案 (program)。

6. 範圍 (Coverage)

eligibility requirement 建立 potential client population 的界限，而 coverage 關心真正參與計畫中的够格人數……。一般合格人員多過實際接受利益的。

7. 充足 (Adequacy)

其在測量計畫的效果是否配合標的人口 (target population) 的

需求。

8.平等 (Equity)

其測量同一服務計畫在不同類屬的人中施行的程度。

9.另一附加標準，卽使用者參與 (User Participation) 的程度，參加的二個 level: (1)參與計畫，這較少做到，如科層制有特別的工作組織; (2) users of service 不易對機構作投入 (input)，而且許多社會福利服務都不用 market system，不能對其作爲 feedback，有人就認爲社會福利服務具有獨佔性。例如，倘使接受公共救助者，對救助金額或申請手續不滿意時，他無法從其他機構得此項救助，只有接受，不然就沒有。因此，可謂之爲獨佔性。在提供者與接受者之間無市場關係存在。

社會福利事業的獨佔性，產生一些問題，Reid指出下列幾個概念:

1.組織常任意地粗略定義服務目標，甚或沒有，而目標不清楚，就使手段不能明確定義且常變遷。

2.lacking accountability to consumers: 機構組織對資源的分配運用，不能與接受服務者的需要配合。機構常花太多時期謀求維持其生存，而不是服務受助者。

3.clients (users) 被當作是不負責的 (irresponsible)。組織的重心如此著重在內部的生存，故認爲 user 的要求是對組織目標的威脅，予以拒絕，因而認爲對這祇有一方式，把受助者的需求當作是不負責的。

4.工作人員在專業價值、受助者的需求及組織結構之間難予取捨，其結果與機構疏離，同時受助者視爲敵對者 (Worker get caught between their professional value, client demands, and organizational structure, becoming alienated from the agency and seen as adversaries by clients)。

Reid 建議一些策略以修正 social welfare monopoly: (1)加強專業者在組織中和服務計畫內容的影響力，但避免專家囿於專門知識而和服務者有所距離; (2)the development of countervailling power, 卽發展一權力結構，使 client 能够對 social welfare delivery system 有一衝擊力; (3)creating competing services, 如此一來，由於受助者可選擇對其最有益的服務，對 service delivery system 產生一種衝擊。雖然上述各點也會有缺點，但在要求效率和效果，這些是值得考慮的。

user 得以 input 最直接解決方式，……經濟機會局 (the Office of Economic Opportunity) 雖覺 users 參與有點不宜（對其參與的信心漸低），但仍由某些公民參與一些社會工作方案 (program), volunteer 的參與，可直接探索人們的需要，使公民能更同情、了解、幫助他人（缺乏對他人的接觸就缺乏對社會其他成員的責任心）。又 volunteer 能顧及特殊地方情況 (program local-level), 而 user of service 易在 helping process 合作，不用面對無表情的科層人員，且 volunteers 能擴伸資源，能妥用 manpower，擴大有用的服務的類型，使高度技能的專家去做他們最能做的，但 volunteerism 在實際運作上亦有其限制，不能完全和 service delivery system 整合。

總而言之，本章討論機構和計畫(program)、效率(efficiency)和效果 (effectiveness)，上面討論過價值系統和社會使命，這些都得經實際運作，靠組織如何安排分配資源和組織 client and worker behavior 以達成。每一位 專業人員有 責任去肯定 個人的專業 的價值是否被其工作的組織尊重，如此他才可對其工作專業 的運用健全的評價標準 (apply professionally sound evaluate criteria)。同時，他們需要向他們的服務對象及社會顯示他們的工作 is as efficiency and effective as our present level of knowledge and practice wisdom make possible, 再者我們不能 不認識到社 會福利制 度是整個 社會系統的一部分 (the social welfare institution is part of a total societal system)。爲助人們有效發揮功能，許多人和結構都得參與。社會資源的明智利用，含有高度的技能的專業判斷，但也含有組織結構以及受助團體及社區民眾的參與 (participation of users groups and community citizens)， 又社會福利專業者本身亦是公民， 他的工作必需反應他的同胞的需 要 。

（本節主要內容是根據一九七六年 Ronald C. Fedrico 所著 *The Social Welfare Institution* 第三章整理而成）。

第二章　社會行政的起源與發展

第一節　早期的發展

　　二十世紀現代國家，莫不積極以提高人民生活水準，促進人民生活幸福為其主要目標，一般學者稱之為「福利國家」(welfare state)，並認為建立福利國家乃現代國家之最高政治形態。今天，世界各國均以福利政策為施政重心，更有在憲法中特別規定福利綱目。事實上，社會福利與行政的是起源甚早，可以說社會福利與行政是起源於個人與社會的需要，如食衣住行育樂等。需要若無法滿足，就逐漸形成了社會問題。社會問題可以說自有人類以來就已存在，故人類很早就有了遠大的福利思想及具體的社會福利措施。我國遠在三千年以前,即有福利思想,〈禮運大同篇〉的終極理想為「大道之行也，天下為公」，而以老幼孤寡，均能有所安頓目標。我國政治理想，從推己及人入手，主張為人處世，均能「親其親、子其子」，然後推而廣之，即是大同世界。大同思想之基礎雖是個人主義的，但其能看到不忍心看到自己的父母妻子兒女饑寒凍餒，推而不忍心看到他人的父母妻子兒女饑寒凍餒，則已達到全社會的福利。這是我國福利思想的特點，道高明而極中庸。此一思想深植在國民心中，益以固有倫理道德觀念，乃能發為守望相助，疾病相扶持的

種種善行義舉，發揮人類至愛。同時我國古代，據《周禮》所載，曾有慈幼、養老、振窮、恤貧、寬疾及安富等六種措施❶。西方早在古希臘、古羅馬、希伯來時期就有福利思想，古希臘的幸福論（Fndemanism），認為幸福是由別人共享得來的，富者要深深滿足愉快，要獲得別人之喜歡與稱讚，甚至要想控制別人，應該要提供一些財富予窮人。藉著這種觀念，窮人才有機會自富者獲得福利。古羅馬的責任觀念（responsibility）則認為富者為不幸者解除痛苦，是宗教上一個重的責任，同時，要使受賑者不失其尊嚴，富者也因施賑而益顯可貴，希伯來的公正觀念（justice）則認為人們應該公平享有物質。據聖湯姆斯亞奎那（St. Thomas Acquinas）對此一公正觀念的解釋，認為它包括二種型態，此即大同與分配。大同是指個人依其貢獻應獲得之份（assure to each his due according to his merit），分配是指每個人應該公平享有財富❷。

現代社會學及人類學說明人類社會在原始時代即有著一種互屬互助的情感（feeling of belonging and mutual protection or mutual assistance）。這種情感就像人類所具征服較弱的同類的自私慾念一樣的少不了。遠溯人類發展最初階段，這種互助的願望可以說是人類最基本的慾望，它有效地補償了催毀或奴役人類的野心。這種情感最初發生於家庭或部落，一家之長或部落領袖承擔保護全家全族的責任，以防範敵人、野獸、天災等等各種危險之來襲。這種情感，最初發生於家族，其後，逐漸「推己及人」推廣到家族以外的同胞。我國政治理想，亦從推己及人入手，主張為人處世，均應「親其親」「子其子」，然後推而廣

---

❶ 見拙著《瑞典美國及我國社會福利比較研究》，第一頁，中國社會福利協會印，民國六十五年六月。

❷ 見 Walter A. Friendlandlander, *Introduction to social Welfare*, Prentice-Hall, Inc., New Jersey, Second Ed. Fourth Printing, 1963, pp. 8-65.

之，人人「不獨親其親、子其子」，而且是「幼吾幼以及人之幼、老吾老以及人之老」，達到大同世界。所以三千年前的〈禮運大同篇〉，其終極理想固然是「大道之行也，天下爲公」，而以老幼孤寡均能有所安頓爲目標，亦從互助情感之發揮，推己及人入手，先是做到不忍心看到自己的父母妻子兒女饑寒凍餒，這種情感的發揮，乃能發爲守望相扶助、疾病相扶持的種種善行義舉，發揮人類至愛。

宗教的興起，教士們擔任保護孤兒、寡婦及貧病弱者的工作，宗教的皈依由於行善的動機，在古代所有的宗教中，我們都可以看到此類動機的存在，譬如在印度教哲理中，亞述利亞 (Assyrian)❸、巴比倫 (Babylonion)、埃及的法典中，希臘、羅馬的習慣法中，尤其是猶太教、基督教的教儀中，均極明顯的表現著❹。當然，當時行善的基本動機乃在於接受天恩 (the grace of God) 或積德以求永生。照顧孤兒、寡婦及救助貧困病弱、失明、跛者，不但是信仰宗教的義務，且爲死後避免天譴得救的方法，宗教信仰規定要忠實地救助貧民。雖然如此，對老幼孤寡貧困病弱傷殘的照顧，是出於人們一種至誠的憐憫心，對饑者食之以食，病患者加以護理，孤兒寡婦加以照顧。上述的動機與憐憫心，成爲人類照顧貧困病弱傷殘者的主要基礎。從另外一個觀點來看，由於教士（《聖經》裏稱使徒）的主要職者爲宣揚福音，須四處奔走，沒有足夠的時間、人力來照顧教會事務工作，於是在當地住家之中，選出幾位較熱心的擔任義務工作員，協助處理教會事務，此在今日教會中稱他們爲「素徒」(layman)，此亦卽現代社會工作所稱的「志願（義務）工作員」(volunteer)。

---

❸　亞洲西南部之古國，約盛於西元前五五〇～六一二年。
❹　見 C. A. Warner, *American Charities.* 3rd, ed., N.Y. Crowell, 1919, pp. 4-6.

在封建制度下，一般認爲不可能有無人照顧的不幸者，因爲所有農奴均由地主負責保護。農奴獻身封建地主，而地主負責保護轄內農奴的經濟安全，農奴雖不自由，但卻獲得了安全，卽犧牲自由換取安全。儘管如此，在封建時代，教會仍爲照顧老幼孤寡貧病傷殘的主要來源。但此並不否定封建制爲農奴所提供的經濟安全，而只是證明任何人類社會制度都不是完美無缺的。

其後，基督新教 (Protestantism) 導致民族 國家之興起及封建制度的崩潰。隨著封建制度之崩潰，農奴從地主束縛下獲得解放，但也失去了安全。原先農奴及其家屬之衣食均由其地主供應，年老或患病，亦由地主照顧。現在雖因解放而獲得來去之自由權，但也剝奪了他們固有之安全感。遇到老年、患病、無能力時，祇好淪爲乞丐，此卽所謂「脫開束縛失去安全」(Men escaped their bondage at the price of their security)。一有災難，再也沒有主人保護，必須自己負起責任。對地主而言，他們失去了對農工的控制，農工遷徙他去的情形，因毛織業的興起而更加嚴重，接著一三一五年～一三二一年的英格蘭大饑荒，及一三四七年的鼠疫或稱黑死病 (Black Death) 災難，死亡甚眾，農工的供應量大大減少，其結果在莊園內發生了嚴重的農工荒。因此，倖存的農工身價提高，工資日高，自由更多。這種情形使得地主不得不採取對策。他們憶及封建制度下的黃金時代，農奴附屬於土地而爲地主提供勞力；他們乃企圖以立法方式重建在封建制度下他們所擁有的奴隸，此卽一三四九年愛德華勞工法 (Edward III, Statutes of Labor of 1349) 的目的。該法限定最高工資，強迫身體健全而無所屬的人爲需要他們的人工作，禁止農工遷徙他處，不能離開所屬的教區，禁止施捨給乞丐，倘施捨會使乞丐不願工作等等規定。於是,該法竟成爲第一個阻止流浪及行乞之法令，迫使農村勞工安於自己的工作崗位。對流浪及乞丐均有很殘酷

刑罰之規定，如幽禁於牛欄內，受鞭打、烙印、切耳、挖鼻使成殘廢，罰解至船艙內工作，及受吊刑等。該法認為乞丐不是窮困而是一種農工供應上 (supply of agricultual workers)的問題，並且企圖阻止封建制度 (fendalism) 走向資本的民主社會 (capitalistic democratic society) 之趨勢。但是，無論如何這一趨勢是阻止不了的。

該法雖為地主企圖獲得足夠的農工以懲罰 (punishment) 控制乞丐的一連串類似立法之開始。簡言之，亦即公共救濟的濫觴。不過，直到十六世紀政府對貧困問題所採取的措施，都是懲罰性的 (punitive)、抑制性的 (repressive) 辦法。

到了亨利八世 (Henry VIII) 對貧困者才負起較多積極的角色，巴力門並於一五三一年通過一項法律，規定徵收救濟品而由地方當局分發的辦法，這是第一個政府救濟貧民之有效措施，該法並規定市長及保安官吏，應對其教區中,因不能工作而申請救濟之老人及貧民,予以調查。調查後予以登記並發給執照，允許他們在指定地區行乞。該法令係社會對濟貧責任認識之開端，但仍循規定以酷刑對待流民及乞丐。其後，復經一五三六年、一五六三年的立法，到了一五七二年建立貧民。救濟監督員制度 (the oversee of the poor) 是為國家設立機構辦理救濟行政之開始，一五九七年通過的法律，有了徵稅以救濟貧民之規定，即規定每一教區每週應向地主徵收濟貧稅 (poor tax)，開政府徵稅辦理救濟之先例。

從亨利八世到伊麗莎白 (Elizabeth) 的各項法規，建立了一種經濟的原則與傳統: 即由地方籌款，由地方管理地方居地; 並建立一項公共救濟制度，此包括直接撥款救助失業者及有能力者工作。經過二個世紀來的企圖用抑制的方法控制貧窮問題，英國統治者已慢慢地接受為貧窮者提供救助的積極責任，因為經驗告訴他們貧窮是不可能用懲罰來抑止

或廢除的。不過，到了一六○一年的貧民法 (The Poor Law of 1601) 它仍然保存了很多早期對窮人的抑制及侮蔑的特色。

一六○一年英國依伊麗莎白女王頒佈的貧民法，一般稱之爲 "43 Elizabeth" 乃前幾世紀貧民救濟立法的法令集成。其唯一的新特色乃建立應負撫養貧困父母及祖父母的責任。何以一六○一年的貧民法成爲歷史上的一個里程碑呢? 因爲它是上述各種法律的重寫，一六○一年的貧民法所佔的地位可以說乃是從一五三一年——更確切地說是從一三四九年——開始的發展，告了一個段落，也就是說它代表英格蘭早期有關貧民立法經三、四世紀演變的最後形態。它影響了以後幾世紀的思想與行動，它不但是英格蘭，也是新英格蘭（卽美國）公共救濟的淵源及世界各國社會救濟立法的濫觴，該法確立教區 (parish)——郡 (county) 下之地方社區——的責任，應負起救濟教區內無親人照顧的窮人。教區救濟窮人的責任以該 窮人生於該教區並且 至少居住該教區已 滿三年者爲限。這種以居留權利 (residence or settlement right) 爲接受公共救濟的基本條件，到今天一直是公共救濟中一項重大的爭論點。

同時，一六○一年的貧民法不准窮人接受救濟，只要他尚有親人、夫或妻 、 父母或子女能够撫養他的話 。 此項「親屬責任」 (relatives responsibility) 或「家屬責任」 (family responsibility) 的意義乃卽將救濟窮人的主要義務由其親人承擔，而公共救濟機構只在家庭、親人無力擔負時始予救濟。此種家屬、親屬責任一直亦爲公共救濟中的一項嚴重問題。

到了查理二世 (Charles II)， 於一六六二年頒訂了居住權法 (The Settlement Act of 1662)，影響救濟行政直到今日。它代表昔日英國地方主義 (localism or parishialism) 最極端、最殘忍的形態。該法限制窮人遷徙到別的教區，當一個人遷徙到另一教區時， 依照規定， 該區的

窮人監督員 (the oversee of the poor) 必須在四十天內予以調查，如發現他的年房租不到十英鎊時，得向和平法官 (justice of the peace) 提出控訴，要求將他驅逐出境，遣回原來教區。亦卽授權法官，對任何無力負擔一年十鎊之房租而為貧民監督員認為將來可能要求救濟的新移入者，遣回原來的教區。其理由並不是因為他要求救濟，而只是貧民監督員判斷將來他可能不得不要求救濟——直到一七九五年才予修正為新遷入者要求救濟始得遷回原教區。因此，一個新遷入而無能力負擔一年十鎊之房租的家庭或個人，在最初四十天內一直戰戰兢兢地唯恐有一天法官要驅逐他們出境。

這種情況可以說是封建制度傳統的遺留，是封建制度沒落後仍企圖維持農奴制度 (serfdom) 使農村的勞工 (rural workers) 留在農村的一連串發展的最高峯，不但禁止農工的旅行他處，並且授權地方當局遣送農工回原來的教區，而不顧工商業的發展，在城市裏有更多的機會給這些貧窮的農工。同時，也是地方主義最極端的發展，人類需要不得取自鄰地。

事實上，一六六二年居住權法可以說是一六〇一年貧民法所建立的救濟制度的邏輯結果。因為該貧民法規定每一教區須負責區內窮人的救濟，所以每個教區都不願救濟不是屬於本教區內的窮人，不願意其他教區將來可能要求救濟的窮人到本區來，以免他日增加本區的負擔，所以要儘量限制區外人之遷入。

自一六六二年以後，開始了一連串對居民之限制規定，並且，一經付之實施，弊端叢生。對此，亞當・史密斯 (Adam Smith) 甚至覺得這個問題頗為嚴重而有必要在他的《國富論》(*Wealth of Nations*) 以頗長篇幅詳加敍述，他指出該法的規定造成了許多舞弊欺詐的行為的產生，有時候，教區的官吏為了急切消除該區內的貧窮乃收買窮人，要他

們偷偷地遷到另一個教區，隱藏滿四十天，取得在該區的居留權，而取消在本區的居留權。所以，到了一六六八年詹姆士二世 (James II) 乃頒訂新法，規定任何新遷入者要合乎四十天的限期以取得居住權，必須呈送乙份書面報告 給貧戶監督員， 寫明居住處所及家庭人數。 也就是說， 從他提出這份書面報告起，他居住在新教區的日期才算數。但是，儘管如此規定，弊端仍生， 所以， 到了一六九一年威廉三世 (William III) 乃頒訂新法， 規定新遷入者之遷入的書面報告必須在星期日禮拜儀式完畢後於教會公告，才算有效。

但是，這些新法，對於謀職者的流動性一無用處。亞當‧史密斯在其《國富論》接著又指出這些法律使得勞工的流通 (circulation of labor) 阻塞，為了要使勞工的流動暢通，乃發明了一種證明書 (certificates)。其目的乃在保證倘若新遷入者帶來新教區的負擔，原來的教區必須負責償還一切費用。但是， 還是解決不了問題，當一個人要遷到他區時， 他區一定要此一證明書，但是，原來的教區往往不發給。其結果， 就像喬治古弟 (George Coode) 所說，該法使得本教區像監獄 (a prison)， 他區像敵人的堡壘 (a hostile fortress) 一樣。

一六六二年居住權法對窮人的抑制、侮蔑的情形，理查柏恩 (Richard Burn) 在其《英國貧民法史》 (*The History of the Poor Law*) 及伊登爵士 (Sir Froderic Morton Eden) 在其《貧窮的情況》(*The State of the Poor*) 中均有詳細的敍述， 而一八三七年英國國會眾議院的報告 (Report of the Select Committee of the House of Commons, 1837) 中對該法之殘酷的描寫更是淋漓盡致，該報告指出一六六二年的居住權法使得英國整個勞動人口 在以後一個多世 紀裏命定成為 「世襲農奴」 (hereditary bondsmen)， 而「被栓在土地上」 (chained to the soil)。

　　總而言之，英國早期有關貧民救濟之立法，實具加爾文主義的色彩。因爲當時英格蘭、蘇格蘭的清教徒爲加爾文主義者 (Calvinist)，他們強調主的榮耀及天恩的概念 (the concept of grace)，認爲人類唯一的義務及功能乃卽感謝主的榮耀。上帝依照他的旨意自由作爲，人類無法影響上帝，人與人之間是隔離的，因爲每個人只與上帝有關係，所以，施捨 (almsgiving) 是錯誤的，錯在以爲可以借施捨影響上帝的旨意。一切由上帝預先安排──上帝決定誰將得救、誰將受罰。因此，既然上帝已預先做了決定，便根本沒有「憐憫」，卽「憐憫意識型態」(non-compassionate ideology)。清教徒採用了濟貧法的措施，就因爲他們相信人類的唯一功能乃卽感謝主的榮耀，而此有需一個平安的社會，濟貧法的主要目的乃在抑制、鎮壓混亂，提供一項社會控制的方法 (a type of social control)──提供救濟至預防暴動與不安爲止，而絕不是一種憐恤 (compassion)。

　　這種思想背景影響了早期英國貧民救濟立法的內容及以後的發展，也防礙了公正、明智的救濟行政之發展。其結果，貧戶戶數日增，濟貧稅擔日益增加，反對貧民法愈來愈嚴厲，因此，不時任命組成委員會予以研究、修正❺。

　　一七五八年英國國民兵法規定從事志願（義務）服務者可以代替兵役，接著一七六五年及一八三二年德國先後採行漢堡制 (Hambury System)❻ 及愛爾伯福利 (Elberfeld System) 號召人民參加社會服務工

---

❺　見拙著《美國社會福利發展之研究》，第五～十四頁。

❻　一七八八年在德國漢堡市(Hamburg)曾採取一種救濟制度，對各國救濟工作在制度與方法上影響甚大。而被社會工作界人士稱爲漢堡制 (Hamburg System)。漢堡制係依據一位西班牙哲學家衞福 (Juan Luis Vives) 的理論而予以實踐。按衞福先生於十六世紀時首卽注意到各國貧民的問題，後到巴黎深造，並長居比利時。他與摩爾 (Sir Thomas More) 等人過從甚密，爲當時著名科學家之一。他曾受聘於英國牛津大學任敎，並替法朗德

作，而後者尤爲人所稱道，其優點之一卽各區賑濟是由政府選派地方熱
心人士義務充任。 此一制度， 一方面旣可節省 辦理救濟工作的人事費
用， 另一方面，更可提倡人民志願服務的精神，且地方人士辦理地方事
務，對於地方情形易於熟悉，可增推行工作之便利。而且，這些人旣選
自本地人士， 他們與當地的關係，較領薪的專職人員更爲深固，對地方
的社會、文化、經濟、歷史背景，有更深的了解。

第二節　工業革命後的社會行政

　　工業化促成社會結構發生變遷，社會秩序也大有變動，因而帶來了
許多社會問題。工業革命是以英國瓦特於一七六九年發明蒸氣動力機而
在英國開始的，自是以後，機器代替手工生產，大工廠大企業代替了家
族工業，經濟結構與社會關係產生急劇變遷。十八、九世之紀初，英國
社會政策，著重照顧地主、廠主、商人之利益，壓制勞工。所以，工業

───────────

（續前）（Flanders）之布魯吉斯（Bruges）城議會擬訂一套貧民救濟的方案，名爲
　　　「De Subventione pauperum」。他建議該城分爲三個敎區，每區派二名
　　　議員及一名幹事前往調查每一個貧戶的社會狀況，並提供職業訓練、復建
　　　等服務，以取代過去陳舊的分發救濟品老調。
　　　一七八八年漢堡採 用了這種區域制度以便利議會所推選之 志 願 委 員 會
　　　（Volunteer Committee）， 對個別貧民之調查及救濟。漢堡並和布茲敎授
　　　（Professor Busch）之建議下規定漢堡市設一辦事處綜理全市救濟業務，全
　　　市分爲六十區。
　　　詳見 H. I. Clark, *Principles & Practice of Social Work*, N. Y.
　　　Appleton-Century, Crofts, Inc., 1947, p. 248; Karl de Schweinitz,
　　　England's Road to Social Security, philadelphia, University of
　　　pennsylvania press, 1949, pp. 36-38; Juan Luis Vives, *Concerning
　　　the Relief of the Poor or Concerning Human Need*, A Letter
　　　Addressed to the Senate of Bruges. Translated by Margaret M.
　　　Sherwood, New York: school of philanthropy, 1927.

革命的最初幾十年，勞工的命運極為悲慘，尤以童工為最。被迫在農莊、工廠、救濟院及習藝所做苦工的兒童，每天工作長達十六至十八小時，環境至差，影響健康，每至患病或勞累致死。為童工悲慘境遇所感動，早期人道主義社會改革家歐文（Owen）、皮爾（Sir R. Pell）等人，乃羣起要求對童工加以保護，以免受虐待及工作過勞，損及健康，英國政府乃於一八〇二年頒佈「健康與道德法案」，是為英國保護童工之開始。

　　英國一方面由於濟貧法辦法一直未盡妥善，另方面由於工業革命的影響所及，失業情形漸多，社會各界人士開始特別關心貧民，各種具有不同目標的慈善組織紛紛成立，徵募捐款，救濟貧民。但是，在這些慈善組織之間，缺乏連繫協調，步驟不一，形成混亂現象。亨利索里牧師(Reverend Henry Solly)目睹這種情形，乃於一八六八年建議應成立一個委員會（board），以協調政府與民間各種慈善組織的活動。一八六九年在倫敦成立「組織慈善救濟及抑制行乞協會」，旋即易名為「慈善組織協會」（Charity Organization Society)，通常簡稱為 COS。一八七七年，一位曾到倫敦而對該慈善組織協會了解頗深的美國牧師韓福瑞‧哥爾亭（Rev. S. Humphrey Gurteen)在紐約巴佛羅組織一個慈善組織協會。

　　慈善組織協會於十九、二十世紀流行於英、美各國，該會目標，除有效救濟貧民外，並力求避免救濟機構間經費之浪費、相互衝突及工作上之重複現象。他們對於社會工作專業化的建立有極大的貢獻。一方面，他們派「親善訪問員」（friendly visitor）訪問申請救濟者，以了解其社會背景及確定應採取之措施，它強調依據調查後，按其個別情況之不同，對每一個別案件，分別予以處理，這種強調「個別化」（individualization)，促成社會個案工作之產生。另一方面，他們是在為促進各

救濟機構、慈善組織，爲解決社區上的問題採取協調合作的步驟所作的努力，也爲社區組織的發展奠定了基礎。但是，慈善組織協會也造成了若干負作用。它不信任公共福利機構與公共救濟，不要任何公共福利設施，它反對擴充公共救濟，支持削減政府辦理救濟貧民之經費。它反對動用國庫稅收撥款協助私人慈善事業。這一思想背景，一直到二十世紀初還流行於美國，使得「聯邦政府應負起照顧貧民的責任」的原則遲遲無法建立。

繼慈善組織協會之後，在英、美又有社會公社 (Social Settlement, Settlements and Neighborhood Centers) 或譯作睦鄰組織的運動產生，此卽社區改良的運動。此一運動始於一八八四年英國人巴納特 (Canon S. A. Barnett) 在倫敦所創設之湯恩比館 (Toynbee Hall)。

巴納特於一八四四年生在布里斯多(Bristol)，並在牛津大學攻讀神學，其後在一八七三年就任東倫敦懷特賈伯區 (Whitechapel District, East London) 聖朱德教堂牧師 (Vicar of St. Jude's Church) 一職。該地爲倫敦最貧困教區之一。巴納特受其未婚妻羅蘭女士 (Henrietta Rowland) 之鼓勵，而且，羅蘭女士在與巴納特結婚後，卽成爲其同事 (co-worker)。巴納特夫婦在擁有八千公民的懷特賈伯教區，發現很多失業者、患病者，以及住在污穢擁擠住宅的人，於是，巴納特夫婦乃寫信徵求牛津、劍橋大學兩校對協助貧民有興趣的學生，前來該地爲貧民服務。巴納特夫婦並時常到牛津、劍橋大學兩校與學生們共同討論在懷特賈伯區所看到的貧民生活情形，並邀請學生們住在懷特賈伯區，與貧民同處，以便實地了解貧民生活情形，並爲貧民服務。巴納特有一次在劍橋大學講演時，曾經指出知識份子爲貧民服務的一個捷徑，他說：「從社會狀況調查所得來的經驗，使我們知道，如果沒有民眾合作，幾乎不會有甚麼收穫，任著貧民住在不能忍受的住宅裏，而貧民居然能心

滿意足，這是他們身上『缺乏生命』。……這種缺乏生命的狀態，若是受過高等敎育的人們相與接觸，似乎可以很快的將其改變。知識、愉快、信仰、希望是每一階級應有的，友情是轉移所有階級的途徑。各階級的友情若不融洽，就是有距離了。所以到貧民中居住，就是暗示人們服務的一個途徑。人們倘能以充分的生命和豐富的思想，來與貧民合作，就可以克服貧乏的禍害了。」是時，有一位名叫湯恩比 (Arnold Toynbee)者，其爲人最有熱忱，且穎悟過人，係牛津大學畢業生，當時爲牛津大學經濟學講師，爲一虔誠之基督信徒，對志願爲貧民服務興趣甚濃且滿懷熱忱，立誓爲貧民服務以宣揚基督之博愛，消除人間之不平，與巴納特志同道合，互認知己。湯恩比平時乃往懷特買伯區與當地貧民、工人共同生活，敎育他們，爲他們服務。在許多同事中，湯恩比顯得特別傑出，由於他的熱忱，與該區居民，有密切的連繫，建立親密的情感。同時,他在牛津大學講授經濟學時,不斷對當時濟經問題、社會不平呼籲改革。不幸湯恩比平時身體欠佳，染患肺病，於一八八三年在其三十歲生日前病故（按我國民間計算方式則爲三十一歲）。巴納特深受感動，爲了紀念亡友湯恩比的偉大犧牲的精神，並爲號召知識靑年爲貧民服務以繼湯恩比遺志，乃約集友人，於次年——一八八四年——在倫敦東區懷特買伯敎區建立一個大學公社 (A University Settlement) 正式立案名稱爲 The Universities Settlement in East London。此一公社取名爲湯恩比館 (Toynbee Hall)❼。此爲人類歷史上第一個公社（或稱社區公社、社區福利協社、社區睦鄰組織等），也是社會工作史上首次號召知識靑年志願爲貧民服務（該館現仍矗立倫敦）。此種與

---

❼　Frank J. Bruno, *Trends in Social Work, As Reflected in the Proceedings of the National Conference of Social Work, 1874-1946*, pp. 114-115. N. Y. Columbia University Press, 1948.

貧民共同生活，努力作經濟、社會、文化改革的活動由此而廣爲歐美所接受，因其親睦鄰居，愛護貧民，故又稱爲社區睦鄰運動 (Settlements & Neighborhood Movement)。

一般公社之特點有四：(1)設於貧民區，僅有宿舍，所有工作人員都住在公社內，與區內貧民共同生活，以便了解貧民之需要與問題，並建立工作員與工作對象間之情感，以工作員與區內居民之情感與了解，作爲展開工作之基礎。其口號爲「工作者與工作對象相親相愛」。(2)沒有旣定的工作計畫，隨時視當地居民實際需要計畫工作。因此，各地公社辦理之工作種類甚多，如托兒所、保健所、夜校、就業訓練班、合作社等。(3)儘量發動當地人力，培養當地人民自動自發，互助合作，爲地方服務。公社組織的各種人民團體很多，有屬互助的，有屬學習的，也有屬於興趣活動的。(4)不但使各地公社成爲當地的服務中心，並使公社也成爲當地之文化中心，盡量設法將本國及外國文化向當地居民介紹。公社在貧民區不但實際爲貧民解決其問題，注重推行民眾教育，培養人民民主、自由、平等、博愛與向上精神，並致力於促進文化交流。

自第一所公社成立後，公社運動卽迅速向各地推展。此一運動，不但成爲英國社會改良運動的一種新潮流，並且成爲世界上許多其他國家的一種社區改造運動。到了二十世紀初葉，英、法、歐陸各國、日本、美國及中國都已有了公社組織，其中尤以美國最爲發達。美國第一個公社是一八八六年在紐約市設立，稱「閭里公所」(Neighborhood Guild)。美國最初的公社，都是由其創辦人親見湯恩比館而深受感動，因而在回國後創設的。公社運動在美國的發展，遠較英國及其他國均爲迅速而普遍。如在一九三九年時，全美所成立之公社卽五百餘所❽。美國的這些公社中，最有名的要算芝加哥的「霍爾館」(Hull House) 或

❽ 見 *Encyclopedia Britanica*, Vol. XX, p. 903. ff.

譯作哈爾館、赫爾館、胡爾館。這是美國社會工作史上最享盛名的亞丹士 (Jane Addams) 女士到倫敦參觀了湯恩比館後，受其感動，而回到芝加哥於一八八九年所創立的。霍爾館在亞丹士及其同事的努力經營，不但對芝加哥市民生 活之改良 有很大的貢獻，且對美國社 會工作的發展，也有很大的影響。因此，它成了美國最著名的社會服務中心，而亞丹士也成爲美國最著名的一位社會工作者。

一般而言， 公社所使用的方法有三: (1)是供給 居民關於娛樂、敎育、保健的服務設施; (2)是由他們去發現地方的需要，而從事某種服務的實驗或示範， 然後協調社區中其他適當機關去建立此一服務設施; (3)由公社的工作人員直接參與當地居民活動，以便借機會去勸導他們，以改善其生活環境及社會關係。總而言之，公社運動對於整個社會工作之發展乃是介紹了一個新的服務方式，它是以整個社區爲工作對象，由工作者深入社區，發現社區需要，了解社區居民，發動社區力量，爲社區服務。我們可以說，公社運動對於現代社會團體工作及社區組織工作之發展，有重大的貢獻❾。

其後，隨著近代工業社會所帶來的日益增多的社會問題，對社會福利的需求益形迫切。而且，工業社會所帶來的社會問題日益嚴重，已非區區的家庭、鄰里或地方性的機關團體所能應付的，因此，大家認識了有系統的社會福利事業的重要性❿。 換言之，「社會福利」的概念或名詞，就其成爲一種科學方案的意義言，不過是隨著近代工業社會中之種種社會問題才成立的。它成爲政府的主要政務的一環，以社會工作專業的方法實施，並具有現代的觀點與內容，是在近世紀，尤其是第二次世

---

❾　見 *Social Work Year Book*, 1956, pp. 512-517.

❿　見 Harold L. Wilensky & Charles N. Lebeaux, *Industrial Society & Social Welfare*, The Free Press. N. Y. 1966, pp. XVI-XVII.

界大戰以後的事。其主要原因，一方面，十九、二十世紀之工業社會，使原有的家庭、鄰里、教會及地方性社團逐漸無法應付與日俱增之社會問題；一方面是近代許多政治學者、社會學者、經濟學者們主張「福利國家」(welfare state) 的理論，他們都認為國家的功能應從事於全體人民福利的增進，這不僅關係著人民生活的幸福，並且，關係著整個國家的安全。另一方面是受了社會學、政治學、心理學、經濟學、精神病理學等的影響，逐漸發展成為一門專業 (a profession)。一九四七年克拉克洪 (E. Kluckhonh)著《人類學的研究與世界和平》一書，強調積極的證明某特定的人種為劣等種族，已是不可能的事。一九〇二年克魯泡金 (Peter Alexeiuich Kropotkin) 著《互助論》(*Mutual Aid, A Factor of Evolution*)，闡述生物進化以及人類社會進化的原則是生存互助，而不是生存競爭。 國父亦說:「……人類則以互助為原則。社會國家者，互助之體也; 道德仁義者， 互助之用也。 人類順此原則則昌， 不順此原則則亡， 此原則行之於人類當已數十萬年矣。」 本世紀初， 瑪麗‧李查門 (Mary E. Richmond) 著 《社會診斷》(*Social Diagnosis*)一書，首次把助人的工作加以研究和講授，乃為社會工作專業的開始。在第一次世界大戰後，受到佛洛伊德(Sigmund Freud) 的精神分析理論的影響，社會工作開始運用「心理暨社會性診斷」(psycho-social diagnosis) 及「心理暨社會性治療」(psychosocial therapy)，自是以後，社會工作愈形專業化。同時， 由於一九三〇年代以後， 社會工作教育家們把動態心理和精神分析的知識應用到社會工作的研究教育和實施，而有了所謂動態社會工作的提倡。 動態的社會工作 (dynamic social work) 乃是指以動態的觀點和程序來從事社會工作的專業服務，因為協助的對象是人，而人的行為是動態的，因此，社會工作必須是動態性的，才能確保社會服務的功效。上述這種情形，對社會福利與行政

發展有重大的影響，使社會福利與行政工作從早期慈善施捨的形態，發展成爲政府的主要政務的一環。

第三節　現代福利國家的社會行政

　　工業化、都市化、經濟快速成長，社會變遷日趨劇烈，社會結構隨而不斷變化，無論個人、團體、制度及社會全體均受到衝擊。新的技術發明，新的生產方式，新的人口分佈，新的家庭組合，新的居住環境，新的價值觀念、行爲規範、意識形態，帶來了許多社會問題，如人口移動方面包括人口、衞生、住宅及都市問題，技術改革方面涉及教育、訓練、就業及貧窮問題，社會制度方面包括家庭婚姻問題、老人、兒童、婦女等問題，生活規範範圍方面包括少年犯罪、代溝等問題，乃產生了社會福利服務的需求與供應。換言之，隨著工業社會所帶來的日益增多的社會問題，對社會福利的需求益形迫切。而且，工業社會所帶來的社會問題日益嚴重，已非區區的家庭、鄰里或地方性的機關團體所能應付的。因此，大家認識了有系統的社會福利事業的重要性。換言之，就其成爲一種科學方案的意義言，不過是隨著工業社會中之種種社會問題才成立的。

　　當今社會福利思潮流行著二種基本概念：「剩餘性的」與「發展性的」。前者認爲社會福利設施只有在正常的社會結構崩潰時才能擔起其角色。這種觀念把社會福利設施當作一種「剩餘的角色」，扶正崩潰，填補缺陷。後者認爲社會福利設施是現代工業社會的「首要的功能」，與其他各種社會制度居一種「積極的、合作的角色」，以共同建設一個民生安和樂利的社會。

社會福利的發展觀念，體認現代生活的複雜性，社會上大多數的進步，可能造成某種「功能喪失」，使那些無法適應這種變遷，無能力改善自己生活的人，落在後頭，當社會發展跟不上經濟發展時，最受影響的將是那些太年輕的、太年老的、病人以及無能力的人。今天，這兩種概念：「剩餘性的」與「發展性的」，影響社會福利設施的性質。很幸運地，由於大社會的概念已逐漸地被接受，社會福利之發展性的概念，必將盛行。

人類的環境是經濟的，也是社會的。一個富足的、高度工業化的國家，應能同時兼顧到對貧窮同胞的救助，及全國人民生活「質」的方面之提高。在制定計畫以應付因社會脫節及功能喪失所造成的問題時，事先的預防比事後的補救更為可取。了解社會及經濟狀況，以及認識問題之可能根源，可導致社會「免疫」技術的發展，如醫藥科學，今已大大減少很多疫病的發生了。

總之，當前各國社會行政發展新趨向可分述如下：

一、由消極的發展為積極的措施

因為順應時代的經濟與社會發展，大家開始注意到競爭上機會的不平等，而不再只是關心此一種不平等機會的競爭所產生的貧窮的後果。機會的不平等，包括教育、訓練、就業及住宅等。譬如說，美國黑、白人之間，因種族偏見與歧視，黑人得不到平等的教育、訓練、就業及住宅的機會，其結果，黑人教育差、收入少，致多淪為貧窮。個人貧窮事小，關係整個國家的福利事大，其所帶來的損失實難予量計。種族暴動所造成的人命與財產等的損失不談，僅就黑人潛能之未能發揮的損失（年約美金一百七十億元）及因此而須提供有關社會服務與救濟等的

費用（年約美金三百四十億元）兩項目，據美國總統經濟顧問委員會（CEA）的估計，年達美金五百一十億元以上。所以，像大社會計畫、反貧計畫及新社會福利政策等，都是想積極的從經濟的觀點向貧窮作戰，為人類創造發展機會，積極地消滅貧窮的原因，而不重演消極性的救濟措施。

二、從事後的補救發展為事先的預防

大家已了解在制定社會福利計畫以應付因社會失調及功能喪失所造成的社會問題時，事先的預防比事後的補救較為可取。了解社會及經濟狀況，以及認識問題的根源，可導致社會「免疫」技術的發展，如醫藥方面的免疫措施，今天已大大減少了很多疾病的發生。過去，一般社會福利計畫只注意對工業化所引起的社會問題謀求改善。求才求職失調，使無收入來源的破碎家庭日益增加，新的都市貧民窟等，只是社會進步與經濟發展未能平衡的一些後果而已。經濟計畫之彌補缺陷避免落伍，計畫充分利用經濟潛能等功能已普遍被接受。然而，社會福利計畫一向總是跟在後頭，逐一撿拾新產生的社會問題的碎片。今天，社會福利對兒童之預防性計畫，已獲得廣大羣眾之瞭解與支持。對家庭破碎的預防計畫，也逐漸引起大家的注意。大家認識了若能預防遺棄的發生，使雙親在家庭裏承擔他們的家庭責任，則對兒童身心的發展，其意義要遠比事後昂貴的補救性的服務為重大。

三、從隨意施捨發展到側重事實的探究與問題的分析

對貧窮、失業以及其他各種社會問題，運用有系統的方法和客觀的

態度作實地訪問，大量搜集有關的事實資料，予以統計分析，以資明瞭及改進有關的社會問題。譬如對貧窮問題的實地調查，明瞭貧民的生活的情形，貧窮的根源及貧民的意願，對於社會福利政策有重大的影響。有關貧民態度的調查研究，發現貧民的社會態度比較抵制性，對外仇視、敵對、冷漠、拒絕合作、隔離疏遠，對本身滿懷悲觀與自卑，喪失自尊心與自信，缺乏成就動機，依賴性很重。對於這些特殊因素加以分析後，美國「大社會」計畫中的「學前輔導方案 (head start project)」致力於貧民態度的改變。該方案是一種對家境貧困的學前兒童提供學習的經驗，適當的營養照顧及醫療服務的兒童發展計畫，其目的在促進貧困兒童的健康，增加他們的自信心，改善他們與別人的關係及其他適當服務，使這些家境貧困的兒童在其入學時，能與富裕家庭的兒童在一個較爲平等的基礎上公平競爭——此即 國父所說的出發點的平等。

四、從對少數人的服務發展爲全體大衆的服務

過去的救貧工作是以貧困者爲對象而予以救濟，而此貧困者，僅佔全體人口的極少數。今天的福利政策，創造就業機會，加強就業輔導，以提高人人的生活水準，並建立社會保險完整體制，以集體的力量保障大衆的經濟安全，其對象是全體大衆。若就兒童方面的照顧言，過去的兒童救濟是對失依、棄養、殘障、頑劣、犯罪等不幸的兒童予以食、衣、住行等的照顧，而不幸的兒童只佔全體的一部分。今天的兒童福利，則除了對上述不幸的兒童的照顧外，更注意一般兒童的福制，積極地維持其正常生活，促進其身心健全發展，其對象是全體兒童。

五、從少數人參與服務發展爲大衆參與

從歷史發展來看，早期的救貧工作是由民間的慈善、公益或宗教團體辦理，其後始由政府的社政機關辦理。但是不論是民間或是政府辦理，在以往只是少數人參與。今天，政府與人民協力並舉，政府除了本身大力推動社會福利工作外，並致力於發動社會整體力量來協助政府加速推動社會福利工作，使得社會福利工作成爲一種大衆參與的全面性的工作，一方面結合工商企業界，推廣民間社會福利工作，另一方面建立志願服務體制，有效結合社會熱心人士，服務社會，造福人羣。

六、從地方的發展爲全國性的計畫與組織

早期有關貧民立法，都是規定由地方自行負責籌募救貧經費及訂定貧民的照顧方案。但是，到了今天，社會問題日益增加，日趨複雜，社會問題之多元性質，以及貧窮問題惡性循環之特徵，已不再是地方的計畫與組織所能應付的，因此，逐漸由地方發展爲全國性的計畫與組織。據最近出版的《世界各國社會安全制度》一書記載，已有一百二十七個國家實施全國性的社會安全制度。

七、從非專業的發展爲運用專業方法

由農業社會進入工業社會，精密分工技術專門化的現象日益增加，世界各國爲確保其服務功效，以實踐社會福利的目標，乃運用社會工作專業知識、方法與技術提供服務。因爲，社會福利工作的對象是人，人

的行為是動態的，必須接受社會工作專業教育與訓練，才能有效針對他們的問題與需要提供適當服務。我們期望貧民能儘速自強自立或整理家戶及環境衛生，用消極的懲罰、抑制，或積極的激勵、輔導的方式之間就有很大的不同。英、美早期貧民救濟充滿著懲罰、抑制、侮辱性的色彩，其結果非常不理想。因此，早已被淘汰了。今天，我們必須把貧民也當人看待，設法了解其態度並予以改善，而不能再像以前把貧民當做罪人看待。總之，今天從事社會福利工作人員，都必須經過社會工作專業教育與訓練，以有效把握社會工作專業方法和技術，始能有效地為民眾提供各項服務。

第三章　社會福利行政的推行要件

第一節　社會政策與立法

　　社會政策一詞，德國人言之最早，提倡亦最力。一八七三年德國郎已成立社會政策學會,陸續出版著作甚多,其後英、美各國相繼採用❶。第一位予社會政策以科學的概念者爲華格納(Wagner Adolph)，一八九一年他發表了〈社會政策、財政政策、租稅政策〉的論文，他說，一般所謂社會政策，是對分配過程的範圍內各種弊害，採取立法和行政手段，以爭取國家政策的目的。華格納的意見，可以有三點說明：

　　1.是社會政策所指的社會各種弊害，單指分配過程範圍內的弊害，也就是財產所得和勞動所得之間分配不均所發生的弊害，是私有財產制度之自由的經濟發展所必然發生的結果。

　　2.社會政策所要求的主觀的動機是在爭取，換言之，其意是在如何緩和財產所得與勞動所得的對立，並如何調節其弊害。

　　3.社會政策是國家政策，必然的是要採取立法的和行政的處理。

---

❶　謝徵孚編著，《社會問題及社會政策》，國立編譯館出版，民國五十八年，第五四～五五頁。

社會政策的概念，是隨時代背景的不同而有所變更的，現代的社會情況變遷得很快，現代的社會政策，和以前的舊概念完全不同了。總之，今天所謂社會政策，是經由國家的立法及行政爲手段，提高國民生活，增進社會利益，促使經濟的、社會的平衡發展，

社會政策之確定，是推進有效的社會行政的要件之一。社會政策是近代政治中最重要的一部分，社會政策之日形重要，乃是因爲現代的社會問題愈來愈多，有的且愈來愈嚴重，如無社會政策，則社會問題將得不到適當合理的解決或預防，個人與團體的安全與福利，也得不到合法的保障，社會與國家均將蒙受其害，故現代國家莫不注重社會政策的制定與實施。如政府爲解決或預防種種社會問題，有勞工政策、失業政策、救貧政策、社會安全政策……等等。政策爲行政的計畫、施政的最高指導原則、指導方針，是政府或政黨爲實現政治上的某種目標，而採取之具體的行動路線、基本原則、基本方針，社會政策乃是社會行政的計畫，政府在社會福利方面的措施的最高指導原則、指導方針，是政府或政黨爲實現其在社會福利方面的目標而採取之具體的行動路線、基本原則、基本方針。也可以說是一個國家依據立國精神及當前社會需要而制定的一種有系統的解決或預防社會問題、協調社會關係、革新社會制度與指導社會進步的施政方針、基本原則、具體行動路線❷。

社會政策是社會行政之指導方針，社會行政是社會政策之執行與發展。沒有政策指導的行政，將沒有施政目標和理想。沒有社會政策的社會行政，不僅將使社會福利措施缺少目標、方向和依據，有時且會使政府與社會的力量趨於分散，而不能發揮殊途同歸以共同實現改進社會之理想，甚或會使各種措施發生相互衝突或先後矛盾的現象。因此，實施社會行政，必先有明確的社會政策，且須各種社會政策相互配合，以及社

❷ 見拙著《社會行政》，中華電視臺出版，民國六十七年二月，第五～五二頁。

會政策與國家之財政、經濟、教育政策相互配合，共同促進人民的福利。

　　社會立法之制定，亦是推進有效的社會行政之要件之一。社會政策要能有效的、強有力的執行，亦卽是說社會行政要有效實現社會政策目標，必須制定成立法，這種立法稱爲社會立法。社會立法是社會行政的法律基礎，也是社會政策的具體表現，卽用法律的手續和條文，把它詳細規定出來。現代社會是法治社會，因此，社會行政要強有力的去執行社會政策，必須透過社會立法，因此，一般來說，社會政策確定在先，而社會立法制定在後。綜觀世界各國經驗，在確定社會政策後，均立卽透過社會立法的制定，以利社會行政之推進。如一九三五年美國制訂社會安全法以推動社會安全政策，一九六四年美國通過經濟機會法來推動大社會及向貧窮作戰的政策，瑞典於一九一三年制定基本國民年金法，一九五九年通過輔助年金法以推動老年安全政策，一九四八年通過兒童津貼法以推動兒童及家庭政策。換言之，社會立法之作用乃在經由立法程序制定各種法案以保障並改善因年齡、性別、種族、身心缺陷或經濟困難而不能自行獲得合理生活者之經濟與社會地位，以及促進有關全體國民的福利之各種措施。社會行政關係全國或多數人民或遭遇困難之特定人口之生活與權利,不經立法程序,各種措施將無法獲得人民之認可與合作。社會立法雖可使有關機關獲得強制執行法律的規定之功能，但爲求立法之可行與切合事實需要，一般社會立法均在其必須強制執行的部分外，保留適當的彈性，以使立法易於執行；並於實施社會立法之前運用各種方法、途徑獲取民眾意見，了解問題眞相，以便制定之政策與立法能切合事實需要，而爲民眾所接受。於實施時輔之以教育、宣傳溝通，而不徒恃社會立法以強執推行，以便民眾對於社會行政的各種措施易於了解與支持，此種了解與支持是社會行政不可缺少的重要推進條

件。社會行政的各項措施，無不與民眾的福利密切相關，倘民眾不能充分了解、配合與支持，則一切設施將難予普遍推行，更不易行之有效❸。

　　社會立法事實的起源，由來已久，如一三四九年英國愛德華勞工法及一六〇一年之貧民法等；但社會立法觀念上的起源和「社會立法」(social legislation) 一詞的第一次出現，要算是從一八八三年起，普魯士首相俾斯麥先後制定法律，創辦勞工疾病保險、勞工災害保險及殘廢老年死亡保險開其端。近代的社會立法，有狹義與廣義之分，就狹義言，乃著眼於解決社會問題，以保護處於經濟劣勢狀況下，一羣貧困無依的生活安全所制訂的社會立法，例如救貧立法、勞工保護立法案。就廣義言，乃著眼於增進全體國民之福利，凡是以改善社會大眾生活、促進整體社會福利而制定的立法皆屬之，如各國所制定的衞生保健的立法、國民就業的立法、國民住宅的立法、社會保險的立法、福利服務的立法及社區發展的立法等。

第二節　機構組織方面

　　建立完整有效之機構組織，亦是推進社會行政的要件之一。聯合國在一九六二年出版的《社會服務組織與行政報告》(*Report on Organization & Amdinistration of Social Services*) 指出社會服務在不同的國家，不論在組織結構、職掌範圍、機構名稱、計畫或實務方面，均有所不同。因為這種差別，所以不可能也不需要去建立一個一致的行政體制適用於每一個地方❹。美國衞生教育福利部於一九七〇年編印 *Na-*

---

❸　見拙著〈談社會立法〉，《自立晚報》，民國六十七年十月七日。
❹　*Report on Organization & Administration of Social Services*, United Nations, 1962.

tional Social Service Systems-A Comparative Study & Analysis of Selected Countries 一書中，分析全世界有代表性的三十二個國家的社會福利行政主管機關，旋於一九七一年編印《各國社會安全計畫》(*Social Security Programs Throughout The World*) 調查各國主管社會福利機構。根據此二項報告，可歸納爲五種類型：(1)有完整獨立的社會福利行政主管單位，如希臘、法國、澳大利亞的社會服務部，比利時、以色列、瓜地馬拉的社會福利部，新加坡、丹麥、冰島、瑞典及挪威等之社會事務部。(2)社會福利與衞生合併的行政主管單位，如加拿大、韓國等的衞生福利部(內設社會福利局)、英國的衞生與社會安全部(內分社會服務、社會安全及衞生部門)及日本的厚生省 (卽衞生與福利部)。(3)社會福利（或社會事務）與勞工行政合併的行政主管單位，如敍利亞、約旦、沙烏地阿拉伯、西德等的勞工及社會事務部，意大利、智利、墨西哥等的勞工及社會福利部。(4)社會福利（或社會事務）或與勞工行政合併其他公共行政混合於內政部之內，如泰國（內政部下設公共福利司）、中華民國（內政部下設社會司及勞工司）之內政部。(5)特殊的複合體制，如美國在一九八〇年以前的衞生教育福利部❺。由上述資料可見極大多數國家均設有其社會福利行政主管機構，但其名稱組織及職掌範圍，各有不同。

　　不過，任何國家或地區，不論其歷史、政治、經濟、社會、文化背景及社會福利行政組織制度有何不同，執行機構之協調與統一，確爲推進有效的社會行政的要件之一。社會福利行政機關之要求協調與統一，乃是消極的在避免機關間之分立、衝突以及其職權與工作之紛歧與割裂，積

---

❺　*National Social Service Systems-A Comparative Study & Analysis of Selected Countries*, U. S. H. E. W, 1970.
　　民國七十六年內政部勞工司劃出，由行政院另成立勞委會。

極的在求配合與集中力量以發揮最高之行政效率而求社會整體之福利。

二十世紀現代國家，由於經濟、工業快速發展，社會變遷日趨劇烈，社會問題日益嚴重，社會福利之需求日益迫切。各國對於當前社會福利方面的問題與需求，一方面瞭解自己國情，一方面參考各國經驗，以建立在社會福利方面的正確目標、政策與具體措施。為了實現社會福利之目標、政策與具體措施，新創機構乃日益增加，易生屋上加屋及機關紛繁重疊等弊病，二個或二個以上機關進行同一工作，由是新設機構愈多，問題愈繁重，常有重複衝突、矛盾磨擦、分散混亂、政出多門、責任不一及浪費情事發生，嚴重影響行政效率乃至於社會福利目標與政策之實現至鉅，形成必須重新調整的問題。事實上，先進國家在其發展過程中，此一現象，近年實例屢見，端在如何掌握正確政策，對行政部門作深入調查研究，進而迅謀改進，依據各機關之主要目標、任務，予以適當改隸、廢止、歸併或集中、改組，以求節省經費，簡化行政單位及提高行政效率，亦即經濟有效地實現社會福利之目標、政策。

當然，由於現代社會行政的範圍至為廣泛，而其措施亦極為繁多，常非僅由社會行政主管機構所能單獨勝任，而必須由社會行政主管及其他有關機構協力推進，分工合作，相輔相成。而且，在事實上，一個國家的社會福利行政主管單位常無法將所有社會福利工作都彙集起來獨自承擔。有的因歷史、傳統，有的因政治因素或其他因素，不能不以一部分社會福利工作任由其他有關單位分擔。所謂統一，並非意指惟一、劃一或包辦；所謂協調，亦非意指去異趨同，也不是強相遷就。所謂機構的協調統一，乃是指各種有關機關在組織上應為一有機體系，在職權上應有一適當分工，而各種組織及職權均能在一有機體系與綜合設計中各盡所能，分工合作，相輔相成，以維護並發展組織整體之生命與活動。因此，所謂機構之協調統一應是：(1)各級政府各設有獨立的社會行政的

主管機構；　(2)主管機構與其有關之各種公共行政機關在組織上密切聯繫，在活動上有效配合，使各種有關社會福利行政的機構在綜合設計下，分工合作，相輔相成以共同促進整體的社會福利。

社會福利工作是政府職責中的一個特殊領域，因此，社會福利行政應該集中於一個獨立的部門，各國均逐步朝向集中一個部的方向走。不過，此一努力，並非一蹴可至，所以，很多國家社會福利工作非僅由社會行政主管單獨負責，必須要有一個負責主要協調責任的機構總其成，以免職責混淆不明，社會福利領域內的工作乃至和其他有關部門的社會性計畫，在計畫方面和執行方面都要互相協調配合。大多數國家目前都有某種形態的協調機能 (coordinating mechanism) 的存在，其中有英國等十八個國家是採全國性的社會福利委員會 (National Council of Social Welfare or Social Service)，以發揮協調的功能。協調各種有關政府與民間機構，促成聯合設計與行動。另外，有些國家則採成立中央設計委員會 (central planning commission) 的方式，以所得結果貢獻給部際間的高階層作最後裁決。決定後可獲得優先財力支援。這種行政程序，有助於計畫方面獲得有效之協調，工作方面獲得一致的步驟。

關於協調方面，下列幾個層次是必須的:(1)是關於分散在幾個部門內的許多社會福利工作之協調；(2)是社會福利工作與其他促成社會發展較廣泛目標的行政取得協調;(3)社會與經濟兩部分發展的協調;(4)是政府與民間社會福利機構的協調;(5)各級政府單位間有關社會福利工作的協調;(6)一個社會福利工作機構（包括政府與民間的，內各個部門間的協調）。

第三節　經費方面

社會行政中各種措施，有的對求助者提供現金或實物的補助，有的

對一般人民或特定人羣提供設施或服務，凡此，無不需要經費。所以，不論是政府的或民間的社會福利機構，必須有可靠的經費來源，以便能週詳計畫並有效予以推動。經費之配合，確爲推進有效的社會行政的要件之一。當前各國政府爲謀求推動有效的社會行政以實現社會福利之目標，對於籌集經費，無不全力以赴，其來源不外下列四種：其一爲政府按年編列社會福利經費預算；其二政府爲舉辦某種社會福利事業而特訂定一種稅收，以供專用；其三爲政府指撥特定稅收之全部或部分作爲社會福利基金，專戶保管運用；其四爲政府訂定有效辦法獎勵國內民間機關團體及熱心人士之捐贈，並建立志願服務完整體制，有效結合民力配合政府推廣社會服務。此外，國外公、私立機關團體及熱心人士之捐贈。

首先，現今各國政府，自中央以至地方，在其年度預算內列有各種有關社會福利之經費，凡由政府直接辦理及由政府補助辦理的各種社會福利業務所需經費均由預算開支。現代各國社會福利預算在其國家總預算中佔相當重要的地位，如下表所示，有些國家的社會安全費用，僅略次於其國防費用，有些竟高出其國防費用。

而且，我人必須瞭解，現今各國政府，自中央以至地方，在其年度預算內均列有各種社會福利之經費，而國防經費一般只有在中央政府年度預算編列，在地方政府則無此預算。因此，倘使我們將各國各級政府年度預算加在一起計算，更可顯示出社會行政所佔的地位極爲重要。以一九六八～九會計年度美國聯邦、州與地方政府之總預算言，整個美國政府在社會福利及其他有關項目之經費支出，約一千七百億美元，比國防費用八一二億美元，多出一倍以上。詳見下列附表❻，並見附錄三。

其次，政府爲舉辦某種社會福利事業而開徵特別稅，專款專用。如

---

❻ Current Services Estimates for FY 1978, Executive Office of the President, Office of Management & Budget, U. S. A., Nov. 1976.

美國爲推動社會安全制度而開徵社會安全稅（social　security　tax），每一個人就業時，必須到最近的社會安全署地區辦公處取得社會安全卡（social security card）或向當地郵局索取申請社會安全卡的表格，塡妥後並按地址郵寄卽可。卡上有社會安全號碼（social security number）此一號碼使用終身，每當一個人就業或改行轉業，該單位僱主就將受僱者的社會安全號碼登記下來，從受僱者的每月薪水中扣取社會安全稅，加上僱主自己繳付等數金額，合而爲受僱者的保險費，由僱主負責繳送國稅局之區域徵收處，並由之轉送社會安全署。專業自僱者則於每年申報所得稅時塡報並繳納社會安全稅。社會安全署將每個被保險者所申報之工資或收入，分別登記於其保險卡，其將來的給付，卽憑這張保險卡的工資或收入金額來決定是否合於給付條件及其應得數目爲多少，然後通知財政部將社會安全給付支票寄給受益人。又如美國聯邦政府爲促成各州開辦失業保險制度，乃訂定聯邦失業稅法(Federal Unemployment Tax Act)，聯邦政府按照被保者每年工資或薪資的三千元的三・一％，全國統一向僱主徵收作爲失業保險稅。凡是一個州制訂失業保險法並經聯邦政府批准者，可扣除該聯邦失業稅之九成，留作爲該州辦理失業保險用，餘下的一成，繳給聯邦政府，作爲聯邦及州政府辦理失業保險的行政費用❼。

其三爲政府指撥特定稅收之全部或部份作爲社會福利基金，專款專用，如中華民國的社會福利基金。民國五十三年都市平均地權條例修正後，都市的地價稅收入大爲增加，總統　蔣公曾經指示：「都市平均地權政策之推行，其目的非爲增加稅收，乃在以地利爲社會共享，亦卽社會財富創建社會福利事業。」民國五十三年十一月間執政黨九屆二中全會

---

❼　見拙著《美國社會福利發展之研究》，中國學術著作獎助委員會出版，民國五十九年十二月，第六〇～八七頁。

表 3-1 各國中央政府年度總預算與社會安全及國防經費預算比較表

國別	會計年度	單位	年度總預算	國防費用	社會安全費用	國防費用佔總預算比例	社會安全費用佔總預算比例
美	1951年7月—1952年6月	百萬(美元)	71,594.00	41,421.00	7,711.00	57.9%	10.8%
英	1951年4月—1952年3月	百萬(鎊)	4,750.00	1,487.00	810.20	31.3%	17.1%
日	1952年4月—1953年3月	億(日元)	8,527.50	1,844.10	777.40	21.6%	9.1%
法	1951年1月—1951年12月	十億(法郎)	2,743.00	915.00	85.00	33.3%	3.1%
意	1951年7月—1952年6月	十億(里郎)	1,884.10	438.70	207.60	23.2%	10.9%
加拿大	1951年4月—1952年3月	百萬(美元)	3,823.80	1,799.20	667.90	47.1%	17.5%
紐西蘭	1949年4月—1950年3月	百萬(鎊)	142.00	10.60	60.40	7.5%	42.5%
典	1949年7月—1950年6月	百萬(克若諾)	5,726.00	1,011.00	1,648.00	17.7%	28.8%

資料來源: 聯合國1951年出版《統計年報》。

表 3-2　各國社會安全支出佔政府總支出百分比

開發國家	年份	社會安全支出佔政府總支出百分比%	開發中國家	年份	社會安全支出佔政府總支出百分比%
奧地利	1960	50.6	玻利維亞	1962	19.1
比利時	1960	52.7	錫蘭	1962-63	13.0
加拿大	1959-60	29.5	智利	1962-63	40.1
丹麥	1959-60	41.6	中華民國	1960	2.0
芬蘭	1960	33.4	哥倫比亞	1963	9.6
法國	1960	39.7	哥斯達黎加	1963	23.0
西德	1960	46.5	多明尼加	1962	4.8
冰島	1960	29.7	瓜地馬拉	1959-60	10.9
愛爾蘭	1959-60	31.8	宏都拉斯	1964	2.5
以色列	1960-61	12.9	印度	1964	7.5
意大利	1960	42.6	馬來西亞	1960	19.6
日本	1960-61	21.8	巴拿馬	1963	20.9
荷蘭	1960	40.7	菲律賓	1963	5.1
挪威	1959-60	32.1	葡萄牙	1960	24.3
西班牙	1960	38.6	薩爾瓦多	1960	6.4
瑞典	1960	39.5	坦尚尼亞	1959-60	16.1
瑞士	1960	30.1	土耳其	1963	16.0
英國	1960-61	33.4	烏拉圭	1963	43.0
美國	1966-67	28.1			
委內瑞拉	1962	5.0			

資料來源: International Labour Office: *The Cost of Social Security*,
　　　　Ceneva, 1958, 1963, 1967.

表 3-3 美國政府聯邦總預算分配表 1969-1971

(單位: 十億美元)

年度 項目	1969年 6月底止	1970年 6月底止	1971年 6月底止
收入（總計）	187.8	199.4	202.1
支　　出			
國防含核子計畫	81.2	79.4	73.6
國防事務	3.8	4.1	3.6
太空計畫	4.2	3.9	3.4
農業補助	6.2	6.3	5.4
河川港埠水壩等	2.1	2.5	2.5
補助交通與商業	7.0	8.2	8.4
補助住宅與社區發展	2.0	3.0	3.8
教　育	4.8	5.3	5.4
人力訓練與就業輔導	2.0	2.3	2.8
公共醫療衛生計畫	11.7	13.3	15.0
社會安全給付	26.8	29.8	33.6
公共救助家庭補助糧食	4.6	5.8	7.3
失業支付	2.3	2.9	3.2
公務員退休金	1.8	2.8	3.2
鐵路工作員退休，其他收入安全計畫	1.9	2.5	3.0
民　　防	0	0.2	1.4
利息支出	15.8	17.2	17.8
其他支出	2.9	3.9	5.3
	5.0	6.0	5.3
（總計）	184.6	197.9	200.8
撙　　節	3.2	1.5	1.3

資料來源: Nixon's First Budget: Over the 200 Bililon Mark, *U. S. News and World Report*, Feb. 9, 1970. p. 46.

表 3-4 1968-9會計年度美國各州及地方政府經費預算

(單位: 百萬美元)

教　　育	38,230
公　　路	13,960
公共福利	8,250
衛生及住宅娛樂及其他	33,330
合　　計	93,770

資料來源: E. M. Helfgott, U. S. Social Welfare Spending Increase More Than Defense Outlays, Feb. 1969, No. F-69-45, USIS.

表 3-5　美國1977會計年度聯邦預算草案內容

（美元單位）

（一）歲入部分	七七會計年度	較七七年度增減
個人所得稅	1,536億元	(十) 228億元
事業利潤稅	495億元	(十) 94億元
社會安全稅	940億元	(十) 155億元
貨物稅	179億元	(十) 9億元
不動產及贈與稅	58億元	(十) 7億元
失業保險稅	121億元	(十) 44億元
其他稅	185億元	(十) 1億元
小　　計	3,513億元	(十) 538億元
（二）歲出部分		
國　防	1,011億元	(十) 83億元
國際事物、經援	68億元	(十) 11億元
科學、太空、技術	45億元	(十) 2億元
農業援助	17億元	(一) 12億元
河壩、天然資源	60億元	(一) 1億元
污染控制	44億元	(十) 13億元
能　源	34億元	(十) 8億元
郵　政	15億元	(一) 2億元
交通、商務援助	150億元	(十) 11億元
社區、地區發展援助	55億元	(一) 3億元
教育、人力、社會服務	165億元	(一) 23億元
醫療、保健計畫	344億元	(十) 23億元
社會安全給付	827億元	(十) 100億元
公共協助、糧票		
家庭補給	229億元	(一) 7億元
失業補貼	169億元	(一) 25億元
公務員退休	100億元	(十) 17億元
退役軍人援助	172億元	(一) 18億元
國債利息	450億元	(十) 73億元
補助地方政府	66億元	(十) 3億元
其他支出	108億元	(十) 12億元
扣除機關間轉移款（減）	128億元	(十) 6億元
大陸架租費及權利金（減）	60億元	(十) 3億元
小　　計	2,942億元	(十) 207億元
（三）赤字	430億元	(一) 330億元

說明：(1)此項預算分配表，乃1976年１月21日福特總統向國會提出的一九七
　　　 七年度聯邦預算草案內容。

　　　 (2)資料來源：採自民國65年（1976）２月15日《中國時報》，朱懋鐸
　　　 〈美國一九七七會計年度聯邦預算的問題〉一文。

BUDGET RECEIPTS BY SOURCE AND

(In billions

Description	1966	1967
RECEIPTS BY SOURCE		
Individual income taxes	55.4	61.5
Corporation income taxes	30.1	34.0
Social insurance taxes and contributions	25.6	33.3
Excise taxes	13.1	13.7
Estate and gift taxes	3.1	3.0
Customs duties	1.8	1.9
Miscellaneous receipts	1.9	2.1
Total receipts	**130.9**	**149.6**
OUTLAYS BY FUNCTION		
National defense[1]	55.9	69.1
International affairs	4.6	4.7
General science, space, and technology	6.8	6.3
Natural resources, environment, and energy	3.1	3.4
Agriculture	2.4	3.0
Commerce and transportation	9.0	9.2
Community and regional development	1.5	1.7
Education, manpower, and social services	4.1	6.0
Health	2.6	6.8
Income security	28.9	30.8
Veterans benefits and services	5.9	6.9
Law enforcement and justice	.6	.6
General government	1.4	1.6
Revenue sharing and general purpose fiscal assistance	.2	.3
Interest	11.3	12.5
Allowances[2]	....	....
Undistributed offsetting receipts	—3.6	—4.6
Total outlays	**134.7**	**158.3**

[1] Includes civilian and military pay raises for Department of Defense.

資料來源: The U.S. Budget Fiscal Year 1976.

OUTLAYS BY FUNCTION, 1966-76

of dollars)

			Actual				Estimate	
1968	1969	1970	1971	1972	1973	1974	1975	1976
68.7	87.2	90.4	86.2	94.7	103.2	119.0	117.7	106.3
28.7	36.7	32.8	26.8	32.2	36.2	38.6	38.5	47.7
34.6	39.9	45.3	48.6	53.9	64.5	76.8	86.2	91.6
14.1	15.2	15.7	16.6	15.5	16.3	16.8	19.9	32.1
3.1	3.5	3.6	3.7	5.4	4.9	5.0	4.8	4.6
2.0	2.3	2.4	2.6	3.3	3.2	3.3	3.9	4.3
2.5	2.9	3.4	3.9	3.6	3.9	5.4	7.7	10.9
153.7	**187.8**	**193.7**	**188.4**	**208.6**	**232.2**	**264.9**	**278.8**	**297.5**
79.4	80.2	79.3	76.8	77.4	75.1	78.6	85.3	94.0
4.6	3.8	3.6	3.1	3.7	3.0	3.6	4.9	6.3
5.6	5.1	4.6	4.3	4.3	4.2	4.2	4.2	4.6
3.6	3.5	3.6	4.4	5.0	5.5	6.4	9.4	10.0
4.5	5.8	5.2	4.3	5.3	4.9	2.2	1.8	1.8
10.6	7.1	9.1	10.4	10.6	9.9	13.1	11.8	13.7
2.2	2.5	3.5	4.0	4.7	5.9	4.9	4.9	5.9
7.0	6.9	7.9	9.0	11.7	11.9	11.6	14.7	14.6
9.7	11.8	13.1	14.7	17.5	18.8	22.1	26.5	28.0
33.7	37.3	43.1	55.4	63.9	73.0	84.4	106.7	118.7
6.9	7.6	8.7	9.8	10.7	12.0	13.4	15.5	15.6
.6	.8	1.0	1.3	1.6	2.1	2.5	3.0	3.3
1.7	1.6	1.9	2.2	2.5	2.7	3.3	2.6	3.2
.3	.4	.5	.5	.5	7.2	6.7	7.0	7.2
13.8	15.8	18.3	19.6	20.6	22.8	28.1	31.3	34.4
....	....	....	....	....	....	....	.7	8.0
— 5.5	—5.5	—6.6	—8.4	—8.1	—12.3	—16.7	—16.8	—20.2
178.8	**184.5**	**196.6**	**211.4**	**231.9**	**246.5**	**268.4**	**313.4**	**349.4**

[2] Includes energy tax equalization payments, civilian agency pay raises, and contingancies.

CURRENT SERVICES OUTLAY ESTIMATES BY FUNCTION

Detail Based on Path I Economic Assumptions

(In billions of dollars)

	1976 act.	1977 current services base	Change to 1978 current services	1978 current services est.
National defense	90.0	100.0	12.1	112.1
International affairs	4.1	7.0	.2	7.2
General science, space, and technology	4.4	4.4	.2	4.6
Natural resources, environment, and energy	11.3	16.5	2.2	18.7
Agriculture	2.5	2.6	−.1	2.6
Commerce and transportation	17.2	16.3	3.1	19.4
Community and regional development	5.3	7.3	.6	7.9
Education, training, employment, and social services	18.1	20.6	.4	21.0
Health	33.5	39.5	5.5	44.9
Income security	127.4	139.1	11.1	150.2
Veterans benefits and services	18.4	19.2	.5	19.7
Law enforcement and justice	3.3	3.6	.1	3.7
General government	2.9	3.6	.2	3.8
Revenue sharing and general purpose fiscal assistance	7.1	8.8	−.9	7.9
Interest	34.7	39.5	3.0	42.5
Allowances:				
Civilian agency pay raises	......	......	1.3	1.3
Contingencies	......	......	2.0	2.0
Undistributed offsetting receipts	−14.7	−15.4	−1.0	−16.3
Total outlays, Path I	**365.6**	**412.9**	**40.3**	**453.2**
Alternative totals:				
Path II	......	412.0	36.0	448.0
Path III	......	412.9	39.3	452.2
Path IV	......	412.0	35.1	447.1

CURRENT SERVICES BUDGET AUTHORITY
ESTIMATES BY FUNCTION
Based on Path I Economic Assumptions
(In billions of dollars)

	1976 act.	1977 current services base	Change to 1978 current services	1978 current services est.
National defense	103.8	113.6	6.4	120.0
International affairs	5.8	7.9	—.1	7.8
General science, space, and technology	4.3	4.5	.2	4.7
Natural resources, environment, and energy	19.3	12.4	1.0	13.4
Agriculture	4.2	1.6	1.0	2.6
Commerce and transportation	20.6	15.5	3.5	18.9
Community and regional development	5.6	8.3	—1.9	6.4
Education, training, employment, and social services	21.4	20.1	.8	21.0
Health	33.7	40.5	6.9	47.4
Income security	139.7	154.6	15.3	169.9
Veterans benefits and services	19.7	19.9	—*	19.9
Law enforcement and justice	3.3	3.5	*	3.6
General government	3.4	3.5	.2	3.7
Revenue sharing and general purposefiscal assistance	9.5	8.5	—.5	8.0
Interest	34.7	39.5	3.0	42.5
Allowances:				
Civilian agency pay raises	......	......	1.3	1.3
Contingencies	......	......	3.0	3.0
Undistributed offsetting receipts	—14.7	—15.4	—1.0	—16.3
Total budget authority	**414.2**	**438.8**	**39.1**	**477.8**

* $50 million or less.

PERCENTAGE DISTRIBUTION OF BUDGET
OUTLAYS BY

Description	1966	1967
RECEIPTS BY SOURCE		
Individual income taxes	42.4	41.1
Corporation income taxes	23.0	22.7
Social insurance taxes and contributions	19.5	22.3
Excise taxes	10.0	9.2
Estate and gift taxes	2.3	2.0
Customs duties	1.4	1.3
Miscellaneous receipts	1.4	1.4
Total receipts	**100.0**	**100.0**
OUTLAYS BY FUNCTION		
National defense[1]	41.5	43.7
International affairs	3.4	3.0
General science, space, and technology	5.0	4.0
Natural resources, environment, and energy	2.3	2.1
Agriculture	1.8	1.9
Commerce and transportation	6.7	5.8
Community and regional development	1.1	1.0
Education, manpower, and social services	3.0	3.8
Health	2.0	4.3
Income security	21.5	19.5
Veterans benefits and services	4.4	4.4
Law enforcement and justice	.4	.4
General government	1.1	1.0
Revenue sharing and general purpose fiscal assistance	.2	.2
Interest	8.4	7.9
Allowances[2]	......	......
Undistributed offsetting receipts	−2.7	−2.9
Total outlays	**100.0**	**100.0**

[1] Includes civilian and military pay raises for Department of Defense.

資料來源: The U.S. Budget, Fiscal Year 1976. U.S. Office of Management

RECEIRTS BY SOURCE AND FUNCTION, 1966-76

			Actual				Estimate	
1968	1969	1970	1971	1972	1973	1974	1975	1976
44.7	46.5	46.7	45.8	45.4	44.5	44.9	42.2	35.7
18.7	19.5	16.9	14.2	15.4	15.6	14.6	13.8	16.0
22.5	21.3	23.4	25.8	25.8	27.8	29.0	30.9	30.8
9.2	8.1	8.1	8.8	7.4	7.0	6.4	7.2	10.8
2.0	1.9	1.9	2.0	2.6	2.1	1.9	1.7	1.5
1.3	1.2	1.3	1.4	1.6	1.4	1.3	1.4	1.4
1.6	1.5	1.8	2.0	1.7	1.7	2.0	2.8	3.7
100.0	100.0	100.0	100.0	100.0	100.0	100.0	100.0	100.0
44.4	43.5	40.3	36.3	33.4	30.5	29.3	27.2	26.9
2.6	2.1	1.8	1.5	1.6	1.2	1.3	1.5	1.8
3.1	2.8	2.3	2.0	1.9	1.7	1.5	1.3	1.3
2.0	1.9	1.8	2.1	2.2	2.2	2.4	3.0	2.9
2.5	3.1	2.6	2.0	2.3	2.0	.8	.6	.5
5.9	3.8	4.6	4.9	4.6	4.0	4.9	3.8	3.9
1.2	1.4	1.8	1.9	2.0	2.4	1.8	1.6	1.7
3.9	3.7	4.0	4.3	5.0	4.8	4.3	4.7	4.2
5.4	6.4	6.6	7.0	7.5	7.6	8.2	8.4	8.0
18.8	20.2	21.9	26.2	27.6	29.6	31.5	34.0	34.0
3.8	4.1	4.4	4.6	4.6	4.9	5.0	4.9	4.5
.4	.4	.5	.6	.7	.9	.9	1.0	.9
.9	.9	1.0	1.0	1.1	1.1	1.2	.8	.9
.2	.2	.2	.2	.2	2.9	2.5	2.2	2.1
7.7	8.6	9.3	9.3	8.9	9.3	10.5	10.0	9.9
......	......	......	......	......	......	......	.2	2.3
−3.1	−3.0	−3.3	−4.0	−3.5	−5.0	−6.2	−5.4	−5.8
100.0	100.0	100.0	100.0	100.0	100.0	100.0	100.0	100.0

[2] Includes energy tax equalization payments, civilian agency pay raises, and contingencies.

& Budget, Executive Office of the President.

通過並經行政院於五十四年四月八日公佈之民生主義現階段社會政策亦明確規定：「政府對社會福利事業，應寬列預算，並以實施平均地權所增收之地價稅， 設立社會福利基金……。」隨後， 中央決定設立「社會福利基金」， 就五十四年以後每年比五十三年度實施都市平均地權之地價稅與土地增值稅 「增收部分」 撥作社會福利基金。 劃分比例爲縣（市）佔六〇％， 設縣（市）社會福利基金專戶保管，用於所屬各鄉鎮者， 由縣（市）政府撥補之： 省佔二〇％， 另二〇％歸省統籌， 用以調劑各縣市財力不勻之缺陷，設省社會福利基金專戶保管。其歸省統籌部份， 每年按各個社會福利工作計畫， 分別一次開列各縣市政府補助清單，納入各該縣市社會福利基金，省政府不直接使用，但負監督實施之責。至於院轄之臺北市，其劃分比例爲市佔七〇％，設立市社會福利基金專戶保管，另三〇％撥解中央政府，中央政府列入國庫統收統支，雖曾經內政部一再爭取，中央社會福利基金迄未設立。

其四爲政府訂定有效辦法，獎勵民間機關團體及熱心人士，捐資興辦社會福利，及建立志願服務完整體制，有效結合民力，配合政府推動社會服務工作。在政府鼓勵民間捐資興辦社會福利事業，最爲有效者首推美國。美國不論所得稅和遺產稅皆採累進制，又規定凡以其所得或遺產捐出來興辦社會福利事業或文教衛生等公益事業者，對所捐出之部份不予計稅，因此,造成民間踴躍捐資風氣，計私人大小基金會不下一萬五千個， 每年捐款在二百餘億美元以上，對協助政府推動社會福利工作，助力至鉅。而社區基金會 (Community Chest) 或聯合募捐會 (United Funds, United Ways) 之普遍設立及有效勸募、有效組織社區福利，不但使更多的人羣爲社區福利捐獻更多的財物，而且， 消極避免地方上各機構由於缺乏連繫協調、步驟不一、各自爲政、相互衝突、工作重複浪費及混亂的現象，積極促成地方社區福利之聯合設計、聯合行動與

標準化❸。

第四節　人員方面

　　現代社會由於對社會福利之需求日益迫切，社會福利工作乃日益擴大，不斷地配合社會的需要，開創新的領域，社會行政也隨著推廣。今天，社會福利工作從其工作性質，有社會保險（行政）、公共救助（行政）、國民住宅（行政）、國民就業（行政）、福利服務（行政）、社會教育（行政）及社區發展（行政），從服務對象言，有兒童福利（行政）、老年福利（行政）、青年福利（行政）、婦女福利（行政）、勞工福利（行政）、貧民福利（行政）、殘障福利（行政）及農民福利（行政）等。不論從事任何一方面社會福利工作的人員，是否適任，關係服務品質的提高、服務功效的確保，乃至社會福利目標、政策的實現。因此，人員之適任與否，確爲推進有效的社會行政的要件之一。當前各國政府爲謀推動有效的社會行政以實現社會福利之目標、政策，均重視從事社會福利工作者須接受社會工作專業教育與訓練。換言之，均積極致力於建立社會工作專業體制。因爲，工業化的社會，精密分工與知識技術專門化的現象必然日益增加，建立社會工作專業體制是爲了順應社會福利世界潮流，也是基於事實需要。我們稱社會工作專業，到底專業性職業與非專業性職業如何區分？有五項基本特性爲專業性職業所共同具有的，而爲非專業性的職業所沒有的，此卽：(1)理論體系；(2)專業的

---

❸　詳見拙著《社區基金之籌募》，中華民國社區發展研究訓練中心印，民國六十二年。並見拙著〈談民間機構聯合募捐組織〉，《自立晚報》，民國六十八年五月二十二日。

權威；⑶獲得社區的認可；⑷共同信守的工作道德守則或信條；以及⑸有一套專業的文化。不過，專業性的職業與非專業性的職業之區別，不是在於上述五種基本特性的有無，而是五種基本特性程度上的不同。

何謂「理論體系」？除了實際經驗、高度技術外，還須一套理論體系 (a body of theory) 做基礎。任何一業，通曉原理遠較精通作業手續爲難，例如學會開汽車、修汽車較易，但欲了解汽車內部燃燒引擎的原理較難。因此，在每一項專業的演進過程中，都出現理論研究人員，擔任理論系統化的角色。理論知識之獲得，通常來自學校的正規教育，因此，專業化的前提必須興辦教育。何謂「專業權威」？經過專業教育傳授予該專業的系統理論與實際經驗，專業人員具有一種知識與技術而爲非專業人員所無，此一事實，乃卽是專業權威的基石。在一個專業性的關係，專業人員協助案主去了解何者對他有益，何者對他有害，案主缺乏此項專業知能，只有聽從專業人員的指導。例如一個人走進市場，可以憑自己判斷選擇所需，但是，進入醫院，則唯有聽從醫師的處方，此卽專業權威。服務案主的專業權威，乃授權給專業人員一種判斷專利權，每當一個職業努力走向專業化時，主要的希望之一，卽取得此項專利權。何謂「社區認可」？專業化過程中，需要建立一種證照制度 (licensing system)。取得證照的必要條件，通常是延聘這個專業內資深人士組成審查委員，審查其已否接受過專業教育並經由有資格的學校授予資格，再進一步鑑定其是否具應備的專業知能，然後頒發證照，憑以執業，社會公認其爲合乎執業標準。專業化過程中，必須先說服社會承認執業者需具有專業的教育與訓練，而且要向社會顯示具有此項專業訓練者與未具有者顯然不同，可提供品質優良的服務及滿足人們眞正的需要。何謂「共同守則」？此乃專業人員所共同信守的工作道德守則，作爲約束專業人員的行爲規範，並使社會大眾了解一個專業對於公眾福

利的任務、使命及其努力方向。這種守則，部份是成文的見諸條文，部份是不成文的蔚爲風氣，同具效力，在藉以約束所有專業人員針對著神聖使命，齊一作風，特別要保持情感上中立，對於前來要求提供服務者，專業人員立卽虔誠地提供所需服務，絕不因其年齡、收入、家庭、政治、種族、宗教、性別、職業、地域及社會地位等因素而降低服務品質或拒絕提供服務。如此，才能確保社會對此一專業持續的信心，否則此一專業就難確保其專利權。何謂「專業文化」？它包括價值觀、思想觀念、行爲規範和某些符號。社會價值是它的基本信仰和賴以存在的前提，思想觀念是專業向前發展進步的動力，行爲規範是專業內行爲的指南，符號是徽章、記號、服飾、習俗及專業中的特殊用語等。還有「事業」(career) 的概念，卽是專業人員整個人生獻身專業工作，他的工作就是他的生命，它本身就是目的，而不是手段，專業人員從事其服務的首要目的是把工作做好，以獲得心理上的滿足，服務至上，報酬其次。上述這些東西深入專業人員的習慣中，形成爲專業文化，凡是新進人員選擇此項專業後卽努力適應此專業文化。一個新進者轉變爲專業人員，根本上就是一種文化涵化的過程(an acculturation process)。在此種過程，學校、訓練機構、研討會、學術會議、出版物皆分擔其任務❾。

今天，大家均已體認一個國家要辦好社會福利工作，必須先提高工作人員素質，要提高素質，必須從事社會福利工作者，具備一定資格條件，而不能漫無標準，任何人都可以從事社會福利工作。國際社會工作界人士大都認爲社會福利工作能否順利推展，端視其領導人員及工作人員是否接受社會工作專業教育與訓練而定，唯有加強社會工作專業教育與訓練，始能提高社會工作人員之專業水準及專業，亦唯有具備高度專

---

❾　詳見拙著《專業的基本特性及其對社會工作之意義》，中華民國兒童少年策進會社會工作專案少組出版，民國六十年。

業水準與專業精神之社會工作人員，始能充份發揮社會福利之功能。其中尤以聯合國社會經濟理事會於一九六四年六月成立社會委員會（後易名爲社會發展委員會）後，第一次委員會即一致通過下列決議：「委員會認爲以增進個人及社會福利爲目的之社會工作，能否獲致改進，端視其主持人及工作人員之曾否受有社會工作專業教育以爲斷。」充分表現出社會工作專業之重要性，亦說明此一重要性經聯合國專家學者所共同承認。同時，聯合國爲了加強各國對社會工作專業化，社會委員會特別促請各國政府採取下列各項措施來達到社會工作專業化之目標：

1. 社會工作是專業性服務，應由受過社會工作專業教育與訓練的人員組成與充任。

2. 鼓勵開辦高等教育水準之訓練機構，但對助理人員之訓練亦不可忽視。

3. 對具有專業技能者，應儘可能的優先給予工作機會。

4. 提供更多的經費，供作培養專業人員之用。

5. 制定法規，保障合格社會工作人員的名銜。

6. 在政府職位分類中，加列社會工作職務，專人專職並給予合理酬勞。

接著以促進較高生活水準致力於經濟社會進步而制定的「聯合國社會發展宣言」中第三章第二項亦載有「必須訓練專業及技術人員以爲推展工作之所必需」。一九七一年聯合國出版之第五次國際社會福利調查報告中，亦一再注意社會工作專業人員與人力供需研究。由此，足見國際對社會工作專業及從事社會福利工作的人員須受社會工作專業教育之重視❿。

---

❿ 另詳見拙著〈社會工作員制度的建立〉，《自立晚報》，民國六十八年四月十八日。

第四章 社會科學與社會福利：
實施的基礎

第一節 社會福利與行政的心理學基礎
(Psychological Bases)

通常我們對問題的了解和解決有二個方式:

1. Practice Wisdom 的應用

practice wisdom 是一經驗的途徑, 社會福利專業人員經驗的累積是很重要的, 一個社會福利專業者必能注意他人經驗, 並能由此估評已發生的事將再發生的可能程度。

2 社會科學理論的研習

Helen Harris Perlman 用「生理心理暨社會整體」(biopsycho-social whole) 一詞稱人, 把人當作一存在社會環境的一個生理及心理上的實體(physical and psychological lntity), 指出人類行為的複雜, 這個 biopsycho-social whole 概念的使用, 對社會福利專業提供三個主要的理論範圍以及相關範圍:

(1)生命循環下的人類發展 (human development through the life

cycle) 人類天生的生理能力 (physical capabilities) 和後天的社會經驗 (social experience) 整合構成一個人的人格 (personality)，而生命循環 (life cycle) 可看社會結構經驗的進展。

(2)人格(personality)　人格是個人面對他人、問題和情境時所異於別人的一種規律的態度(manner)，是個人了解其外在世界的一個架構。

(3)社會環境 (social environment)　個人在團體中生活，調適個人需求以適應團體建立的規則和結構，這些團體如家庭 (family)， 友伴團體 peers (peer groups)，間接 (次級) 團體 (secondary group)，社區 (communities)，社會 (societies)，世界 (world context)。

選擇理論以便實施 (chosing theories for practice)

以下準則有利選擇特別理論以建立介入的途徑 (interventive approach)。

①價值 (values)：一個人的價值觀可左右其知識的利用角度。

②證據 (evidence)：經驗證據也可提供理論應用擇取的參考。

③實際的內涵 (practical Implication)：　由實際應用去比較那個理論可用。

④相關性 (relevance)：　最後一項選擇理論的標準是對問題適用性 (its applicability to problem at hand)，即考慮對某種問題狀況，那種理論最適合。

理論與問題的解決 (theory and problem-solving)：理論提供社會福利專業一個解決問題的方向。

在社會福利解決問題的原則如下：

1. 界定問題是甚麼 (define what your problem is)

2. 研究為何形成問題 (probe for what makes it a problem)

3. 探尋所有解決問題的可能途徑　(search　for　all　possible

solutions)

4.嘗試潛在解決方案 (test the potential solutions)

5.選擇最佳途徑 (choose the best solution)

6.繪製行動計畫將最佳方案付之實施 (map out a plan for action to put your solution to work)

7.評估 (appraisal & evaluation)

總之，解決問題是一種動態持續的過程 (problem-solving is a dynamic & continuous process)。

(一) 系統觀點 (A System View)

問題解決系的一個統途徑，有賴知識的廣大運用，個人是一生物的和心理的實體，並有一社會關係網和環境中的具有重要意義的他人 (significant others) ——包括家庭成員、朋友，及鄰居有某種關係，社會的和生物的理論可提供社會福利專家一些概念和資料，使專業人員有一了解其所見行為的參考架構。

人類發展及生命循環 (human development and the life cycle):

行為的心理學觀點注意內在心智 (internal mental) 的發展和個人的功能 (functioning of individual) 的問題。此可分三點來看:

1.生物遺傳來的有機體，具有人類發展潛能的基礎。

2.有機體 (organism) 受社會環境影響。

3.有機體認知(perceives)、組織並對其外在和內在的環境作反應。

心理學的內觀 (inward) 如認知，外觀 (outward) 如人格形成等都福利對體系有用，有助複雜行為的了解，而所有認知生物的成長和社會經驗的發展的努力，都和生命循環 (life cycle) 有關，生命循環由出生到死亡，劃成幾個階段: 幼兒期、兒童期、青年期、壯年期、老人期，其認知生物事實 (發展和老化) 的一個概念，在這些過程上，社會

建立一界限去標明從一層面 (level) 發展到另一層面的轉移點，如進入學校是兒童期的開始，由這些社會事實說明一人生命循環的經過，並助個人認知其社會位置的發展和生活的變遷，使個人能處於新情境和新責任。每一個社會有其定義生命循環階段的原則，在生命循環的每一主要階段，至少有三個生物的和社會的情境發生。

(1)有不同的內在資源可以利用。

(2)有不同的外在社會資源可以利用：新生兒在家中備受照顧和保護，在壯年期就要共擔家計，扶助青年人發展，生命循環的每一點被不同的團體和組織網絡包圍提供不同資源和製造不同需求。

(3)個人在生命循環的不同階段面對不同的危機，而社會對這些危機作某些程度的預期。如幼兒需被照顧，其危機就可能來自照顧他的人，濫用照顧權，成人較主動參與社會，工作和人際關係是其重心，若缺乏工作技巧和失業或不得人緣總要叫他們擔憂的，不同生命循環點上的危機需要不同的服務，社會福利業者必了解不同生命流點上的內在和外在資源，以克服不同的危機。

(二) 心理分析觀 (Psychoanalytic Perspectives)

Sigmund Freud 謀劃一生命循環的心理和社會的事件於一理論中，以解釋人格形成和失調 (malfunction) 等現象，佛氏認為人格是個人的一些相關驅力 (drives)、氣質和社會角色的總體，其構成單位有三：（佛氏稱作心智結構）：id, ego, superego, 三者在一個或更多的三個層次上運作：unconscious, preconscious, conscious, 而人格的發展是二個過程的結果：the confrontation of the physical organism (id) with social world，造成自我和超我的形成，並經過五個階段（口腔期、肛門期、性器期、潛伏期、青年期）使一生物機體 (physcal organism) 轉換成一完全的社會性人格 (socialized personality)。

　　總之，佛氏的人格發展理論是一階段的和衝突的理論（a stage and conflict theory），佛氏理論引發許多 "Neo Freudians" 對佛氏工作有不同的修正和擴展，如 Erik Erikson, Carl Roger 等。

　　Erikson 首先提出 "an epigenetic principle of maturation"，假設每一個人都有一 physical timeable 來控制其成熟，此一 timeable 決定何時 libidinal energy 將由身體的某部分轉向另一部分。其對人格的生物因素異於佛氏的看法，佛氏認為人格形成是內在生物和外在社會力量衝突的結果。Erikson 則以為人格的形成是由一生物的力量置有一時間表，社會力量配合此時間作息表而促成的，當一既定生物階段，個人就會轉變，不論其前期階段的社會調適是否成功，且他將生命循環分成八個階段。

　　Carl Roger 的工作不注意階段發展的劃分，他論點重在人對自己本身和自己情境的感知（perception），較注意目前的功能（current functioning），而不那麼強調早期兒童行為基礎。Roger 用 non-directive 和 client-centered 名稱描述專家和被助者間的關係。

　　雖然 Non-Freudian 的工作像 Erikson 和 Rogers 增加了人格發展和功能的心理分析途徑的廣度和彈性，但心理分析理論在社會福利運作上仍有疑問，當然也有其用處。

　　應用心理分析理論於社會福利運作原則上的幾個問題：

　　1.經驗效度的問題。

　　2.客觀性問題：心理治療家往往配合假設，對同樣觀察作不同解釋。

　　3.理論根於正常行為的推論的這個性質。

　　4.心理分析理論沒有清楚劃分不同階段的 id、ego、superego 的性質。

5.理論的各面不平等發展，減低其邏輯一致性和實驗力量。

故而福利體系運用心理分析途徑要(1)小心運用理論其是否有經驗效度。(2)具有心理分析實作上的三個資源: ① practitioners skilled in its considerable complexities; ②充裕時間探討案主早期生活史。(3) a verbal client。

階段發展理論，很難由經驗證明這些階段的劃分，而泛文化（cross-cultural）資料指出文化決定教養兒童模式，而致不同的兒童發展模式，故而宇宙性階段形式至少有部分不適合，不過多少physical development 支持階段論，故社會福利業者要小心不要傷害到案主。

心理分析理論的非行為本質 (nonbehavioral nature) 其內容是歷史的，非現存的，福利專家若無深入訓練和缺乏適當時間，將因歷史本質而使他無法應用心理分析辦好事。

不過，心理分析的人格發展和 time-experience continuum概念，使社會福利業者能由過去和現在經驗去定義未來的社會環境，而心理分析也是一診斷 (diagnosis) 概念，幫助人了解問題所在，如何發生和怎樣解決。這樣了解問題的原因的過程即是診斷，而治療即計畫和實行解決之道。

心理分析在社會福利網絡上的應用有其利弊，行為心理學家即謀除去其弊的努力結果之一，其關心個人行為超過有機體內在的狀態。

（三）行為觀 （Behavioral Perspectives）

社會福利專業人員，常需要變更既有行為以解決案主問題。因此，他們必具有行為如何學習和保持的理論概念，心理分析取向的從業者 (psychoanalytically oriented practioners)和行為取向從業者(behavioristically oriented practioners)有共同修正行為的目標，但在如何學習行為和維持行為的理論概念不同。心理分析取向者注重個人早期生物的

心理和社會的經驗，其方法是內在的 (internal)，改變行為得修正行為來源的內在人格結構，而行為取向者有很不同的人格結構和功能的概念。

　行為主義理論說明行為的學習是由每一獨立分離但相關的單位（行動 acts）構成，而這些單位 units（行動 acts），由外在的增強 (external reinforcement) 而建立個人行為表 (behavior repertoire)（所有心理現象的來源是由於外在世界的刺激）。在行為主義觀點，行動是受環境的刺激而相互連繫成一習慣（行為模式），因行動是聯繫的，早期制約聯結的行為將影響後來的行為方向，這種環境影響行為和早期行為影響後來行為的觀念 (idea)，並不是不符合心理分析途徑，事實上沒有一內在人格結構系統會多麼不同於心理分析理論，然其重心看法是 ididvidual acts implies that they can be modified without a major realignment of the personality structure，不是非改變人格結構才可變更行為，此就由心理分析論中劃分出來。

　行為的理論家說明行為的學習有三方式: 古典的（或 respondent）制約學習 (conditioning)，運作（工具性）制約學習 (conditioning)，和模仿 (imitation)。制約學習簡單定義即一種刺激反應的聯合。有名的 Pavlov 實驗說明了古典的制約學習，運作制約說明行為一再被增強就能建立起一習慣而被定下型，而何種是增強，就要牽繫到文化價值和行為模式，社會福利業者有此知識就較能運用運作制約理論來控制行為。第三種模仿是一種觀察的學習，觀察別人行為並由其所受獎懲中去變更或增強自己行為。

　行為主義認為行為改變是透過刺激，增強和典模 (model)的運作，故個人行為的改變可不由其本身自知。心理分析的和行為的技術是使行為改變的二個途徑, behaviorally based techniques: (1)正向增強以維持

行為; ⑵ extinction （不給增強） 以減弱或消除某種行為， 另一種是與其相關但不同的是 punishment; ⑶ counter-conditioning， 有時稱作 reciprocal inhibition, 其觀點是一人不得同時做兩件不同事情的事實，可對不被希望的行為不給增強， 因而消失， 做另一被希望的行為。

　　上述都屬消除不被希望的行為， 而有關新行為的建立有二技術: ⑴ "shaping" 對不同行為反應給予不同增強， 以獲取最合乎希望的行為; ⑵"modeling"—觀察的學習。

　　社會福利機構運用上述行為技術的幾個考慮:

　　1.One is struck by the everyday nature of many of these techniques, 社會福利業者常以笑或其他方式來作為案主行為的回報，這種 reward 是否運用得當得有 high level of self-awareness。

　　2.小心計畫行為變更的途徑之運用。

　　3.有效運用技術以控制好案主或其環境， 專業人員缺乏這種制約能力將有礙行為變更的過程。

　　4.To consider about the utility of behavioral techniques is their close relationship to the social environment, 因行為被視作報酬的支持結果， 而這些報酬常是外在的， 即行為主義途徑是十分社會性， 行為可直接運作， 而內在過程祇能間接去看， 而個人變遷有賴社會變遷， 故無視社會， 就難對行為本身和內在過程作預測。

　　總而言之， 本章介紹理論對專業人員的價值以及有用的心理學理論的應用。任何理論都可幫助專業人員組織和肯定其觀察。Freud, Erikson, Roger都由心理分析觀點對人格發展過程和功能提供不同看法， 而行為主義者採取更不同途徑， 嘗試著解釋同樣的過程， 一個好的社會福利專業人員， 必了解這二個途徑， 並思考如何運用這些理論解釋行為、變更行為。 所有上面所述的理論， 均有助了解社會制度的結構及其功能

以及社會成員，這些，是社會福利制度的要素。不過，這種社會行為的心理觀點重視個人功能和個人心理因素甚過於其他功能層面。

艾利克生 Erikson 的「人類行為與社會環境」（八個階段的衝突）：

一、基本信賴與不信賴的衝突

嬰兒最初所表現的社會信賴是，容易餵食、沈睡，和腸胃調適。他對外界養育方法逐漸接受的能力及物質性技術與他的能力雙方的韻律，給了他經驗而幫助他平衡他出生時血液滯留的不成熟所造成的不適。他不久也發現了感官上越來越多的新奇事物。引起了一種熟識感，而與他的內部舒適相應。各種不同的舒適感和接觸到的人，對於這個嬰兒而言，已經熟識得像感到腸胃難過一樣。因此他的第一個社會成就便是可以允許母親離開他而不致感到不安和氣憤，因為他不但有內在的把握也有對外界的推測力。這種經驗的一致性、連續性，和類同性給了他初步的自我認同，我認為這自我認同是基於認識了內在所記憶的人和預期的感覺和影象，而這些又與外界熟識的人和能推知的人與物息息相關。

我們這裏所說「信仰」（trust）正好與貝乃狄克（Therese Benedek）所謂的「信心」（confidence）意義相符。我偏愛「信賴」這個辭是因為它比較真切質樸而孕育著較多的相互性: 你可以說一個嬰兒信賴你，但你若說他對你有信心就言過其辭了。信賴的一般情況尤其不只是指一個學會了依賴外界相同的餵養者和餵養的連續現象，而且也指相信自己和自己各器官應變的能力，他能信任他自己，所以若非受到刺痛，他不需要餵養者一直守候著他。

嬰兒吸吮階段的憤怒，或由於牙齒咬痛，或由於外界阻止其吸吮動

作，這時期內外關係不斷的嘗試和試驗，都遭受到最嚴重的考驗。這並非說吸食手指本身一定會造成甚麼結果，事實上嬰兒在這段時期更趨向於「把捉」（grasp），但他常感到眼前的東西不易長久把握：母親的乳房和乳頭，以及母親的注意和照顧。吸吮手指似乎有一種原始意義，也是受虐待傾向的典型表現，當一個人不能避免重大損失時，便在痛苦中感受真正的舒適。

在心理治療方面，缺乏基本信賴在嬰兒期癡呆症中可以做研究。成人性格中，有萎縮而成癡呆以及習慣性的壓抑現象，都表示他的人生缺乏了這種信賴。這類情形的治療，已經發現許多嚴重病人的行為古怪、萎縮，心理的崩潰，無論是從什麼情況引起的，都表示需要測驗其感官和生理現象間的距離、文字與社會意義間的距離，以恢復他與社會間的相互性。

心理分析假設這種內外差距的早期過程是投射作用（projection）和射入作用（introjection）的根源，而這兩種作用目前仍是我們最深入的、甚為危險的防禦方法的一部份。我們在射入作用中將外界好的確定為自己的，並感覺到而表現於行動。在投射作用中，我們的經驗是將內在有害的，當成外界的：我們將自己內在的罪惡加諸別人。因此，這兩種作用都被當作嬰兒典型的行為表現，他們都喜歡將痛苦排於外，將快樂攝於內，而這種傾向必能證實感官的成熟和推理力。在成人方面，一般而言，這兩種方法多半在愛、信賴，及信仰有了危急時會再度使用，而能顯現出許多「成熟」的成人對困境和敵人不理智的態度。

為解決基本的信賴與不信賴之間的衝突而建立起固定耐久的模式，首要的工作便是自我之建立，因而，母親的照顧也就是最要緊的事了。但我們可以說導源於嬰兒期的信賴的程度，並不在於食物與愛的表達的絕對量，而在於母親關係的質。母親們以一種本質上包含著對嬰兒感官

需要的照顧和個人值得信賴的強烈意識的方式，在他所信賴的文化生活
方式體制中建立信賴的意識。這種意識形成了兒童自我認同的基礎，到
後來便和各種感覺連成一氣，如，感覺「對」的、感覺屬於自己的、感
覺會成爲別人所相信於自己的那類。因此在這段時期內或以後的各階段
裏，有少數挫折是成長中兒童所不能忍受的，它們會使日後的發展更具
有持續性，並使不斷重建的新經驗更具有類同性，它造成個人生活圈的
最後統整內容更爲廣泛而有意義。父母親不但必要以一種輔導方法禁止
和允許子女的言行；而且要能將子女的所做所爲以深入而進乎語意學的
意義解說給子女。子女並非因挫折而遭致精神病，而是由於其挫折缺乏
或根本沒有社會意義。

　　但就算是在最有利的環境中，在這階段裏也會有一種患得患失的感
覺介入心理。爲了要抵擋這種被剝削、被分隔、被遺棄的強而有力的綜
合感覺，我們必須要自生活外界保存基本信賴。

　　每個相連續的階段和問題都與一個基本社會因素有特別的關係，原
因很簡單，因爲人類的生活圈和人類的制度密切的交織在一起。在這兒
我們談過每個階段後，只能大略提提有關的社會組織的基本因素。這種
關係是兩層的: 人類將其嬰兒期心理和青年熱忱的遺餘帶進社會體制
裏，同時，在他們維持體制時，從體制中接受了嬰兒期經驗的加強。

　　使嬰兒有信賴的父母親，他們本身的信仰，自始就是以有組織的宗
教做他們的護身符（當然偶而也會成爲最大的敵人）的。事實上由關切
而產生的信賴就是宗教眞實存在的試金石。一般而言，一切宗教都有一
段時期很幼稚的臣服於一個供食者的神或多神，將大地的財富和精神健
康賦與大眾；人以他們萎縮和謙卑的姿態表示出他們的臣服；並在歌唱
與禱告中加入關於過失、退想、邪念的禱辭；至誠的乞求聖神指示引導
以求內心的平衡；到最後，個人信賴的內悟就成了一般的信仰了，他對

一般認為不善的便不寄以信賴，他的信賴必須是許多人宗教行為的一部份，同時必須成為社區信賴的象徵。以上我們已經說明過種族如何處理自然的片斷，發展成集體的巫術，而似乎將食物和財富的超自然供應者當作會憤怒的，以為必須經禱告和自施苦刑去取悅他。一切宗教中最原始的各種宗教，以及每個人的宗教層次，都在盡力以含糊的事蹟說明，否定了母親的實質，而設法使人恢復其信仰，使他相信他的奮鬥是對的，宇宙能力是善的。

每一個社會和時代的宗教形式都是從它對世界的形象所產生的——不論是宿命論還是未知論，我們只發現有許多人以無宗教信仰而自傲，而其子女卻無法沒有宗教。相反的，有人卻似乎深信社會行為或科學研究。當然還有許多人承認有信仰，卻在行為上既不信生命也不信賴人。

二、自律與羞怯、困惑的衝突

在我們談到一系列的基本態度為信賴與不信賴，人類的成長與危機等問題時，我們回顧一下各種「識感」(sense of)，譬如「健康感」、「不適感」等這一類的詞，「感」這個字可深可淺，有現意識的及潛意識。因此，它們都是由經驗過程 (experiencing) 通往內省，在行為中 (behaving) 為別人所察知；而潛意識的內在狀態也可以由測驗及分析得知。我們往後，要緊的要記住這三方面。

肌肉成熟配合著同時存在的兩組社會形態：把握和放鬆，才使這個階段適於實驗。這兩方面所表現的情況，其基本的衝突到最後終究會成為敵意的或是善意的期待和態度。因此，把握也可能造成毀壞性的，不良障礙、癥結，也可能成為一種愛護的型式：即擁有和把握。同樣的，放鬆可以造成有毀壞性力量的放任，也可能變成無所謂的「讓它去吧」、

「任其自然」的情形。

因此，這個階段的外界控制一定要很堅強。嬰兒必須要感覺到對生存的基本信心，這乃是口腔階段的憤怒情緒所保留下來的恒久財富，它不會受害於嬰兒的反逆表現，或他突如其來的強烈的選擇願望，或據爲己有的意願，或固執的毀壞行爲。在他辨別能力還沒有受到訓練，還不能很謹愼的把握和放鬆時，這種固執作用便要保護他使他免於本能上的無所適從。當他的四周鼓勵他「自己站起來」時，他的固執作用保護他，使他不致遭受無意義的羞辱和早期疑慮的不良影響。

後者所指的危險是我們最熟知的，如果忽視了漸次發展的、有良好指導的自由選擇經驗（或由於缺乏信賴而減少了），則這個孩子便會以他自己爲敵，而不加分辨地以他自己爲操作對象。如此下去超過一個程度後他便發展出一種早熟的意識。他不拿東西來做有目的的反覆試驗，卻爲他自己的反覆所閉塞了。當然他這種閉塞日後會從環境中重新獲得解放，而以固執的控制方式獲取權力，但他卻沒有廣大的支持力。在成人生活中受制於文字而非受制於精神的情形，也以嬰兒時期爲其根源。

我們對害羞的感情研究還不够，因爲在我們的文化中受到罪惡感的滲透爲時太早而且太容易。害羞應該是指一個人全然暴露在外並知道受人注意，總歸就是自知自覺。我們在不能被發覺的情形下被人發現，這就是我們想像中穿著不整齊的晚禮服「褲子脫落下來」的情境中眾目睽睽的尷尬景象。羞澀最初的表現是有一種衝動恨不得將自己的臉立即埋在地下。不過我想這主要還是對自己的憤怒。害羞的人總不願別人看到他，不要注意到他的暴露，他，恨不得毀掉世人的眼睛，也希望自己看不見。原始人常利用這種本能當做唯一的教育方法。視覺的羞辱感是在聽覺的罪惡感之前的。我乃是告訴一個人想要擁有的除了超自我的聲音以外，是無人知曉的，這種想法是不對的。羞辱感進而發展成一種渺小

感，是在孩子會站立而知道要小心，會注意不同的大小和力量這段時期發展成的。

過份害羞並沒有好處，反在不自覺中造成逃避事物的心理，而不會產生有反抗性的無恥。有一首美國民謠述說一個殺人犯在全社區人民的目睹下吊死，他不但沒有應有的受懲罰的感覺，反而破口咒罵，「瞎你的眼」。許多兒童，害羞過度，也會有類似這種反抗行為的心情，雖然不一定會有勇氣或用語言表達。我舉出這個例子目的在說明兒童和成人在面對承認自己本身、身體、願望是罪惡與不潔，而要把他人的判斷當成眞的時，是有一個限度的。他可能會換一個角度想，將罪惡的事看作存在的現象：認爲罪惡可能再來，也可能遠離。

困惑和害羞的情形是相似的，害羞是由於了解對的地方，卻暴露出錯的來所引起。困惑，我們從診斷的觀察上看，也與一種人體的前後兩部份大有關係——尤其是背後的意識。兒童的背後部份肛門與臀部是充滿侵略性和欲望的，他自己並未發覺，卻受到別人的操縱，強有力的被侵襲而剝奪了自主的權力，別人認爲他怎麼樣他就得怎麼樣，別人說他體內的排泄物要排出才對，他就得排出。這種基本的困惑感，對日後的語言也形成了強迫的困惑感，到了成年便對苛求的人及造成苛求的背後因素表現出偏執的恐懼。

因此，在這個階段就已決定兒童所接受的愛與恨，合作和意願，自由與自我表現，以及壓制的多寡的比例。有了自制感而不失其自尊，就會產生恒久的善意和尊重感；如果缺少自制而又有外界過度管制，便會造成困惑與害羞的習性。

如果有人認爲我對這些「負的」習性言過其辭的話，我願提醒他，這現象不只是診斷資料中已顯示的結果。同時許多成年人，看起來是十分成熟而正常的人，也對於令人感到羞怯的「沒面子」的事表現得十分

敏感，並且害怕被人在「背後」攻擊，他們認為這不僅是非常不合理，
與他們的知識違背，而且如果涉及國際及種族政策，這些背後的批評可
能會有重要的含意。

我們曾談過基本信賴與宗教的關係。人需要再斷認其意志，及需要
在成人事物的順序中確定他的意志，而這種順序又再斷認，確定了別人
的意志，為此，人必須有一種社會組織來維護「法律與秩序的原則」。
不管在國內和國外，日常生活中及高等法院裏，這種原則都各有其特權
和限制，有其義務和權利。成人環境中能使成人感覺到真正的尊嚴和合
法的平等就會傳給兒童善意，而我們便可確信童年培養的自律到成年不
會造成不當的困惑或羞怯。因此童年所培養的自律將會隨著生命的演進
而修正，而成為（也是被當作）保留在經濟、政治生活中的正義感。

三、自動與罪惡感的衝突

在兒童的每個階段裏都有一種努力求發展的新奇蹟造成了一切的新
希望和新責任。這就是自發感和普遍的自動本質。這類意識和特性的標
準是一致的：一種危機，多少都有著摸索和恐懼的，解除了，兒童本身
的人格和身體似在轉瞬間「長成一體」了。他能更為明確的表現自己，
更有愛心，更能自如，判斷更為清楚，反應更快，主動力也更強了。他
不斷增加的能力使他很快的忘記了失敗而向著好的方面（雖然有時也不
保險，甚至有危險），以毫無迷茫，反而更為準確的方向前進。自動性
增加了自律力在進行一項工作上的實行、計畫和「克服」的特質，此
卽，為了維護自我意志，經常激起防衞或維護獨立的行為。

我知道「自動」這個辭對於許多人而言，都帶有一種美國意味和工
業社會意味。但是自動是每種行為所必須的，而人類對他所學所為，從

採集果實到企業制度都需要有自動的意識。

在幼兒的步行階段和幼兒期的生殖期階段，便是「形成中」的基本社會模式，是初步的「正在形成」的意識。我們找不到更簡明而有力的字眼形容它；但它意味著攻擊和征服的快樂。在男孩子方面，它強調陰莖塞入的模式，而在女孩子方面，便是指用主動的形式或緩和的形式使自己迷人可愛，各種的「追求」方式。

這個階段的危險是他想像的目標和他自發的行為在他新的體能和心理能力方面所給與他的許多快樂，使他產生了罪惡感：他主動的操弄行為超出了身心能力而不得不立刻中止他的想像活動。但自動的重點在將潛能由競爭而表現出來， 因此常常會因弟妹的積極行為引起忌妒 和 憤怒，因為有以往的競爭經驗，這優越條件再加上他的自動性，便很容易達到目標。嬰兒期的忌妒和競爭，常常做出一些徒勞無功的努力，想將他的特權明確的劃分出來，到了此一階段，在爭取母愛的最後競爭中達到了最高潮；如果是挫敗，他便會棄權，有罪惡感，而且不安。這個孩子便會沈醉於幻想，想像自己是個巨人，一頭猛虎，但他的夢卻充滿了對可愛的人生的恐懼。接著就進入了另一個階段——「閹割綜」（cast-ration complex）——深恐在性興奮時，性器因受懲罰而遭傷害。

嬰兒期的性和亂倫的意識，閹割綜和超自我，這一切綜合起來就造成了人類危機的轉捩點，在這段時期內，兒童必定要從獨特的性前期對父母的感情轉變而成，為人父母及傳統的繼承者的緩慢過程。在這兒，感情發生了最嚴重的分裂和變化，這是人類的潛在榮耀和潛在毀滅的分裂。兒童在這時期就已永遠分而為二。過去曾幫助他身心生長的生俱因素現在分化成為兩組了：㈠嬰兒的， 它可以使豐富的生長潛能永恒不竭；㈡親長的，它可以支持和增加我們的自我觀察、自我引導，和自我懲罰力量。

這兩者的問題還是相互協調的。在這種關係中，兒童已經有能力可以操縱他自己了，他能逐漸的發展一種道德責任感，而自其中省悟出制度，功能和他有責任參與的角色，他會發現使用工具和武器，把玩有意義的玩具——乃至於照顧幼童的成功的樂趣。

當然了，親長的因素在最初的本質上還是嬰兒的：人類的部份意識終生都一直停留在嬰兒階段，這乃是可悲兒童的超自我有時表現得原始、殘酷，而不協調，我們可以從其非學習的能力觀察得知，我們發現兒童有過份克制自己和過份萎縮而達到自我抹殺的程度；他們在表面上過份的順從也超出父母親的期望；或由於父母親本身即無法名符其實的表現出親長的意識，而使兒童們發展了嚴重的退化和長久的憤恨感。生活中最深的衝突是憎恨父母親把自己當作模範和超自我的執行者，而在某種方式下，卻否認自己所犯的孩子無法忍受的過失。猜疑和逃避如此混合在一起造成超自我不是有便是缺的特性，這道德傳統的組織，對一個道德人（可說是道德化了的人）的本身自我和他的自我都是一種巨大的潛在危險。

從成人的病理學上看，這種自動自發性的內在衝突所表現出來的是歇斯底里式的反抗性，而造成願望受壓抑或癱瘓、抑制、無能等現象中顯示的行動器官的功能失調；或在過份求補償的耀示中受挫，而釀成了萎縮的心理。接著便是常見的心理疾病了。好像文化在促使一個人過份誇耀自己，而又要求他符合他自己的廣告，到最後便只有疾病一途可為逃避了。

但在這兒，我們不能只想到個人的心理病理學，還要想到此階段被克制的內在情緒的潛力，譬如一些受抑制和禁止的深愛的願望和無拘束的幻想等。到後來，這自我的正義判斷——通常都是「善」的回報——便成了不斷對道德的臣服，而使人無法忍受，因此，那支配性的作風，

是制止，而非自動自發的輔導。在另一方面，卽使是所謂道德人的自動性也會觸犯自制的界線，不管是在自己家裏成是別人家裏，都會對別人做出他自己不會做也無法忍受的事情來。

談到人類漫長童年的危險潛力，我們最好是回顧一下整個生命的藍圖和引導年青人的一些能力。我們便會發現在智慧的發展中，兒童沒有任何時期會比此段時期更能迅速而活潑的學習，更能認識如何分擔義務和作業。他很熱切，也很有能力用合作的方式處理事情。而與其他的孩子共事設計。他很樂於請教教師，學習各種典範。當然他還是以父母爲學習的主要對象，如果男孩便學父親，女孩則學母親，但目前他所追求的機會是使他透過實際工作達到自動自發的境界，能基於共事經驗中的平等精神得到更爲眞實的學習，而沒有嬰兒時期的衝突或性意識的犯罪。但「戀母」時期不僅會造成受壓抑的道德感而限制了行爲的範圍，並且更進而建立了行爲的方向，而使兒童早期的夢想更接近成人生活的目標。因此，社會制度對此階段的兒童提供了一種現實的精神（「經濟意義」，economic ethos），理想中的成人以他們容易辨認的服裝及其功能，迷惑了兒童，而取代了書本上的英雄和神話。

四、勤勞與自卑的衝突

此階段的內在發展似已相當成熟而可以直入「人生之大道了」，但有一件事例外，就是人必須先受教育，不管是在叢林裏或教室裏，他必須受教育。孩子此時必須拋棄過去的願望，而豐富的想像亦必會受到非個人法則的限制和破壞——甚至連讀、寫、算都會影響他。因爲一個人在生理上能爲人父母（人在心理上早已有爲人父母的準備了）以前，必須先成爲一個工作的參與者，一個有力的生產者。在後段的發展中，一

個正常的孩子會忘記，或昇華他想「做」人的心理需要，而不去直接扮演，也不急著想為人父母，卻學會了用實質的東西博取成人的認可。他已了解了自己的生理構造，也已從經驗中知道，如果只呆在家庭的溫室裏對於未來是無濟於事的，因此他開始學一些技術和工作了，這些都絕非已往所表現出來的生活形式和四肢之功能得到的樂趣。他產生了一種勤勉的意識——也就是說，他能適應於工具世界裏非有機體的法則。他能成為工作環境中熱切而專心的一員。他的目標是想完成生產，這目標已逐漸代替了遊戲的短暫樂趣和願望，他的自我範圍包括了工具和技能，工作的原則指示了他不斷的專心和努力能給他工作完成的樂趣。無論那種文化裏，這個階段的兒童都接受一種有系統的指導，雖然也有例外，如美國的印第安人教導幼兒，不是由受過訓練、有知識的教師在學校裏執教的方式，沒有受過正式教育的人多半都跟成人學習，送他一點禮物，加上他本身的愛好，就成了教師了。也可能這類兒童的學習多來自較年長的兒童，當兒童開始能學習操縱器具和大人用過的武器時，技能便由此而生了。有知識的、有專業訓練的成人，必須首先讓兒童學習一些有助於識字的東西，並給以最廣泛的教育，使他日後的事業發展到最大的限度。不過專業化越複雜，自動自發這個終極目標也就越混淆不清了；社會現況越是繁複，父母親的角色也就越發模糊。學校本身就形成一種文化，有目標、有極限、有成就也有失望。

　　這階段的兒童，最大的危機在欠缺感和自卑感。假如他對自己的工具、技能，或在玩伴中的地位感到失望，他很可能便沒有勇氣在他的玩伴中和工具世界裏做自我的認同。他在同伴中失去了「勤奮」共事的希望，會將他帶回孤獨的、沒有工具意識的戀母階段的家庭競爭中，兒童在玩具世界中操作的失望，使他認為自己平庸無能。基於這一點，外界社會使兒童了解他的技能和經濟原則的重要角色，是很有意義的。許多

家庭因爲沒有爲兒童的學校生活預作準備，或是學校生活未能允許兒童保持其幼年階段的秉賦，而使許多兒童的發展受到阻礙。

關於發展勤勞意識的這個階段，我曾指明發揮這種新能力時所遭到的內外阻礙，但並未提及人類新衝動的增加，也沒有提到由挫折所造成的、發自內部的激烈情緒。這個階段與前幾階段的發展之間的差異在於此階段的練達成熟並非由內部之混亂轉變而來。佛洛依德稱之爲「潛伏階段」(latency stage)，因爲強烈的衝動通常已經蟄伏下去了。但這只是青春期暴風雨的前奏，所有的早期衝突不久便會以新的組合重新顯現出來，而爲性的生理所控制。

在另一方面，這是最具有社會意義的決定性階段：因爲勤勞涉及與別人的共事，所以有分工和機會不等的初步意識在，也就是說，此際一種文化的科技要素 (fundamentals of technology) 發展開了。我們知道那威脅著個人和社會的危險，諸如學童開始注意到膚色的不同、父母親的背景、服飾的式樣，卻忽視了決定他成爲一個學徒的學習願望和意志，乃至於他的認同感 (sense of identity)。另外有一種更根本的危險是人對自己的限制，是在他被逐出伊甸園後將自己的世界侷促於被宣判的工作裏。因爲假如他完全把工作當作他唯一的義務，而他「所做的」正合乎他價值的標準，則他必會成爲一個逆來順受的人，一個不用思想的科技奴隸，和剝削者的對象。

五、認同與角色混亂的衝突

當良好的自動關係在技能與工具世界中建立起來，而青春期的刺激也接踵而來之際，也就是兒童期的結束了，青年期的開始了。但在青春期內所源淵於早期的所有一致和持續現象，在青年期裏多少還是有問題

的。因為身體生長的驟變與兒童時期的相當，再加上生殖器的成熟，問題便不由而生了。這些正在生長和發展中的青年，面對著體內的生理劇變，和呈現在面前的繁重的成人工作，最令他們關心的自然是比較別人對他們的看法和他們自己對自己的看法，以及如何將以往所培養的技能和角色符合於眼前職業性的模子裏。他們在追求持續感與一致感時，必須再度與早年的難題搏鬥，在此過程中他們雖然不得不特別將一些無辜的人當成敵對的角色；但在此時，他們已經建立了持久的偶像和理想，作為最後認同的先導。

我們已經指明了，這段時期發展的自我認同形式較之童年認同的總合，更具有統整性。這是一種有益的經驗，自我的能力要統整一切認同和本我（潛在欲望）中的變動，和發自天生的態度，及社會角色所提供的機會。因而以往內在的一貫性和持續性，和人際關係的一貫性和持續性之間的配合，更加強了自我的認同感，這一點我們可以從一個人「事業」上的偉大成就得到證實。

這階段的危機是角色的混亂。性的認同，和少年期的、純心理的煩惱，一般都來自過去強烈的困惑。假如診斷和治療得當，則這類事情的發生和其他年齡階段所發生的一樣都無關緊要了。多數情形中顯示這段時期的年輕人，其困擾是無能決定其職業的認同。他們為了要保持自己的擬同性（註：行為在各不同時間內的一致性），有時卻過份認同了某些集團和羣眾中的英雄人物，而很顯然的到了完全失去認同的程度。這現象會激發他們「墜入情網」，但這種感情在根本上卻與性全然無關——除非有社會習俗上的要求。大多數少年的愛都在追求自我認同的確定，而將自己混淆不清的自我形象投射到別人身上，然後目睹它的反射和逐漸明朗化。這就是為何年輕人的戀愛多半是談話的形式了。

年輕人對待跟他們不同的人，也顯十分明的表現出他們的「排斥

性」和殘忍面，不論是在膚色上、文化背景上、興趣和天資上，甚至那些被當成區別圈內人和圈外人的標誌，如無聊的服飾、姿態等等。我們知道，年輕人的這種不容性是防禦認同感受混淆的力量。青少年不但在十分不安的情形下組織他們的集團，形成陳套式的行為 (stereo typed behavior) 和理想，他們卽能相互幫助，也能不斷的彼此考驗效忠的能力。這種考驗的意義也可以用來說明素樸而嚴酷的集權主義學說所加於某些缺乏團體認同（如封建的、農耕的、種族的、國家的）的國家和階級中的年輕人的，及其所面臨的舉世的工業化、解放和廣大的通訊力。

青少年的心靈是分期發展的，是介於童年和成年，及童年所學得的道德和成人的倫理之間的心理社會階段。他們也具有意識形態的心理———個青少年確實渴望著長輩們肯定他，甚至於還盼望罪惡、荒誕、而有害的禮儀、規條、計策能確認他，這正十分清楚的說明了一個社會的意識形態外觀。因此，在追求社會價值之認同之際，人必會遇到「意識形態」和「貴族意識」的問題，這兩種意識都是指不論在何種世界形象和一定的歷史發展形式中，最優秀的人很可能會變為統治者，而統治者又造就了最優秀的人。為了防止年輕人過份批評或漠不關心的迷失，必須要設法讓他們了解和效法傑出先人的成功之道。

六、親密與隔離的衝突

每個年齡階段所增加的力量都是可以考驗得出的，問題就在是否需要將這種力量再傳遞下去，讓他在下一個階段有機會發揮他在上階段中較弱的一方面。如此一來，這位在尋求認同和堅持認同中成長的年輕人，便會熱切的將他的認同和別人的融合在一起。這時他便有了親密行

爲的準備了，也就是說，他有能力投身於一種具體的相屬關係和參與關係裏，而置身其中，發展出一種倫理的力量，雖然這要付出相當大的犧牲和協妥的。身體和自我目前勢必要主宰器官形式和組織的衝突，才能面對需要自我放棄時自我失落的恐懼: 諸如，在具體實在的親密相屬關係中，器官和性的結合裏，親近的友誼和物理性的搏鬪間，在教師所啟示的和自我退回所直覺的經驗裏等情況中所面臨的。年輕人爲了恐懼自我的流失而避開這類經驗，到後來就會造成甚深的隔離(isolation)感和自我沈迷(self-absorption)的現象。

　　親密的相對是保持距離: 就是在必要時能够破壞不利於己的力量，疏遠危及自身的人和超越其「領域」而欲侵及自身的親密關係中的人。由此而生的偏見（也在政治和戰爭中被利用和剝奪）便是在熟識者與陌生人之間尖銳而無情的認同鬪爭之分歧所產生的斷然蠻橫的排擠，此乃一種更爲完形的發展。這階段的危險是，同類型的人都會經驗到親密、競爭、對抗等各種關係的利弊兩方面。 但由於成人的責任 範圍各不相同，競爭對象和性的關係又各異其趣，最後成人只得聽從道德意識了，這也就是成人的特性。

　　嚴格的說，只有在這個階段「眞正的性愛」（true genitality）才能完整的發展而成; 因爲前此階段的性生活多半是尋求認同的類型，或是受制於男女雙方性器的激動而成爲一種性搏鬪式的性生活。在另一方面，性愛可以完全解釋爲永恒的、互惠的性快感的狀態。因此，也許我們應該在這兒談完性愛的種種。

　　在這件事情上我要引用佛洛依德的一句最簡短的話做爲 基 本 的 指引。一般人一直認爲，而且在日常交談中也常提起，心理分析是一種治療方法，是要使病人相信在上帝與人類之前，人只有一個義務: 要保有健全的器官，去例行公事。這說法當然是不實的。佛氏有一次曾被問起，他

是否認爲一個正常人就應該是一個善於此道的人。問話人或許期待著一個完整的答案，但據說，佛氏只用他一貫的簡短方式回答道：「愛和工作」 (lieben und abeiten)。這個簡單的公式是需要深思熟慮的；而且是越想越深。因爲當佛氏說「愛」的時候，他所強調的同時是「性」和「愛」兩者；他所謂愛和工作，意指一般有成果的工作不能佔據一個人太多的生活，而使他失去爲人應有的性與愛的權力和能力。

因此，情愛包含著無阻的能力所發展而成的高潮性能，無拘束於前階段的干擾，而使性的欲念（不只是全塞在「outlets」中所說的性的排射物）表現於兩性的相互關係中，有著陰莖和陰道雙方完整的感受，有著痙攣般的排射從整個體內的緊張中鬆馳而出。這就是我們對於一種我們實在不甚明瞭的過程所能具體而言的了。說得更眞切一點：兩個人的相互關係，在器官高潮的混亂騷動中，發現了無上經驗的全部事實，而使兩性之對立、眞實和幻想的對立、及愛與恨的對立等，所產生的敵意和內在憤情，都化爲烏有。完美的性生活鬆馳了性的緊張，減低了過份補償的需要，而虐待狂的控制也成了多餘的了。

心理分析一向只注意治療的一面，而未能爲性愛找出一定的規則，適用於各階級、國家和各階層文化的社會過程。心理分析所關心的兩性器官的關係顯然是在各階級及文化中都可以得到的，而在無形中形成文化中閒暇社會制度的那種性關係。在較複雜的社會裏，這種兩性關係受到傳統、健康、機會，和性情等種種因素的干擾，性健康的適當原則就形成這種情形：一個人在本能上是可以完成兩性關係的，但如果他經不住挫折，不管是情感的偏向，責任感和忠實感，都會引起退縮，而造成他的無能。

有時心理分析過份的強調了情愛是社會治療的普遍方法，而使大家熱衷的闡揚它，卻沒有指明性愛所應該、所必須具有的目標。爲了使它

有延續的社會意義，性愛的烏托邦應該包括:

1. 器官的相互結合。

2. 是一個鍾愛的伴侶。

3. 必須是異性。

4. 是一個能夠並樂於分享彼此之信賴的人。

5. 是一個能夠並樂於遵守工作、生產、娛樂的規律的人。

6. 爲了保障後代，各階段都要有良好的發展。

多數情形下這種烏托邦的實現是不能只靠一個人的，同時也絕不只是治療性的工作。當然更不是純性行爲的事。它在一種文化裏具有統整性的性對象的選擇、合作，和競爭形式。

這階段的危險是會造成隔離，亦卽避免造成親密關係的接觸。在心理治療學中，這種困擾會導向嚴重的「品格問題」。另方面，有些伴侶已形成了雙方的隔離，而使兩個人都在避免下階段的發展。

七、孕育與無孕的衝突

孕育這個詞包含著演化發展的意義，它意謂著人類能成爲教授，和能組織及學習的動物。我們過份誇張兒童要依靠成人，而忽視了長一輩人依賴年輕一輩的事實。成熟的人有被人需要的心理需要，成熟、需要從已發展處爲起點著手輔導和鼓勵，同時也必須得到培養。

因此,孕育在根本上關係著建立和輔育下一代,雖然還是有些人由於某種不幸或某方面的實才而忽略了孕育的能力。當然了，孕育的觀念還包含著一般所謂的「生產力」和「創造力」 (productivity, creativity)兩個同義字的意義，不過它們都不能取代它罷了。

心理分析學花了很多時間才明白，將自己消失於身心雙方交會的能

力，可以導向自我興趣的逐漸擴張，和對正在產生的欲念的投資。在性心理和社會心理的程序中，孕育是一種基本的階段。在這種充實力全然失敗時，就會退縮到一種狹隘的、似是而非的親密（pseudo-intimacy）需要上去了，而經常帶有一般的不育感和個人的貧脊感。然後便開始沈迷於想像，我們把自己當成自己的獨生子女，或彼此當成獨生子女；但如果情況有利，早年的多病，無論是生理的或心理的，都會形成自我關懷的原因。不過，只是想要子女不一定眞會「得到」。實際上有些年輕夫婦好像也頗因此階段能力的遲緩發展而苦。原因經常是來自早期童年的印象：來自過份鍾愛於自我辛苦塑造的人格，及來自缺乏信念，一種能使兒童日後成爲社會中受歡迎、受信賴的一員的信念——「種族信念」。

　　至於那保障與強化孕育的制度，我們只能說一切制度都承襲著養育和延續的倫理思想。雖然哲學與思想傳統方面主張人要放棄生產的權利，重視「終極問題」，但是凡有組織的教會活動，還必會爲「愛護」世界生物和傳遞「愛心」等問題而奮鬥的。

　　關於這一點我們可以比較經濟學和心理學理論（馬克斯和佛洛依德），然後再討論人類及其生產，和子孫後代的關係。

八、自我統整與失望的衝突

　　以上七個階段的逐漸成熟發展只能發生於人——以特殊方法愛護萬物與人類的人，能適於來自存在問題的得失的人，認識他人的人，創造成果與觀念的人。除了用「自我統整」形容他，我再也找不到更妥當的字眼了。由於缺少明確的定義，我要說明這個心理狀態的組成因子。自我對於層次和意義有逐漸確定的反應傾向，這種後期的「自我」（而非

「自己」）的愛戀心理是一種傳達世界秩序和精神意識的經驗，不管它
需要付出多少代價。這種心理狀態是把一個人唯一的生命歷程當作必然
而絕然無法取代的歷程。因此對父母親的愛是與眾不同的；在不同時間
與不同的追求事物中表現出有規律的協同性，凡此可見於不同時間裏人
類努力追求的成果與格言中。雖然他認識了使人類奮鬥有意義的各種生
活方式是相對性的，但有著統整感的人還是有能力保衞自己的生活方
式，抵制一切物質與經濟的威脅。因為他明白一個人的生活僅是整個歷
史的一個生環、一個片斷的意外巧合；他明白他所參與的統整方式是與
人類的統整共存亡的。從他的文化與文明中所產生的統整形式，便成了
他「靈魂的遺傳特性」，是他本身道德淵源的象徵，有了這堅定的認
識，死亡便不再是痛苦的了。

　　自我統整的逐漸缺失，是來自對死亡的恐懼：僅只一次的生命過程
並不被當作生命的終點。絕望是感覺到時間太短，短到無法再重新開始
另一種生活，試探另一條統整的路子。厭惡隱藏著絕望，厭惡如果只是
「許多小不快」的形式，它就不致於形成大的悔恨。羅斯坦（Rostand)
說:「成千上萬件小小的厭倦，不致造成悔恨，卻是一種隱藏的因素。」

　　每個人要成為成熟的成年人，都必須充分發展以上所談所有的自我
特質，不論是一個聰明的印第安人、一個正人君子、或是一位成熟的農
夫，彼此間都會具備並要認識統整的最後階段。但每種文化實體，在發
展其歷史傳統的特有統整形式時，都會應用以上所談的那些衝突的特殊
組合，和嬰兒期的特殊刺激和抑制。嬰兒期的衝突，只有在受到文化制
度及特殊領導階層的堅定支持時才會發揮為創造性。為了接近和經驗到
統整性，一個人必須要知道如何效法宗教與政治、經濟與技術、貴族生
活，和文理各方面的偶像。因此，自我統整意謂著一種情緒的整合性，
能使一個人以隨從的身份參與，也能使他接受做為領導者的責任。

　　韋氏大字典在這方面幫了我們一個大忙，提供給我們一種循環形式
的大綱。信賴，我們第一個自我價值，在這兒的定義是「對別人一致性
的確切信任」——導向了我們最後的自我價值。我想韋氏在內心裏，是
以實利主義出發的，但這個公式是講得通的。我們好像可以這麼說：假
如成年人有充分的統整性而不懼死亡，則健康的兒童便不會畏懼生活，
由此，成年人的統整性和嬰兒的信賴便可以同日語了❶。

　　艾利克生 (Erik H. Erikson) 是當代心理分析與人類發展的權威
之一。他有兒童治療的實際經驗，研究過不同文化與社會環境中的成長
過程，參與過哈佛心理診所(Harvard Psychological Clinic)、耶魯人類
關係學院 (Yale Institute of Human Relations)、 加州大學兒童福利
學院 (The Institute of Child Welfare) 等處的研究工作，而執教於哈
佛。本文乃譯自他的名著《童年與社會》 (*Childhood & Society*)一書
中的第七章，文中所提出的認同 (identity)，在心理學上佔有極重要的
地位。

第二節　社會福利與行政的社會學基礎
(Sociological Bases)

　　人活在不同的團體中，學習團體的文化及規範以立足於那個團體，
而社會學觀點即視環境為個人行為的刺激和內容，特別重視團體結構，
不同於心理觀點， 不過二者是相關和互補的， 相輔相成的。 社會學理
論，特別有用於了社解會體系的主要構成因素的結構和互動，以下討論
社會學理論的發展和實際運用原則 (practice principles)。

---

　　❶　此一部份乃譯自 Erik H. Erikson 一九六三年出版的名著，《童年與社
　　　　會》(*Childhood & Society*) 中第七章。

一、角色理論 (Role Theory)

　　角色理論是對社會中工作 (tasks) 的如何組織和分配的一種研究，社會中的工作必在社會既定 (規範的) 方式中被完成。這些工作分類成各種 position　由相似功能性行為來集成一類而命名，如母親這樣的位置，每一位置有其合宜的行為，是據有其位置被期望要做的，這些被期望的行為構成角色行為和位置的關係，角色即由環繞既定位置的規範叢體來構成，位置和角色使社會能在一規範方式(normative ways) 中扮演其功能性行為。

　　因位置和角色的存在使社會能在一有效的和秩序的形式 (fashion)實現其功能，而這些角色和位置常得隨社會需求的變遷而改變，它是具有彈性的，像女人在今日工作力 (人力) (workforce) 上變得更主動，對女人的傳統角色期望也必變化，且無可避免地會影響到相關位置一如丈夫、兒子等。

　　規範、位置、角色的變遷導致幾個潛在問題:　All of them share an important characteristic, these problems are socially created,但得由個人來表現，個人行為是團體行為的反射，The socially created role problem can be formalized socialogically into several categories:

　　⑴舊角色行為不再合宜新的角色內容。

　　⑵社會缺乏對 role constellation (角色星座) 的新位置適宜定義 (即社會來不及定義新角色意義) 。

　　⑶角色模糊 (role ambiguity)，角色定義不清楚。

　　⑷角色衝突的問題，其可能因同時佔有許多位置而其間存在著衝突期望，也可能發生在一位置中，像大學教授被盼望是學生的客觀評價

者，同時又可能是他們的朋友。

社會用二項技能來緩和角色衝突(1) Role sets, where compleme-
ntary role are defined in relationship to each other; (2)definition
specifying when given roles are manifest (to be acted upon), and
when they are latent (not to be acted upon). 然而沒有任何做法可
完全成功，個人可嘗試著比較各種衝突期望以解決問題，或長遠地改變
其角色定義或脫離那角色，另一途是藉著社會福利體系制度化方式去面
對角色問題，各種社會福利結構關心，增強和補充社會化內容，試著緩
和不合宜的社會化問題的害處。

簡言之，角色理論強調社會結構中既有規範的需要，社會變遷角色
行為隨著變，當社會變得愈複雜，每一個人增加其位置的數目，以致產
生不同位置的角色期望間的衝突，社會福利事業人員要注意這些問題，
並要了解社會變遷，以利解決問題。

二、社會階層理論 (Social Stratification Theory)

社會結構基本關心的是社會位置的分配，不同位置將有不同的權力
和影響力。位置的安排有二個方法:

1. Ascription: 不考慮個人能力，使個人生活機會決定於出生，而社
會福利結構只能在個人的 caste position 上作有限的改變。

2. Achievement: 根據能力安插位置，社會位置和生活模式可由努
力而改變。成就價值觀的社會，不免仍有 ascriptive criteria, 如 age,
race, sex等。

不管位置如何安排，每一社會都有一級別系統 (ranking system)來
定義某些人較他人能有更多願望,這指出社會所定的競爭在獲取Socially

defined rewards, 競爭激勵人們追尋能獲更多報酬的位置，另外也可創造一conflict system，它也許有其正向功能，但也可能破壞社會秩序。

部分的專業社會福利角色可視作企圖平等化社會中所有的競爭位置，並幫助那些失卻競爭的人。在 ascriptive manner 競爭所帶來的挫折往往多於激勵。而往往一些不平等會形成一 institutional inequality，如貧窮家庭出生者將有一 lifelong problem，營養不良影響身體和智慧發展，學校表現不好，成人就業市場失利……惡性循環，影響 self-image，導致偏差行為。一般所說 racism, sexism, ageism……這些主義都是一種 source of ascription that lead to institutionalized inequality。

社會福利被當作一種制度必確定它是對抗這些不平等，社會福利價值常和社會支持不平等機會和生活的價值相衝突，不能接受競爭體系下無可避免的結果，其使命在完成一社會體系，使每個人有平等機會發揮其潛能，並發展一服務結構，在一種合宜和平等的態度下提供服務。

處理制度化的不平等以打破惡性循環，有三個策略可試著做，其中二個直接地牽涉到社會福利制度。

(1)To give preferential treatment to members of groups that have been discriminated against，例如現在許多大學主動接受所謂 Ism 的成員，以期包括社會上所有主要團體的成員，以期獲致 a balanced student population。補償早期 ascriptie criteria 而轉移到更多的 achievement 的應用，然其往往建立起一個新的 ascriptive system。

(2)提供補償性服務，克服不平等所引起的不利，如 head start program, job corps 等，不過這種方法不是社會的主要制度的改造之代替物，難保美國社會正規機能中不那樣不平等現象。

(3)提供社會所有成員適當的資源，使沒有一個團體是systematically

disadvantage, 制度化的服務如 public education 和 public employment counseling 即是例子，最近立法活動有 National Health Insurance 和保證年度所得 (Guaranteed Annual Income) 方案更進一步促使社會成員能達取目標，此顯示出其已揚棄 ascriptive criteria。

社會階層理論指出不平等的存在，並企圖了解其原因。

三、小團體理論 (Small-group Theory)

人活在不同大小（規格）的團體中，有各種團體的概念和實際的參與；一個社會福利專業人員對團體的了解，有助其對行為的了解，家庭是第一個要分析的小團體。家庭制度雖有變遷，不過其主要功能仍值注意：

1.家庭是生殖和性行為的認可的社會環境 (the approved social content for reproduction and sexual behavior)，雖然 homosexual behavior 被某種程度的接受，以及 zero-population growth concept，使家庭生殖功能將有所變遷。

2.family serves as a mechanism for the transimission of family name and resource。傳給人們不同的生活起點（出發點、立足點），滿足成員的需求。

3.家庭是主要的初級團體滿足的環境(a major context of primary-group satisfaction)，其成員能以一完整的人 (total human beings) 來互動，而不是一般環境中的角色扮演方式的互動，在社會複雜和次團體的支配下，家庭一些功能，如穩定個人人格上更具有意義。

4.教育功能，雖教育結構的成長，取代許多家庭的教育功能，不過家庭仍是一教育環境，特別是性角色(sex roles)和非正式技能(informal skill) 的學習方面。

5.經濟功能,今由基本生產功能(primarily production function)轉向消費功能 (consumption function), 家庭不能完全生產所需, 但在決定消費上有重要處。

家庭顯示許多小團體的特性, 透過社會化過程和 Primary-type 的互動模式, 對成員有重大影響, 它包括 task-oriented behavior (如 work, shopping, child-rearing) 以及 socioemotional behavior (如 kissing, joking, advice-giving)。 在成員間相互關係上, 它已建立套規範、角色、位置的結構 (an identifiable structure with norms, roles and positions being organized in relationship to each other)。

Robert Bales 等企圖概念化小團體結構和動力 (dynamics), 假設小團體的四個主要問題:

(1)對影響團體的外在力量的適應 (adaption)。

(2)由團體工作的表現 (績效) 完成工具性制約 (instrumental control)。

(3)團體成員感情的表達 (expression) 和處埋。

(4)團體整合 (group integration)。

團體的目的, 可由下面二個概念來劃分

工作取向的團體 (task-oriented group)、過程取向的團體(process-oriented group)。

工作取向團體主要在獲得工作的完成, 而過程取向團體著重在成員互動中所得的歡愉。 在社會福利 一個常聽的名詞 therapeutic group, 通常就是工作取向的, 在想完成一特殊的治療目標, 但也試著擴大成員互動以作治療環境的一部分。互動在工作取向團體也很重要, 由此可減少成員對團體的敵意和不滿。

談及團體自然會談及領導的課題， leader 可分成二類:

(1)task leader， 有效 協助團 體完成目標， 特別是 task-oriented group。

(2)socioemotional leader 促進團體互動和幫助團體維持一個 凝 聚 (cohension) 的人際環境， 因而典型的 task leader 是被尊重的， 而 Socioemotional leader 是較孚眾望的 (popular)。領導是複雜事題，特別是關係到工作績效(task performance)或團體過程 (group process)。一般來說，權威領導 (authoritarian leadership)較能達成工作，但不易使成員滿足，而放任性領導 (laissez-faire leadership) 在工作完成和成員滿足二項較差， 民主的領導在工作 完成上較有限， 但能高度滿足成員， 一般領導類型和團體的目的有關， 而又有一價值基架爲據 (value-based foundations)。

領導關係到 power 的問題，power 可定義作一個人有能力去影響他人而不顧其意願 (wish) (一個人可不顧他人意願而影響他人的一種能力) 。

五種權力基礎 (其和 task 和 socioemotional leadership 有關) :

(1)reward 影響者有種能力控制欲望之滿足去影響被影響者 (the ability of the influencer to control items desirable to the influnce)

(2)punishment 影響者有能力阻止被影響者目標的達取。

(3)legitmacy 有權要求被影響者並得到他的同意的能力 (the ability of the influencer to claim the right to influncee others and have the influence agree.)。

(4)expertise 一個因具有特殊知識而對他人產生影響。

(5)identification 影響者有贏取被影響者感情 (affection) 的一種能力 (the ability of the influencer to win the affection of the influencee)。

　　小團體的知識，使社會福利專業人員了解到團體動力 (group dynamics)在行為上的影響，並利用團體去完成福利目標；當一專業人員認為團體結構變遷有益於成員，他就必有一恰當的團體原則的了解，才能完成他所希望的變遷。

四、社區理論 (Community Theory)

　　社區的重要特性是有一定的空間界限，同界限內的存在一種社會依存關係，社區概念是區位學上的一種研究，研究物質環境 (physical environment)如何影響人類行為和組織。社區傳統劃分成都市和鄉村二個概念，最近都市社區較受注意而忽略了鄉村社區，因都市社區極速發展，並由相對部分的鄉村湧入大量人口，高度都市化，自然地更引起都市社區的研究，但最近也認識到鄉村社區的問題，其問題或許不同於都市，但並不是較易解決。

　　傳統的注意力都在所謂的中心城市 (center cities)、重要城鎮區 (major downtown area)。Louis Wirth 認為這樣的社區特性是 Large size，高人口量，且 Wirth 也注意到這些現象如何導致社會問題，不過 Wirth 不能預見近郊的發展可緩這些問題的嚴重。更複雜的社區理論，如 Gans 所說都市貧民窟 may be quite cohesive and village-like，而 Dobriner 注意到 suburbs（郊區）並非 Writers 和 Whyte 所說的那樣同質和人情的 (personal)。Warren 綜合社區概念，以四個方式來區分不同社區的特性:

　　1.自主性程度 (the degree of autonomy): 下列五項的自主性程度: (1)生產—分配—消費; (2)社會化; (3)社會控制; (4)社會參與和(5)相

互支持 (mutual support)。metropolitan region （大都會區） 和
neighborhood（鄰里）就有不同的自主性，前者在生產—分配—消費這
一點較具自主性，而後者在其他方面較具自主性。

2.對地方單位一致的服務範圍和形成一凝聚體的程度（the extent
to which service area in local units coincide and form a cohesive
whole)。

3.對共同地方性 (a common locality)的心理認同程度 (the extent
of psychological identification)。

4.community's horizontal pattern 上的差異或不同單位間的結構
和功能的關係上的差異 （the last difference is in the community's
horizontal pattern, or the structural and functional relation of the
various units to each other)。

社區，在它們的大小 (size)，內在互賴的程度自主性上有很多不
同，而這些差異將社區生活的了解有所意義，並對干預方法 (interve-
ning) 有很深意義。

Dobriner 的意思，社區是更大社會過程的縮影 (the community
is a microcosm of larger societal processes)，如此，了解社區必了解
社會功能的許多層面，社區對環境一如其他社區，政治體（國家）和社
會價值和結構作怎樣的反應？ 社區中有何團體、組織、次社區 (sub-
community)？ 都得去了解。 它們之間的互動對社區功能也是很重要。
小團體過程 (small group processes)，正式組織的原則和社會組織的基
本過程(社會互動、衝突、偏差等)的了解，對社區的結構，功能和變遷
的了解深具意義，所以在此我們又得強調系統研究 (systems approach)
的價值。

當前許多重大變遷均透過社區而對個人有所衝擊，如工業化，都市

化，移民等），同時，很多重要社會福利計畫在社區中組織並予提供。
Many of the major change of our time (industrialization, urbani-
zation, migration, and so on) have had their major impact on
individuals through communities, and many major social welfare
programs, are organized for delivery at the community level.

五、社會變遷理論 (Social-change Theory)

社會福利專業人員典型地直接關心microsociological change，特別
是個人、組織的和社區層面，然而社會體系是互相連結的，macro 及
micro 現象是相關的、微視（個體）、巨視（總體）理論在每一層面都
有些應用性。

Moore 提議談論變遷必需知道幾件事: 變遷的結構、變遷的來源、
變遷的方向及變遷發生的期間 (the structure that is changing, the
source of the change, the direction of change, and time period in
wihch the change occurs)。

變遷理論各有說詞，在許多衝突理論之外，以下對變遷似乎算是有
用的觀點; 變遷或受外在或受內在力量的刺激。(1)變遷將發生於一結構
內的危機期; (2)創新 (innovation) 是變遷的外在資源，此包括 (Moore
看法)外借自他文化傳播(diffusion) 和環境變遷，刺激社會適應。Laski
擴伸 Moore 的觀念 (idea) 指出內在創新資源是 invention (發明，既有
資料 information 的有用組合) 和 discoverise (發現，創新是提供完
全新資料)。此外，變遷似乎需要一變遷單位 (change agent)或 advocate
來推動選擇或採取何種變遷方式。

總而言之，社會福利專業人員是社會變遷的單位，不論是改變個人

的行爲或影響社會政策 (social welfare personnel are by definitive agents of social change, whether it is by changing individual behavior or by affecting social policy)。社會學的社會變遷理論，談的是社會結構的變遷，其可關係到個人變遷，心理學理論直接著重個人變遷、個人的成長 (growth) 和功能、人格變遷。二者在社會福利中都是需要的，服務常針對的是個人，故對他們行爲的來源必須了解，社會結構如何影響個人的 growth 和 functioning 也必須了解。所以系統研究 (system approach)提醒我們人類行爲是一相互關聯行動(interdependent actions) 的複雜網 (complex network)❷。

(一) 社會變遷的來源與模式──古典的學説

許多社會學的鼻祖們都注意社會變遷歷史之一般趨勢及其意義。他們多半都在解釋 社會以往的發展， 有時也以一種 固定的模式預卜其未來。

十九世紀的思想家爲斯賓塞及孔德，認爲變遷的模式是直線的。斯氏視社會之發展爲 演進化 (evolution) 之過程， 就像有機體之演化一樣，是一種生長的過程，不斷增加複雜性，組織和功能上不斷的分化，分化的各部份不斷加強其彼此互相依賴。他也相信工業秩序之產生可以漸漸增加對個人權利的保障，減少政府的力量，消除戰爭，消滅國籍之界線，建立一個世界性的大社區。

孔德也將社會看做演化和進步的過程，而以社會學是在建立統馭這種進步的劃一性。 於是， 他制定出著名的人類 思想發展三階段的定律 ── 神學的、形上學的，以及實證的 ── 同時這也是社會組織的三個歷史形式之基礎。

---

❷ 本章主要內容是根據一九七六年 Ronald C. Federico,所著 *The Social Welfare Institution*第五章整理而成。

　　和這些樂觀的觀念相對的是史賓格勒 (Oswald Spengler) 在本世紀早期所做相反的、悲觀的理論。對他而言，人類的生存是一連串無窮的上下起伏現象。就像海洋裏的波浪一樣，偉大的文化出現，激起了高峯，又爲其他升起的波浪所淹沒。又像一個人的生命一樣，每種文化都有出生、童年、成年、老年，及死亡的生命循環。此種循環沒有累積的意義在。在每個循環之終了，人類根本就像從前一樣，史賓格勒氏認爲，西方已經通過成熟的階段了，那就是他所謂的「文化」，而也已進入了美好的時期，他稱之爲「文明」。

　　其他多數的理論卽非導自直線的就是導自循環的原則；有些人則以不同強調點，連會此兩種因素。

　　亞諾湯恩比是一位屬於後期者，而其事業則是集孔德、斯賓塞，及史賓格勒等人的大成，他發展了一套有循環性意義的理論，因爲這是一種文明的生長與分歧的理論。根據湯恩比，文明之產生是起於對艱難成功的反應。當每一個成功的反應引起另一個難關，而又遇到一次成功的反應，文明就會生長。這些反應是由「有創造性的少數」天才做出來的。如果這羣創造性的少數人停滯不前而具支配力，則文明就會分歧了。並非所有的文明都能完成此一循環，有些中途消失了，有些受阻了，雖然和史賓格勒方法有些相似，而比起史賓格勒的循環，湯恩比看到了文明中不同的階段，甚至看到長期的趨勢。第一、有些文明是由原始社會中產生，有些是由先階段的文明產生而來的，而另外一些則形成了第三代。起於較古老沒落的文明的文明較原始社會產生的文明階段爲高，雖然他們都經過了相同的循環。最後，一個文明的潛能的最終發展是決定在它發展較高宗教的能力，而不是決定在崇信生產方法和暴力方法。基督教的信仰者的西方文明就具有最高的發展潛能。因此，湯恩比調和了一種清晰的循環說而不是立意明確的進步學說。

　　馬克斯的學說在根本上也是一種進步學說，雖然不是一種直線的進步。進步到無階級要經過「辯證的」鬥爭，每一次鬥爭，下層階級要推翻統治階級（卽，中產階級推翻貴族），建立一個新社會，再由一個新生的下層階級起而推翻之。但這種循環卽非無止境亦非無意義。正如馬克斯之所見，輪子已達到其最後的一環；有了無產階級革命，故事就要到一個終點。無產階級的勝利將會產生一個無階級的社會，是一個沒有大衝突的社會因此也就沒有革命。

　　馬克斯的歷史說所不同於直線的進步說的，不僅是它將歷史視爲一連串的暴力鬥爭而非順利地進步到較高的平原，更是在於它對原始狀態的看法。這種典型的「啟蒙」之進步說，認爲人類是從一個黑暗、殘酷、原始之狀態，逐漸進入到一個理性、道德、快樂之狀態。恩格斯（Engels）則認爲原始狀態猶如國家末日，他概括李級斯·摩根（Lewis H. Morgan）的民族說上的研究，而以爲早期原始社會，是一個無階級的公社（a classless commune），將來人類必然重返此一境域。

　　韋伯理論的一重要部份，與循環理論很相近的。依據韋伯的看法，當一個古老歷史性結構之合法性喪失時，有一個具有神秘力量領袖將在此一結構之外出現，予以推翻之。此一領袖及其信徒可在舊結構的廢墟上建立一個新的結構。隨之而來之「神秘力量常規化」（routinization of charisma），爲新結構之基礎。而此，遲早又將面臨同樣的缺乏合法性，神秘力量之大起，再次常規化，如此週而復始。

　　韋伯理論之另一部份，與直線發展論近似，因爲他認爲文化的發展是一種不斷地增加合理化，增長內在的堅固性及凝結力的過程。例如宗教的發展，從多神論發展爲一神論。

　　由此看來，韋伯研究變遷是結合社會發展的循環論及文化發展的直線論。

—

在當代社會學中，杜尼士著作影響之範圍及深度，可以說是僅次於韋伯‧杜尼士，和斯賓塞一樣，把社會當作在一種直線之過程，其成長愈來愈爲複雜。小的、簡單的結構發展爲大的、複雜之結構。他將此一趨向，稱之爲從 gemeinschaft 發展爲 gesellschaft，從原始、傳統、密切連結在一起之社區，發展爲一個大的、都市化、工業化之社會，人類關係日漸疏遠。像直線變遷理論一樣，他認爲變遷是一明確、不能倒流之趨勢。但他對此一趨勢之評價是相當矛盾的，現代社會給予人類許多自由、知識及物質上之富足，但是也帶來疏遠、分裂等現象。

早期的社會學家均以人類歷史之模式及方向爲其研究範圍，他們的理論，直接與人類社會生活之大多數基本問題有關。同樣的，他們關心於推動歷史之力量，人類創造他們的歷史? 或者只是隨波逐流似的跟著歷史走? 大多數早期之社會思想家均顯示出是決定論者(determinists)，史賓格勒(Spengler)認爲歷史之方向多少是像人類身體之兒童時期、成熟、凋謝一樣的發展。對此，人類絕少能夠改變的。斯賓塞也是一樣，以爲殊少個人可以干預的餘地。不過，史賓格勒認爲人類文化不可避免的終歸於毀滅，而斯賓塞則深信人類進步之必然性。馬克斯在許多的著作中所採取之立場是不同的，不過，基本上他認爲人類之命運是預先安排好的，統治階級是運用國家與政府、暴力工具及意識形態，可延遲歷史過程到相當程度; 而無產階級，若能適當組織，一致行動，則可加速此一歷史之過程。不過，最後歷史之輪倒轉時，無人可阻止或使其再回轉的。

韋伯則容許更多人類指導歷史。誠然，人類爲其所建立之機構組織網所束縛，但是，當在神秘的時刻，他挺身而出，重塑此組織結構，使其更能滿足他的願望。在文化之層次，增加合理化的過程指出宇宙之逐漸屈服於人類的意志。但是，在同一時刻，並未見人類可以自由改變此

一過程之自由的徵象。這裏所列舉的有關社會變遷的理論，認爲歷史的力量 (the forcess of history) 是產生自人類社會本身——來自人類社會的經濟結構或是文化。就此一意義而言，這些社會變遷的理論已爲當代社會學奠定了基礎。當代社會學全盤拒絕了其他許許多多認爲社會及其變遷是由來自社會制度以外的力量所造成的學說理論。主張人類歷史的發展主要是由超自然的力量，如環境的因素（指氣候等），或生物的因素（指人種等），均已被摒棄了。這些理論之所以被摒棄，乃是他們所討論的因素，無法進行科學的探討；同時，不論是環境的因素或生物的因素，其變遷速度緩慢，不足以解釋急劇變遷的人類社會。譬如，西元一八一七年至一九一七年之間，在俄國的雨量及其種族上的組合，並無太大的變遷，當然無法以此來解釋他們從沙皇帝制走向共產政權。前面所列舉的 古典派的理論， 有不少是對當代社會學有重要影響的； 但是，環境及生物的理論，則完全被摒棄了，今天，大家只是把它當做歷史的研究而已。

至於主張有關社會 變遷的影 響力量是 來自人類社 會本身 (within human society itself) 的理論之中，引起最長久、最深遠、最重大的爭論的，是在於有些學者認爲推動人類歷史的主要力量是來自「精神的」(spiritual) 領域，有些學者則認爲是來自「物質」(material) 的領域；有些學者強調思想觀念所扮演的角色，有些學者則強調經濟因素所扮演的角色；有些學者強調文化的角色，有些學者則強調工藝方面的角色。

孔德 (Comte, 1877) 的 the progress of civilization through three state， 確立了歷史發展的進步論。歷史發展經過三個階段，卽神學的、哲學的以及科學的或實證的階段。人類心智 (human mind) 的三個主要部份——感情、行動及理智——是相應這三個階段而發展。感情是社會進步的動力，而理智是社會進步的指導原則。他把人類歷史發

展的推動力歸於文化的領域。

　　馬克斯正好完全相反，認爲在物質 生活方面 的生產 方式決 定了社會、政治及精神生活的過程。恩格斯 (Friedrich Engels) 則更進一步指出所有社會變遷 的最後原因 (final cause, italies supplied) 乃在於生產的方式及其變遷。

　　韋伯(Max Weber)在其所著《基督新教之倫理與資本主義的精神》(*The Protestant Ethic & the Spirit of Capitalism*)，努力解決這些紛爭。他的理論與馬克斯及恩格斯的理論完全相反。韋伯主張近代資本主義之發展係以喀爾文派的宗教倫理爲必需條件。他指出喀爾文派的教理中乃在使人產生「在現世苦修」的心情，艱苦卓絕地爲自己的職務而奉獻。該派的宗教觀不是要人安於現世，要人人不休止的努力，始可有助於轉變社會，鼓勵嚴守紀律及辛勤的工作，此並不是作爲獲致最後目的的手段，而是形成眞正的道德價值。把世俗的經濟生活上的勤勞工作變爲宗教的職責，喀爾文主義產生了一種價值定向，捨此而外，資本主義無由發生。他主張社會生活的主要推動力並不是唯物的經濟條件，而是一個社會的精神作用， 認爲精神領域對 決定經濟結構有重要影響。 不過，韋伯很謹愼地指 示此乃因果關係的一面而已， 他認爲， 在某種情況，可能經濟因素決定文化。總括而言，變遷的來源，旣不完全是經濟的，也非完全是文化的因素。

　　在韋伯的影響下，社會學乃超越早期的爭論，而拒絕了所有決定理論 (deterministic theories)。從單一因素來說明社會變遷的來源之一切努力，均徹底失敗。多種因素影響社會變遷的說法較能令人滿意，當代社會學乃接受多因研究觀點 (multifactor approach)。因此，儘管早期有關社會變遷理論，頗具吸引力，提出不少顯貴的啟示，且對奠定當代社會學的基礎，有其不可磨滅的貢獻，但已無法再被接受了。

(二) 變遷的來源與模式——現代的學說

有關變遷來源與模式的古典學說，對社會學的研究雖未能提供充足的指引，但是，當代社會變遷的學說仍無法超越他們。正如社會的一般理論尚未充分發展一樣，目前也沒有充足的社會變遷理論。派深思 (Parsons, 1951) 及摩爾 (Wilbert E. Moore, 1960) 均認為社會的理論 (theory of society) 及社會變遷的理論 (theory of social change) 二者是不可分的。

前述的理論尚不足以充分指引社會學的研究，但社會變遷的現代理論卻尚未取代它們。社會變遷是沒有適切的理論的，正如社會的一般理論亦未完全發展一樣。派深思和姆爾二人都認為社會理論及社會變遷理論是不可分的。在《社會制度》(*Social System*)一書中，派深思對「變遷」有著以下的結論：

也許，在本章中我很可能會使讀者相信，我們在「動態」與「靜態」(static & dynamics) 兩個重點之間左右為難，確實是不妥的。如果一種理論是好的理論，無論它所直接涉及的問題是那一類，它一定「同樣」(equally) 可以應用於穩定制度中的變遷問題及過程問題。

姆爾也說：「一種『統合性』的社會變遷理論正如全部的社會學理論一樣繁、簡，包括了相同的項目及主題。」

無疑的，一旦我們有了一個完整的社會理論，就可以用來研究「靜態的」結構和「動態的」過程。但是要追求這種理論必須要由好幾處進行。而且，完全統合的理論，雖然由於高度的抽象說明，使它能適用於結構和過程，但具體的說明可能就只能顧此而略彼了。我們可以很確切的指出「靜態的」理論是這一類的：「組織的層次越多，低層參與者的士氣越低」。這句話與「過程」無關，而只是比較有許多層次的組織中低階層的士氣。在另一方面，如果我們說：「為了要使兒童人格的分化

繼續下去，社會化機構必須要判定銜接於下一個平衡階段的行為，而別的機構也必須要以其他方式支持它」。這句話說明了兒童人格系統保持變化的兩個條件，但並未談及較「過程」為「靜態的」兩種社會化機構的權力區分。

社會學分析之發展趨向有兩條路線：(1)根據不同時的一項社會單元之個案或同時期數個單元之比較，分析現有的結構。(2)追踪研究以觀察同一變數或一系變數在不同時的變化。也有些研究包括了兩種方法。

派深思及其他的社會學家都提出了變遷的一般理論要素，在派深思文中所提出最重要的是：一九五〇年以來的進步變遷，不僅可當做一種不平衡或保持平衡的東西，更可當做一種過程，能確切的改變平衡本身的狀態。他的現代社會學理論早期的著作中主要談到兩方面的變遷：

1. 從社會制度化的模型中移出一種社會單元，又從而增加了社會制約力，而使失去的單元回復到原來的情況的一種過程。譬如球從網底射向牆上，由於吸力而返回網底原來的位置。類似的社會情況，如失業的增加增加了聯邦在公共事務上的開支，而因此又減少失業，使其恢復到原來的狀態。

2. 平衡的必要條件——譬如，騎腳踏車的人腳變動的位置，或者是輪子的轉動，都是需要的，以使車子保持直立和前進。社會實例如需要保持一定程度的流動以維持一個成就定位（achievement-oriented）的社會。

這兩種變遷都假設一些基本的變數（或「架構」）是不變的。球網的底牆、引力、腳踏車的結構、公共事業、流動的社會價值等都是當做不變值。我們研究它們的變遷，將它們置於更大的架構中，這大的架構又被當做常數了。

最近社會學理論的發展，可以研究制度的本身，也就是「基本」變

數的變遷。變遷之研究已不再限於穩定的制度下的變化的下層制度了；現在可以研究整個單位的變遷，也就是社會的本身。

派深思研究制度變遷的典型是基於分化的觀點。任何一種社會單元都具有「單純的」、「不可分化的」結構，單元將其各種的功能「融合」在一起而顯現出來，也就是在相同系列的關係中，由同一系統的人物實現單元的功能。在分化的過程中各種功能都需要其各別的結構。譬如說，一個家庭中要展開生產與社會化，就會擴及其他的社會結構，如工廠（或一般的職業範圍）及學校（乃至於青年運動、俱樂部等等）。分化的過程同時也需要功能不相同的新社會單元相互關係著；分化需要再統整。此乃經由一種調和仲裁制度（normative system）而達成的，如家庭和工廠，透過「橋樑」機構、職業學校；或透過平衡衝突的組織，如法院；它們均與家庭和工廠有必然的關係。

總之，研究分化及其所需要的新的統整式，便是研究社會結構之重組。過程之開始我們所看到的是一種騷動中的平衡狀態，不只是部份的而是整體的；到後來我們所看到的是已建立好的新平衡。社會型式可以在預知的範圍內分析它某些結構變遷的方向。毫無問題的，分化的型式確實可以提供社會變遷理論的內容。

很顯然的，這種型式並不能蓋括變遷的所有形式。有幾種社會單元的發展可能循著不同的型式。「分化的型式」適用於發展中單元的型式，建立新的次單元但沒有新的功能。在另一方面，epigenesis model是指新建立的單元型式首先只會自動的發揮一種功能，後來就擴充了更多的功能。有一個很明顯的例子，如國際制度是從一個有限的、政府間的條約擴充為廣包的超國家的社區。另一個例子是正式的組織發展為一種非正式的結構。

要想將社會變遷的理論整理成為社會學結構的功能法（structural-functional approach) 的一個統一部份，是不爲所有的社會學家所接受的。Ralf-Dahrendorb 和 Franeesca Cancian 二位都談及這個問題。達氏認爲答案必在結構 —— 功能的傳統之外，而康氏 則認爲在傳統之內。

　　達氏的看法是以「結構——功能」的方法建立社會的一般理論是不成的。他認爲這只能蓋及一部份的內容，而不能包含另一部份。他盛得「結構——功能」理論開拓了結合社會單元、社會統整力的因素，但並未找出如何控制變遷和分裂的力量。達氏並沒有建立一個包容「靜態」和「動態的」一般理論，而提倡以另一種部份理論含納「結構——功能」法所忽視的內容，卽衝突與變遷的理論。這兩種部份理論便可涵蓋全部的社會學現象。達氏並解說這種衝突與變遷的部份理論研究爲何物。

　　康氏與達氏正好相反，認爲「結構——功能」理論確實可以研究變遷的。甚至於變遷研究之不需要特別，在沒有系統的方式下介紹，它可以成爲「結構——功能」方法的統整的一部份。譬如，一種特有制度的分歧 (disintegration) 是可以預測的：功能說特別注重一種制度的具備條件；離此，這制度就會分崩離析了。換言之，如果我們說明了一種制度的應具條件，同時註明它的負標示——意卽這些條件目前並未充分具備——這樣，我們就等於說明了 「分歧」 的狀況，此乃變遷的一種形式。

　　此外，康氏認爲「結構——功能」說可以說明保持制度平穩的應具之變遷條件，並可說明 (corrective change)，在游離制度的平衡狀態後，便會有復原的傾向。

　　但這些變遷的型式並不足以否定結構——功能法的可能性，卻足以昭示追尋一種含括不變與變遷的社會學理論，尚不可放棄。然而我們應

該特別指出這正是由於達恒道夫（Dahrendorf）、柯索（Lewis Coser），及其他社會學家批評的壓力，而引起了功能學家對社會變遷的研究加倍的注意。

現今多數社會學 裏理論部分都是屬於 「結構——功能」 分析的構架，早期的方法絕非過時，而新的也正在發展中。

我們已經說過，杜尼士對於由社區到社會的變遷觀點，是社會學中最有收穫的領悟之一，大半社會學思想和分析都建立於這兩個觀點或其類似的觀點——諸如「傳統」之對「現代」，或「鄉村」之對「都市」社會，凡此都意味著從一個型態到另一型態的一般運動。邁尼爾（Horace Miner）重新檢查和評價了反對鄉村——都市的連續體系的評論，而得到了一個結論，卽，這種型式仍然對現代變遷理論有所助益。而最根本的問題是，是否所有的社會都會從鄉村發展到都市社會。邁氏指明，這種型式有某種程 度的變異性， 故相反方向的發展不需要說除。 不過邁氏說，沒有人鄭重地否認都市化的一般趨勢。這兩種觀念是連續體系的兩端；我們應知道每種社會都含有兩種因素，鄉村的和都市的，而現實中的變遷加重了都市性的重要，並未完全泯滅了鄉村因素。甚至有些如核心家庭的鄉村因素，據我們所知，一直都是都市化社會的特色，而一些新的「鄉村」因素如市郊、俱樂部等正是方興未艾呢! 當然，全球性的都市因素正在不斷的滋長中。

「社區─社會」 （gemeinschaft-gesellschaft) 或「 鄉村 ─都市」的連續體系也可以視為一種獨立的方法。當然我們可以將之併入一般社會學理論， 以增加其份量與價值。 因此， 這個觀點中的一些基本內涵，必須經過更高度的抽象，以擴充其實用範圍，而這兩種理想模式，及其整個的連續體系，卻析離成一套的變因。譬如派深思將鄉村社會分析為高度特殊化的、分散的、集體的、有情感的，及相歸屬的社會，而

都市社會則是以普遍主義、專門化、成就、冷漠為其特徵。因此，派深思以研究此一般變遷所用的變因通用於對其他社會單位及其變遷之研究中，而將「鄉村—都市」的連續體納入社會學的主流裏。

萊特米爾(Wright Mills)的作品繼承著「大理論」的系統，雖然他並未掌握全部的歷史和社會，事實上，米爾的分析較之早期的「古典」作品，範圍小得多——不論在技術上和經驗上。但較之大多數的現代社會學，米爾的社會學更急切於社會問題之研究，而非嚴格的科學化。他的用辭很不精確（譬如，他所謂的「精英」(elite)有時是指機構的要人，有時是指社會階層），而他的社會分析與社會評論的混合是典型的馬克斯系統。

米爾有別於現代社會學家者還在於他對多種因素法的不完整的附會。他的作品深受韋伯的影響，因此視他為純粹的馬克斯主義者是大大的不對。他十分重視政治因素（卽一般性的和強迫性的），而不僅把政府、軍事、教會、法院視為有產階級的工具，也是他們的權力。再者，米氏強調階級因素，而他認為社會精英的聯合可以獨攬權勢，在這一點上，確實比較接近新馬克斯的方法，而不似大多數社會變遷的現代社會學著作。

人類學家保留了並重新使用一般社會學家唾棄的，而不失為有趣的方法，在未來可能會再併入變遷的社會學理論裏。舊的演化理論，大多數是採取單線進展的，現在已經被棄之不用了，因為人類的歷史對於不斷增長的文明開放顯然並沒有展示出普遍而涵蓋的趨勢；因為每個社會的不同部門都以不同的速度和方向進展（科學會有累積的進步，而道德標準的加強卻沒有，或僅有些微的改進）；因為不同的社會有不同的發展形式而可能導向不同的「成熟」境況。如俄國的工業化不僅遵循了不同於英國的路線，同時，工業化後的俄國也迥異於工業化的英國。

史圖華 (Julian H. Steward)發展了一種研究演化的新方法，可以避免這些陷阱。第一，他遵循社會科學的一般趨勢，但他的觀念裏較少價值意識，而他也不主張社會發展中有道德進步。第二，他在一般趨勢中並不尋求變遷的單一條路，卻提出多重路線演變的理論。如此早期的演化架構所遺留下來的是些什麼呢？雖然主張多重路線演化的人認為發展的路線不只一種，他卻假設可能的發展型式還是有限的。文明的發展路線有很多型式，但並非無窮，經驗的研究中可以顯示出在何種情況下社會朝著何種路線發展。當社會以不同的路線，不同的速度，朝著不同的目的發展，其途徑，也還是有基本的相似處。因此，無論有什麼阻礙類多，上下之循環仍有韻律；社會似乎都是從小而簡單到大而複雜。

克羅貝爾 (A. L. Kroeber)的分析是使用人類學的方法，迥異於演化和「結構──功能」的觀點。基本上說，「擴散說」 (diffusionism)是從一個社會中找淵源解釋另一個社會的變遷。當每個新的行為型式或文化事項進入一個極端時，便以為是來自一個源頭，多數的社會學家都很難接受此一方法。確實，有許多觀念是從一個社會擴及到另一社會，尤其是在現代──由於溝通的增進及其方法之改善──但是相同的，在許多不同文化中曾有過相同的改革，或對相同問題有類似的解決之道。更重要的事實是傳播於一個社會的許多事項中，只有一部份被接納，而這些被採用的部份不只是基於傳播的因素（如傳播的強度、量，及重複的情形），而且也基於這個接納系統的需要、利益，及容納能力。甚至完全相同的事項傳播到不同的社會裏，就會有不同的採納情況。正如克氏指明的，在變遷之分析中，擴散是一個重要的變數，但擴散說要想以此為變數而建立一個研究架構還差得遠呢！

我們所需要的 是社會間之溝通 系統及社會間 的滲透系統的綜合研究， 而與統合於一社會裏的改革的環境相關連， 不管改革是起於外在

還是內在❸。

第三節 社會福利與行政的政治學經濟學基礎

政治的經濟的決策是支持或破壞社會福利活動的主要來源，對社會制度的了解是很重要的。

一、社會福利的政治基礎 (The Political Bases of Social Welfare)

美國政治體系結構採分權:

1.聯邦政府中的分權。

(1)行政部門; (2)立法部門; (3)司法部門。

2.分權的第二個基點是聯邦和州分享權力 (federal-state sharing of power)。

3.有二個主要政黨: 民主黨和共和黨。

4.選舉過程本身 (the electoral process itself) (人民可選擇而有權)。

在這樣分權型態，採多數決原則，多數主義建立在三個重要社會價值上:

(1)社會文化的多樣性 (sociocultural diversity)

(2)言論自由 (freedom of expression)

(3)人種融合的社會本質 (the melting-pot nature of the society)

---

❸ 詳見拙著《現代社會學》（與吳森源、李建興及黃維憲合著），民國六十七年八月出版，第四六三～四八○頁。

如此創造一體系，使許多團體能在政治過程中自由競爭，由選舉活動獲取實現團體願望的合法資格之機會。競爭的政治體系容許所有團體能表明立場。

早期我們看見不平等是 political partronage，任命權使一些人能選人而用來固結自己既有權力，第二個不平等是 access to lobbyists can support a bill through a network of informal personal contexts and access to data. 使若干團體缺乏機會，如 NASW 最多只能用二位 lobbyists，當然無法與 labor unions 等相提並論。第三個不平等是政治體系的複雜性質 (the complexlity of the poitical system)，使人懷疑其是否能够了解操作方法，一般公民少有機會，由任何實作方法去學習政治體系的一切，使一人想表明其政治立場卻受打擊或遭人笑話，以致一般公民不去注意與其有利害關係的立法草案，就是注意了，有關立法過程的知識的貧乏，使不能有效 做政治爭辯，就算是能注意並有知識，但是否能接近主要政治中心仍是問題。如此就不容易爲本身謀求福利。第四個不平等是政府行政進度緩慢所形成 (the government often operates very slowly)。第五個是少數民族的弱點 (the weakness of minorities)，這些少數民族有其特有的種族和倫理道德背景、規範、語言、所得、教育水準。它們之間 (這些少數民族)'不容易聯合成一勢力，對政治過程的學習還得有一段時日。

在美國多數決原則，競爭政治體系運用上的上述問題，可由一相對的 new ombudsman concept 來克服這些問題，the ombudsman 提供資料訊息給大眾，幫助個人發現其追尋的是什麼,幫助公民如何在體系中獲得所需。另一個克服方法是發展一抗衡權力(countervailing power)，有一團體權力對抗另一權力，如 consumer group 將消費者組成一結構爭取他們的需要，這樣的團體使個人微小的政治權力經济力擴伸成較大

權力。

　　社會福利的工作是大政治水平中的一個重要部分，政治過程可決定社會福利工作方向。專業人員幫助人們盡可能接近政治過程，在州的層次 (at the state level)，他可被納入州專業組織，主動的和政治家，與其他團體並肩工作，以獲得福利目標，地方代表對人民服務，較之聯邦國會中的州代表所提供的服務要多。

　　在社區的層次 (at community level)，政治過程更易接近些，地方政治家更能接近人民和更需依賴選民的支持，使社會福利工作員更易和地方代表接觸，使社會福利目標得到支持，最重要的，社會福利專業人員必能嵌入政治過程的所有層面，以利工作，但不幸的，許多社會福利專業人員很少參與政治過程，擔心參與會危害到他的工作，這在有些情況是眞的，不過如此一來也可能減弱其提供服務的能力。又一般社會福利教育很少包括政治活動(political action)，雖然這些 gap 在今日多少減少，但也多半趨向 local level 而已。 另外在今日複雜的福利結構使一典型的社工具扮演有限工作， 很少機會學 習整個福利工作 (welfare picture)， 當有關福利修正案提出時， 福利專業人員不得超越其特殊的利益整合成一整體，缺乏形成有效政治力量的能力。社會福利專業人員要能接受各種打擊和繼續應變。

二、社會福利的經濟學基礎 (The Economic Dases of Social Welfare)

　　經濟學是研究社會期望的資源 (socially desirable resources) 的生產、分配和消費。經濟制度是一社會用以決定生產什麼、如何生產和如何分配及公民消費的一個機能(mechanism)。以下就由生產、分配、消費這架構探討經濟學和社會福利的相關。

美國經濟體系透過一供需市場來運作，而最近政府多少干涉供需市場的運作，消費者的購買權——即可用錢購買任何想要的，有賴二個重要因素：就業和政府財政政策的利用。

工業革命後，使人們依賴工資（wage）打破了人和土地的聯繫，自給自足不再那麼可行。在工業社會工資得自其工作成績——工人出賣勞力換取工資，再獲取社會期望的資源 (socially desirable resource)，而人們有需求才有供給，有供給才有生產才需工人，工人才有工資購產品，構成供應—需求—循環(supply-demand-cycle)。 在這供需循環之外，能提供消費者一些錢的是政治財政政策的行使，在大量失業下，需求降低，政府可降低利率或貼現利率，和公共設施的投資，以創需求，重建供循需環，除供需循環外，生產也受或本因素的影響，工會、政府（如最低工資法、工廠安全法規、反托拉斯法規）多少都會提升生產成品（因謀工人福利，增加產者成本）。另外影響生產的三個因素：

1.生產者間的競爭，導使尋求更有效生產技術，影響到低效能生產者要離開生產行列，少數高生產者的獨佔權力提高產品價格。

2.廠方勾結。

3.生產者之間的互相依存關係，使不能完全由本身控制生產成本。

在分配問題上，美國市場上的一個不平等現象，富人可擁有無限產品，而貧者幾乎被排除於市場外，doverty is both objective and subjective，其客觀實體是缺乏基本生活需要——食物、遮蓋所、社會參與，主觀實體是他們活在社會邊緣 (lives on the fringes of society at the battom of the social heap)，經濟資源的不平等分配，產生了一些個人的、家庭的和社會的問題，貧人較不能照顧自己和小孩，不易發揮功能、參與社會及過愉快生活。

經濟資源分配失調 (maldistribution) 的原因多而複雜的：

1.歧視 (discrimination) 包括種族的、性別的，和年齡等因素。

2.生產者較易控制貧者需求，如透過廣告，使貧者被鼓勵買一些不需要或劣質產品。 price-fixing 也對貧者不利，又政府一些活動也可能無意地傷害到貧者， 如regressive taxes， 社會安全稅卽累退稅之一例，因由收入看，貧者付出的比例是較富者高，另外如交通不便，消費者教育低，選貨機會小等，亦顯得貧人支付較多， 也是 maldistribution 的原因。

社會福利制度的功能之一卽 助貧者對抗這 些經濟制度 的不合理分配， 補充貧人收入，增加其接近期望的資源的希望，教育貧人使有效行使消費，明智用錢，並提供教育機會，幫助他消除工作和住宅上的差別待遇和安穩家庭生活，增加貧者參與經濟體系的機會。

社會福利增強 其消費及生產 二方面的功能， 知道如何花錢和有效賺取工資。此外， 更尋求解決不合理分配的方法， 努力結果之一， 卽 provide social welfare service in a market system， 公共福利體系對市場運作的介入，如對抗社會的自由企業經濟價值，以謀福社會大眾。

再談及消費問題，首先要弄清個人消費和社會效果 (social effect) 之間的差別。如所得的不平分配，使高者能夠在市場上購買任何他想要的產品， 致(1)如上述貧人在市場顯示權力微小， 除非他受到社會福利系統的補充給付。 (2)這些補充給付的成本問題。 貧窮導致一連串的問題， 而只要社會有一解決這些問題使命， 它必需提供部份資源以便完成它的目標。society 蒙受 the social cost of the waste of human ability。又今日世界資源減少的威脅（環境污染， 鳥、魚類受害，能源有限……）， 使單個社會不足負擔成本，形成一世界性問題和世界成本。這些經濟現象將擴伸社會福利概念超越國界，使世界社區更注意其對人類的責任。

三、社會政策：政治學和經濟學的作用 (Social Policy: Politic and Economics at Work)

「在美國將以社會服務為一解決社會問題和達到舒適都市生活、種族平等、社區整合、社會公正和消滅貧窮的重要工具」，Kahn 這段說詞，指出政治學、經濟學和社會政策之間的關係，政策是利用政治過程去認同和計畫經濟目標的決策，社會政策決定其能提供何種服務，與社會福利專家有密切關係，一般在直接協助被助者的作業上和政策的形成之間不能有距離，二者間相互影響。社會福利專家 在這方面要多做努力。

大部分政策決定過程的最大困難是優先權問題，有太多 social task 有待完成，但 socal welfare is only one，在有限社會資源時，如何決定怎麼用才是最應需要和有效能？在社會福利本身中，也不是容易建立優先順序，對兒童服務先於老人服務？⋯⋯一些問題都沒有一規則性答案，而美國政治體制的競爭性質和資源有限的事實，使各團體在追求這些資源中，顯得更是對抗性，如何證明其是最需要者，有賴價值系統來證明，如果社會價值以貧窮是個人責任觀甚過於社會責任觀，則就是顯示貧窮的情形亦無濟於事。

社會政策中有一套價值參考架構，在競爭結構中，每一社會需求間互相競爭，Kahn 對此提出幾個重要社會政策層次來說明：

1.政策的基本目標

一般基本方案目的是幫助那些不幸者，故一般傾向認為社會福利卽在幫助poor，不過方案是配合社會中所有的人的需要，公平分配資源，有賴社會福利體系的建立，由其決定方案如何進行，如何選擇對象。

2.消費和投資之間的決定

政策常在配合即時需求 (immediate need) 和長期投資計劃二者之間, 何者有效中作爭辯 (長期投資計劃可減低或消滅即時需求)。

我們很難忽視這些 immediate need, 當一人饑餓, 你若給他一些種子, 讓他在一年後獲得食物, 那是很無情的。另一方面, 即時需求過多會造成沒有餘物來投資, 以防止未來需求的再發生。

不過, 常常在這二者間也劃分得很清楚, 可同時進行, 如 the office of economic opportunity 的方案即二者兼顧, head start 就能注意即時需要, 施以 day care (日托) 和強化教育, 並改進兒童未來成功的機會。社區發展在使社區組織起來, 以應需求之滿足, 並謀由自己獲取未來目標之完成, 當然有些方案是顧此失彼的。

3.社會設施和個人服務的比較 (Social utilities compared with individual services)

Social utilities is basic services needed to function effectively society, 如: physical protection 及教育即屬 social utility, These services cost money for society as well as for the individual users, but they are usually heavily subsidized out of genera funds. 社會設施採取 collective approach 配合人類需求, 其建立在團體生活的互賴和合作的事實上, 而 individual services 針對個人特別需要, 以個人爲基礎, 個人化服務顯得較貴昂, 社會設施途徑可和制度化社會福利體系並立, 以一種投資途徑來服務社會, 不過其是否符合個人需求是有待思考。

4.服務提供的方式 (The manner in which services are deliverd)

前章提過服務方式有 direct grants, in-kind payments, social Insurance, personal counseling等。決定何種方式, 有二個問題要考慮:

(1)The question of which kind of services will meet the need identified cash grants and social insurance 都能解決貧窮問題?

(2)The question of efficiency—— 兩個解決法之間何者較有效

如以現金給付，若消費者花費在消遣上，而不是需求上，顯失意義，如實物給付，較合財政效果，但多少降低社會效果，因受惠者將失去自主性和個人責任意義，其各有利弊，選擇時就靠價值判斷，這是主觀問題。manner 的決定頗不簡單的。

5.服務的集中及使用者參與 (Centralization of services and user participation)

由上述種種價值問題使我們轉向這樣的一個問題: 誰來決定社會政策? 顯然的，有一定團體，社會給他們有這些責任，如立法人員及社會服務機構負責人，而一般社會福利專家也可參與，但一般都忽略了使用者或消費團體這部分對政策決定的影響。其實也該考慮他們的參與會有何影響 (一般來說，他們因缺乏資源 (resources) 、教育、運輸等而不易投入)。

6.責任 (Accountability)

可使知道社會福利系統中做了些什麼，也知何種方法較容易達取目標，多少可決定目標的成功程度，但不能說是目標形成的代替物。

四、結　　論

對經濟的和政治的過程的了解，顯然對社會秩序和變遷路線的了解是很重要的，競爭是美國體系 (American system)的基本部分，雖然如此，這樣的經濟的和政治的體系要被變更下，使公民們都能發現他們需要而滿足他們。全部體系的變更還沒有一完美方法可行,貧者仍受苦痛，社會福利人員當獲更好專技，參與政治的和經濟的過程，並在美國社會

繼續尊重貧者權力的觀點下，發揮有效社會福利結構的功能。

　　前三章社會科學知識有助社會福利制度的了解，雖然很少業者能應用所有知識於社會福利範圍，但豐富的知識概念將助業者滿足自己的興趣和在作業上能更有智慧、建設性的方法❹。

---

❹　本章主要內容係根據 1976 年 Ronald C. Federico, 所著 *The Social Welfare Institution* 第六章整理而成。

第五章　各國社會福利行政體制 （上）：美國部份

第一節　美國衞生環境及社會福利行政體制

一、胡佛委員會與衞生教育福利部的成立

美國爲革新政府行政機關的凌亂、推諉責任等弊端，兩次組成胡佛委員會，以革新行政（原機構稱政府行政部門組織委員會（Commission on Organization of the Executive Branch of the Government），由胡佛主持，故簡稱作胡佛委員會）。第一次是一九四七年九月～一九四九年五月，第二次是一九五三年七月～一九五五年六月，二次都各編成十九號報告。

此委員會在社會安全及衞生、教育福利方面的建議：

在此方面的努力，胡佛委員會是在將教育、衞生、醫療、殘疾扶助與養老、失業保險等社會安全的工作組織，擴展至聯邦政府的一部會，使社會安全工作之組織不至雜亂無章（有些社會福利事務超越州、地方之管轄範圍，如退伍軍人事務、印第安事務，故當由聯邦負起責任），茲將其各項建議，分述於下：

（一）社會安全與教育

胡佛委員會對當時主管美國有關社會安全及教育的「聯邦安全署」（Federal Security Agency）的建議：

(1)將職工賠償局 (Bureau of Employees Compensation)移隸勞工部，此局執行有關聯邦權限內，某種職位工作人員賠償之聯邦法律，但亦適用於僱用之海洋、碼頭工人，某種私人，其事務似勞工部之任務，故應隸屬勞工部。

(2)將職工賠償訴願委員會 (Employees' Compensation Appeal Board) 移隸勞工部。

(3)將就業安全局 (Bureau of Employment Security)移隸勞工部。此局職掌為美國就 業服務與失業的賠償， 與勞工部所 轄的勞工統計局 (The Bureau of Statistics) ， 退伍軍人就業權利局 (The Bureau of Veteran's Reemployment Rights)等單位的就業與勞工服務有密切關係。

(4)公共衛生處 (Public Health Service) 移隸聯合醫務署 (此署乃胡佛委員會建議成立的) 。

(5)食品及藥品管理處(Food and Drug Administration)一部分移至農業部，一部分移至聯合醫務署 (此署詳見後) 。

並且建議新設一部代替該署主管社會安全及教育的任務 (按: 此新部是由後來的 Department of Health, Education and Welfare 成立，而具體化) 。 其後提及的 DHEW 的醫療方面 任務由這公共衛生 處及食品與藥品管理處來執行，如此看來其又隸屬聯合醫務署，則聯合醫務署應屬 DHEW 下的機構或其後根本不設此署，而由 DHEW 中的相關機構統籌全國醫務，實現其原有構想。

1. 建議該部之組織

就現行聯邦安全署之行政組織，變更若干名稱與工作分配外，可自然的轉變該新設之部，繼續其工作。該部之基本結構:

(1)法律顧問室。

(2)聯邦對各州關係室。

(3)幕僚處（預算及會計、人事、供應、管理研究、新聞與出版（包括圖書室）、國會聯絡，每一項服務主管一人）。

(4)社會安全處（Social Security Services）（老年與遺族保險局、公共救濟局）、兒童局。

(5)教育處(Education Service)其下有教育局、職業恢復局、美國盲人印刷廠、哥倫比亞聾人院、哥倫比亞特別區、華盛頓之豪華德大學。

(6)印第安人事務局（由內政部轉移到此新部）。

2.社會安全

(1)中央對地方政府之補助金　補助地方政府興辦社會救助與福利服務之費用。

(2)兒童局　新設之部成立一種比較完整劃一之補助金之後，兒童局即應免除其補助金之任務，改擔任部長之一般幕僚，集中研究、設計及促進工作，發揮效用。

(3)老年救助與退休制度各公共養老金及退休金制度及私人和地方政府養老金與退休制度之計劃關係少，基金來源又有重疊處……故應予檢討老年及遺族保險計劃之必要，此項檢討不僅包括福利之方式，亦包括該制度之範圍，供給保護範圍以及收受與財務政策。

(4)政府公務人員退休制度除外交人員外，合併各種文官公務員制度，節省不必要的會計工作。

(5)鐵路退休委員會　辦理老年與殘廢鐵路職工退休制度及失業保險制度（包括分娩、疾病等福利）、工作廣、超越新設部之福利業務，且係政府贊助，由私人支持之制度，不便分割其工作內容（如失業補償到勞工部），使維持原有狀態。

3.教育

聯邦對教育之工作，大部分集中於專門團體人士，聯邦政府提倡之

專門計劃，或爲研究及訓練工作以促進某種專門的聯邦工作（國防或聯邦職工之在職訓練等）。聯邦教育種類：

(1)普通教育與中等教育階層

①改進課程；②學校午餐計劃；③聯邦職工孤幼之教育；④印第安人及其他土著人民之教育。

(2)高等教育階層

①核發大學研究補助金；②專門團體之人士或專門工作範圍之人士的高等教育；③公共服務之教育與訓練……。

(3)專門性之工作

①退伍軍人；②農場實地訓練；③職業與職業重建。

(4)與既有教育機構無關之工作，如政府人員之在職訓練……。

(5)利用剩餘財產辦理非預算項目之聯邦援助。

胡佛委員會認爲基本和中等教育有複疊之現象，或對職工教育責任未有一廣博之政策，在高等教育上，補助各大學之研究工作計劃缺乏聯繫，建議教育計劃應由主管提供其任務之機關執行之，印第安事務局由內政部移隸新設主管社會安全與教育任務之一部。

(二) 印第安人事務

1.有關政策上的建議

(1)使印第安人與一般人民與經濟同化

極力使印第安人與全國人民同化，在完全同化前，逐漸將其社會計劃移歸各州政府主管，從事印第安人之設計。

(2)設計之目標有

①充分的教育；②適當的生活標準；③死亡率與病患之降低；④社會設計之移歸州政府和地方政府主管；⑤土著地產之移歸印第安人所設立之法人主管；⑥印第安土地稅之豁免。

(3)扶助印第安人經濟穩定之計劃

方法有二：①鼓勵與扶助青年就業能力之印第安人及文化較高之家庭遷離保留區，獨立經農、商；②族有或印第安人企業盡量改組爲公司與合作社之方式，組織公司之方法，對於解決世襲地產之糾紛問題，頗有價值。

2.有關行政之建議

(1)督察員（superintendents）之嚴格訓練及有關陞遷機會辦法。

(2)印第安人事務局局長應爲專業常任之行政人員，由主管部部長任用，撥款與預算應按地區計劃而定。

(3)俟聯邦政府終止一切有關印第安人之專門工作後，其應改隸新設部，使該局與新設之社會工作聯合。

其原隸內政部，曾促使土地計劃與一般資源開發計劃結合，胡佛委員會認爲此使政府不能對印第安人之投資，尤在衛生福利、一般職業教育方面之撥款，獲得比例適當之效果，移於新部，再從事設計內政部、農業部、與新設部之合作行動，促使印第安人在政治上、經濟上、文化上都可完全同於美國人。

（三）退伍軍人事務

1.退伍軍人管理局之改組

其原組織缺失甚多，如華盛頓總管理局與駐外機構人員間職權系統相互衝突，幕僚人員過多，內部組織單位過多，職權不明，又內部人員調動頻繁，妨礙有效管理。

2.胡佛委員會的建議

(1)根據胡佛第一委員會報告「行政部門一般管理原則」改組華盛頓總局。

(2)養老金、退休金、殘廢補償金、保護等行政工作，應併於退伍軍

人福利處 (Veterans' Benefit Service)。

(3)復員、教育及職業調整津貼計劃，以及退伍軍人貸款擔保之證明等行政工作，應合併於職業調整處(Readjustment Service)。

(4)協調處 (The Coordination Service) 改為管理研究處(Office of Management Research)。

(5)職稱統一：執行助理局長名稱改副局長，另設助理局長。

退伍軍人管理處內部單位：

綜觀其建議，退伍軍人管理處之高層組織。除醫務外科及特種服務處外，應包括如下：

①局長、副局長、助理局長（三人或以上）；②退伍軍人申訴委員會；③總顧問；④國際關係處；⑤新聞處；⑥退伍軍人人壽保險公司；⑦退伍軍人福利處；⑧職業調整處；⑨主管行政服務之助理處長，包括：財務、人事、供應及不動產管理研究。

3.人壽保險工作之檢討

應與該處其他計劃劃分，改組為公營企業公司，由退伍軍人管理局長兼任該公司總經理，日常任務由局長任用之執行副總經理主持之，並有權任命一兼職顧問委員會。

4.復員與教育計劃

(1)考慮退伍軍人管理局對於聯邦政府提供許多學校的退伍軍人訓練之素質及功效，能有充分之監督，法律上施予權力。

(2)考慮與勞工部之聯邦 (Federal Apprenticeship) 藝徒訓練計劃合作，並利用退伍軍人訓練基金防止降低藝徒訓練之標準。

5.其他各項建議

(1)補償與養老金——新設退伍軍人福利處掌理，以免緩付。

(2)貸款擔保——如退伍軍人貸款擔保計劃，應改歸建築與住宅財務

署主管，惟退伍軍人管理局仍繼續證明何人適合此類擔保工作。

（退伍軍人管理局隸屬何部待查）

（四）醫療與衛生

美國聯邦政府各部署中，有半數以上辦理醫療與衛生的工作，此種機構互相爭奪醫師、其他技術人員及經費，缺乏集中管理，醫技人員訓練不足，容納量未能集中利用，對受醫人缺明確政策等弊端，造成物料、設施的利用不當或無效。

1.設立聯合醫務署之建議

將聯邦政府醫療工作、醫療研究及公共衛生（包括預防醫學）之大規模工作，儘可能統一。

國會得明確規定接受各種治療受惠人之權利與優先順序，因此，建議國會應規定何種受惠人有權接受政府的醫藥治療，並規定應如何供給此種治療。

2.聯邦衛生顧問委員會

（第一次建議 要有一顧問委員會， 二次亦 建議成立 聯邦衛生委員會）由醫藥界名流及其他優秀人士擔任委員，依總統意旨執行任務（第一建議一顧問委員會，由海陸空軍之醫療總監退伍軍人管理局局長或其代表等組成）。

其主要工作有：隨時衡量 聯邦政府關 於醫療工作及 衛生政策的得失；審核一切利用聯邦 政府財源的醫 院建設計畫協調區 域間之工作關係；考核聯邦政府對醫療、研究的種種補助。

3.國防部的醫務設施

第一委員會的統一醫療機構的建議未能實現，第二次的認為在此情況下，軍醫機構的區域化是這一問題唯一實際可行的方案，該辦法卽某一地區的三軍醫療服務單位獨由某軍負責，施行時應注意變節三軍各自

負擔的醫療任務，使其大致與目前三軍在全國的醫療業務的比例相當。

4.退伍軍人管理局

建議退伍軍人管理局將一切已決定多餘的醫院立即關門，同時對已通過的建立新醫院之議案或撥款，除非醫院的建築工程已開始，均應一律取消。

明確法律規定非因服役而致傷害的就醫者資格、殘廢程度的審查……將有關退伍軍人福利及醫療服務的種種法規予以彙編，訂爲法典。

5.衛生教育與福利部 (Department of Health, Education and Welfare)

創立於一九五三年，在保健、醫療上，其主要任務係由公共衛生署 (The Public Health Service) 和食品與藥品管理局 (The Food and Drug Administration) 執行。

(1)公共衛生署　該署各醫院所從 事的工作中， 有些不 應由政府負擔， 如對商船海員之醫療服務， 其應由該業雇主或從業人員本身去負責，衛生教育與社會福利部長研討對於醫院興建補助計畫及對各州衛生補助的政策。

(2)食品與藥品管理局　應由總統指 派一個特別 委員會， 包含預算局、農業部、衛生教育福利部的代表，負責研討機構的檢查工作，以便消除衝突，或重覆現象。

6.醫藥供應

政府應有建立統一之採購、儲藏及分配制度的必要。

7.健康保險

建議實施一種自願分擔的投保制度，由私人健康保險公司承保，保險費由被保人的薪俸內逐步扣繳，而政府也代付一部分。此在防止聯邦政府以施予醫療服務爲工具，而達成參與或管制保險的事實，此種自願

分擔的投保制度對軍眷最適宜，因如由政府直接給予他們醫療服務，則將類似於社會化的公醫制度，影響所及，將可逐漸擴及每一位國民。

8.國立醫藥圖書館

改組美國三軍醫藥圖書館 (Armed Forces Medical Library)，成立國立醫藥圖書館，並使成斯密遜研究院 (Smithsonian Institution) 的一部門，且具有獨立的委員會，並有其合法的地位。

9.其他一般建議

聯合醫務署的醫師和其他技術人員，經由文官委員會核准之標準而徵選、派任、訓練……爲常任職。

調查以決定醫藥學校緊急援助之需要……。

（五）聯邦與各州的關係

聯邦由補助金制度，使全國許多公共服務方面能達到所需標準，達成一合作制度，鼓舞各州及地方政府供給全國利益所需的公共服務。但各補助金計畫互不相關，亦無聯繫，並無任何一個聯邦或州的機構關注著補助金對政府一般業務之全面影響。補助金方法使各州免去大部分自由抉擇權，將其訂定政策及管理公共服務之最後責任大部分移歸中央政府，且改變各州服務類型及整個計畫，誘致耗費大宗款項辦理補助金計畫，而忽視其他業務，如爲公共援助計畫，忽視一般救濟計畫。又爲補助金基金，擴大稅捐，使各州及地方政府不能確保其收入。

改進補助金之建議：

1.詳細檢討政府之任務及工作，以決定何者由政府某階層執行，何者需要共同政策，撥款執行。

2.中央、各州、各地方稅制，應予完全修訂，使各地方及各州保留充分資源，用以征收賦稅，適應各地方及各州推行業務之責任。

3.州政府補助金應列入聯邦及州政府階層之預算。

4.補助金方案及計畫應明朗化及系統化。

5.創立一主管聯邦與各州關係之常設機關，俾於聯邦及各州關係方面，負責研究，提供情報及予以指導❶。

（六）結　語

一九五三年 Department of Health, Education and Welfare 衞生敎育福利部成立，將衞生事業、敎育事業與福利事業集中於一個閣員的監督指導下，此在美國政治組織的理論上與實際上都是一革命性的進步。此一新設的部所主管業務，簡稱爲「社會安全」，其業務組織，多半依胡佛委員會原有之建議(1)在衞生業務方面有公共衞生署；(2)在教育方面有教育署 (The Office of Education); (3)關於福利業務方面有社會安全署 (Social Security Administration)。一九五三 年改組方案生效，霍比 (Mr. Qveta Culp Hobby) 成爲美國第一任聯邦政府衞生教育福利部部長。霍比部長原係聯邦安全局 (Federal Security Agency) 的局長，新部成立後，原爲分立的聯邦安全局、社會安全局 (Social Security Administration) 及兒童局 (Children's Bureau) 均予合併 (*Child*, May 1953, Vol. 17, No. 9, Children's Bureau, H. E. W.)。

❶ *The Hoover Commission Report*, New York: McGraw-Hill Book CO., Inc., 1949;
Macneil & Metz, *the Hoover Report 1935-1955*, N. Y. the Macmillan Co., 1956;
Commission on Organization of the Executve Branch of the Government, Dept. of habor, *A Report to the Congress*, Washington, D. C.: Government printing Office, 1949.
Commission on Organization of the Executive Branch of the Government, Dept. of Interior, *A Report to the Congress*, Washington, D. C.: Government Printing Office, 1949;
Commission on Organization of the Executive Branch of the Government, Social Security & Education & Indian Affairs, *A Report to the Congress*, Washington, D. C.: Government Printing Office, 1949.

二、美國聯邦政府衛生敎育福利部概況及其發展

（一）組織

該部設部長一人，綜理部務，直接向總統負責。下設副部長一人、助理部長九人、委員二人、幕僚長（Staff Director）二人、區署主任（Regional Director）十人，他們每人負責督導該部在某些州之業務。其組織圖如下。

（二）經費

該部以與全國性、州及地方公私機構合股的方式，推行其業務，其百分之九十的預算經費，用以補助個人、州、市、私立研究團體及學術機構。其大部分經費用於鼓勵州與政府對患難或貧窮之美國人提供預防、治療及支援服務。

1.公民權利處

該處集中全力保證各種法律公平執行，禁止歧視措施。任何接受聯邦政府經費援助之機關或團體均不得有下列情事：

(1)因種族、膚色、國民祖籍或性別不同而予以歧視。

(2)因種族、膚色、國民祖籍、宗敎或性別不同，於僱用方面而有差異。

(3)歧視身體或心理礙障的人。

(4)因性別之不同而於訓練計畫方面有所歧視。

2.消費事務處

該處所處理之事件甚多，自產品品質至化粧品之標籤，自食物價格至能源儲存，均在其主管範圍。

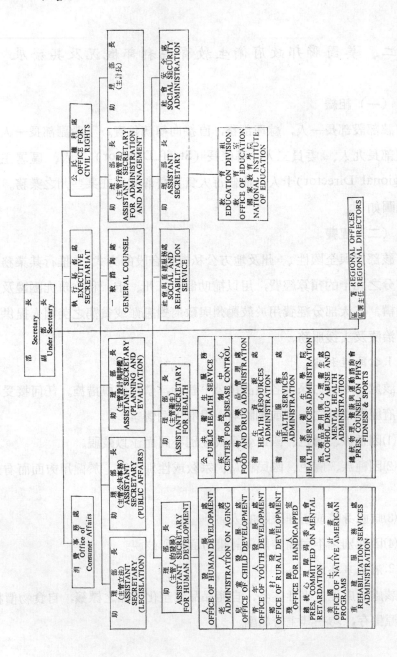

3.衛生

公共衛生服務在主管衛生事務之助理部長辦公處全面督導下，關心美國人各方面之健康，它追踪病源，研究嬰兒之死亡率、死亡原因及醫藥資源，並採取步驟以保人民之健康。此外，它努力防止傳染病之播散，推展醫藥研究，支援醫藥人員之訓練，提供專門之醫療設備，並檢討改進其方法，以保證美國人在適當費用下，獲得良好醫藥的照顧。

公共衛生服務具有六個機構，即國家衛生學院、疾病控制中心、衛生資源處、衛生服務處、食物與藥品管理處、酒藥品濫用與心理衛生處。

4.教育

教育室、國家教育學院及主管教育之助理部長辦公室，構成衛生、教育福利部之教育組。該組協助州、地方及私人致力於教育事業而關注教育之各方面。包括教師之訓練、大專學校之立案、青年人進入知識世界之引導，與成人教育方法之改進。自從聯邦教育部門成立一百餘年以來，其基本目標仍爲搜集資料並播送之於全國，且重視學生與教育人員之需要。州與地方政府保持其對居民提供教育之傳統責任。現在聯邦政府負擔國家教育經費約八％，聯邦的經費支援一百個以上之計畫。

5.福利

人民福利爲衛生教育福利部之主要業務。該部之預算經費約七五％用於收入保證、公共救助及社會服務。今日美國，每七人中，有一人每月直接從該部之機構獲得金錢補助。數百萬人民以此爲唯一之收入。經由社會措施，美國人獲得保障其自己及其家人於退休、死亡或殘廢後之收入。經由社會與重建服務，該部與州政府共同提供現金援助給窮人，並予以社會服務而助其趨於自立自足。經由人發展措施，協助具有特別需要之美國人發展其最大潛能。經由所有類此措施，該部致力於協助美國人克服其妨礙生長、尊嚴與實現願望之困難。

(1)社會安全　今日美國在社會安全保險計畫下，以按月支付之現金，補充美國人因退休、殘廢或死亡所受之部分損失。十個從事工作之美國人中，有九人獲得保障。七人中，約有一人接到按月的社會安全補助金。於一九七四會計年度，其給付總額爲五四〇億美元。社會安全給付隨生活費而增加，一九七五年七月平均每一退休工人每月所得之給付爲美金二〇〇元，夫妻兩人爲美金三四一元。醫藥照顧健康保險與補充保證收入計畫 (supplemental security income program) 亦屬該處主管。醫藥照顧計畫之醫院與醫藥保險援助二千三百六十萬人年在六十五歲以上之老人及一百九十萬人年在六十五歲以下而殘廢者之支付醫療保健費用。補充保證收入計畫係由聯邦政府對毫無收入之老人、盲人，或殘廢者按月給予補助，以維持其基本生活。

(2)社會與重建服務處　該處主管聯邦、州貧苦兒童家庭現金援助、醫藥援助與社會服務之福利計畫，每年聯邦提供約一百四十億美元及州與地方經費一百一十億美元，使此等計畫對將近三千萬人供給金錢、醫藥與其他援助。援助貧苦兒童家庭計畫係由州遵照聯邦法規辦理。此計畫援助一千一百萬人，其中七〇％爲兒童。

許多服務結合起來，使老人、盲人或殘廢者寧願居住在他們的社區，而不願意留在機構中。

此外，對貧窮或收入低微而有兒童的家庭亦予以服務，以協助其處理家庭問題，並克服其於就業與自立方面之障礙。大多數州所提供之此類服務包括兒童保育服務、家庭計畫與管理之指導、住宅改良服務、交通服務、保護服務與家庭危機時予以支援。

(3)人發展處　該處協助具有特殊需要之美國人卽兒童、青年人、美國土人、鄉村居民、精神障礙或有其他障礙的美國人。該處係由下列八個單位所組成:

①重建服務處：該處協助州建立傷殘重建計畫，使身心障礙者成爲有用之人而過著較佳之生活。在最近五年期間，有一百五十萬人經由聯邦、州重建計畫而獲得重建而過著有用的生活。

②兒童發展處：該處經由首先開始計畫 (head start program)、家庭開始計畫 (home start program)、兒童與家庭資源計畫，及父母與兒童中心而對兒童之服務。它支援日托及兒童福利之研究與示範，並於學校中創辦親職敎育之課程。

③青年發展處：該處處理青少年離家出走、逃學、違反宵禁等問題。其目的之一在協助青少年人在其社區中扮演適當角色。

④老人處：該處協助六千萬六十歲以上美國人尋找有益於健康而令人滿意之機會與生活。它亦協調聯邦老人措施及維持一全國性老人資料搜集、交換與處理所 (National Clearing House for Information on Aging)。

⑤殘障人室：該室搜集資料，協調資源以幫助身心殘廢之美國人。它創辦一資料搜集、交換、處理所，以協助他們獲得有關服務之消息。

⑥美國土人計畫處：該處援助印第安人、愛斯基摩人、阿拉斯加土人與阿留申羣島土人達到經濟的自足。

⑦總統心理障礙委員會：該會集中全國之努力，以協助現受精神障礙痛苦之六百萬美國人。

⑧鄉村發展處：該處與聯邦、州及社區機構共同致力於改進居住於鄉村之美國人的「人發展服務」。

三、美國社會服務計畫（依其社會安全法第二十條訂定）一九七七年四月

（一）計畫概要

聯邦、州社會服務計畫係依社會安全法第二十條授權而訂定實施。依據該條之規定，每州擬訂其自己的社會服務計畫。聯邦政府可以支付每州分擔經費。各州再依地方社區之需要及已由其他計畫供應之服務，決定其社會服務之優先次序。

(二)計畫目標與服務

各州必須至少選擇一種服務，以達下列目標之一。

1.財力自立。

2.個人自我照顧。

3.保護兒童與那些易被傷害之成年人，避免被虐待、被忽視或被利用，並加強家庭生活。

4.在當地社區，通常在居民自己的家提供服務，以免不適當之機構保育。

5.各州對於保證收入之老人、盲人或殘廢者至少應提供三種服務。並對接受貧苦兒童家庭援助者予以家庭計畫服務。

各州及哥倫比亞特區均有一社會服務計畫，有些州在不同的地方，提供不同之服務。各州於一九七五年十月至一九七六年三月所提供之服務，共有四十一個項目，其中維吉尼亞州(Virginia)之服務項目有三十項之多，阿拉斯加州的服務項目最少(只有九項)。

四十一項服務項目是：收養服務、個案管理服務、零工服務、諮詢服務、日間照顧成年人、日間照顧兒童日間照顧各類人、圖表及評鑑服務、教育與訓練服務務、緊急服務、職業有關之醫藥服務、職業輔導、家庭計畫、寄養保育成年人、寄養保育兒童、寄養保育各類人、有關健康服務、膳食送到家、女管家服務、家庭管理、住宅改良、消息與諮詢、法律服務、安置服務、對成人的保護服務、對兒童之保護服務、對各類

❷ *Child*, May 1953, Vol. 17, No. 9, Children's Bureau, H. E. W.

人之保護服務、娛樂服務、社交服務、住院保育與治療、未婚父母服務、酗酒與吸毒者之特別服務、盲人之特別服務、兒童與青少年之特別服務、殘廢者之特別服務、不良少年之特別服務、遷移服務、交通、職業重建、工作鼓勵計畫、體格檢查及其他等。

在以上服務項目中，計各州做得最多的依次為家庭計畫（五十州及特區）、女管家服務（有四十八州辦理）、教育與訓練服務（有四十六州辦理）、有關健康之服務（有關健康之服務，有四十五州辦理）、住宅改良、家庭管理（有四十三州辦理）、職業輔導與寄養保育兒童（有三十九州辦理）。平均每州辦理二十一項服務。

（三）接受服務之人

各州對任何需要服務之人，不受收入或其他條件之限制，均可提供下列三種服務。

1.消息及諮詢服務：協助人民瞭解現有何種服務可以申請，並瞭解向何處申請。

2.保護服務：協助被虐待、被忽視或被利用之兒童與成年人。

3.家庭計畫服務：協助男女雙方計畫他們的家庭。

其他服務僅能提供符合州所定收入限制之低收入人羣或個人家庭。此限制可能不超過該州中間收入（依家庭人口算）一一五％。某些州對各種不同之服務，對不同人羣，及不同地區，而有不同之條件限制，某些州僅對福利救濟金支領者提供一種以上之服務。

各州對收入超過該州中間收入八〇％之個人與家庭提供服務，必須收取適當之收入有關費用。對收入較低之人提供服務，亦可收取此項費用。

各州中間收入之金額，由各州訂定。依據一九七六──一九七七年計畫。一個四口之家庭的中間收入如下：例如阿拉斯加的中間收入為一

九、三六八，哥羅拉多爲一五、六二九，喬治亞爲一三、六六六，夏威夷爲一七、〇六九，密芝根爲一六、一七四，紐約爲一五、一六九，賓州爲一四、四八九，華盛頓爲一五、四〇一。

新計畫年開始前九十天以前，每州應在銷路最廣之報紙，刊登顯明之通知。通知中敍明於來年實施此計畫之基本消息，告知人民探知更多消息之地方。並邀請有興趣之個人與團體研究此計畫而寫信向州主管機關提供其意見。在大多數州、人民可寫信或在公眾集會中表示意見，人民向州主管機關提供意見之期間最少四十五天。在新計畫年開始 或 以前，州政府刊登另一通知，概述已成定案之計畫，並告訴人民已改變之處，同時說明其改變之理由。在計畫年之期間，州有關機關、地方政府，及有興趣之團體與個人評鑑該計畫，並開始擬定來年之計畫❸。

衛生教育福利 部成立以來，配合社會變 遷需要，不斷予以調整改組。一九六三年 一月二十八日將 主要有社會福利工作 分由六個單位主管：

(1)福利署 (Welfare Administration)

(2)教育署 (The Office of Education)

(3)公共衛生服務署 (The Office of Public Health Service)

(4)社會安全署 (Social Security Administration)

(5)職業重建署 (Vocational Rehabilitation Administration)

(6)食品及藥物署 (Fcod and Drug Administration)

福利署的建立，乃是基於一種認識：現代社會之福利服務 (welfare service) 日益重要，不只是貧困者，就是一般人亦日感需要。此一機構

---

❸ 見許水德，〈赴加拿大參加第四屆聯合籌募社會工作基金國際會議（順道訪問美國有關社會福利措施）及考察日本職業訓練報告〉，民國六十六年八月，臺灣省政府社會處。

之建立，加強聯邦政府整體福利方案，同時，加強與其他公私立機構之協調配合。福利署之內又分爲：

①家庭服務局（Bureau of Family Service）

②兒童局（Children's Bureau）

③老年局（The Office of Aging）

④少年犯及青年發展局（The Office of Juvenile Delinquency & Youth Development）

⑤古巴難民計畫（Cuban Refugee Program）

⑥國際福利服務（International Welfare Services）

⑦研究處（Division of Research）

此外，設置總統老年委員會(The President's Council on Aging)，由衞生教育福利部部長兼任主席，其下設置執行小組（Executive Committee），由福利署署長兼任召集人❹。

至一九七六年八月，根據美國社會安全法修正案（Public Law 90-248)的規定，建立了「社會及重建局」（Social and Rehabilitation Service）取代了福利署，將職業重建署及福利署合併於新成立的社會及重建局，並將公共衞生服務署的「智能不足局」（Division of Mental Retardation）納入，其目的在求發展新方法，協助眞正復建，賦予人民所需協助技術及鼓勵，協助自立❺。

另依一九六五年七月十四日生效的美國老年法（The Older Ameri-

---

❹ *Welfare in Review*,　July 1963,　Vol. 1, No. 1, Welfare Adm., HEW.

❺ *Welfare in Review*, Vol. 5, No. 8, Oct. 1967, SRS, HEW; *A Profile of DHEW*, 1971, DHEW.

cans Act) 規定，成立老年署 (Administration on Aging)，置署長一人，他同時擔任老年顧問委員會的主席。今天，老年署的任務策劃、諮詢、研究及撥款等事項，以及鼓勵各州及社區有效運用各種資源為老年人提供服務，包括健康、教育、休閒、營業、交通、就業等項❻。一九六九年將原在一九一二年成立之兒童局劃入兒童發展局 (Office of Child Development)。兒童發展局是一九六九年成立，其目的「為所有美國兒童提供健康及鼓舞的發展機會」，保障兒童，為兒童創新計畫，並協調各部會有關兒童之計畫，為各州及公私機構建立標準，提供技術協助。兒童發展局包括兒童局及學前輔導及兒童服務計畫 (Bureau of Head Start & Child Service Program)。兒童局工作項目包括day case, hild health & development, foster care, institutional care，及其他服務。

又依據一九七三年復建法(The Rehabilitation Act of 1973, Public Law 93-112) 建立了「復建服務處」(Rehabilitation Service Administration)❼。

社會及重建服務署(Social & Rehabilitation Service)，內設有救助支付處 (The Assistance Payment Administration) 專負*AFDC*等項救

---

❻ The Older American Act, July 14, 1965. 見 Older Americans Act of 1965, As Amended and Related Acts, March 1976, U.S. DH-EW. Office of Human Development, AOA. 並見Office of Child Development: Reseaid, Demonstration & Evaluation Studies, Fsial year 1976. U.S, HEW.

❼ Annual Report of Dept. HEW to the president & the Congress on Federal Activities Related to the Administration of the Rehabilitation Act of 1973, DHEW, 1975.

助工作，另設有社區服務處（Community Service Administration），以社區發展方式推動各項兒童福利有關工作。提供聯邦補助款給各兒童福利機構辦理各項兒童福利服務，包括：

(1)為兒童及其父母提供諮商服務。

(2)對被父母或監護人虐待、遺棄、忽視或剝削的兒童，提供緊急照顧及保護。

(3)未婚媽媽及其子女之服務與協助。

(4)在家庭面臨危機對提供家庭助理服務 (homemaker services)，以便兒童能在自己家裏成長。

(5)當兒童非離開自己家庭不可時，提供寄養服務 (foster care)。

(6)領養服務。

(7)日間托兒服務。

(8)其他，如提供接受*AFDC*者及盲、殘、老人服務，以便協助他們自立。

至於青年發展及犯罪預防署則於一九六八年創設，提供聯邦補助款給各州及社區來設計並執行綜合性計畫，以防治少年犯罪，此一新設立的機構主要目標之一，卽將青年、青少年從已不勝負荷的青少年司法體系 (the overburdened juvenile justices system)，轉移至以社區為基礎的治療方式 (community-based treatment)。

關於協助、照顧或服務青年的方案，由下列聯邦部會及有關單位所提供的計有一六〇項以上：

①農業部 (Dept. of Agriculture)

②衛生教育福利部 (Dept. of Health, Education & Welfare)

③住宅及都市發展部 (Dept. of Housing and Urban Development)

④內政部 (Dept. of Interior)

⑤司法部 (Dept. of Justice)

⑥勞工部 (Dept. of Labor)

⑦運輸部 (Dept. of Transportation)

⑧阿坡拉契區域委員會 (Appalachia Regional Commission)

⑨公務員委員會 (Civil Service Commission)

⑩國會圖書館 (Library of Congress)

⑪國家人文藝術基金會 (National Foundation on the Arts & Humanities)

⑫國家科學基金會 (National Science Foundation)

⑬社區服務署 (Community Service Administration)

⑭殘障者就業總統委員會(President's Committee on Employment to the Handicapped)

⑮退伍軍人署 (Veterans Administration)

⑯國家美術陳列館 (National Gallery of Art Action)❽。

聯邦政府衛生教育福利部內新設置之青年發展局(Office of Youth Development), 主要目的推動青年服務工作, 並協調各部會間有關青年服務的計畫, 以便做到整體規劃, 共同行動。

關於兒童福利工作方面, 新設立兒童發展局 (Office of Child Development)取代了過去的兒童局 (Children's Bureau), 是屬衛生教育福利部人類發展署 (Office of Human Development) 的一個單位。

---

❽ 見 *Catalog of Federal Youth Program*, pp. 1-394, U.S. HEW, 1976.

它在有關兒童照顧與發展的事務上，作爲部長及其他有關聯邦部會及機關的顧問機構，它協助建立聯邦政策及計畫，此對兒童及其家庭之幸福均有重大影響。兒童發展局的工作重點爲：

1.各州能力的建立

爲期促使改進兒童服務的經營與提供，兒童發展局與各州密切配合。兒童發展局致力於提高各州下列各種能力：

(1)評估兒童需要

(2)設計方案

(3)協調及分配資源

(4)評鑑兒童計畫

(5)建立並要求兒童計畫的標準

(6)對兒童計畫之行政管理，提供技術協助。

2.學前輔導方案 (Head Start)

強化學前輔導方案，使其眞正成爲一項全國性的爲低收入兒童提供以社區爲基礎兒童發展計畫。更確切地說，乃在提高地方學前輔導方案的品質，包括在教育、衞生、父母參與及社會服務等。

3.兒童福利

協助公私立兒童福利機構，以提高兒童福利服務之品質及供應。

4.兒童虐待及被忽略

透過協助全國性、州、地區及社區努力，強化預防、識別及解決兒童虐待及被忽略的問題。

5.日間服務 (Day Care)

提高日間(托兒)服務品質及供應，兒童發展局特別強調下列工作：

(1)對全國性日間服務政策性問題進行研究。

(2)建立並實驗計畫模式 (program models)。

(3)對各州、地方政府機構及其他有關機構組織提供技術上的協助。

(4)在發展及評估聯邦日間服務標準及要件上負起領導責任。

(5)依照一九七四年經濟機會及社區合作法(Economics Opportunity, and Community Partnership Act of 1974, Public Law 93-644) 第四部分「學前輔導」的規定，設計並執行日間服務。

6.兒童福利人員

增加兒童福利人員之供應，並提高其素質，以便提高服務品質，確保服務功效。

7.兒童及家庭發展

在兒童及家庭發展方面，建立全國性政策，包括決定何種因素最能促進兒童及家庭發展，選擇適當的目標，以及評價可行干預的策略。建立一套提供消息的能力，以維持系統提供兒童狀況及決定服務；以及建立有效機能促成所需政策變遷及有效協調，俾達成共同目標。

AOA內部單位（見附表）❾：

(一) 各單位的功能簡介

1.The Office of The Planning and Evaluation

任策劃考核等活動，並對各項業務的立法和政策作分析，其立法分析 (legislative analysis) 在使與老人有關的工作成爲可能。

2.OSCP (The Office of State and Community Programs)

隨時和有關服務老人的各單位保持聯繫，獲取有關服務消息，並發展可供各州和區 老人服務單位 (The State and Area Agencies on Aging) 利用的種種規則、政策、指引。 發展可供各區單位參考的「最佳實務」 (best practice)。

3.Office of Research, Demonstrations, and Manpower Reso-

---

❾ 見 *Annual Report*, 1975, U.S. HEW, AOA.

urce.

協調聯邦單位在老人問題上的有關研究，根據 Title IV of the Older Americans Act進展有關 research, hemonstration, manpower, resource 等工作計畫。

4. National Clearinghouse on Aging

收集、分析和發佈有關老人問題和需要 (needs) 的消息，並盡力聯繫其他單位有關老人範圍內的消息，提供消息和其他相關事務，並技術協助各州單位在消息等服務的發展工作。

5. The Nursing Home Interest Staff

協助各社區 (community) 和贊助團體 (advocacy group) 在長期醫療方面的改善。

（二）**State and Community Programs on Aging的工作內容**

此年度在完成1973 The Older Americans Comprehensive Services Amendments Title III IV 的內容。

各 State Agency on Aging 得向 Commissioner on Aging提年度計畫 (annual state)：

1. 就服務項目聯繫有關單位和社會單位及復健單位合作，共謀營養計畫等工作的成效，如在復健服務方面和復健服務行政署，人類發展署 (The Office of Human Development) 合作。

2. Accessible Information and Referral Services.

施予 State Agencies on Aging 此方面知識的技術協助，使各州單位達成此方面的目標。

3. 協助各區 (area) 單位達成州水準的成就和完成 Title VII 的營養計畫。

（其主要功能在指導考核各區單位的工作）

4.在營養計畫方面的努力:

提供老人能有 hot meal，並對之施予 health, welfare 之敎育訓練，提供有關切身之訊息。

其服務對象 (p. 21)：(1)無力供給自己所需的人 (2)缺乏能力去選擇合適、營養食物的人 (3)無法購物和煮食的不良於行的人 (4)孤單和被棄和被棄感的老人。

AOP 有效利用 public services 推動營養計畫，促使有關單位一致合作，如利用敎育部(The Office of Education)的學校營養午餐計畫，來求老人有關營養計畫工作的進行。

(三) National Clearinghouse on Aging (NCA)

The Clearinghouse 掌搜集、分析和發佈有關老人和其需求的消息(information)，提供消息給有關老人工作的單位和組織，鼓舞各州和區建立起 information and referral services，並刺激其他單位發佈此範圍內的消息。此外，其作有關消費者消息的服務和 The office of Consumer Affairs, The Consumer Products Information Center 共同對有關消費者問題的刊物的發行、分配。

NCA 並協助各州和區單位改善information and referral service，使其工作近乎 The Office of State and Community Programs 的內容，協助各州和區單位考核評價既有的消息服務工作和建立起更新的內容，AOA 並因而提供各種有關此方面知識訓練給各州區單位的工作人員，亦聯繫各有關單位合作(Inter-Intra-如Social Security Administration)，共同服務老人有關消息之傳佈。

1.NCA 內 Public Information Division的工作

NCA 在一九七五年主要工作之一，在提供更多的public information, Public Information Division 因而印行 *Public Information*

Activities for State and Area Agencies on，此書建議建立傳播工具和傳播人員的良好關係，運思如何設備印刷，電視和收音站，如何改進新貌，如何使年度計畫（annual plan）獲得大眾聽取。

(1)TV. Seried on Aging

有關老人的節目播出，幫助老人更能獨立生活，過 rewarding lives。

(2)發行刊物

主要的是①*Aging*; ②*To Find the Way to Opportunities and Service for Older American*（今已有西班牙譯本）。

The Public Information Division 新增功能卽 the freedom of information 文件歸檔工作，答覆規則闡述之請求，接收有關消息之通知的請求……。

2.Data Analysis and Dissemination　（資料分析和傳播）

提供政府機構或非政府機構的組織中的計畫者，工作執行者、研究者和其他人，不同的 statistical information，並進而擴展既有的資料內容和發展一辭典（a thesaurus）此一辭典提供老人範圍內的標準辭彙（standardized vocabulary），其先得了解各階層的老人問題，包括低收入者、失偶的老人（impaired non-institutionalized elderly）。並得提供有關老人人口、財政等資料（demographic, financial），給來自公家單位和非營利或營利的私人團體，供作研究、策劃、行政、考核、教育之參考。

3.Public Inquires and Publication Distribution

回覆各種信件，如有關老人需求（運輸、社會服務、住宅、健康療養、營養、法律服務、義務工作機會 volunteer opportunities 消費保護）的請求案之答案，回電各種老人問題之詢問、協助、發行刊物寄送

老人或服務老年人口的各單位。

(四) Federal coordination activities (聯邦協調活動)

AOA 促使各單位合作，以求對老人有更一般性綜合的服務； 對一般非由各州或區單位所能獨自辦理的服務項目，就得由 AOA 負起聯繫工作，AOA 籌求利用 committee on aging of the cabinet-level domestic council, the federal regional councils, the federal executive boards 間天生協調合作，促動其聯繫工作，並且建立既有的合作單位的認同和權威。更謀新協調認同。

1. Interdepartmental Committees

(1)Domestic Council Committee on Aaging此一Cabinetlevel council committee on aging 建立於 1971 is chaired by the secretary of Health, Education, and Welfare 責在發展政府老人政策，有一 interdepartmental working group 協助其進行工作，其工作項目：

①task force on nutrition: 增加餐數供應， 給予參加營養計畫的老人最佳之服務。

②task force on research: 有效協調聯邦有關老年人口的研究和相關活動， 並和新組織 NIA (National Institute on Aging)協調避免工作重覆。

③task force on information and referral: 綜合各州、區的老人需求反應。

④task force on statistics: 一期在一九七六年策動有關老年人口的聯邦統計資料的實現。

(2)Federal Regional Councils-Federal Regional Council (FRC)都設有一Committee on Aging 以便對社區老人的服務有較一般性和一致協調的計畫、建議， 每一區的討論中心如①提供有關全體聯邦受僱者的

退休計畫表；②防止老人意外事件發生；③單位合作的實現；④有效老人的聯邦資源的利用……。

(3)Federal Executive Boards (FEB) 協助 State 和 Agencies on Aging 去實現他們 information and referral 之責任。

2.Other Interdepartment Coodination.

(1)Department of Transportation (DOT)-DOT和AOA在一九七四年June獲取一意合作，由老人流動的增加 (mobility of older persons) 去估計都市地區的公共和特殊運輸系統，亦著手鄉村高速公路的建設。

(2)AOA 和 Department of Housing and Urban Development聯合支持 National Center for Housing Management 中的計畫，謀老人住宅問題。

(3)AOA 和 ACTION 聯合設計，由 ACTION 提供老人義務工作機會 (volunteer opportunities)，使老人服務單位的年長義務工作計畫得以實現。

(4)此外，又與Department of Agriculture, Department of Labor （使老人在人力發展下受僱用）……等單位合作。

3.Intradepartmental Coordination

和 Social Security Administration, Public Health Service, Office of Nursing Home Affairs, Office of Education, Social and Rehabilitation Service……各單位就有關事務，獲取協調工作。

AOA 和 NIA

National Institute on Aging(NIA) 根據一九七四年的 The Research on Aging Act 而建立,研究有關老人的各方面問題,包括生物的、醫藥的、行爲的，一九七四法案也創立一 National Advisory Council on Aging 對制度的工作計畫和研究項目的發展給予指導和建議。

The Office of Research, Demonstration, and Manpower Resource (ORDMR) 的指導者 (Director) 代表 AOA 爲 NIA的 National Advisory Council on Aging 避免 AOA、NIA工作重覆, NIA 強調生物的和行爲上的研究。AOA 則偏向老人的社會面。

(五) **Research and Demonstration**

1. Research and Demonstration

AOA 的研究考核工作有助於老人計畫的發展和推動。

有關工作:

(1)aging process (exclusive of biological processes) 這方知識可使反應於老人的特質和功能的計畫得以發展和實現。 曾核准十案有關此方之研究, 並給予研究經費, 如南加州大學透過調查不同的 Aging Process 的定義去考核老人計畫和政策之優劣, 佛羅里達大學將 調查認知因素結構, 隨著年齡不同而可能的變化, 作一更清晰的理論性的了解。

(2)美國老人人口的描述 (descriptions of the older American population)此期對老人的個性 (charactistics)、態度、行爲和老人分佈等知識有所了解, 以製定公平的政策和計畫在製定政策上應考慮這些因素, 並注意影響到老人的政策是否帶動了不被期望的變遷和趨勢。

(3)影響老人的社會和環境條件的研究 此方研究在期有關社會的、經濟的、環境的因素所對老人獲取自由獨立和自立生活的能力的衝擊之知識。如加大分析老人的消費行爲和生活方式的關係。

(4)intervention mechanisms 此方工作在獲取 intervention mechanisms 的知識以及老人對這些 intervention 的反應, 由這些 知識可有助服務的建議 、 組織發展等工作。 此方值得注意的有: 怎樣的

intervention mechanism 存在或可能存在，並對老人有怎樣的影響。對不同的 intervention mechanism 要有怎樣的工具和技術，而這些不同如何用於老人羣，就此的幾個研究，有芝大對 mass media（大眾傳播）對老人的影響之研究，Massachusetts 大學探討老人長期健康醫療服務的方法論上的問題……。

此外的研究工作有研究老人社會孤立（social isolation）的因果，不同的老人（different aged minority groups）的特殊個性施予不同型和方法的服務……。

2.National Scope Model Projects, Physical Fitness

繼續前年度工作對老人作下列服務：

住宅和居地安排（利用地區資源完成此目的），繼續教育（continuing education），退休預備（手工藝的生產、交換），調適和新角色的機會（協助殘障老人獲取供應和報酬）等問題，實質上（physically）和精神的（mentally），失偶者（impaired）之服務。

在一九七五年新增二個 model projects program: legal service nursing home ombudsman service on behalf of older persons, nursing home ombudsman 在 Colorado 的州老年單位（State agency on aging）實行一 Statewide nursing home ombudsman, 透過州、地區（regional）、地方（local）的各服務所構成一服務網，其他州亦各有成就，Legal Service 一國家年老公民法律中心（The National Senior Citizens Law Center）技術協助各州和區（area）單位對需要法律上服務的老人工作，並幫助其建立、發展、擴大法律上的服務活動，此一 program透過法律學校, legal service agencies, 律師協會（Bar Association）Area Agencies on Aging 和其他以訓練Paralegals 為中心的組織而發展，並直接策劃老年人的律師委託人和消費者教育，又訓練 area agency 和有關老人的法律問題的社會工作人員。

（六）訓練人員在老人問題方面的能力、知識，以便合宜服務老人

The following manpower and training activities were in progress in fiscal year 1975.

1. Career Education in Aging

AOA 技術協助高等教育學校的訓練計畫，對以服務老人爲職的學生，施予老年學 (Gerontology) 上的知識和技能，並使這些受過專業訓練的學士、碩士、博士級的學生能被在 state and federal program planning and administration 被僱用，對老人進行各方面的服務，資助各大學在此方面的訓練計畫。

2. In-Service Training

AOA 支持多數短期的有力訓練，使新進者有能力、技能去工作。

3. Manpower Development

一九七四年起 AOA 和勞工統計處 (Bureau of Labor Statistics) 合力發展有關老人的人力需求之消息，一九七五年勞工統計處完成此項研究 "Manpower needs in the field of aging the nursing home industry" 分析療養院的人力需求，此項文件對 AOA 的工作甚有利。

AOA 在一九七三年的 Older American Comprehensive Services Amendments 下謀更多優秀人員服務老人工作，AOA 並請勞工統計處發佈有關老人工作的職業指導資料。

4. Conferences

支持各種有關老人問題的會議，並利用來自研究、經驗的種種知識。

（七）Evaluation 考核、評價

考核 The area planning and service program, Nutrition propram for the elderly and information and federal 等方面的工作，是否達到工作水準。

（八）　**Special Project**

1. AOA Role in Disaster Planning

AOA 近來努力使 FDAA (Federal Disaster Assistance Administration), The Amercian national red cross, the national institute of mental health, the american bar association and other disaster relief agencies 等單位，切意 Elderly Disaster Victims 的特殊需要。

2. SSI-Alert Activities (SSI-Supplement Security Income)

AOA 和 Security Administration 聯合八個自願組織組成的 National Consortium 鼓勵老人應用 "Supplemental Security Income" 使享 SSI 計畫的利益，並就此事項給予有資格的老人有關事務之服務。

AOA 的設立 (Older Americans Act of 1965 As amended and Related acts U. S DHEW office of human development AOA 一九七六年三月）

Sec-201 (1)在 Office of the Secretary 內設一 Administration on Aging 採委員制(A Commissioner on Aging)，委員直接對 Office of Secretary 負責。

(2)委員(Commissioner) 由參院同意後，經由總統而任用 Function of Administration。

Sec-202 (1)其功能與職責如下：

①有一 clearhouse 類發佈有關 aged 和 aging 的問題之資料、信息 (information)。

②協助 the secretary 所有有關 aged 和 aging 問題之事務。

③管理這個法案的通過案。

④發展計畫、促動和安排有關 aging 範圍的研究，協助有關老人需求的社會服務方案的實現和建立，包括 nutrition, hospitalization, preretirement training, countinuing education, low-cost transportation and housing, and health services

⑤對州和政治單位 (Political Subdivision)在 Aged 和 Aging 的計畫方案上，給予技術協助和諮詢。

⑥製作、發行，和傳佈有關老人福利的教育資料 (educational material)。

⑦聚集 (gather) 不為其他聯邦機構 (federal agencies) 搜集 (collect) 的 Aging 範圍內的統計。

⑧激勵更有效的利用既有資源和有效地服務老人 (aged and aging)。

⑨發展基本國策和優先考慮此法案 (act) 下的有關方案的發展操作和實際行動。

⑩協調此方面目的的 federal programs 和 activities。

⑪協調、協助公共部門 (包括 federal, state, local agencies) 和非營利性私人組織在老人方面的計畫與發展，圖建立起一綜合性，協調性服務老人的一國家性網絡 (nationwide network)。

⑫召集公共當局 (包括 federal, state, local agencies) 和非營利性私人組織的人士，成一聯合會共商老人方案的發展和執行 (operation)。

⑬發展和執行此法案所提供的服務和機會之方案。

⑭實行一countinuing education,特別是在medicare和medicaid。

⑮提供資料訊息 (information) 給私人非營利組織，協助其有關

此法案目的的任何方案和活動之建立和執行。

⑯發展和協調其他機構，建立一國家計畫 (national plan) 以應 aging 方面的人事訓練計畫，以實現此 Act 之目的。

Title Ix-Community service employment for older Americans。

Sec-901 This title may be cited as the "Older American Community Service Employment Act".

Older American Community Services Employment Program。

Sec-902 (1)在為失業的低所得 (low-income) 的人（他們都年在五十五的老人和幾無就業希望者）的社區服務活動中，為培育促長 useful part-time opportunities, the secretary of labor,當局設立起一older American community service employment program。

(2)①為實行此一法案，Secretary取得公立和私立非營利機構的一致同意，以利各項活動的推展，此一同意包括金額支付，但接受支付的，得有下列諸活動:

(a)提供 eligible Individual 就業。

(b)能有貢獻於社區的一般福利設施。

(c)能給予個人技能訓練。

(d)能顧及工作的安全和健康條件。

(e)應用基金，幫助 state unemployment insurance plan 中的參與者。

Sec-905 (2)The secretary Director of the community services administration the secretary of HEW and the heads of other federal agencies 取得協商，就同質事務加以協調合作。

· Excerpts of 9 elated Acts

Adult Education Act: 對英語能力有限或住在不同其文化地區的老人施予教育計畫，使其更能成功處置日常生活的種種。

- Age Discrimination Act of 1975
- Comprehensive Employment and Training Act of 1973
- Domestic Volunteer Service Act of 1973

    Title II-National Older American Volunteer Program

    Part A-Retired Senior Volunteer Program

    Part B- Foster Grandparent Program and Older American Community Services Program

    Part C-Genral provisions

    Title IV-Administration and Coordination

    Title V-Authorization of Appropriations

    Title VI-Amendment to other laws and repeals

- Economic Opportunity Act of 1964 as amended

    Title II-Urban and Rural Community Action Programs

    Part B-Financial assistance to community action programs and related activities.

⑰A program to be known as "Senior opportunities and services"（盡力改善既有的服務，並增加新的服務，使老而窮的人之特別需要得以滿足）

⑱A program to be known as "Emergency energy conservation services designed to enable low-income individuals and families including the elderly and near poor, to participate in energy conservation programs designed to lessen the impact of the high cost of energy on such individuals and families and to reduce individual and family energy consumption. "

- Federal-Aid Highway Act of 1973
- Food Stamp Act of 1964 as amended
- Higher Education Act of 1965
- Housing and Community Development Act of 1974
- The Library Services and Construction Act
- Rehabilitation Act of 1973
- Social Security Act, as amended
- Urban Mass Transportation Act of 1964 as amended
- Vocational Education act of 1963

一九七九年十月十七日卡特總統簽署了教育組織部法案CDEO Act, 教育部門乃從 DHEW 獨立出來，DHEW 乃重新調整，在一九八〇年美國聯邦政府修正組織，「衞生暨人類服務部」（Dept. of Health & Human Services, 簡稱DHHS取代了以往的 HEW）。詳細修正情形如附錄二。

第二節　勞工部組織概況[⑩]

一、人力署 (Manpower Administration)

人力署是依據一九三三年 Wagner-peyser Act 而成立的，主要目

[⑩]　見 *Annual Report*, U.S. Dept. of Labor, 1976.

的在重新調整有關人力計畫方面的努力，俾賦予各州、市、郡在擬定計劃及提供所需人力服務的責任。透過歲收分享計畫，加強地方參與負責在退伍軍人就業輔導，特別是來自越戰的退伍軍人，在輔導貧戶自強自立及對少數民族的就業服務，透過二千四百多個州及地方就業服務機構來推動這項工作。

（一）**Comprehensive-Employment and Training Act(CETA) 爲此年度（一九七四年）工作之根據: CETA 在一九七三年十月二十八日經由總統簽字而告完成。**

CETA 促使 Manpower Planning, Design, Administration 成爲國家或政府的重要責任。

（二）**有關職業服務活動 (Employment Service Activities)**

1.建立工作體系銀行 (the job bank system) the job bank system 已增至四十三個，原由九個州開始，建立起一系列的工作表，可提供職業消息給各個就業服務單位 (employment service offices)，使人事做合宜的配合。

2.在六個城市已由 National Employer's Committee開始做促進職業服務的工作，並有十五個州。州職業介紹所（E. S. Agencies 參與 Employer Service and Job Development Public Communication Project 謀發展更高品質的多樣性大眾傳播 (multimedia) 發佈有關職業消息。

3.職業服務亦對婦女、老人、退伍軍人、出獄者進行服務，有以貸款方式（根據 Consolidated Farm and Rural Development Act) 但要借貸者保證資金 不轉用到其他區，且不得對旣 存企業有不良影響之活動。

另外 Comprehensive Offender Program Effort （COPE）對勞工

部（The Department of Labor）及衞生教育福利部（Health, Education and Welfare）以及司法部（The Law Enforcement Administration of the Justice Department）作合作性安排，確保的福利。

（三）退伍軍人服務（Service to Veterans）

對一切退伍軍人作最可能的服務，給予技能訓練及其他福利設施，包括殘障老兵在內。

（四）工作激發計畫（The Work-incentive Program）

WIN II 是修正 1971 Social Security Act 而來，其目的在增進就業，如輔助家庭依賴性人口能早日就業。輔導失依兒童家庭補助項下的家庭（Aid to Families with Dependent Children, 簡稱 AFDC）。

並且改變職業登記由 Welfare Agency 轉移到 Manpower Agency 轉變 Welfare Recipients 到 Productive Jobs—努力使 Department of Labor 和 Department of Health, Education Welfare 作整合。

（五）工作團（Jobs Corps）

目標在幫助年青人，配合社會需求，施予合宜的技術和行為訓練由 Labor Unions 指導訓練和就業計畫。

Neighborhood Youth Corps 鼓勵青年人回到學校，並在暑假供給青年工作機會。或辦 Vocational Training Standards或容許在單一標準下給予適應性大的教育和訓練計畫。

（六）學徒（Apprenticeship）

有關機構:

1.Bureau of Apprenticeship and Training 和廠商工人合作改進學徒訓練制，並且與支持的廠商合作，提供學徒訓練機會。

2.State Apprenticeship Agencies和Bureau of Apprenticeship and Training 間一致協議使產生一更實際肯定的學徒訓練。

3.Apprenticeship Information Centers 在Office of Financia and Management Information System 的技術指導下於一九七四年底設立完成使更有效地處理有關消息，如登記、受訓始末、學員資料等。

（七）失業保險方面的設施（Unemployment Insurance）

州立法院在此方面的加強各有不同：

1.有些州放寬婦女懷孕期糧食供給的限制。

2.有些州增進 Weekly benefit account 有些州增加 Payment

有關機構: Unemployment Insurance Design Center （失業保險設計中心） were established in cooperation with the Lousiaiana Department ofEmployment Service

發展一完全電腦設計體系包含所有州單位有關 UI 的資料。

（八）研究發展與教育（Research Development, Education）

此方面工作主在對已做或未做的工作加以評估、研究，以求工作更好表現。此方面工作有：

1.如何使醫術優越的軍醫（armed forces medic）受僱於醫院或其他健康機構。

2.如何運用職業計畫幫助劣勢者（如出獄者）。

3.如何提高黑人婦女生產技能。

（九）管理行政的改進（Management Improvement）

The Office of Manpower Development Programs（人力發展計畫中心）的設立統籌各種人力訓練計畫，再分權給各地區，利於人力發展的完整。指導各州就業安全局 （Employment Security Agencies）進行自我評鑑及改進有關工作，並將所有訓練計畫予以統一。

（十）平等就業機會（Equal Employment Opportunity）

有關機構: Office of Investigation and Compliance（一九七三年十一月 The Office of Equal Employment Opportunity併入此新的機構）此所提供州職業安全所（State Employment Security Offices）和地方首長技術性協助，努力發展訓練，發展資源，從事人力平等就業機會。

二、勞工—經理服務署（Labor-Management Service Administration）（LMSA）

LMSA除年度特殊工作外（如一九七四年積極促動新退休法）注意協調勞工和管理人員的關係，加強 Voluntary Compliance 規定Veterans' Reemployment Rights聯合活動(Union Actitivities)受僱者福利和退休法的揭明，參與調查支持 President's Program Against Organized Crime。

1.Compliance, Enforcement, and Disclosure

根據 Labor-Management Reporting and Disclosure Act接受各勞工組織報告，並歸檔。受託於聯邦地方法院處理有關違犯 LMRDA 的人 LMSA 接收各 Federal Labor Organization 的年度財政報告又在 Welfare and Pension Plans Disclosure 之下受有利益的僱工計畫案歸檔。

2.Federal Labor-Management Relations

根據 Executive Order 11491 Assistant Secretary of Labor爲勞工和管理人員關係，督促代表的選舉，以決定各種問題，如對於 alleged unfair labor practices 的消除，The Assistant Secretary 也解決 National Consultation Rights 的資格問題，以及在旣有規定下，有關勞工的寬情之仲斷問題。

3.Veterans' Reemployment Rights

接收 Complainst Case 確保 Veterans' Reemployment Rights

4.Labor-Management Relations

協助州和地方政府和大眾受僱者組織（Public Employee Organiz-ations）建立起自解勞工和管理人員關係的問題的途徑，祇在有所請求時，給予技術協助、消息和資料的提供等。

它辦理研習班指導 Public Employee Relations Board 會員，以及勞工和管理人員代表，以及一些中立者。

並且對州和地方的司法人員在應用 Public Employee Rules 和 Regulations 給予技術協助。

三、就業標準署（Employment Standards Administration）（ESA）

此部門幾個重要工作內容（一）工資；（二）平等就業；（三）工作條件。

在處理美國工人的工資、工作條件諸問題，工資是否合理，是否工人不因種族膚色、性別、宗教信仰、原出國家之不同，而有不同酬勞。

立法保護工人工作安全(1)Service Contract Act；(2)Longshoremen's and Harbor Worker's Compensation Act；(3)The State and Local Fiscal Assistance Act……。

（一）在工資方面的成績（Improving and Protecting Wage）

工作人員和其他聯邦單位、私人團體極力促長工作機會和職業保護之間的平衡，使工人取得工資。

Fair Labor Standards Act 其規定有最低薪、加班給付、童工保護、同工同酬等內容。——此乃ESA的重要功能。並協助各州改善勞動條件。

（二）　Equal Employment Opportunity

1972 Equal Pay Law 修正通過，確保平等就業機會，The Wage and Hour Division 亦據此泯滅性別差異所引起的工資不等現象。

ESA'S Women's Bureau　的成立卽在確保婦女的平等就業，並有 Information and Referral Centors 施予技術性協助，提供婦女有關工作訓練、就業機會等有關工作之訊息，並由 Department of Justices Bureau of Prisons（司法部監獄署）訓練女犯罪者，使獲釋後有更多就業機會和合理調適能力。此外，在 ESA 中 The office of Federal Contract Compliance （聯邦契約履行所）確使少數民族和婦女，有平等就業機會。 Age Discrimination in Employment Act 努力於保護老人工作權利。

（三）工人賠償（Worker's Compensation）

ESA 在聯邦工人賠償法相關法律下，致力工人賠償問題，有關法律有Federal Employees' Compensation Act, the Longshoremen's and Harbor Worker's compensation Act.

四、勞工統計署（Bureau of Labor Statistics）（BLS）

主要活動分述於下：

1.價格和生活條件之統計

BLS每年印行物價指數表（*Consumer Price Index*）用以測量物價波動，這些指數測定，加入人口數，這一變數，用以比較不同人口區的物價指數有何不同，一九七四年則加以不同地理區之變數。

先由 The Bureau's Nationwide Consumer Expenditure Survey 全國消費者支出調查署搜集有關物價指數之資料，由普查局(The Bureau of Census)提供，而後再經 The Economic Stablization Program 作第二階段工作: 物價變動分析 (price chang) *Consumer Price Index* 的修正，有必要作十年一次的調整，可造一新樣本區，其他……。

2.最近職業分析 (Current Employment Analysis)分析統計美國工人工作情況，就就業、失業、勞動力等的統計，加以探討問題，並刊行有關統計結果，提供就業消息、就業知識給失業者。

近又因 CETA 之要求研討如何去測量勞工市場和經濟困苦之相關性 (economic hardship) 顯示關心職業合適性和工人所得 (adequancy of employment and worker earnings)

3.人力結構和趨勢之研討(Manpower Structure and Trends)

由各地區勞力統計所 (The Bureau of Labor Statistics Regional Office) 之協助，調查各地區就業情形，並比較黑人、白人在職業結構上的差異，以及調查女人的經濟地位等問題。

BLS 和 Manpower Adminstration State Employment Security Agencies (州職業安全所) 合作完成一工作設計，提供一到一九七五年的工作計劃環——職業機會計畫 (Projections of Occupational Opportunities) 出版有關就業消息的書如一九七四～七五年版 *"Tomorrow's Manpower Need" "Occupational Outlook Handbook"* （此專提供放假青年有關就業的消息）。

4.職業安全和健康統計 (Occupational Safety and Health Statistics)

(1)調查有關職業傷害和疾病之資料。

(2)統計有關工人賠償在各州施行情形。

(3)促動幾項有關職業安全和健康之計畫。

5.工資和工廠關係之研究 (Wage and Industrial Relation) 和經濟

穩定所（Economic Stabalization Agencies）　刊行有關工資變動統計之比較。

　　BLS 和許多機構合作，如提供 ESA 有關 Service Contract Act施行情形，和 Social Security Administration　（社會安全處）　合作提供 National Health Insurance Legistion 有關資料（主在統計資料說明工資和工廠無關，是受經濟因素影響，不因工廠不同而有不同……調查各行各業工資情形）。

五、法律顧問處 (Office of The Solicitor)

　　Solicitor 是部長和其他職員的法律諮詢，對於勞工部的功能卽法律方面的服務，包括立法和訴訟 (legislation and litigation) 兩者，督促各部門合法活動以及監督各部門的訴訟活動，代表部長進行所有 Civil, Court Action並得依種種相關法律（如 Fair Labor Standard Act. the equal day act, the age discrimination in employment act……）作種種訴訟服務和辯白。　In Washington D. C. 的 Solicitor Staff 的被分成八門，每一門有一首長，其下各有一名助手，其中七部執一般法律事務，另一 Division of Legislation and Legal Counsel　（立法和法律顧問部）提供勞工部更特殊的立法服務，協助就勞工有關的各種立法提向國會和管理預算所 (The Office of Mangement and Budget)的預備工作。

　　又在勞工部的十一個地區事務所 (office)和六個次區 (subregional)事務所有附加的 solicitor 工作員。

　　The Office of the Solicitor 就 Labor Relation and Civil Right, 職業安全與健康、勞工管理法、人力等有關方面，都作過立法上的建

議。

六、行政管理助理處 (Office of The Assistant Secretary for Administration and Management) (OASA)

OASA 指導和協調各部門的行政功能，使確能對 departmental resource: 錢、人、設備作最有效的使用，爲確認 OASA 工作員對其他勞工部機構的服務，於一九七四年加以重組，將之 (Realigining into)分成六個主要指導會(diretorates) 負責 data automation （資料處理自動化）財政管理(management)，帳目稽核和調查研究 (audits and investigation)，行政計畫與服務 (administrative program and service)，管理和運作回顧(management and operation review)，人事管理(personel management 一九七三年成立 Office of Cost Determination，責在商議和認可有價值的計畫 (Plan) 和州政府及地方政府所批准事件的間接價值率，和其他組織接受批准案和契約。

又謀確實負起責任，建設各區事務，使管理功能分權於地方，擴伸地區指導者在 department's management process 上的角色，並改原 Regional Administrative Office (RAO) 成 Regional Administration and Management Office (RAMO)地區行政管理單位，建立地區財政顧問 (Regional Financial Advisors) 增加地區指導者 (Regional Director)在管理決策上的影響力。

七、職業安全與健康行政中心 (Occupational Safety and Health Administration) (OSHA)

OSHA 受託於國會，確保美國工人在一九七〇 Occupatioal Safety and Health Act 的保護下確能享有職業安全與健康的福利，在一九七三年幾個重要活動: (1)健康標準積極發展; (2)對於 State Plans 的認可; (3)加強視察工作; (4)擴展 Job Safety and Health 的訓練和教育，一九七四年的幾個重要活動大致上同於一九七三年，皆在確保工人的安全與健康。

分述如下:

1.視察工作的增強

加強此方工作OSHA 免除 Compliance Officers 的日常行政工作和書記等工作，其專心致力工作廠的視察工作，並加重「工作場效能訪問表」(Efficient Scheduling of Workplace Visits)。

2.更新(Safe and Health Standards)

應時代及實際需要對此方標準加以修訂，增加或去除 National Institute for Occupational Safety and Health Standards 這些於今已被認為有害其數目幾近四百個有毒物質的使用。

又此方面工作如以新律保護勞工工作地道和升降井的安全。

3.有關訓練和教育的改進

OSHA Training Institute 為增進教學效果和國家健全委員會 (National Safety Council)及威斯康辛大學(University of Wisconsin)合作，推展即有的訓練工作，並且發展新課程，使 Employer 和 Employee 皆得以有關職業安全和健康的智識。在私人機構並且要教授 "A Guide to Voluntary Compliance" 為期一週的課程。

OSHA 的訓練和教育工作是由兩路進行，先教導 Federal and State Compliance officers, 使他們能具有應有的智識，再去教育 employers 和employees 使他們確知在法律下應有的權利和義務。

4.審愼核准 (State Plan)

各州有關 job safety 和health plan提向 OSHA 時 OSHA 都將之審愼核定，務使這些計畫能有效保護州工人，並能擴及國家。

5.Interagency Coordination 協調 OSHA與其他agency間的工作，避免重覆，確保工人的 safety 和 health。此外 the Office of Federal Agency Programs 努力協調 federal job safety and health工作，確保美國受僱者的安全與健康。

八、國際勞工 (International Labor)

有關機構：

1.Bureau of International Labor Affairs （國際勞工事務署）。

2.The Department of Labor International Technical Assistance Corps（勞工部國際技術協助隊）。

九、僱工賠償請求委員會 (Employee's Compensation Appeals Board)

The Board對於 The Office of Workers' Compensation Program 決定下的請求，有權作最後決定，確保 Federal Employees' Compensation Act 的實現。

十、給付審查委員會 (Benefits Review Board)

The Board 根據有關勞工保護的特別法，接受和決定工人所請，使得以享有賠償權利 Longshoremen's and Habor Workers' Compensationa Act and its Extensions The Federal Coal Mine Health and Safety Act 的一部分，使受傷和死亡者的家屬享有利益。

十一、政策評價和研究中心 (Policy, Evaluation, and Research)

The Office of Policy, Evaluation, and Research 責在計畫發展有關勞工部的種種政策，並加以估評研究。

1. The Office of Policy Development 的活動主在 manpower revenue sharing, welfare reform, minimum a wage unemployment insurance, private pension reform, workmen's compensation laws 等等方面，發展有關立法和政策建議，提供部長此方建議，並且協助部長 (Secre-tary's Office)聯合 (The Cost of Living Council the Council for Economic Policy, the National Commission on Productivity) 等單位，以供工作參考。

2. The Office of Program Analysis and Special Studies 責在協調部內各種計畫方案的實現，並助 The Department's Program and Budget Review Committee 對各工作所 (Department's Program Agencies) 所提的政策和預算作決定。

3. The Office of Research 始終扮演協調和策 劃部內各單位的活動之角色，發展一較好結構，提高職業品質。

4. The Office of Evaluation 在於對部內各項工作的效率作總合分析，其構成分子以經濟學家為主，對工作作科學分析，一九七三年此機構用 Social Security data 的方法去記錄受訓者受訓前和受訓後的 earnings histories 並且加以比較，用以測定訓練效果。透過不斷研究，

發展及評估，尋求改進人力服務之提供，目前正設法使人力計畫地方化 (Decentralization)，中央只提供指導及技術上的協助，執行責任則屬地方。並尋求有效改善就業服務之提供。人力署設八個區域辦事處。

第三節　住宅及都市發展部 (Dept. of Housing & Urban Development)

美國聯邦政府住宅及都市發展部是美國內閣第十一個部，它是經過一連串的發展而來的:

1.一九三〇年時建立聯邦住宅土地銀行委員會(Federal Home Land Bank Board)

2.一九三四年設立聯邦住宅署(Federal Housing Administration)

3.一九四二年設立國家住宅局 (National Housing Agency)

4.一九四七年設立住宅及家庭財經局 (Housing & Home Finance Agency)

5.經一九六〇年代多次努力，終於在一九六五年建立了住宅及都市發展部，而將上述機構合併統一於住宅及都市發展部⓫。

此一發展，充分顯示大家關切住宅問題與都市環境，以及聯邦政府逐漸干預此一方面的事務。住宅及都市發展部自成立以來，配合社會變遷需要，不斷予以改組。其中，一九七三年的改組爲:

1.將原來的「社區計畫」 (Community planning)、「管理及社區發展」 (Management Community Development) 二部門合併爲單一

⓫ *Hand Book for the FHA Employes,* FAH, 1960; *Annual Report of HUD,* 1973 & 1975.

的「社區計畫及發展助理部長」（A Single Assistant Secretary for Community planning & Development）。

2.將原來的「政策分析及評價」（Policy Analysis & Evaluation）及「研究與工藝」（Research & Technology）二部門合併爲一個「政策發展與研究助理部長」（Assistant Secretary for Policy Development），而其內容則擴充包括「經濟事務局」（Office of Economic Affairs）。

3.將原來負責國會關係方面的部長助理（Assistant to the Secretary for Congressional Relations）的地位提高爲立法事務助理部長（Assistant Secretary for Legislative Affairs）。

4.新設置Deputy Under Secretary for Field Operations。

茲再將其組織簡要說明如次：

部長室（Office of the Secretary）

公共事務助理部長（Assistant to the Secretary for Public Affairs）

老年殘障者計畫部長助理（Assistant to the Secretary for Programs for the Elderly & Handicapped）

勞工關係部長助理（Assistant to the Secretary for Labor Relations）

國際事務部長特別助理（Special Assistant to the Secretary International Liaison）

副部長室（Office of the Under Secretary）

（Deputy Under Secretary for Field Operation）

（Deputy Under Secretary for Management）

一般諮詢處（Office of General Counsel）

主管政策發展與研究助理部長（Assistant Secretary for Policy Development & Research）

主管住宅管理助理部長(Assistant Secretary for Housing Management)

主管公平住宅與事業機會助理部長 (Assistant Secretary for Fair Housing & Equal Opportunity)

主管社區計畫與發展助理部長(Assistant Secretary for Community & Development)

主管行政助理部長 (Assistant Secretary for Administration)

主管立法事務助理部長 (Assistant Secretary for Legislative Affairs)

(Chairman, New Community Development Corporation)

(Administrator, Federal Insurance Administration)

(Administrator, Office of Interstate Land Sales Registration)

(Administrator, Office of Inspector General)

(Administrator, Federal Disaster Assistance Administration)

(Chairman Advisory Bodies to the Dept.)

(President, Government National Mortgage Association)

主管住宅及生產抵押設定助理部長 (Assistant Secretary for Housing & Production & Mortgage Credit)

部長負責全盤關於住宅及都市發展政策之擬訂、建設，並對一切有關住宅、都市問題及社區發展的聯邦活動密切協調配合。部長同時兼任 Chairman of the Board of Directors of Community Development Corporation。副部長輔佐部長，並可長任代理部長。 Deputy Under Secretary for Field Operations。

負責監督各地區之執行，視察各地區的執行是否符合 HUD 的要求，協調配合並改進各地區有關業務。HUD 本身並不去建造、擁有或

管理國民住宅，相反地，HUD 是提供經費上必須的援助，以便使地方社區能够爲其貧民及低收入民眾提供所需住宅。HUD 提供地方國宅單位補助款、貸款，協助其興建、擁有並管理國宅❷，Deputy Under Secretary for Management負責確保具體目標之建立。

公共事務處 (Division of Public Affairs)，設部長助理一人負責主管公共事務。對有關公共事務向部長及其他主要人員提供意見，與大眾傳播機構組織及社會大眾建立關係，並準備資料向社會說明。

老年殘障 (Elderly & Handicapped)方面，設部長助理一人，負責 HUD 有關老人及殘障的計畫、活動、業務，包括住宅、設施及服務。在社會、經濟、心理與物質上的考慮，向部長提供意見，包括老年及殘障者政策計畫、標準、預算及立法方面，向部長提供意見。

勞工關係 (Labor Relations) 方面，設部長助理一人，負責有關勞工關係業務。對勞工關係、勞工規定、工資狀況及其他有關業務，作爲部長主要提供意見者，同時，作爲與勞工團體組織的橋樑。

國際事務 (Division of International Affairs) 方面，設部長特別助理一人，負責國際事務，協助部長處理 HUD在國際上的活動，及與其他國際組織，其他國家的合作方面的事務，並收集有關國際組織及各國資料以供 HUD 參考。

一般諮詢處 (Office of General Counsel)，提供法律上的服務及意見，俾 HUD 各項計畫得以適當擬訂、發展及執行，並指導 HUD 的十個區域辦事處 (Regional Office) 及三十九個 地方辦理處 (Area Offices) 的法律人員。一般諮詢處又分爲四個單位： (1)立法室 (Legis-

---

❷　Thomas R. Dye, *Understanding Public Policy*, Prentice-Hall, INC.,
　　Englewood Cliffs, N. J. 1978, pp. 184-185.

lation Division)，提供法律起草服務，並對正在討論的法案，提供說明、資料及技術上的協助；(2)社區發展室 (Community Development Division)，有關社區發展法律基礎方面的處理；(3) 住宅室 (Housing Division)，有關住宅的法律問題之處理；(4)平等機會，及行政室(Equal Opportunity, Litigation & Administration Division)，一九七五年劃分爲 Litigation Division 及 Equal Opportunity & Administration Division 研究 (Policy Development & Research) 方面，設助理部長一人，負責發展計畫，執行並評價 HUD 的研究計畫，並負責使研究結果能運用於 HUD政策的發展與評價，並將研究成果 disseminating 給決策者（包括各級政府及民間機構組織）。作爲部長在決定全國住宅、都市發展及社區發 展方面的目標、計畫優先順序上提供意見，了解問題、實驗新方法，尋找解決問題可行途徑。

住宅生產及 (Housing & Production & Mortagage Credit)方面，設助理部 長一人，他同時 兼任 聯邦住宅 署署長 (Commissioner of Federal Housing Administraion)，並負責監督 Government National Mortgage Association。 他負責協助建造新住宅及維護、整建舊住宅，以便爲全體國民提供良好、安全及衞生的住宅。

政府國立抵押設定會社(Government National Mortgage Association GNMA)，是一個依法設立的合作組織，由 HUD 任命一名主席，並由部長決定 GNMA 的政策。

住宅管理 (Housing Management)方面，設助理部長一人，主要責任是指導經營及處理公共住宅，包括下列主要計畫:

1.the Office of Housing Program
2.the Office of Loan Management

3.the Office of Property Disposition

4.the Office of Management & Human Resources

5.Emergency Preparedness Staff

如第五項是當遇到急難事件，包括火災、風災等，負責照顧收容受災難民。

社區計畫及發展 (Community Planning & Development)助理部長一人，負責推動都市社區發展計畫，以期改善環境，保存具有歷史意義的建築，提供公共設施，以及都市更新、模範都市(Model Cities)，以及排水設施等等❸。

如前面所述，數十年來，聯邦政府一直致力於住宅及都市發展計畫。然而，今天，「都市危機」(Urban Crisis) 一種族衝突、住宅缺乏、空氣與水污染、交通擁塞等，仍然至為嚴重。當然，聯邦政府之都市政策無法解決這些問題，不只是因為在聯邦政府組織結構上有所缺陷。而且，事實上，這些問題之複雜不可能只靠政府組織結構上的改進即可解決。不過，我們發現若干組織結構上問題，嚴重影響到有效聯邦政策之建立，茲說明如下：

1.聯邦政府常顯示出對立的目的 (Cross-Purpose)，如都市更新講求解救中心都市，而聯邦高速公路政策興建高速公路使該區居民能通行，同時，也協助他們在郊區購置住宅。

2.公共住宅計畫致力提高貧民廉價住宅，另方面，都市更新計畫與高速公路計畫拆毀貧民廉價住宅。

3.聯邦民權政策 (Federal Civil Right Policy)致力反隔離(Dese-

---

❸ *Annual Report*, Dept. of Housing & Urban Development, 1975; *You are a HUD Employee*, HUD, 1976.

gregation)， 但是，許多大規模住宅計畫將黑人集中在目前事實上隔離的地區。

4.聯邦政府爲都市提供的補助款計畫 (Federal Grant-in-Aid Program) 相當欠缺協調配合， 目前大約有五百多種不同的計畫，各具不同目標及標準，地方政府首長常須相當時間才能了解有關規定。

(Thomas R. Dye, *Understanding Public Policy*, Prentice-Hall, Inc., Englewood Cliffs, N. J.)

第四節　環境保護局 (Environmental Protection Agency)

美國聯邦政府環境保護局 (Environmental Protection Agency, 以下簡稱 EPA)，是一九七〇年建立的。 在此之前，聯邦政府有關環境保護工作分散在十五個有關機關； EPA 之建立， 以期對聯 邦反污染 (Anti-pollution) 的努力予以集中。 它不只制訂並執行有新法規，並探討有關問題，它並透過十個區域辦事處 (regional offices) 運作，並有四個國立環境研究中心 (National Environmental Research Center)及所屬實驗所；它並予民間機構團體補助，提供大學獎學金訓練培養有關人才。

在美國聯邦政府，有不少有關環境保護的機構，它們代表不同的利益團體。環境保護署及環境品質委員會 (Council on Environmental Quality, 以下簡稱 CEQ)， 代表許多環境保護主義團體的意見， 聯邦電力委員會 (Federal Power Commission) 則關於維持全國石油及電力的供應，聯邦能源署 (Federal Energy Administration) 則負責發展新的能源以及協調統一聯邦能源政策。 EPA 及 CEQ 常與其他機構有此衝

突。當意見不一致時，主要是看所代表的利益之強度、新聞傳播工具的立場及公共輿論的衝擊，以及與白宮的關係而作決定。一九七〇年建立環境保護署的主要目的是將負責有保護環境事宜的不同機關團體予以整合。環境保護署署長直接向總統負責，EPA主管聯邦有關水品質管制、空氣淨化、廢污處理、噪音等方面的計畫與立法。

　　另外有一個機構在環境保護政策之決定上扮演相當重要角色，即環境品質委員會(Council on Environment Quality)，它是依據一九六九年全國環境政策法 (The National Environmental Policy Act of 1969) 而建立的，它並無直接實施（執行）的權力，但它就有環境保護方面的問題，作為美國總統顧問諮詢單位。不過，環境品質委員會真正權力是來自上述一九六九年的全國環境政策法，這項立法規定所有聯邦機構必須就其所轄範圍內任何影響及環境的行動向環境品質委員會提出報告。此一所謂「環境衝擊報告」(Environmental Impact Statements)，不只規定聯邦有關機構，而且也規定所有州政府、地方政府及接受聯邦政府補助的所有民間機構，一律要提出詳細的「環境衝擊報告」❹。

　　卡特政府為統一能源政策，乃建立了能源部 (Department of Energy)，而將原先的 Federal Power Commission, Federal Energy Administration, The Nuclear Regulatory Commission, The Energy Research & Development Administration 及其他與能源工作有關的聯邦機構組織合併於能源部，首任部長為 James Schlesinger (Thomas R. Dye, Understanding Public Policy, Prentice-Hall, Inc., Englewood Cliffs, N. J. 1978, pp. 171-179)❺。

---

❹　Thomas R. Dye, OP. Cit., pp. 171-179.
❺　*Finding Your Way through EPA,* 1973, U.S. EPA.

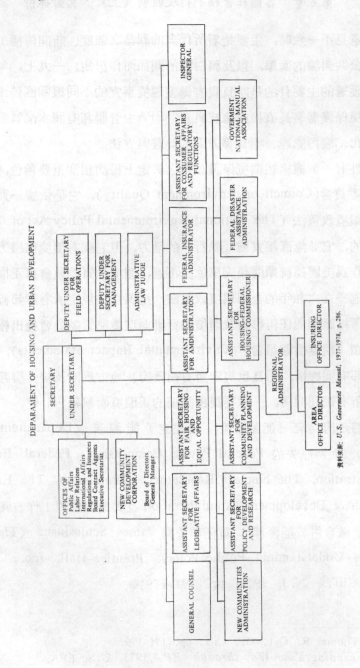

DEPARAMENT OF HOUSING AND URBAN DEVELOPMENT

資料來源: U.S. *Goverment Manual*, 1977-1978, p. 286.

第五節　經濟機會局

一九六四年八月二十日國會通過的經濟機會法（Economic Opportunity Act of 1964，以下簡稱 EOA）推動消滅貧窮計畫。該法規定在美國總統府設經濟機會局（OEO）擔負指揮、協調「撲滅貧窮」之責。依此規定，「撲滅貧窮」包括兩大類：一為由 OEO 直接辦理的部分，二為授權其他聯邦有關部會辦理部分⑯。

(一) 由OEO所直接辦理的部分

1.「社區行動計劃」（Community Action Program）

此項計畫，乃是「撲滅貧窮」的重心，其目的在激動社區所有資源以解決當地的貧窮問題，並且要結合社區內的所有居民——尤其是窮人自己，加入「撲滅貧窮」的行列，以建立他們自信、自助，正如人與人之間有所差別，社區與社區之間亦有所不同，「社區行動計畫」體認此一事實，而讓當地居民自己設計、推動。

社區行動計畫在美國城市、市郊及鄉村區域，尤其對於美國印第安人保留區及移民農業工人區，鼓勵公私社團，針對當地特殊需要，擬定撲滅貧窮計畫，由聯邦政府予以財政上及技術上的支援，並由公私社團負其責任。

「社區行動計畫」從學前兒童到老人等各項措施又分為：

⑴「學前輔助教育」（project head start）是一項對家境貧困的學前兒童提供學習的經驗、醫藥、牙醫、診治及適當營養的兒童發展計

---

⑯　見拙著《美國社會福利發展之研究》，第二三二～三三九頁。

畫。在「撲滅貧窮」的各項設施中，本項是最為人所稱道。目前，它有二種班次，一為全年班次，收容三歲以上的學前兒童；二為八週的暑期班次，收容在秋季即將入學的兒童。其目的在促進貧困兒童的健康，增加他們的自信心，改善他們與別人的關係，增進說話與思考能力，及提供其他適當的務服，使家境清寒的兒童在其入學時，能與富裕兒童在一個較為平等的基礎上公平競爭，以避免來自低收入家庭兒童入學時發生種種學習上的困難。在此輔助兒童發展的過程，並設法使其父母參加。

(2)「保健中心」(health center) 於貧民區的中心位置設立「保健中心」，一方面便利當地貧戶就醫，一方面為他們提供綜合性的醫療、疾病預防、體檢、牙醫、家庭計畫及其他服務。建立「保健中心」的目標，使它能成為社區的一部分，注意如何使居民協助醫生工作，如何從當地貧戶中培養出醫生及助手，以便將來為當地自己鄰居看病，醫生除照顧病人外，也要留意病人家庭及整個社會的需要，醫生、助手、職員，與居民密切合作。協調政府有關機構，為貧戶提供最佳服務，並且建立一種「病人移轉制度」(patient transfer system)，即當病人需要專業化的醫療而當地「保健中心」無這種設備時，即迅速把病人送至有該項設備的「保健中心」。

(3)「法律服務」 (legal services) 在貧民區設立法律服務事務所，聘請律師為貧戶服務，代表貧戶出庭，灌輸法律知識及研究改進有關貧窮之立法。

(4)「大專學前輔助教育」(upward bound) 是一種協助家境貧困的高中畢業繼續升大學的教育設施。

(5)「移民及季節性農工」(migrant and seasonal farm workers) 為移民提供教育、住宅、衛生等各項設施，以便這些移民能接受更進一步的職業訓練。

(6)「養祖父母計畫」（foster grandparents program）　僱用六十歲以上的低收入貧困老人，給最輕鬆愉快的工作，如看護貧困兒童。

2.「青年工作團」（Job Corps）

對象爲十六歲到二十一歲的失學失業青年提供補習教育及職業訓練。參加者必須住宿在訓練中心，一般是美軍廢棄不用的營地，以避免受不良環境的影響，此與勞工部所辦理的「鄰里青年工作團」之不必住宿在訓練中心不同。他們接受九月至二年爲期不等的基本教育、技藝訓練、公民教育及實習工作。畢業後由中心分別協助求職、復學或從軍。

3.「美國社工志願服務團」（Volunteers in Service to America，簡稱 VISTA）

徵訓十八歲以上到八十五歲的美國熱心服務者，不分男女老幼，經過六週的訓練後，派在移民社區、印第安保留區、鄉村與都市社區行動中心、青年工作團中心、貧民窟、精神病院、與貧戶生活在一起，協助貧戶組織各種社會福利機構團體，建立各種補助教育、娛樂中心，他們必須服務一年以上。

（二）OEO授權由其他聯邦部會辦理的項目

其經費是從OEO的預算撥出，各部會須遵照 OEO 與各有關部會協調商訂的指導原則去做。

1.「鄰里青年工作團」（Neighborhood Youth Corps）

協助十六歲至二十二歲來自低收入家庭的青年以其工作所得工資繼續求學、復學，或增加失學青年的就業能力。美國是一個高度工業化的社會，無一技之長，是很難找到工作。因此，這一項計畫，除了協助在學青年繼續求學，失業青年復學外，並使他們從工作中獲得經驗及施予技藝訓練以增加他們的就業能力。此項計畫是由勞工部負責辦理。

「鄰里青年工作團」辦理「在校方案」（in-school program）、「校

外方案」（out of school program）及「夏令方案」（summer program）三種，茲分述如下：

(1)在校方案（in-school program）　旨在協助貧窮家庭之青年繼續在校讀書，直至畢業為止。凡參與此種方案之青年，應學習如何充任教員助理、圖書館助理或體育場助理等，每週工作十五小時，每小時工資以美金一元二角五分計算。此項方案係與各學校各作實施，所需費用由聯邦政府供給九〇％，學校負擔一〇％。學校所負擔部分不必為現金，可以技術諮詢及設備充抵。截至一九六八年九月十二日止，據報已協助青年五〇、二四四人，共用經費約二千六百萬美元。

(2)校外方案（out of school program）專為未入校或未全入校之青年而設。凡參與此種方案之青年，必須離校六個月，其待遇為每小時由一元四角至一元六角。此項方案係由州市政府或社會公益團體執行，所需經費由聯邦政府供給九〇％，執行機構負擔一〇％。參與此種方案之期限為六個月，但如在夜校攻讀，可以延長至兩年。實施此項方案之目的在鼓勵青年獲得較多之教育。青年每週必須工作四十小時，其中八小時用於職業諮詢指導及其他必要事項。一在校青年平均每年約需費用六一六元，但一校外青年則約需二、八〇〇元。參加此一方案之青年每年約四七、六〇〇人，約需經費三七、五〇〇、〇〇〇元。

(3)夏令方案（summer program）　旨在協助在校與校外之青年參加夏季工作，為期三個月，俾將賺得之工資補助入學之用。每小時工資由一元二角五分至一元六角。每一青年平均每週工作三十小時。

2.「工作經驗」計畫（Work Experience Program）

對於農村家庭工人，家庭年收入在一、二〇〇元以下，或有子女之累的失業父母親，予以機會，使能獲得必需之訓練及工作經驗，以增加其就業之能力。此項訓練計畫，包括成人基本教育、職業訓練、高級技

術訓練、看顧孩子、醫護、駕駛貨車、書記等。原由直接辦理，後於一九六六年授權衞生教育福利部辦理。

3.「成人基本教育」 (Adult Basic Education)

本計畫在改進年在十八歲以上而所受教育不足六年的青年的就業能力，其法乃卽施予補習及職業訓練，俾能繼續工作或另尋工作。原由 OEO 直接處理，後於一九六六年授權衞生教育福利部 (U. S. Dept. of Health, Education and Welfare, 以下簡稱 HEW) 辦理。

4.「農家貸款」、「鄉村合作社貸款」 (Loans to Rural Families and Loans to Rural Cooperatives)

以極低利息貸款協助在鄉村居住低收入的農民或非農民改良農場或零星生意或其他急迫需要之用，由農民家庭署 (Farmers Home Administration)處理。

5.「小本生意貸款」 (Loans to Low-income Businessmen)

以極低利息貸款協助人民當中具有責任感、有事業心、有創造力，而無法獲得信用貸款者，供應他們一筆資金，俾能有工作做，而不致長期失業。原由 OEO 直接處理，後於一九六七年授權「小本生意署」 (Small Business Administration) 處理，由該署委託地方「小本生意發展中心」 (Small Business Developing Centers) 貸款低收入的商人。地方上的小本生意發展中心的行政費用由區內的「社區行動計畫」的經費撥給。

（三）經濟機會局之改組

尼克森於一九六九年八月八日告全國之新社會福利政策演說中，第三部分卽談到經濟機會局的改組問題。尼克森主張重新改組「經濟機會局」使其有效地爲其所能爲。過去，經濟機會局頗苦於其任務之混亂不

清、欲速其事，及以同一個人負責許多相衝突的事務，如協調舊計畫、從事新研究、成立示範計畫、評價結果，及充當窮人的辯護者。在新計畫中，尼克森總統給與經濟機會局新的任務：發展與試驗新方法以解決社會問題。經濟機會局將是一個實驗機構，在這裏一些助人的新觀念在試驗的基礎上試行。如果試驗成功，它就可以「發射」("Spun off")出去了——就像太空機構，當氣候衞星及通訊衞星試驗成功便將之「發射」出去一樣。如此，經濟機會局才能無束縛地專心開拓更新的領域。

八月十一日，尼克森在其向國會提出之「福利改革」咨文中，再度重申經濟機會局將全心全力致力於尋求新方法爲能工作者打開經濟機會的重要工作，它必須要設法提供機會，使每個人都能貢獻其潛能的最大限度，並要發展及增進這些潛能。八月十二日，尼克森又再向國會提出「人力訓練」之咨文，主張解除「經濟機會局」主要的人力訓練計畫的實施責任，而加強其研究工作與發展計畫的角色，以與勞工部共同發展新的人力訓練方法。

一九七四年五月底國會通過社區服務法(Community Services Act)，同意繼續撥款辦理社區行動計畫，解除了經濟機會局，不過，有關經濟機會局原有各項工作均予保留並轉交適當機構繼續辦理之**⓱**。

同時，根據一九七四年通過的Headstart, Economic Opportunity, and Community Parthership Act of 1974 (88 Stat. 2291; 42 U. S.

⓱ *The Social Welfare Institution*, Ronald C. Federico, Second Edition, D.C. Health & Copamy, Mass., 1976, pp. 70-74; Thomas R. Dye, *Undersstanding Public Policy*, Prentice-Hall, Inc. Englewood, N. J., 1978, pp. 93-109. 有關經濟機會局的成立及其發展與改組經過，詳見拙著《瑞典美國及我國社會福利比較研究》，中國社會福利協會，第四章第四、五節。有關志願服務工作則交由新成立的機構 Action 負責，詳見拙著《我國衛生環境及社會福利行政體系研究》，第一〇六頁。

C. 2701 note) 建立了社區服務局 (Community Services Administration) 以接替原先的經濟機會局。社區服務局（簡稱CSA）負責繼續向貧窮作戰的努力。它協助低收入者達到經濟上的自足自立，以脫離貧窮。社區服務局向貧窮作戰的基本策略是統合運用聯邦、州及地方的基金，以組織及推動社區行動及其他有關計畫，而此，是由地方民選的委員會予以領導及監督。簡言之，社區服務局透過提供經濟及教育的機會及經濟上的支援，尋求協助貧民自力脫離貧窮。

社區服務局的組織
COMMUNITY SERVICES ADMINISTRATION

1200 Nineteenth Street NW., Washington, D. C. 20506
Phone, 202-254-5590

Director ···Graciela Olivarez.
Deputy Director ····································(Vacancy).
General Counsel··································Hazel Rollins.
Controller··R. Thomas Rollis.
Assistant/Associate Directors for:
　Operations ······································Angel F. Rivera.
　Administration ································Alphonse Rodriguez.
　Human Rights································Tilt Kurtz.
　Congressional Affairs ·····················Leighton Sattler.
　Public Affairs·······························William Sawyer.
　Economic Development····················Louis Ramirez.

下設區域辦事處
Regional Offices—Community Services Administration

(Areas included within each region are indicated in the map on Appendix D.)

Region	Regional Director	Address
I	Ivan Asnley	John F. Kennedy Federal Bldg., Boston,

Mass. 02203 ....

II ....William White ....26 Federal Plaza, New York, N.Y. 10007...

III ....W. Astor Kirk........Gateway Bldg., 3535 Market St.,
Philadelphia, Pa. 19104.....................

IV ....William Walker ......730 Peachtree St. NE., Atlanta, Ga. 30308...

V ....Glenwood A. Johnson...300 S. Wacker Dr., Chicago. Ill. 60606...

VI ....Ben T. Haney........1200 Main St., Dallas, Tex. 75202 ....

VII........Wayne Thomas ......911 Wainut St., Kansas City, Mo. 64106......

VIII ......David Vanderburgh...Federal Bldg., 1951 Stout St., Denver,
Coio 80234 ....

IX........Eugene Gonzales......450 Golden Gate Ave., San Francisco,
Calif. 94102 ....

X ....John Finley ....Arcade Plaza Bldg., Seattle, Wash. 98101 ......

（四）社區服務局的計畫與活動

社區行動計畫 （community action programs）

社區行動是有效解決與貧窮有關的社會與經濟問題之最基本的方法，目前，全國有八六五個社區行動機構（Community Action Agencies），分佈在二、二一〇郡推動社區行動計畫（全國有三、一四一個郡）。全國有一千五百萬人以上參與社區行動計畫。在社區行動概念下，有六項基本方案：

1. 地方主動 （Local Initiative）

地方主動基金 （local initiative funds）是用來支持地方的計畫與活動，以應不同地方的實際需要。

2. 州經濟機會局 （State Economic Opportunity Offices）

州經濟機會局簡稱 SEOO，擔任州長的諮詢機構，發掘地方資源，致力改善貧窮問題。

3. 老年機會及服務 （Senior Opportunities and Services）

老年機會及服務計畫提供廣泛的服務，以照顧當地的貧困老人⓲。

4.社區食物與營養計畫 (Community Food and Nutrition)

社區食物及營養計畫提供基金，以協助地方社區致力於改善貧民的飢餓狀況及營養不足。

5.能源保持及防寒計畫 (Energy Conservation and Winterization)

能源保存及防寒計畫在探尋爲貧民提供廉價的能源，同時，爲貧民住宅提供嚴多禦寒的材料。

6.社區經濟發展 (Community Economic Development)

社區經濟發展計畫在 對貧困偏僻的 社區設法改善住宅、 工作訓練等。透過創建新企業，創造工作機會，建立良好的經濟基礎，轉變貧困社區的社會及物質環境。（見*U. S. Government Manual*, 1977-1978, pp. 477-478.）

第六節　夏威夷社會福利行政體制

夏威夷州政府設有社會服務及住宅廳 (Hawaii State's Dept. of Social Services & Housing)，內分設公共福利室 (Public Welfare Division)、職業復建室 (Vocational Rehabilitation Division)、住宅室 (Housing Authority) 、輔育室 (Corrections Division) 及其他有關單位。公共福利室主要業務爲收入維持 (income maintenance)或經濟協助 （包括現金救助 money payments、醫療救助 medical assistance 及糧票 food stamps） 及社會服務 （包括對兒童、青少年、家庭、老年、壯

⓲　見 *Veterans Administration Pamphlet 06-76-1*, 1976.

年人、殘障者、退伍軍人、吸煙毒者及未婚媽媽之服務)。職業復建室主要業務是對身心殘障者提供復建服務,協助就業,其對象包括盲人、靑少年犯、吸煙毒者、殘障者等。住宅室主要業務是對低收入家庭及老年人適當的住宅環境。

輔育室主要業務是負責所有監禁計畫 (confinement program) 的行政管理工作,包括夏威夷州立監獄、夏威夷社區矯治機構,及夏威夷靑年輔育機構 (有七個)。

以家庭及兒童服務爲例,包括下列各項服務:

1.兒童保護服務 (Child Protective Services)

2.兒童日間服務 (Child Day Care Services) ——卽托兒服務

3.領養服務 (Adoption Services)

4.寄養服務 (Foster Care Services)

5.家庭諮商服務 (Family Counseling Services)

6.未婚媽媽及其子女服務 (Services for the Unmarried Mother & Their Children)

7.家庭助理服務 (Homemaker Services)

8.就業及訓練服務 (Employment & Training Services)

9.家庭計畫服務 (Family Planning Services)

10.整理家務服務 (Housekeeper Services)

11.交通服務 (Transportation Services)

12.社會復健服務 (Residential Social Rehabilitation Services)⑲。

---

⑲ *Annual Report*, Dept. of Socal Services & Housing, State of Hawaii, 1976, DSSH; Comprehensive Annual Service Program Plan for the State of Hawaii, Sept., 1975, DSSH.

第六章　各國社會福利行政
體制（下）

第一節　日本部份

一、公共救助

　　根據日本憲法第二十五條規定，政府負責維持國民最低生活水準，不得因種族、宗教或其他任何理由有所歧視，國民貧困時可獲得援助。日本現行「生活保護法」，就是一般人所稱的公共救助的法律，也就是要表現上述日本憲法的規定。公共救助在日本社會福利體系中佔重要地位，依據生活保護法規定，凡申請此項救助而被拒絕或在法令時間來予妥適處理時，有接受一項公正聽證（a fair hearing）的機會。如此，憲法所規定人民接受救助的權利，在公共救助計畫行政手續上得到充分保障。

　　日本的公共救助行政是由厚生省(Ministry of Health & Welfare)內之社會局（Bureau of Social Affairs）負責，在所有的 prefectures 及主要都市均設有民生主管部 (Dept. of Public Welfare or Dept.

of Social Affairs)，在民生主管部轄區下設福祉事務所 (Welfare Offices)。一般而言，大約十萬人口左右設有一個福祉事務所(Welfare Offices)，目前，日本全國有一、〇七一個福祉事務所。目前，此一、〇七一個福祉事務所約有一萬名工作人員在約一、九〇〇位督導員 (supervisors) 的監督下，致力於社會福利工作。此外，約十六萬志願人員參與服務工作。

公共救助內容包括一般生活的救助、教育扶助、住宅補助、醫療救助、貧民職業訓練與輔導、喪葬救助、貧婦產前、生產及產後服務等。

·二、兒童福利

日本現行「兒童福祉法」，是在一九四七年頒佈實施，是項劃時代的立法，該法推翻了傳統上視兒童福利為對貧困兒童予以救濟的看法，同時確定兒童福利乃是致力於促進全體兒童健全發展。根據上項立法的規定，日本兒童福利行政是由厚生省內之兒童與家庭局 (Children & Families Bureau) 負責。此外，並有中央及各級政府兒童福利委員會、兒童輔導中心等機構。

三、老年福利

日本老人福祉法是一九六三年八月一日頒佈實施，該法建立了老年服務的三項原則:

1.應尊敬老年人，認為老年人對社會有所貢獻。

2.老人健康應予保護，並使其智慧與經驗能繼續貢獻給社會。

3.應依照老年人意願與能力，為其提供工作機會及參與社會活動。

該法同時明確規定中央及地方政府應負起照顧老年人的責任，福祉事務所應指派一專人負責研究老年需要並提供適當服務。目前，日本老年福利措施包括：健康檢查、安老院所收容安葬、家庭寄養、醫療補助、家庭助理服務、老年福利中心以及其他有關措施。

四、身心殘障福利 (Welfare of the Physically & Mentally Handicapped)

(一) 身體殘障者部份

一九四九年通過的「身體障害者福祉法」(The Law for the Welfare of the Physically Handicapped of 1949)，特別強調對身體殘障者之職業與社會重建；一九六四年通過「特別兒童扶養手當法」(The Severely-Mentally-Retarded Child Rearing Allowance Law of 1964)，對年在二十歲以下的特殊兒童，提供家庭補助，以便特殊兒童能在自己親生父母扶養下成長。至一九六六年，此項家庭補助擴及身體殘障兒童。

行政組織方面，在中央政府，厚生省社會局內復健組負責此項業務，在地方，則由福祉事務所負責。此外，設有身體殘障福利顧問委員會 (Advisory Council on Welfare of the Physically Handicapped)，及「身體殘障者更生相談所」(Consultation Center for the Physically Handicapped) 等。

(二) 智能不足方面

未滿十八歲之智能不足兒童，依據一九四七年「兒童福祉法」規定，由「兒童相談所」(Child Guidance Centers) 或收容智能不足兒童的機構。至於超過十八歲以上的智能不足者，則由「生活保護法」所規

定的一般救助照顧之。一九六○年通過「精神薄弱者福祉」(Welfare of the Mentally Retarded Law of 1960)，為所有智能不足者提供諮商及照顧，十八歲以下之兒童仍根據兒童福祉法之各項規定辦理。其後，有鑑於對智能不足者之服務不宜根據年齡來劃分，因此，在一九六七年，將智能不足有關行政責任從厚生省社會局改隸厚生省兒童及家庭局（兒童福祉法的主要行政機構在中央就是兒童及家庭局）。在地方，則由福祉事務所負責。另外，設置「精神薄弱者更生相談所」(Consultation Center for the Mentally Retarded) 等機構。

五、公共衛生

日本有關公共衛生的各項政策與措施，是由中央厚生省訂定，並由地方的保健所負責執行。大約每十萬人口設置一個保健所，截至一九七二年四月止，日本全國有八三二個保健所。保健所的主要服務範圍包括健康檢查、健康諮詢、健康訪視、傳染病防治、營業指導、健康教育、環境衛生與食品衛生等。

在中央，厚生省設有「公共衛生局」及「環境衛生局」主管有關公共衛生及環境衛生事宜；環境設企畫調整局負責有關公害防治事宜，建設省都市局主管下水道。

六、社會保險

在現行日常社會保險體制，對國民健康之保障，一般國民的國民健康保險與特定職業者所參加的健康保險之間差別甚大。特定職業者包括船員、日雇勞働者、國家公務員、公共企業職員、地方公務員、地方團

體職員、私立學校職員、農林漁業團體職員及農業者，如附圖。

　　健康保險在日本社會保險體制中最早建立的，它的主要立法是在一九二二年通過，一九二七年付諸實施。所有受僱於工廠公司行號醫學以及其他工作場所（僱用五人以上）的員工一律強制參加。一九五九年通過實施的國民健康保險（New National Health Insurance Law），對保國民健康有重大影響。

　　日本現行社會保險體制中，尚有對老年、遺屬及殘障者之保障，包括「厚生年金保險」（一九四二年厚生年金保險法）以及「國民年金保險」（一九五九年國民年金保險法）、「失業保險」（一九四七年失業保險法）、勞動者災害補償保險（一九四七年勞動者災害補償保險法）等。

七、就業服務

　　一九四七年通過就業安全法，建立公眾就業安全所以保障國民充分就業。截至一九七二年四月止，全國已成立四六八個公眾就業安全所，為國民提供就業服務以及發放失業保險給付。另外，依據一九六九年職業訓練法建立了「身體障害者職訓中心」（Vocational Training Center for the Physically Handicapped）為身體殘障者提供職業訓練，並由地方就業安全所與地方福祉事務所密切配合予以適當輔導❶。

I. Organization Chart of the Ministry of Health and Welfare

---

❶ Dorothy Lally, *Social Welfare Services in Japan*, Ministry of Health & Welfare, 1972; *National Social Service Systems: A Comparative Study & Analysis of Selected Countries*, Sept., 1970, U. S. HEW.；並見《社會福祉年報》、《兒童福祉年報》，一九八六一八七年度版，日本全國社會福祉協會編。

Minister's Secretariat—
- Personnel Affaris Section
- General Affairs Section
- Accounts Section
- International Affairs Section

- Office of Personnel Welfare Officer
- Office of Program Evaluation and Planning
- Office of The Councillor for Scientific and Technical Affairs
- Office of The Councillor for Information

- Health & Welfare Statistics Division—
  - Adminsitration Section
  - Vital Statistics Section
  - Health Statistics Section
  - Social Statistics Section
  - Mechanical Counting Section
  - Office of the Statistical Investigator

Public Health Bureau—
- Planning Section
- Nutrition Section
- Health Center Section
- Tuberculosis Prevention Section
- Communicable Disease Control Section
- Mental Health Section
- Quarantine Section

Environmental Sanitation Bureau—
- Environmental Sanitation Section
- Water-Works Section
- Food Sanitation Section
- Veterinary Sanitation Section
- Food Chemistry Section
- Environmental Facilities Section

Medical Affairs Bureau—
- General Affairs Section
- Medical Affairs Section
- Dental Health Section
- Nursing Section
- Hospital Guidance Section
- Management Section
- National Hospital Section
- National Sanatorium Section
- Supplies and Equipment Section

Pharmaceutical & Supply Bureau—
- Enterprise Section
- Pharmaceutical Affairs Section
- First Drug Manufacturing Section
- Second Drug Manufacturing Section
- Inspection Section
- Biologics and Antibiotics Section
- Narcotic Section
- Technical Councillor for Pharmaceutical Affairs

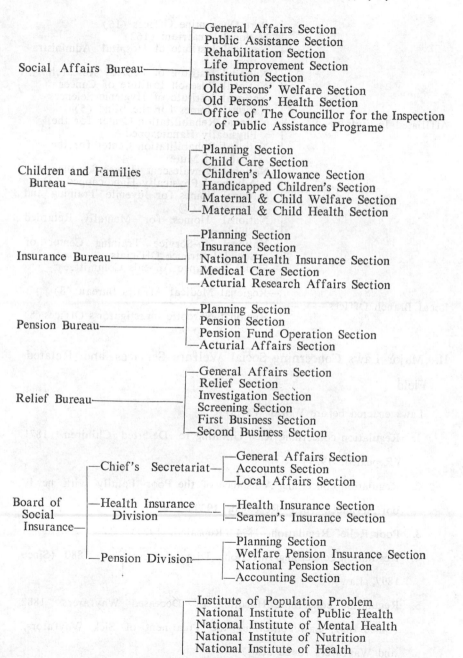

Social Affairs Bureau
- General Affairs Section
- Public Assistance Section
- Rehabilitation Section
- Life Improvement Section
- Institution Section
- Old Persons' Welfare Section
- Old Persons' Health Section
- Office of The Councillor for the Inspection of Public Assistance Programe

Children and Families Bureau
- Planning Section
- Child Care Section
- Children's Allowance Section
- Handicapped Children's Section
- Maternal & Child Welfare Section
- Maternal & Child Health Section

Insurance Bureau
- Planning Section
- Insurance Section
- National Health Insurance Section
- Medical Care Section
- Acturial Research Affairs Section

Pension Bureau
- Planning Section
- Pension Section
- Pension Fund Operation Section
- Acturial Affairs Section

Relief Bureau
- General Affairs Section
- Relief Section
- Investigation Section
- Screening Section
- First Business Section
- Second Business Section

Board of Social Insurance
- Chief's Secretariat
  - General Affairs Section
  - Accounts Section
  - Local Affairs Section
- Health Insurance Division
  - Health Insurance Section
  - Seamen's Insurance Section
- Pension Division
  - Planning Section
  - Welfare Pension Insurance Section
  - National Pension Section
  - Accounting Section

- Institute of Population Problem
- National Institute of Public Health
- National Institute of Mental Health
- National Institute of Nutrition
- National Institute of Health

Affiliated Institutions

Port Quarantine Offices (16)
National Sanatrium (162)
National Institute of Hospital Administration
National Institute of Leprosy Research
National Reseach Institute of Cancer
National Institute of Hygienic Sciences
National Homes for the Blind (5)
National Rehabilitation Center for the Physically Handicapped
National Rehabilitation Center for the Deaf and Mute
National Convalescent Homes for the Advanced Physically Handicapped (2)
National Homes for Juvenile Training and Education (2)
National Homes for Mentally Retarded Children
National In-Service Training Center of Social Insurance Officials
Social Insurance Appeals Committee

Local Branch Offices
Regional Medical Affairs Bureau (8)
Regional Narcotic Investigator's Offices (8)

II. Major Laws Concerning Social Welfare Services and Related Field

Laws enacted before World War II

1. Regulation concerning Rice Granting to Deserted Children, 1871 (Repealed, 1929)

2. Regulation concerning Assistance of the Poor Family with newly born Triplets, 1873 (Repealed, 1929)

3. Poor Relief Regulation, 1874 (Repealed, 1929)

4. Regulation concerning Infectious Disease Prevention, 1880 (Since 1897, Law)

5. Regulation concerning Handling of Deceased Wayfarers, 1882 (Since 1899, Law concerning the Treatment of Sick Wayfarers, and Wayfarers found dead)

6. Disaster Relief Fund Law, 1899 (Repealed, 1947)

7. "Hokkaido" Native Protection Law, 1899

8. Sea Disaster Relief Law, 1899

9. Law for Prohibiting Minors from Smoking, 1900

10. Reformatory Law, 1900 (Repealed, 1933)

11. Insane Persons Custody Law, 1900 (Repealed, 1950)

12. Soldier's Family Aid Ordinance, 1904 (Since 1917, Military Relief Law, Repealed, 1946)

13. Leprosy Prevention Law, 1907 (Entirely revised, 1953)

14. Insane Hospital Law, 1919 (Repealed, 1950)

15. Tuberculosis Prevention Law, 1919 (Repealed, 1951)

16. Trachoma Prevention Law, 1919

17. City Planning Law, 1919

18. Housing Association Law, 1921

19. Juvenile Delinquency Law, 1922 (Repealed, 1948)

20. Correctional Institution Law, 1922 (Repealed, 1948)

21. Law for Prohibiting Minors from Drinking, 1922

22. Health Insurance Law, 1922

23. Law concerning Minimum Age of Industrial Workers, 1923

24. Venereal Disease Prevention Law, 1927 (Repealed, 1948)

25. Public Pawnshop Law, 1927

26. Slum Clearance Law, 1927

27. Poor Relief Law, 1929

28. Parasite Prevention Law, 1931

29. Law concerning Home for Training and Education of Juvenile Delinquents, 1933 (Repealed, 1947)

30. Law concerning the Prevention of Cruelty to Children, 1933

(Repealed, 1947)

31. Block Committee Ordinance, 1936 (Repealed, 1946)

32. Mothers' Aid Law, 1937 (Repealed, 1946)

33. Health Center Law, 1937 (Entirely Revised, 1947)

34. Social Work Law, 1938 (Repealed, 1951)

35. National Health Insurance Law, 1938 (Entirely Revised, 1958)

36. Employment Exchange Law, 1938 (Repealed, 1947)

37. Seamen's Insurance Law, 1939

38. Eugenic Law, 1940 (Repealed, 1948)

39. School Feeding Encourgement Regulation, 1940 (Repealed, 1954)

40. Welfare Pension Law, 1942 (Repealed, 1946)

41. Medical Protection Law, 1942 (Repealed, 1946)

42. War Victim Relief Law, 1942 (Repealed, 1946)

Laws enacted after World War II

43. Daily Life Security Law, 1946 (Entirely Revised, 1950)

44. Minsei-iin (Volunteer Workers in Welfare Service) Law, 1946 (Revised 1948)

45. Court Law, 1947 (Family Court, 1948)

46. Disaster Relief Law, 1947

47. Child Welfare Law, 1947

48. School Education Law, 1947

49. Labor Standard Law, 1947

50. Employment Security Law, 1947

51. Unemployment Insurance Law, 1947

52. Workmen's Accident Compensation Insurance Law, 1947

53. Consumers' Livelihood Cooperative Association Law, 1948

54. Juvenile Law, 1948

55. Juvenile Institution Law, 1948

56. Preventive Vaccinational Law, 1948

57. Venereal Disease Prevention Law, 1948

58. Eugenics and Maternal Protection Law, 1948

59. Law for the Welfare of Physically Handicapped Persons, 1949

60. People's Finance Loan Corporation Law, 1949

61. Mental Health Law, 1950

62. Housing Corporation Law, 1950

63. Social Welfare Service Law, 1951

64. Public Housing Law, 1951

65. Japanese Red Cross Society Law, 1952

66. Law for Aid to Wounded and Sick Retired Soldiers, the War Bereaved, 1952

67. Law Concerning Foundation for Promoting Voluntary Welfare Agencies, 1953

68. Offenders Prevention and Rehabilitation Law, 1953

69. Law concerning the Aid of the Family of the Unrepatriated, etc., 1953

70. Day Laborers' Health Insurance Law, 1953

71. School Feeding Law, 1954

72. Japanese Housing Corporation Law, 1955

73. Prostitution Prevention Law, 1956

74. Women's Reformatory Law, 1958

75. Vocational Training Law, 1958

76. National Pension Law, 1959

77. Minimum Wage Law, 1959

78. Law for the Welfare of Mentally Retarded Persons, 1960

79. Law Concerning the Promotion of Employment of Physically Handicapped Workers, 1960

80. Law concerning the Retirement Payment of the Workers in Private Social Welfare Institution, 1961

81. Welfare Pension Corporation Law, 1961

82. Fundamental Law of Coordinating Welfare Pension, 1961

83. Child Rearing Allowance Law, 1962

84. Law for the Welfare of The Aged 1963

85. Law for Special Aid to Wounded and Sick Retired Soldiers, 1963

86. Law for Maternal and Children's Welfare, 1964

87. Severely Mentally Retarded Child Rearing Allowance Law, 1964 (Since 1966 Special Child Rearing Allowance Law)

88. Maternal and Child Health Law, 1965

89. Fundamental Law for Environmental Pollution Control, 1967

90. Fundamental Law for Protection of Mentally and Physically Handicapped Persons, 1970

91. Children's Allowance Law, 1971

資料來源: *Social Welfare Services in Japan*, Ministry of Health and Welfare, 1972.

第二節　英國部份

英國衞生及社會安全部 (Dept. of Health & Social Security) 主管全國社會安全、衞生及社會服務、殘障、老人及兒童福利等工作。由於經濟環境，英國有關衞生及社會服務經費預算，近年來其增長趨緩，

並努力設法採取各種措施以便有效運用資源，發揮最高效果。如儘可能從「醫院服務」（hospital care）走向「社會服務」（community care），日益重視預防性措施，日益重視以政府力量結合各界力量，特別是民眾的力量。一九七六年出版一本小冊子「預防與健康：人人有責」（*Prevention & Health*: *Everybody's Business*），就強調最重要有效的預防行為乃是每一個人的決定，此一決定影響自己的健康：包括節食、運動……等。同時，建立一套以新的配合款來促成中央衞生行政單位與地方政府合作的制度，以便凡是需要服務的國民，均能在自己的社區獲得更佳機會接受服務。這種努力，甚為成功，特別是歸功於「睦鄰運動」（good neighbour campaign）❷。

　　英國衞生及社會安全部設部長一人，英文為 The Secretary of State for Social Service，他是內閣閣員之一，除了負責有關衞生及社會安全部部務外，並與其他內閣閣員共同負責決定中央政策。而且，他也是英國眾議院（The House of Commons）的議員，與其他眾議院議員要向選區選民負責及支持黨的決策。部長之下設 Minister of State 一人輔佐部長處理衞生及社會安全部部務；另設 Junior Minister（又稱Parliamentary Under-secretaries）二人，分別處理衞生及社會安全方面屬於比較不重要的事務及國會事務。

❷　Dept. of Health and Social Security, *Annual Report 1976*. Presented to Parliament by the Secretary of State for Social Services by the Command of Her Majesty, September, 1977. London, Her Majest's Stationery Office, September 1977; R. G. S., *Broun the Management of Welfare*, London: Fontana/Collins, pp. 57-146, 1965.

行政機構

衛生及社會安全部工作人員約七千人，分別在衛生及社會安全二個部門工作，由二位常務次長 (Permanent Secretary) 分別主管——即衛生方面設 Permanent Secretary 一人、社會安全方面設 Permanent Secretary 一人分別主持其事。衛生與社會安全二部門的工作各自獨立，每一位 Permanent Secretary 對其主管的部門經費支出負責並各自設有 Finance Divisions。

在 Permanent Secretary 之下設有六位副次長(Deputy Secretary)，其中二位負責社會安全方面的工作——一位負責國民保險及軍人保險，一位負責輔助給付 (Supplementary Benefits) 及地方辦事處；另有三位負責衛生及社會服務方面的工作——一位負責全國衛生及社會服務政策發展事宜，一位負責衛生服務有關人事事宜，一位負責地方衛生及社會服務機構的實際作業。第六位 Deputy Secretary 負責有關支援事宜。Deputy Secretary 參與部務決策以及其他重要事務。至於基本行政單位 (Basic Administrative Unit) 是「司」(Division)，每一司設有 Under Secretary 主持其事，Division 之下再分為「科」 (Branch)，由一位 Assistant Secretary 主持其事。

與行政組織結構平行的還有專業人員部門及一項諮詢顧問體系 (Professional Division & Consultative & Advisory System)，結合了來自衛生及社會安全部之外的專家學者。從英國歷史來看，行政人員對於經費預算及立法的解說有關事務，扮演重要角色，不過，健全的決策，是需專家學者參與其事。譬如，衛生及社會安全部中有關衛生部份，有三十一位醫師，形成一個獨立但相關的體系，由一位主任醫官

(Chief Medical Officer) 領導，他是很有力量的人物，每年向國會提出他自己的「公共衞生狀況報告」(On the State of Public Health)，在此一報告中，他可引起大家注意需要某些政策。其下有三名副主任醫官(Deputy Chief Medical Officer) 及一名主任醫療顧問以及工作人員，他們負責衞生及社會安全部有關醫療方面的責任以及社會安全有關醫療方面的事宜。衞生及社會安全部是強調多邊工作 (multidisciplinary working)，有關問題均由行政人員與適當的專業人員體系共司協調解決，每一方面的人員均貢獻所能，參與決定。

除專業人員之參與決策外，尚有諮詢及顧問系統 (the consultative & advisory system)，幾乎是所有政府的政策以及衞生及社會安全的各部門；都有某種機能使得並非政府機關公務員亦參與決策過程 (Policy Making Process)。其功能可能是執行的、顧問的或協調性質的，其地位可能是依法規定的，也可能完全是非正式的。依法規定而具有執行的權力的，最顯著的例子當首推「補助給付委員會」(The Supplementary Benefits Commission)，它是依據一九六六年社會安全部法 (The Ministry of Social Security Act, 1966) 的規定，由部長敦聘八名委員。目前，此一委員會中有四位是來自學術界（其中二位女性），有一位是民間社會福利機構秘書。本會最主要任務是執行輔助給付計畫，每月集會一次。

至於直接爲民眾提供服務的是八百多個地方辦事處 (local office)，一九六六年起，地方辦事處將保險及輔助給付行政上予以合併,如附圖，是此種所謂「整合」辦事處 ("integrated" office) 的例子，大約是十五萬人口卽有此種辦事處。不過，此種辦事處在實際作業上，二項業仍是分開的。因爲，它們所需要的技能、訓練均有所不同。二者在行政上之合併，主要是基於便利民眾及節省經費。地方辦事處工作人員在百人

以上者，設 Principal 一人，並設 Senior Executive Office 一人輔佐之；工作人員在百人以下者則設 Senior Executive Office 一人主持其事。

此外，介於衞生及社會安全部與地方辦事處之間，設有區域辦事處 (regional office)。地方辦事處直接向區域辦事處負責，接受區域辦事處之監督指揮；區域辦事處則向衞生及社會安全部負責。

根據民國七十七年六月間的資料，英國政府經深入審愼研究後，將衞生及社會安全部 (Dept. of Health & Social Security) 劃分為衞生部 (Dept. of Health) 以及社會安全部 (Dept. of Social Security)。

第七章 我國衛生及社會福利
行政體制

第一節 衛生行政體制

一、近代衛生行政組織發展

我國關於醫官藥官之設置甚早，惟其性質重在為君王與公卿大夫服務，缺乏公共衛生之積極意義，迨清末西洋醫學輸入，衛生行政制度始逐漸形成。民國建立後，國民政府於十七年十一月在行政院下設置衛生部，為我國中央設衛生行政專責機關之始，以後因受政局及戰爭影響，中央衛生行政組織時而縮小，時而擴大。政府遷臺以來，二十年間，僅在內政部設衛生司主持全國衛生行政事宜，然由於地位不高，編制小，經費有限，積極性之衛生業務多授權省衛生處辦理。民國五十九年，中央鑒於省、市衛生行政不宜分立，且由於人口增加，社會經濟繁榮，新的衛生問題不斷產生，中央亟需一健全的衛生行政專管機構主持其事，乃於六十年三月在行政院下設衛生署，以提高中央衛生行政機關之地位與功能。

我國現行衛生行政組分為四級：中央、省（市）、縣（市）和鄉鎮（區）。每一級各有其衛生組織。

二、衛生行政組織

我國的衛生行政組織分為四級：中央、省（市）、縣（市）和鄉鎮（區）。每一級均有自己的衛生組織。

(1)在中央設有衛生署，其職責是掌理全國衛生行政事務。

(2)在臺灣省於臺灣省政府之下設衛生處，是合署辦公單位之一，也是全省衛生行政主管機關，主要職掌是處理醫藥行政及推行本省各種公共衛生及醫療計畫，以及輔導各縣市地方衛生工作。

衛生處現行組織分設六科五室、編制員額一七九人，附屬機關共計三十五單位，編制員額計三千二百四十人。此外本處及所屬各單位，因業務需要，奉准僱用約僱人員一千二百零七人，總計四千六百二十六人。除秘書、總務、主計、人事等四室的職掌與一般行政機關相同外，第一科：掌理醫政、保健、地方衛生、山地衛生、防疫、民防救護。第二科：掌理工業衛生。第三科：掌理醫院管理、藥械供應。第四科：掌理藥事行政、藥廠、藥商、藥物、化粧品管理登記及食品衛生。第五科：掌理護理及助產行政。第六科：掌理衛生教育宣傳及資料。技術室：掌理衛生技術的設計、編審、研究發展及國際合作衛生事業。

此外分設人事甄審委員會考績委員會掌理人員升遷考核獎懲審議事宜。

(3)在縣市　全省二十個縣市設二十個衛生局，負責四個省轄市及十六個縣的地方衛生工作。衛生局業務單位，設有六課。在鄉鎮及市區除

彰化市有二個衛生所外，每一個鄉、鎮、市、區都各有一個衛生所，全省共有三百四十七個衛生所。此外，在山地及偏遠地區，另設有二百一十八個衛生室，分別辦理醫療保健工作（附組織系統表）。

三、公共衛生機構

衛生處爲全省最高衛生行政主管機關。二十個縣市衛生局，由醫師、牙醫師、公共衛生護士、助產士、衛生稽查員、檢驗員、衛生教育指導員、藥劑師及一般衛生行政人員等組成，其員額總數自十八到五十一人不等。全省有三百四十七個衛生所，每一個衛生所設有主任、醫師、公共衛生護士、助產士、檢驗員、保健員，及辦事員，其人員由四人到十四人不等。另外在山地或偏遠地區的村里共設有二百一十八個衛生室，每一衛生室內有助產士及保健員各一人。

衛生處直轄的公共衛生機構：在臺北南港，有衛生試驗所、傳染病研究所、防癆局；在臺中，有婦幼衛生研究所及家庭計畫研究所；在臺北新莊，有公共衛生教學實驗院，分別負責試驗、研究、調查、防治及醫學院學生及衛生人員之訓練等工作。防癆業務除臺中、嘉義、臺南分別設有結核病防治院外，各縣、市亦設有結核病防治所，從事結核病防治工作。

四、醫療機構

醫療機構在臺灣省分爲四種：

(1)省立醫療院——共二十八所，有六千二百六十六張病床。

(2)縣市立醫院——六所，有五百九十張病床。

(3)私立醫院——四百一十三所，包括公民營企業附屬醫院及教會，慈善醫院共有一萬八千七百二十六張病床。

(4)私人診所——六千三百九十個遍布全省。

於民國六十五年底合計病床數爲二萬五千四百四十七張，平均每五百六十人口有一張病床，另有六所平民診療所。

五、衛生經費

（一）臺灣省

臺灣省的衛生經費有二種: 一是公務預算，一是醫療院所非營業循環基金預算。公務預算又分省預算及地方預算。

衞生處及附屬機構是編列於省政府經費，過去五年來的衛生經費由二億六千四百萬增至八億一千六百萬元，約佔省政府總預算的三・六～四・五％（約合美金六百九十七萬至二千一百五十二萬元），四一％的經費用於員工的薪水，就以經費支出的工作項目而言，五八％的經費用於醫療事業，其他主要的經費用於傳染病防治、保健、公共衛生、藥物食品、婦幼衛生等。

縣市及鄉鎮的衛生經費，民國六十六年度爲十三億八百二十九萬元，平均佔地方政府總預算的三・九六％；至於本省用在衛生上的經費，平均每人每年新臺幣一百四十九元。

（二）臺北市

臺北市衛生局是由前臺北市衛生院改設成立，民國五十一年四月先改組爲省轄市衛生局，民國五十六年七月一日改制院轄市隸屬於臺北市

政府。該局分設六科四室，編制員額一三一人，第一科主管防疫、保
健、衛生所管理；第二科主管工業、食品衛生；第三科主管醫政、醫院
管理、藥械供應及救護；第四科主管藥政、藥物、衛生器材、化粧品管
理；第五科主管公共衛生護理、臨床護理、助產士管理；第六科主管衛
生教育、衛生訓練；檢驗室主管公共衛生檢驗；技術室主管衛生計畫研
究及有關技術改進、生命統計；主計室主管歲計、會計、統計；人事室
主管人事管理、人事查核等業務。附屬機關有中興、仁愛、和平、婦幼
醫院、療養院、大安醫院、陽明醫院、博愛醫院、性病防治所、煙毒勒
戒所、家庭計畫推廣中心以及十六個區衛生所總編制員額二、五八○
人，共設特等病床十二張，頭等病床三十八張，二等病床二百六十張，
三等病床七百二十八張，嬰兒床一百二十九張，合計一千一百六十七張
病床。

　　自民國五十六年起，臺北市衛生經費年有遞增，其增加率平均爲三
二‧三二％。六十六年度該局及所屬機關，預算計四億一千九百六十一
萬六千元，佔本市總預算的三‧四四％，若以現有人口計算，每一市民
的衛生經費爲二○三元；其中公共衛生保健佔二九‧一六％；醫療服務
佔七○‧八四％。足見市政府及市議會對衛生保健工作予以重視。

　　除此之外，各市立醫療院所六十六年度醫療作業基金列有預算一億
八千五百二十一萬六千元，平均每一病患門診一次僅收醫療費一二四‧
一八元，每住院一日僅收醫療及住院等費用一九四‧七三元，由此顯
示，市立醫院係以低廉收費，服務大眾爲目的。

　　總之，現行衛生行政組織，從形式上看，在中央爲衛生署，省爲衛
生處（院轄市爲衛生局），縣市爲衛生局，鄉鎮區市則爲衛生所，似乎組
織有序，脈絡相承。然而，實際上，各有所屬，衛生處（局）爲省（市）

表 7-1 現行各級衛生機構行政系統

中華民國七十六年七月

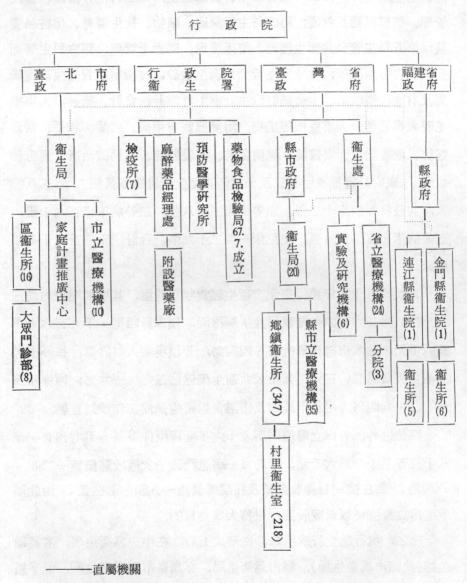

────── 直屬機關

·············· 業務關係

表 7-2　行政院衛生署組織系統

中華民國七十六年七月

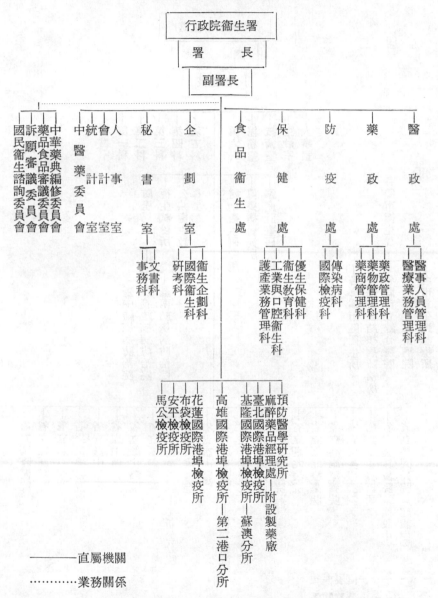

行政院衛生署

署　長

副署長

國民衛生諮詢委員會
訴願審議委員會
藥品食品審議委員會
中華藥典編修委員會
中醫藥委員會
統計室
會計室
人事室
秘書室
企劃室
食品衛生處
保健處
防疫處
藥政處
醫政處

事務科
文書科

研考科
國際衛生科
衛生企劃科

護產業務管理科
工業與口腔衛生科
衛生教育科
優生保健科

國際檢疫科
傳染病科

藥商管理科
藥物管理科
藥政管理科

醫事人員管理科
醫療業務管理科

馬公檢疫所
安平檢疫所
布袋國際港埠檢疫所
花蓮國際港埠檢疫所
高雄國際港埠檢疫所——第二港口分所
基隆國際港埠檢疫所——蘇澳分所
臺北國際港埠檢疫所
麻醉藥品經理處
預防醫學研究所——附設製藥廠

─────直屬機關

············業務關係

表 7-3 臺灣省衛生處暨所屬機構系統

中華民國七十七年五月

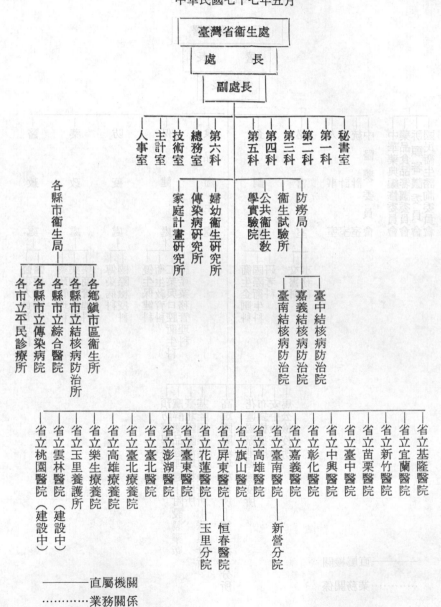

────直屬機關

············業務關係

表 7-4 臺北市衛生局暨所屬機構系統

中華民國七十七年五月

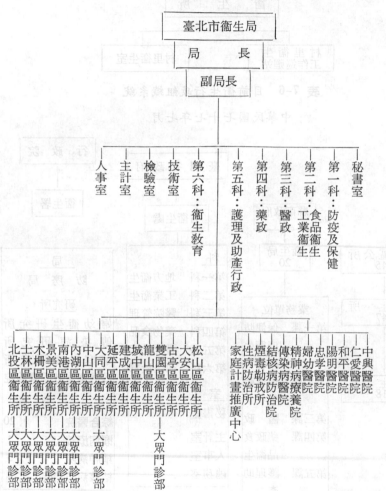

表 7-5 臺灣省鄉鎮區市衛生機構系統圖

表 7-6 目前衛生行政組織系統
中華民國七十七年七月

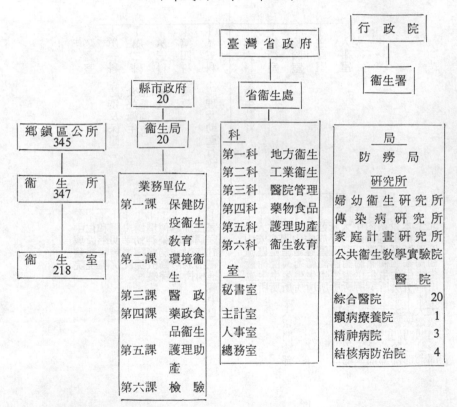

表 7-7　我國衛生行政組織

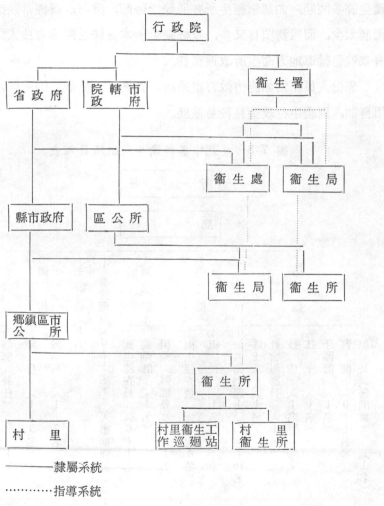

————隸屬系統

…………指導系統

政府的附屬機關，衛生局爲縣市政府的附屬機關，衛生所又歸鄉鎮區市公所管轄，因此，行政系統缺乏一貫性，致層層脫節，互不關聯配合，產生許多問題，如鄉鎮衛生所普通缺乏醫師，業務經費經常缺乏，人員編制太少，而服務項目又多，及鄉鎮公所本身缺乏醫藥專技人才，無法有效監督輔導地方衛生所改進業務。

部份人員認爲如能仿效警察系統，實施「一條鞭」的系統，指揮運用自如，則衛生行政業務較易擴展。

表 7-8　臺北市各區衛生所組織員額表

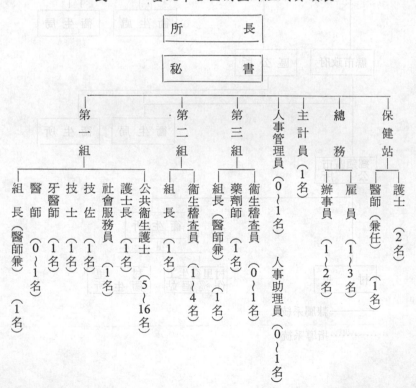

表 7-9　臺北市各區衛生所職掌

第一組　保健、防疫

服　　務　　項　　目

保健:
1.門診及體格檢查
2.嬰幼兒健康檢查
3.成人衛生指導及老人門診與巡廻醫療
4.產前產後檢查
5.母親會、兒童會
6.營養示教
7.家庭計畫門診指導及子宮癌抹片採檢
8.性病檢查及指導
9.一般檢驗工作
10.結核病防治及指導
11.口腔衛生指導
12.心理衛生指導
13.衛生教育
14.貧民施醫及義診
15.家庭訪視及有關公共衛生護理指導
16.學校衛生輔導
17.砂眼、寄生蟲防治
18.癩病、瘧疾防治
19.生命統計
防疫:
1.各種預防接種:
　①卡介苗
　②種痘
　③白喉、百日咳、破傷風混合疫苗
　④小兒麻痹
　⑤白喉類毒素
　⑥破傷風類毒素
　⑦日本腦炎
　⑧麻疹
　⑨霍亂、傷寒
2.各種防疫措施及疫情調查與病源追踪管理

第 二 組

食品衛生　　工業衛生

食品衛生

5 辦理衛生營業申請。
4 食品中毒之調查。
3 食品之檢查及抽驗。
2 食品販賣場所之稽查輔導管理。
1 食品製造場所之稽查輔導管理。

工業衛生

3 勞工健康檢查及衛生輔導。
2 職業病之調查與防治。
1 工廠環境衛生設施之檢查輔導改善事項。

第 三 組

醫政

4 醫事廣告之處理。
3 密醫之取締。
2 醫事人員之調查管理。
1 醫院診所之管理。

藥政

6 化粧品之管理。
5 辦理藥商設立變更之申請登記。
4 偽劣品、禁藥之調查取締。
3 藥廠藥商之調查管理。
2 麻醉藥品之管理。
1 門診患者藥品調劑。

民防、救護

2 災害及重大慶典之醫療救護。
1 辦理民防醫護之訓練及演習。

（附一）行政院衛生署組織法

中華民國七十年一月三十日總統令公布
行政院七十年二月三日臺七十衞字第一三九六號函轉行
中華民國七十年七月二十九日總統令公布修正第一、二、十一、十
　六、十七條條文並刪除第五條條文
行政院七十六年七月三十一日臺七十六衞字第一七五九六號函轉行

第　一　條　　行政院衞生署（以下簡稱本署）掌理全國衞生行政事務。

第　二　條　　本署對於省（市）衞生機關執行本署主管事務有指示、監
　　　　　　　督之責。

第　三　條　　本署就主管事務，對於省（市）政府之命令或處分，認爲
　　　　　　　有違背法令或逾越權限者，得報請行政院停止或撤銷之。

第　四　條　　本署設左列各處、室：

　　　　　　　一、醫政處。

　　　　　　　二、藥政處。

　　　　　　　三、食品衞生處。

　　　　　　　四、防疫處。

　　　　　　　五、保健處。

　　　　　　　六、企劃室。

　　　　　　　七、秘書室。

第　五　條　　（刪除）

第　六　條　　醫政處掌理左列事項：

　　　　　　　一、關於醫事人員之登記及給證事項。

　　　　　　　二、關於醫事人員執業之管理及監督事項。

　　　　　　　三、關於醫療事業之輔導、獎勵、管理及各項標準之擬訂

事項。

四、關於醫事團體目的事業之督導事項。

五、關於醫事人員之臨床進修及其他進修事項。

六、關於區域醫療及緊急醫療之策劃及督導事項。

七、關於精神病、地方性疾病防治之策劃及督導事項。

八、關於放射性物質醫療之應用事項。

九、關於屍體解剖、利用及保存之研究事項。

十、其他有關醫政事項。

第 七 條　藥政處掌理左列事項:

一、關於藥品之查驗、登記、給證及管理事項。

二、關於藥商之管理事項。

三、關於麻醉藥品、毒劑藥品之管理事項。

四、關於生物學製品之管理事項。

五、關於化粧品之衞生管理事項。

六、關於醫療器材、衞生材料及用品之管理事項。

七、關於中華藥典之修訂及編纂事項。

八、關於藥物安全之管制事項。

九、其他有關藥政事項。

第 八 條　食品衞生處掌理左列事項:

一、關於食品衞生有關法令之研擬事項。

二、關於食品、食品添加物、食品器具及容器包裝之查驗、登記及給證事項。

三、關於食品衞生管理之指導及監督事項。

四、關於食品安全之管制事項。

五、關於輸入食品衞生之管理事項。

六、關於玩具衛生之管理事項。

七、關於食品衛生廣告之管理事項。

八、關於食品業者衛生之訓練、輔導及管理事項。

九、關於食品中毒等事件之處理事項。

十、關於食品衛生教育及宣傳事項。

十一、關於食品衛生資料之蒐集及研究事項。

十二、其他有關食品衛生事項。

第　九　條　防疫處掌理左列事項：

一、關於傳染病之防止、調查、研究及處理事項。

二、關於疑難病症及地方病學之調查事項。

三、關於國際檢疫業務之規劃及管理事項。

四、關於各種防疫設施之督導事項。

五、關於防疫藥品及器材之儲備事項。

六、其他有關防疫事項。

第　十　條　保健處掌理左列事項：

一、關於地方衛生綜合性工作之督導事項。

二、關於國民優生之指導事項。

三、關於婦幼衛生事項。

四、關於家庭計畫事項。

五、關於護產業務之督導事項。

六、關於國民營養研究、規劃、促進事項。

七、關於學校衛生之輔導事項。

八、關於口腔衛生事項。

九、關於心理衛生防治事項。

十、關於國民衛生教育事項。

十一、關於衛生保健人員之訓練事項。

十二、關於職業病及工礦衛生之調查、研究事項。

十三、關於殘障復健工作之輔導事項。

十四、關於成人病之調查及防治事項。

十五、關於老人保健事項。

十六、其他有關保健事項。

第 十 一 條　企劃室掌理左列事項:

一、關於年度施政計畫之研訂事項。

二、關於醫學及公共衛生之研究、發展事項。

三、關於各項衛生技術之研究及改進事項。

四、關於綜合性醫療保健計畫之研究、策劃事項。

五、關於醫藥保健之科技發展及研究事項。

六、關於國民健康保險之配合、策劃事項。

七、關於醫藥衛生資料之蒐集、建檔及評估事項。

八、關於國際間衛生技術之協助與交流事項。

九、關於衛生業務研究、發展與管制、考核事項。

十、其他有關衛生企劃事項。

第 十 二 條　秘書室掌理左列事項:

一、關於文書之收發、繕校及保管事項。

二、關於印信之典守事項。

三、關於經費之出納及保管事項。

四、關於財產及物品之保管事項。

五、關於庶務及其他不屬各處、室事項。

第 十 三 條　本署置署長一人，職位比照簡任一級，綜理署務，並指
　　　　　　　導、監督所屬職員及機關；副署長二人，簡任，輔助署長

處理署務。

第 十 四 條　本署置主任秘書一人，技監一人，參事三人，處長五人，室主任二人，副處長五人，專門委員四人至六人，均簡任；技正十七人至二十一人，其中四人至六人簡任，餘薦任；視察五人至七人，其中二人簡任，餘薦任，秘書四人至六人，其中二人簡任，餘薦任；科長二十九人至三十五人，專員十人至十二人，均薦任；技士四十九人至五十五人，其中十七人至十九人薦任，餘委任；科員四十人至五十四人，其中十三人至十七人薦任，餘委任；技佐十七人至二十一人，辦事員四人至六人，均委任；雇員三十八人至四十二人。

第 十 五 條　本署設人事室、會計室及統計室，各置主任一人，均薦任；依法律規定，分別辦理人事、歲計、會計及統計事項；所需工作人員，應就本法所定員額內派充之。

第 十 六 條　本署得設中央衛生實驗院、藥物食品檢驗局、預防醫學研究、檢疫總所、麻醉藥品經理處及其他醫藥衛生機關；其組織另以法律定之。

第 十 七 條　本署設中醫藥委員會，掌理中醫中藥各項行政事務及研究發展工作；其組織另以法律定之。

第 十 八 條　本署於必要時，經行政院核准，得設各種專門委員會，委員為無給職；所需工作人員，應就本法所定員額內調用之。

第 十 九 條　本署因業務需要，經行政院核准，得聘用專家四人至七人為顧問。

第 二 十 條　本署辦事細則，由署擬訂，報請行政院核定之。

第二十一條　本法自公布日施行。

（附二）臺北市政府衛生局組織規程

行政院七十二年六月三日臺七十二衞字第一○二○二號令核定
行政院七十四年十二月三十一日臺七十四衞字第二四一五九號函核定修正
行政院七十五年八月十一日臺七十五衞字第一六九四二號函核定修正
行政院七十六年三月六日臺七十六衞字第五○○二號函核定修正

第　一　條　本規程依照臺北市政府組織規程第六條規定訂定之。

第　二　條　臺北市政府衞生局（以下簡稱本局）置局長，承市長之命綜理局務，並指揮監督所屬機關及員工。置副局長襄助局長處理局務。

第　三　條　本局各單位分別掌理左列事項：

一、第一科：掌理保健防疫、口腔衞生及衞生所業務指導與監督等事項。

二、第二科：掌理環境、工業等衞生事項。

三、第三科：掌理醫政、醫院管理、藥械供應及救護等事項。

四、第四科：掌理藥政、藥物及衞生器材管理等事項。

五、第五科：掌理公共衞生護理、臨床護理及助產士管理等事項。

六、第六科：掌理衞生教育及衞生人員訓練等事項。

七、第七科：掌理食品衞生管理事項。

八、檢驗室：掌理有關公共衞生及食品衞生檢驗事項。

九、技術室：掌理各種衞生計畫、研究及有關技術改進暨

　　　　　　　生命統計等事項。

第　四　條　本局置主任秘書、專門委員、技正、秘書、科長、主任、
　　　　　　視察、專員、股長、技士、科員、護理督導員、衞生教育
　　　　　　指導員、衞生稽查員、技佐、辦事員、雇員。

第　五　條　本局設會計室，置會計主任、科員、辦事員，依法辦理歲
　　　　　　計、會計事項。

第　六　條　本局設統計室，置統計主任、科員、雇員，依法辦理統計
　　　　　　事項。

第　七　條　本局設人事室，置主任、副主任、股長、科員、助理員、
　　　　　　雇員，依法辦理人事管理及人事查核事項。

第　八　條　本局之下設中興、仁愛、和平醫院、婦幼綜合醫院、陽明
　　　　　　醫院、忠孝醫院、博愛醫院、療養院、家庭計畫推廣中
　　　　　　心、性病防治所、煙毒勒戒所、各區衛生所，其組織規程
　　　　　　另定之。

第　九　條　本規程所列各職稱之職等及員額另以編制表定之。

第　十　條　本局設局務會議，由局長召集之，每月舉行一次，必要時
　　　　　　得開臨時會議，均以左列人員組成之：
　　　　　　一、局長。
　　　　　　二、副局長。
　　　　　　三、主任秘書。
　　　　　　四、專門委員。
　　　　　　五、秘書。
　　　　　　六、科長
　　　　　　七、主任、副主任。
　　　　　　局務會議開會時由局長擔任主席。

第 十 一 條　本局分層負責明細表分甲表及乙表，甲表由本局擬定，報
　　　　　　請臺北市政府核定；　乙表由本局定之，　報臺北市政府備
　　　　　　查。
第 十 二 條　本規程自發布日施行。

第二節　環境衛生行政體制

　　我國從前公害防治工作之權責是由防治對象（如空氣、水、噪音
等）來劃分。在臺北市，水及空氣均由臺北市政府環境清潔處辦理。在
臺灣省，空氣由臺灣省環境衛生實驗所辦理，水由臺灣省水污染防治所
負責。在中央政府，水由經濟部水資源統一規劃委員會負責，空氣由行
政院衛生署環境衛生處辦理。至於噪音部份，中央及省市均由警察機關
辦理。由於防治對象不同及省市行政轄區不同，形成管制機構和管制權
責紊亂混淆現象，不但分散人力、財力及設備造成一種浪費外，並且增
加執行之困難，減低效率，施行公害防治工作以來，效果不彰。因此，
乃於民國七十六年修改行政組織，自中央到省市分別成立環境保護專責
單位。

　　環境衛生工作之策畫、執行及督導，主管機關在中央為環保署，
省、市政府為環保處（局），縣市為衛生局，在鄉鎮轄市為鄉鎮轄市區
公所，有關妨礙環境衛生行為之取締工作由各級警察機關協辦，會同民
政、建設等單位執行之。

（一）自來水工程
1.臺北區自來水及衛生下水道建設委員會：隸屬臺北市政府。
2.臺北自來水廠：隸屬臺北市政府自來水事業管理處。

3.臺灣省自來水公司: 隸屬臺灣省政府建設廳。

4.臺灣省公共工程局: 隸屬臺灣省政府建設廳。

（二）下水道工程

1.臺北區自來水及衛生下水道建設委員會。

2.臺北市政府工務局新建工程處。

3.臺北市政府工務局養護工程處。

4.臺灣省公共工程局。

5.各縣市政府工務局。

（三）都市綜合發展計畫

行政院經濟設計委員會都市發展處。

（四）勞工安全衛生管理

1.臺灣省工礦檢查委員會。

2.臺北市勞工檢查所。

3.各事業機構——勞工安全衛生管理課。

環境衛生是我國公共衛生重要業務之一。許多工作尚須積極推展，目前已經實施若干計畫，例如「消除髒亂方案」及「社區發展計畫」等，此外亦實施飲水改善、垃圾處理、環境衛生督導、空氣污染管制等措施。

我國之工業在近年中突飛猛進，各類各型的工廠不斷的擴展，因此工業衛生問題益形重要。臺灣省有鑑於此，於民國五十三年分別在北、中、南部成立三個工業衛生中心，負責推行工業衛生業務。

表 7-10　我國環境衛生體系及業務劃分表

工作項目 \ 執行機關	中　央	臺　灣　省	臺　北　市	省 轄 市	縣
公害防治 空氣污染防治	環保署	環境保護處	環境保護局	衛生局	衛生局
水污染防治	環保署	環境保護處	境環保護局	建設局	建設局
噪音管制	環保署	環境保護處	環境保護局	警察局	警察局
農藥污染防治					
熱污染防治					
土壤污染防治					
海洋污染防治					
化學藥品污染防治					
一般環境衛生 飲食攤販管理	內政部警政署	警務處	警察局	警察局	警察局
一般環境衛生管理	環保署	環保處	環保局	衛生局	衛生局
環境清潔 垃圾處理	環保署	環保處	環保局	清潔管理所	鄉鎮公所
水肥處理	環保署	環保處	環保局	清潔管理所	鄉鎮公所
環境工程 下水道工程	內政部營建署	建設廳（公共工程局）	工務局	工務局	建設局
工廠公害防治工程之審查					

第三節　社會福利行政體制

　　我國社會福利措施，自民國成立以後，外受各國社會福利思潮及社會工作專業化的影響，內有政府與社會團體之倡導與推行，始漸具規模，而我國社會福利措施具有現代意義的發軔實為民國二十年以後的

事。

　　民國元年，我國主管社會福利之行政機構爲內務部，爲時其職掌爲
賑恤、救濟、慈善、感化與衛生等五項，但實際上仍無所作業。迨民國
二十九年十月十一日國民政府公佈社會部組織法，同年十一月社會部依
法改組成立，隸行政院，是爲我國政府設立社會福利最高行政主管機關
之始。其職掌大致有社會救濟、社會福利、社會組織（人民團體組訓）、
社會運動、社會服務（包括職業介紹）、勞工行政及合作行政等。在地
方，則自民國三十一年九月五日行政院公佈省社會處組織大綱後，在省
政府下設社會處，未設社會處者在民政廳內設社會科。截止民國三十七
年，各省先後成立社會處者有臺灣等二十九省。另外院轄市設社會局，
各主要縣市均設社會科，至是我國社會福利之行政體系乃告確立❶。現
行的社會救濟有關法規和非常時期人民團體組織法，皆於民國三十二年
與三十三年由社會部先後制訂公佈施行。民國三十四年五月，中國國民
黨在重慶召開六全大會時，社會部提出四大社會政策綱領，經大會通
過❷。此四項政策綱領，著眼於戰後福利措施，雖因客觀環境未能於大
陸復員時實現，但其政策精神，影響及於中央政府遷臺後之社會福利工
作。社會部的成立及其工作，在我國社會福利發展史上有其極重要之意
義。對於社會福利行政體系之建立、創制及修訂社會立法、擴大政府在
社會福利工作的職責與範圍、整頓管理及獎勵民間社會福利事業及促進
我國社會福利現代化、社會工作專業化，均有顯著的貢獻，並奠定今後
社會福利發展之方向❸。

---

❶　見拙著《瑞典、美國及我國社會福利之比較研究》，中國社會福利協進
　　會，民六十五年，第四〇九頁。
❷　見民國三十四年四月五日在重慶召開之中國國民黨六全大會所通過之「四
　　大社會政策綱領」。
❸　當時除中央政府社會部外，於民國三十四年成立之行政院善後救濟總署，
　　對我國社會福利工作之發展亦有重要貢獻，詳見民國三十七年《中華民國
　　年鑑》下冊〈社會行政篇〉。

政府遷臺後，民國三十八年，社會部裁併於內政部，將有關業務，分設社會司及勞工司辦理；前者主管人民團體、社會福利、社會救濟、社會保險、平民住宅及合作事業等，後者主管就業輔導、職業訓練、勞工福利及教育、勞工團體、勞動條件、工礦安全衛生及檢查、勞資關係等。至臺灣省政府仍設社會處，縣市政府分設社會局、科、課，臺北市政府設社會局，各司其事。政府遷臺後，除實施土地改革，促進經濟發展外，對社會福利工作，亦至重視。所以先總統 蔣公在民國五十三年二月中央公佈「實施都市平均地權」後，曾指示：「都市平均地權政策之推行，其目的非爲增加稅收，乃在以地利爲社會所共享，亦即以社會財富，創建社會福利事業。」❹爲實現先總統 蔣公此一指示，五十三年十一月間召開之中國國民黨九屆二中全會通過了「民生主義現階段社會政策——加強社會福利措施，增進人民生活實施方針」，並於五十四年四月八日由行政院頒佈實施。此一政策，係我國當前社會福利工作的主要依據，除規定社會福利措施有社會保險、國民就業、社會救助、國民住宅、福利服務、社會教育及社區發展等七大項外，尚有幾個重要規定，是爲當前社會福利工作的基本原則與努力方向：

(一) 在目標及手段方面

「爰以建立社會安全制度，增進人民生活爲目標，以採取社區發展方式，促進民生建設爲重點。」「總之，今後社會福利措施之推行，務須積極推動，政府與社會協力並舉，俾全體人民之生活，同臻於安全康樂之境地。」

(二) 在經費方面

「以上各項措施，爲求迅著成效，必須妥籌財源。對社會福利事

---

❹ 見先總統 蔣公五十三年八月十九日反共抗俄總動員會報之訓詞。

業，應寬列預算，並以實行都市平均地權所增收之地價稅，設立社會福
利基金。更得訂頒辦法，獎勵人民捐資興辦福利事業，減免其所捐部份
之所得稅與遺產稅。」

(三) 在人員方面

「至於所需人才，則應儘量任用各大學有關社會工作學系之畢業
生。對現有工作人員，亦當隨時舉辦在職訓練，增加其專業知識，改進
其工作方法。」❺

此一政策經行政院於五十四年四月八日通飭施行，臺灣省政府當經
訂定加強社會福利措施第一期四年實施計畫，自五十五年一月起實施，
五十六年七月臺北市改爲院轄市，乃將該一計畫劃出，省、市分別繼
續實施。嗣爲配合會計年度，乃將第一期計畫延長半年至五十九年六月
止。省、市加強社會福利措施第二期四年實施計畫，於五十九年七月開
始，六十三年六月屆滿。第三期四年計劃則自六十三年七月起實施，到
六十七年六月屆滿。溯自民國五十五年一月實施以來，已逾二十三載。

---

❺　見本書附錄之行政院五十四年四月八日頒佈「民生主義現階段社會政策」。

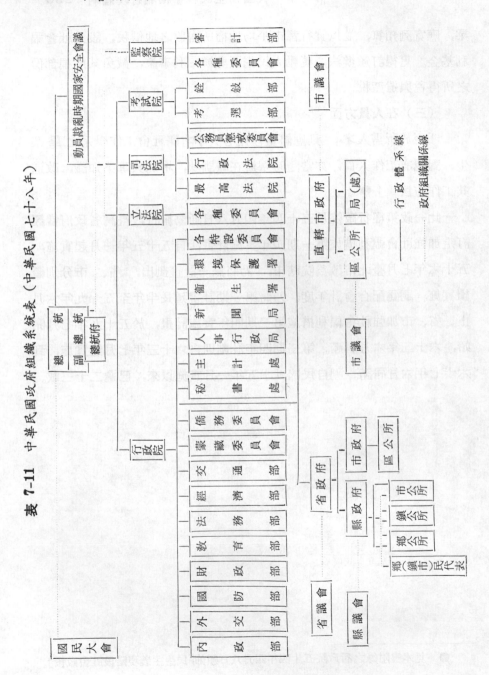

表 7-11　中華民國政府組織系統表（中華民國七十八年）

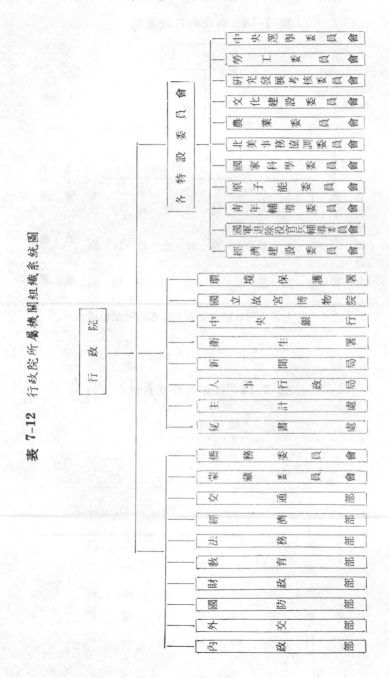

表 7-12　行政院所屬機關組織系統圖

表 7-13　內政部行政系統

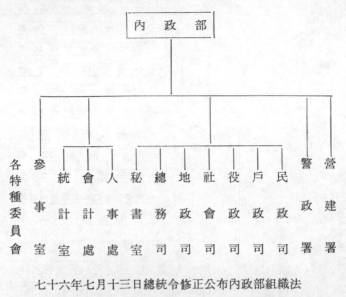

```
                    ┌─────────────┐
                    │  內  政  部  │
                    └─────────────┘
```

各特種委員會　　參事室　　統計室　　會計室　　人事處　　秘書處　　總務室　　地政司　　社會司　　役政司　　戶政司　　民政司　　警政署　　營建署

七十六年七月十三日總統令修正公布內政部組織法

表 7-14　社會司行政系統

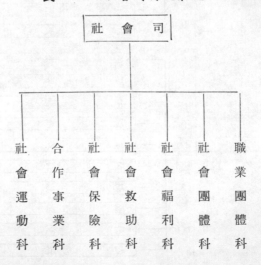

```
            ┌─────────────┐
            │  社  會  司  │
            └─────────────┘
```

社會運動科　　合作事業科　　社會保險科　　社會救助科　　社會福利科　　社會團體科　　職業團體科

表 7-15　行政院勞委會

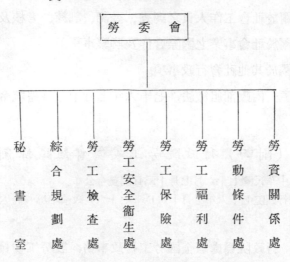

七十六年七月十三日總統令公布行政院勞委會組織條例

（附三）社會司掌理下列事項

一、關於社會福利之規劃、推行、指導及監督事項。

二、關於社會保險之規劃、推行、指導及監督事項。

三、關於社會救助之規劃、推行、指導及監督事項。

四、關於社區發展之規劃、推行、指導及監督事項。

五、關於社會服務之規劃、推行、指導及監督事項。

六、關於殘障重建之規劃、推行、指導及監督事項。

七、關於農、漁、工、商及自由職業團體之規劃、推行、指導及監督事項。

八、關於社會團體之規劃、推行、指導及監督事項。

九、關於社會運動之規劃、倡導及推行事項。

十、關於合作事業之規劃、推行、管理、調查、指導及監督事項。

十一、關於社會工作人員之調查、登記、訓練、考核及獎懲事項。

十二、關於社會事業之國際合作及聯繫事項。

十三、關於其他社會行政事項。

資料來源: 內政部組織法, 七十六年七月十三日總統令公布。

(附四) 行政院勞工委員會組織條例

中華民國七十六年七月十三日總統令公布

行政院七十六年七月十六日臺七十六人政貳字第一九六○○號函轉行

第　一　條　行政院爲處理全國勞工行政事務, 設勞工委員會 (以下簡
　　　　　　稱本會)。

第　二　條　本會對於省 (市) 政府執行本會主管事務, 有指示、監督
　　　　　　之責。

第　三　條　本會就主管事務, 對於省 (市) 政府之命令或處分, 認爲
　　　　　　有違背法令或逾越權限者, 得報請行政院停止或撤銷之。

第　四　條　本會設左列各處、室:

　　　　　　一、勞資關係處

　　　　　　二、勞動條件處。

　　　　　　三、勞工福利處。

　　　　　　四、勞工保險處。

　　　　　　五、勞工安全衛生處。

　　　　　　六、勞工檢查處。

　　　　　　七、綜合規劃處。

　　　　　　八、秘書室。

第　五　條　本會設職業訓練局，掌理全國職業訓練、技能檢定及就業
　　　　　　輔導等事務；其組織以法律定之。

第　六　條　勞資關係處掌理左列事項：

一、關於勞工關係法規之擬訂、修正事項。

二、關於勞工團體之組織登記事項。

三、關於勞工團體之輔導、監督事項。

四、關於勞資合作促進事項。

五、關於勞資爭議處理之指導、監督事項。

六、關於國際勞工聯繫、合作與活動事項。

七、其他有關勞資關係事項。

第　七　條　勞動條件處掌理左列事項：

一、關於勞動條件標準之擬訂、修正事項。

二、關於基本工資調整之研議事項。

三、關於基本工資及積欠工資之保護事項。

四、關於推動工作時間、休息、休假基準之指導事項。

五、關於童工、女工與技術生之特別保護事項。

六、關於推動勞工退休制度之督導事項。

七、關於外籍勞工之管理、輔導事項。

八、其他有關勞動條件事項。

第　八　條　勞工福利處掌理左列事項：

一、關於勞工福利之規劃、指導事項。

二、關於勞工育樂活動之規劃、指導事項。

三、關於勞工住宅興建之籌劃事項。

四、關於勞工教育之規劃、推行事項。

五、關於改善勞工生活之研究事項。

六、關於青少年勞工及女性勞工福利之規劃、推行事項。

七、關於勞工福利及勞工教育團體之輔導事項。

八、其他有關勞工福利事項。

第 九 條　勞工保險處掌理左列事項:

一、關於勞工普通事故保險之規劃、指導及監督事項。

二、關於勞工職業災害保險之規劃、指導及監督事項。

三、關於失業保險之研究、規劃、指導及監督事項。

四、關於勞工保險機構之指導、監督事項。

五、關於勞工保險之研究、改進事項。

六、其他有關勞工保險事項。

第 十 條　勞工安全衞生處掌理左列事項:

一、關於勞工安全衞生標準之訂定、修正事項。

二、關於勞工職業災害預防之研究、分析事項。

三、關於勞工安全衞生之研究、實驗事項。

四、關於勞工作業環境之測定事項。

五、關於勞工安全衞生教育之訓練事項。

六、關於勞工安全衞生團體之輔導事項。

七、關於勞工安全衞生之國際聯繫事項。

八、其他有關勞工安全衞生事項。

第 十 一 條　勞工檢查處掌理左列事項:

一、關於勞工檢查之規劃、指揮、督導、抽查及考核事項。

二、關於勞工職業災害之調查、審核及處理事項。

三、關於危險機械設備代行檢查事項。

四、關於事業單位自動檢查之推行事項。

五、關於勞工檢查員之選訓及考核事項。

六、關於勞工安全衛生服務機構之輔導事項。

七、其他有關勞工檢查事項。

第 十 二 條　綜合規劃處掌理左列事項:

一、關於勞工政策之研擬、建議事項。

二、關於勞工法制之規劃、協調事項。

三、關於勞工行政方案之研訂事項。

四、關於本會年度施政方針、施政計畫之研訂、管制、考核及工作報告之彙辦事項。

五、關於國家賠償案件處理事項。

六、關於勞工行政人員專業訓練事項。

七、關於勞工行政業務之研究發展及改進事項。

八、關於勞動人力規劃事項。

九、其他有關綜合性勞工行政規劃事項。

第 十 三 條　秘書室掌理左列事項:

一、關於印信之典守事項。

二、關於文書撰擬、覆核、收發、繕校、保管及公文稽催、查詢事項。

三、關於公共關係及新聞發布事項。

四、關於經費之出納及保管事項。

五、關於財產、物品之採購、保管及維護事項。

六、關於本會委員會議及主管會報之議事事項。

七、關於公報編印、發行事項。

八、關於事務管理事項。

九、關於主任委員、副主任委員交辦事項。

十、其他不屬各處、室事項。

第 十 四 條　本會置主任委員一人，　特任，　綜理會務；　副主任委員二
　　　　　　人，其中一人職務比照簡任第十四職等，另一人職務列簡
　　　　　　任第十四職等，襄理會務。

第 十 五 條　本會置委員七人至十一人，由行政院遴聘之，聘期二年，
　　　　　　爲無給職。

第 十 六 條　本會委員會議職權如左：

一、關於勞工政策之審議事項。

二、關於勞工行政計畫方案之審議、考核事項。

三、關於勞工法規之審議事項。

四、關於主任委員或委員提議事項。

第 十 七 條　本會每月舉行委員會議一次，必要時得召集臨時會會議。
　　　　　　前項會議以主任委員爲主席，主任委員因故不能出席時，
　　　　　　指定副主任委員一人代理之。

第 十 八 條　本會置主任秘書一人，技監二人，參事五人，處長七人，
　　　　　　職務均列簡任第十職等至第十二職等；室主任一人，副處
　　　　　　長七人，專門委員六人至十二人，職務均列簡任第十職等
　　　　　　至第十一職等；秘書三人至五人，技正九人至十五人，視
　　　　　　察六人至十人，職務均列薦任第七職等至第九職等，其中
　　　　　　秘書二人，技正二人，視察二人，職務得列簡任第十職等
　　　　　　至第十一職等；科長二十七人至四十三人，職務列薦任第
　　　　　　九職等；專員十一人至十九人，編審四人至八人，職務均
　　　　　　列薦任第七職等至第九職等；技士二十一人至三十九人，
　　　　　　科員五十一人至八十七人，職務均列委任第四職等至第五
　　　　　　職等，其中技士十人，科員二十三人，職務得列薦任第六

職等至第七職等；技佐十五人，辦事員二十五人，職務均
列委任第三職等至第四職等；書記二十人至三十四人，職
務均列委任第一職等至第三職等。

第 十 九 條 本會設人事室，置主任一人，副主任一人，職務均列薦任
第九職等至簡任第十一職等；依法辦理人事管理及人事查
核事項；所需工作人員，就本條例所定員額內派充之。

第 二 十 條 本會設會計室，置會計主任一人，職務列薦任第九職等至
簡任第十一職等；依法辦理歲計及會計事項；所需工作人
員，就本條例所定員額內派充之。

第二十一條 本會設統計處，置統計長一人，職務列簡任第十職等至第
十二職等；副統計長一人，職務列簡任第十職等至第十一
職等；依法辦理有關勞工調查、統計及研究、分析等事
項。

前項統計處所需工作人員，就本條例所定員額內派充之。

第二十二條 本會列有官等職等人員，均須依公務人員任用法取得任用
資格。

第二十三條 本會得設勞工安全衛生及勞工研究機構；其組織另以法律
定之。

第二十四條 本會因業務需要，經行政院核准，得設各種委員會，委員
為無給職；所需工作人員，就本條例所定員額內調用之。

第二十五條 本會因業務需要，經行政院核准，得依聘用人員聘用條例
之規定，聘用顧問及研究委員五人至七人。

第二十六條 第十四條、第十八條至第二十一條所定各職稱人員，其職
務所適用之職系，依公務人員任用法第八條之規定，就有
關職系選用之。

第二十七條　本會會議規則、辦事細則，由本會擬訂，報請行政院核定
　　　　　　　之。

第二十八條　本條例施行日期，由行政院定之。

一、臺灣省方面

　　臺灣省社會處自民國三十六年六月一日成立以來，為配合社會之實
際需要，業務範圍及員額編制逐漸擴大。業務範圍包括社會工作專業之
輔導、社會服務、社會調查、各級職業團體、社團組織、社會運動、婦
女兒童青少年及殘障福利、社會救助、社會保險、社區發展、社會福利
基金管理、公墓管理、合作事業及兒童福利業務人員訓練等。

　　縣市設有社會科（局），專事辦理縣市社會福利業務。以上工作人
員中，其畢業於大專社會工作系或社會學系者為數不多，實為本省社會
福利工作遲遲不能進入專業化階段之主要原因，因之，社會工作專門人
才之吸收、培育及訓練，實屬刻不容緩，社政單位及所屬業務單位如能
排除萬難帶頭奮力朝向專業化之道路上邁進，則一方面能夠給予私立救
濟及育幼機構有效之專業性業務督導，另方面又能促進財源較為充裕之
私立育幼機構逐漸追隨政府，自動作業務專業化之努力。社政體系以及
公、私立福利業務單位，如能有計畫地吸收及培育社會工作專業人才，
若干年後必能發揮專業效果奠定事業威信。如社會及民眾對社會工作有
了認識與信心，則社會工作員將很順利地伸展到各社區、學校、法院、
醫院及工廠等地，至社會工作員之工作範圍亦將由輔導貧民而漸漸擴展
到家庭福利、親職教育、老人福利、勞工福利、觀護、青少年問題預
防、不良犯罪行為矯治等。

　　社會處為有效發揮社會工作員功能，特於省府推行小康計畫後不

久，卽民國六十三年元月以「以社會工作之方法推行小康計畫」之號召
在臺中縣大里鄉作社會工作員制度之小規模實驗。實驗一年成效良好，
六十四年推展至臺中縣之豐原、大甲、清水、東勢四鄉鎮。六十五年間
推展至臺中縣所有二十一鄉鎮，博得學術界及大眾之重視及好評。省府
有鑑於此，經於六十六年五月徵聘社會工作員一一三人分發至臺北縣、
臺中縣、雲林縣及高雄市作進一步之擴大實驗。

根據七十七年最新修訂臺灣省政府社會處掌理事項如下：

（一）關於社會工作專業之輔導、專業培訓、社會服務及社會調查
事項。（二）關於各級職業及社會團體之會務、業務、財務輔導及社會
運動事項。（三）關於社區發展、社會福利基金管理、社政體系建制及
公墓管理等事項。（四）關於兒童福利、殘障福利、青少年及婦女福利
事項。（五）關於社會救助、社會保險、老人福利事項。（六）關於合
作事業管理事項。

一般認為新進社會工作員，年輕力壯、純真、勤勞，且具有服務之
熱忱及工作理想。但部份社會工作員執行業務時仍有下列等缺失：

1.部份新進社會工作員工作時無法將在校時所學之理論，融會貫
通，運用於實際工作上。

2.部份新進社會工作員缺乏創業之意識與毅力，故進入一個毫無專
業人員及專業輔導之機構後，未能運用自己專業知能從第一個個案著手
輔導之方式做起，而採建議改進或觀望之態度，在機構內工作一段時期
後，認為建議不被採納或沒有自我發揮之機會而求去。

3.部份新進社會工作員缺乏生活與社會經驗，未能充分體認服務對
象之價值概念與真意，工作時常有對服務對象過分保護或信任、判斷錯
誤，及誤會等情事發生。

4.新進社會工作員本身缺乏解決問題之經驗，面對著問題眾多，困

表 7-16 臺灣省政府社會處現行行政系統及業務職掌表

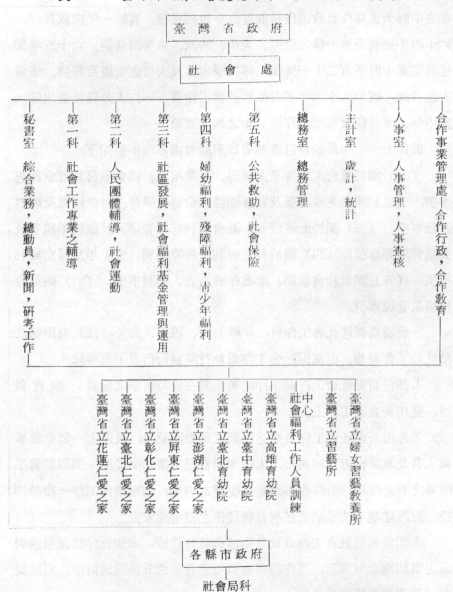

表 7-17　臺灣省合作事業管理處組織系統表

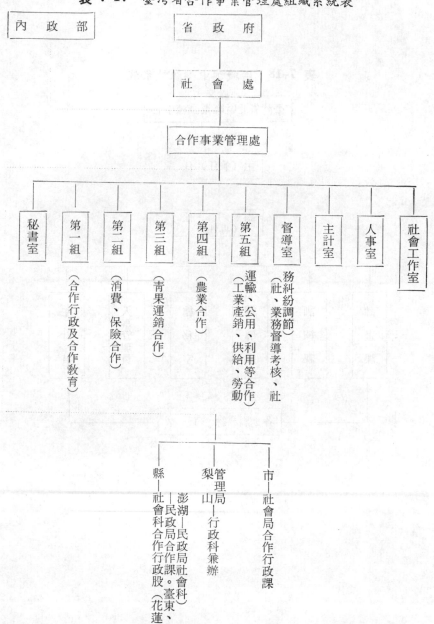

表 7-18 區職訓中心組織系統

```
┌─────────────────────┐
│ 臺灣省北區職業訓練中心 │
└─────────────────────┘
          │
   ┌─────────────┐
   │ 主（兼任）任 │
   └─────────────┘
          │
   ┌─────────────┐
   │ 副　主　任  │
   │　（專任）   │
   └─────────────┘
          │
 ┌────┬────┬────┬────┬────┬────┐
┌──┐┌──┐┌──┐┌──┐┌──┐┌──┐
│計││訓││輔││總││人││主│
│畫││練││導││務││事││計│
│課││課││課││室││管││員│
│  ││  ││  ││  ││理││  │
│  ││  ││  ││  ││員││  │
└──┘└──┘└──┘└──┘└──┘└──┘
   │                    │
   └──────各 訓 練 工 廠──┘
```

表 7-19　區就業輔導中心組織系統

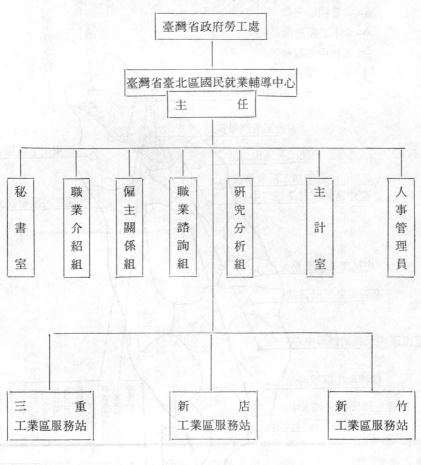

臺灣省政府勞工處

臺灣省臺北區國民就業輔導中心
主　　任

| 秘書室 | 職業介紹組 | 僱主關係組 | 職業諮詢組 | 研究分析組 | 主計室 | 人事管理員 |

| 三　　重工業區服務站 | 新　　店工業區服務站 | 新　　竹工業區服務站 |

表 7-20 就業輔導中心業務地區與職業交換網

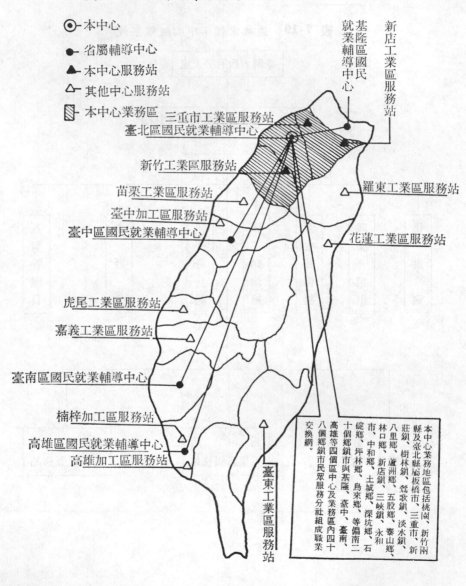

○⊙本中心
● 省屬輔導中心
▲ 本中心服務站
△ 其他中心服務站
▨ 本中心業務區

新店工業區服務站

基隆區國民就業輔導中心

三重市工業區服務站
臺北區國民就業輔導中心

新竹工業區服務站

苗栗工業區服務站

臺中加工區服務站
臺中區國民就業輔導中心

羅東工業區服務站

花蓮工業區服務站

虎尾工業區服務站

嘉義工業區服務站

臺南區國民就業輔導中心

楠梓加工區服務站

高雄區國民就業輔導中心
高雄加工區服務站

臺東工業區服務站

本中心業務地區包括桃園、新竹兩縣及臺北縣屬板橋市、三重市、新莊鎮、樹林鎮、鶯歌鎮、淡水鎮、八里鄉、蘆洲鄉、五股鄉、泰山鄉、林口鄉、新店鎮、三峽鎮、永和市、中和鄉、土城鄉、深坑鄉、石碇鄉、坪林鄉、烏來鄉、等偏南二十個鄉鎮市與基隆、臺中、臺南、高雄等四個區中心及業務區內四十八個鄉鎮市民眾服務分社組成職業交換網。

表 **7-21**　高雄縣大社鄉社區發展委員會

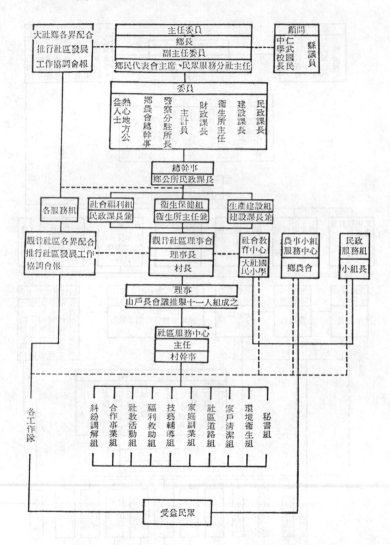

表 7-22　高雄縣大社鄉各界配合推行社區發展工作協調會報

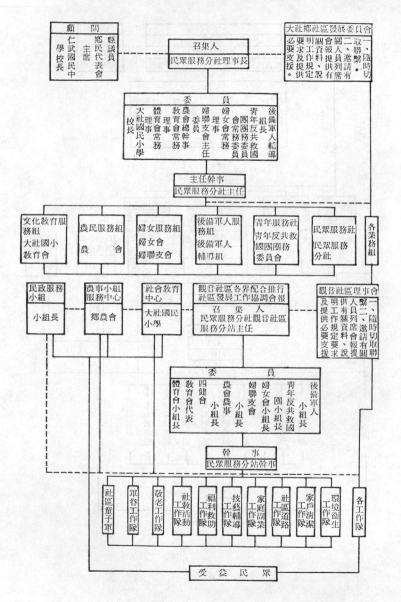

難重重之服務對象往往束手無策❶。

　　5.缺乏督導系統。

（附五）根據七十七年最新訂頒臺灣省政府勞工處掌理事項如下

　　一、關於勞資關係之增進、勞資爭議之調處、產業職業工會之輔導及勞工行政綜合規劃事項。

　　二、關於勞動條件、勞工福利、勞工教育及勞工保險輔導管理事項。

　　三、關於就業服務、職業指導、職業資訊服務、就業市場及專技人力調查事項。

　　四、關於職業訓練、技能檢定及技能競賽之規劃執行事項。

　　五、關於安全衛生訓練與宣導、職業災害預防對策研究及事業單位改善輔導事項。

　　六、關於勞工工作場所、勞動條件、安全衛生、特殊作業環境職業衛生及危險性機械設備檢查之規劃、督導事項。

　　七、關於縣市勞工行政之監督與輔導事項。

　　八、關於勞工檢查儀器設備之管理與維護、勞工作業環境之探樣與化驗及資訊系統之規劃與管理事項。

二、臺北市方面

---

❶　詳見拙著〈社會工作員制度的建立〉，《自立晚報》，民國六十八年四月十八日。

　　民國五十六年七月，臺北市改制爲院轄市，隸屬於行政院，社會局乃由臺灣省之臺北市政府社會局改稱爲臺北市政府社會局，下設五個科，分別辦理人民團體組訓、勞工行政、社會運動與社會服務、社會救助暨社會福利、社區發展、合作行政等項業務；另設主計室、人事室、分掌歲計、會計、統計及人事管理工作。附屬單位計有托兒所、社會活動中心及殯儀館。五十八年三月，該局爲配合業務需要，在不增加員額之原則下，調整編制，增設一個科，專辦社會福利工作。將附屬單位救濟院改編爲綜合救濟院，後改稱廣慈博愛院，另設浩然敬老院暨木柵自費安養中心。六十一年一月，因社政工作日趨紛繁，爲提高行政效率，增設研究發展考核室，並增加編制員額十八人；同年三月一日實施職位分類，修正編制及職等。六十二年六月，爲實行精簡政策，乃裁減研究發展考核室、安全室暨社會活動中心，另編入社會福利基金管理委員會，總計員額一七〇人。六十三年因應社政工作發展之需要，將綜合救濟院改名爲廣慈博愛院。六十五年十二月成立城中托兒所；六十五年增設南港、木柵、中山三個托兒所，目前已設十八個公立托兒所。七十二年設立陽明教養院，七十八年設立殯葬管理處。

（附六）臺北市政府社會局組織規程

行政院七十三年七月十三日臺七十三院人政貳字第一九一〇八號函核定修正
行政院七十五年一月二十一日臺七十五內字第一四五五號函核定修正
行政院七十六年十一月六日臺七十六勞字第二五五五四號函核定修正

第　一　條　本規程依照臺北市政府組織規程第六條之規定訂定之。

第　二　條　臺北市政府社會局（以下簡稱本局）置局長，承市長之命

綜理局務，並指揮監督所屬機關及員工。置副局長，襄助局長處理局務。

第　三　條　本局設各科、室、老人自費安養中心，分別掌理左列事項。

一、第一科：人民團體組訓、各項慶典、合作行政等事項。

二、第二科：低收入戶生活扶助、醫療補助、急難救助、災害救助、平價物品供應、平價住宅管理及居民輔導等事項。

三、第三科：老人福利、殘障福利及按摩業管理等事項。

四、第四科：兒童福利、青少年福利及婦女福利等事項。

五、第五科：社區發展、社會活動及殯儀服務之推行與督導等事項。

六、社會工作室：專業社會工作之推進與實務之處理及辦理社會調查等事項。

七、老人自費安養中心：老人安養服務、提供實質生活、精神活動、文康娛樂、健康指導及專業服務等事項。

第　四　條　本局置主任秘書、專門委員、秘書、科長、主任、視察、專員、股長、組長、科員、辦事員、書記。

第　五　條　本局設會計室，置會計主任、專員、股長、科員、辦事員、書記，依法辦理歲計、會計事務，並兼辦統計事務。

第　六　條　本局設人事室，置主任、副主任、專員、股長、科員、助理員、書記，依法辦理人事管理及人事查核事項。

第　七　條　本局下設殯儀館、廣慈博愛院、浩然敬老院、陽明教養院、托兒所、社會福利基金管理委員會；其組織規程另定

之。

第 八 條 本規程所列各職稱之官等職等及員額，另以編制表定之。

第 九 條 本局設局務會議，由局長召集之，每月舉行一次，必要時得開臨時會議，均以左列人員組成之。

一、局長。

二、副局長。

三、主任秘書。

四、科長。

五、主任（副主任）。

局務會議必要時由局長邀請或指定其他有關人員列席或參加。

第 十 條 本局分層負責明細表分甲表及乙表，甲表由本局擬訂，報請臺北市政府核定；乙表由本局定之，報請臺北市政府備查。

第 十一 條 本規程自發布日施行。

表 7-23 臺北市政府社會局編制表

職　　　稱	官　等　職　等	員　額	備　　　　　考
局　　　長	簡任第十二至第十三職等	1	
副　局　長	簡任第十一職等	1	
主　任　秘　書	簡任第十職等	1	
專　門　委　員	簡任第十職等	2	

秘 書		薦任 第八至第九職等	3	
科 長		薦任第九職等	5	
主 任		薦任第九職等	1	
視 察		薦任 第七至第九職等	1	
專 員		薦任 第七至第九職等	8	
股 長		薦任 第七至第八職等	10	
科 員		委任 第四至第五職等	38	內八人得列薦任第六職等
辦 事 員		委任 第三至第四職等	7	
書 記		委任 第一至第三職等	10	
會 計 室	會計主任	薦任第九職等	1	
	專 員	薦任 第七至第九職等	1	
	股 長	薦任 第七至第八職等	2	
	科 員	委任 第四至第五職等	5	內一人得列薦任第六職等
	辦 事 員	委任 第三至第四職等	1	
	書 記	委任 第一至第三職等	1	
人 事	人事主任	薦任第九職等	1	

事	事 管 理	專　員	薦　　　　任 第七至第九職等	1	
		股　長	薦　　　　任 第七至第八職等	2	
		科　員	委　　　　任 第四至第五職等	4	內一人得列薦任第六職等
		助理員	委　　　　任 第三至第五職等	1	
	人 事 查 核	副主任	薦　　　　任 第八至第九職等	1	
		專　員	薦　　　　任 第七至第九職等	1	
		科　員	委　　　　任 第四至第五職等	3	
室		助理員	委　　　　任 第三至第五職等	1	
老 人 自 費	安 養 中 心	主　任	薦任 第九職等	1	
		組　長	薦　　　　任 第七至第八職等	2	
合　　　　計				117	

（附七）臺北市政府勞工局組織規程

行政院七十六年十一月六日臺七十七勞字第二五五五四號函核定

第　一　條　本規程依臺北市政府組織規程第六條規定訂定之。

第　二　條　臺北市政府勞工局（以下簡稱本局）置局長，承市長之命
綜理局務，並指揮監督所屬機關及員工；置副局長，襄理
局務。

第　三　條　本局設左列各科，分別掌理各有關事項：

一、第一科：掌理勞工組織及勞工輔導教育事項。

二、第二科：掌理勞動條件、勞工安全衛生、勞工檢查、勞資關係及勞資爭議處理事項。

三、第三科：掌理勞工福利、勞工保險、就業輔導、職業訓練及技能檢定事項。

四、第四科：掌理綜合規劃、事務、出納、文書及檔案管理事項。

第　四　條　本局置主任秘書、專門委員、秘書、技正、科長、視察、專員、輔導員、股長、科員、技士、辦事員、書記。

第　五　條　本局設會計室，置會計主任、股長、科員、辦事員，依法辦理歲計、會計事項，並兼辦統計事項。

第　六　條　本局設人事室，置主任、副主任、科員，依法辦理人事管理及人事查核事項。

第　七　條　本局下設勞工檢查所、國民就業輔導中心、職業訓練中心、勞工育樂中心；其組織規程另定之。

第　八　條　本規程所列職稱之官等職等及員額，另以編制表定之。

第　九　條　本局設局務會議，由局長召集之並擔任主席，每月舉行一次；必要時得召開臨時會議，均由左列人員組成之：

一、局長。

二、副局長。

三、主任秘書。

四、科長。

五、會計主任、人事室主任、副主任。

六、其他經局長邀請或指定之列席或參加人員。

第 十 條　本局因業務需要，得設各種委員會，委員爲無給職，其所
　　　　　需工作人員，就本局編制員額內調用之。

第 十 一 條　本局各科掌理事項涉及各附屬機關職掌者，其業務分工由
　　　　　本局另定之。

第 十 二 條　本局分層負責明細表分甲表及乙表，甲表由本局擬訂，報
　　　　　請臺北市政府核定；乙表由本局定之，報請臺北市政府備
　　　　　查。

第 十 三 條　本規程自發布日施行。

表 7-24　臺北市政府勞工局編制表

職　　稱	官 等 職 等	員 額	備　　　　考
局　　長	簡任第十二至第十三職等	1	
副 局 長	簡任第十一職等	1	
主 任 秘 書	簡任第十職等	1	
專 門 委 員	簡任第十職等	1	
秘　　書	薦任第八至第九職等	2	內一人爲法制秘書
技　　正	薦任第八至第九職等	1	
科　　長	薦任第九職等	4	
視　　察	薦任第七至第九職等	2	
專　　員	薦任第七至第九職等	4	

輔　　導　　員		薦　　　　　　任 第七至第九職等	4	
股　　　　　長		薦　　　　　　任 第七至第八職等	9	
科　　　　　員		委　　　　　　任 第四至第五職等	23	內四人得列薦任第六職等
技　　　　　士		委　　　　　　任 第四至第五職等	1	
辦　　事　　員		委　　　　　　任 第三至第四職等	4	
書　　　　　記		委　　　　　　任 第一至第三職等	6	
會 計 室	會計主任	薦任第九職等	1	
	股　　長	薦　　　　　　任 第七至第八職等	2	
	科　　員	委　　　　　　任 第四至第五職等	3	內一人專辦勞工調查、統計及分析等事項
	辦事員	委　　　　　　任 第三至第四職等	1	
人 事 室	人事 管理	主　任	薦任第九職等	1	
		科　員	委　　　　任 第四至第五職等	3	
	人事 查核	副主任	薦　　　　任 第八至第九職等	1	
		科　員	委　　　　任 第四至第五職等	2	
合　　　　　計			78	

國民住宅部份

表 7-25　目前國民住宅管理單位之組織系統

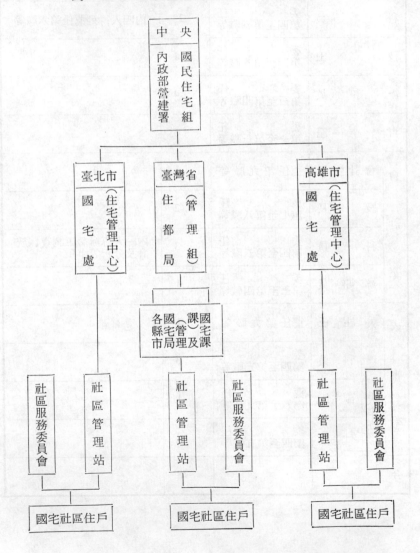

表 7-26　臺灣省住宅及都市發展局組織系統暨國宅主管單位職掌表

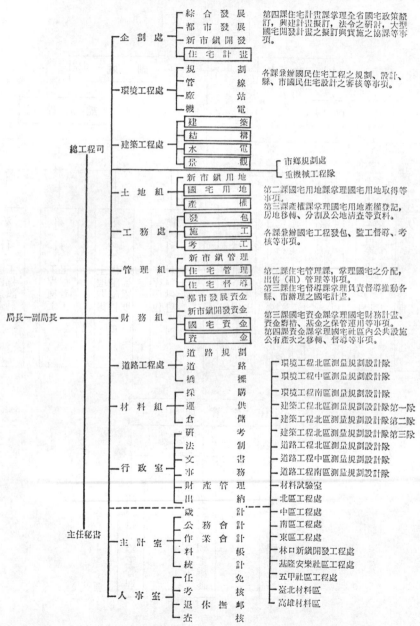

總工程司

企劃處
- 綜 合 發 展
- 都 市 發 展
- 新 市 鎮 開 發
- 住 宅 計 畫

第四課住宅計畫課掌理全省國宅政策擬訂，與建計畫擬訂，法令之研討，大型國宅開發計畫之擬訂與實施之協課等事項。

環境工程處
- 規 劃
- 管 線
- 廠 站
- 機 電

各課彙辦國民住宅工程之規劃、設計、縣、市國民住宅設計之審核等事項。

建築工程處
- 建 築
- 結 構
- 水 電
- 景 觀

├ 市鄉規劃處
└ 重機械工程隊

土地組
- 新 市 鎮 用 地
- 國 宅 用 地
- 產 權

第二課國宅用地課掌理國宅用地取得等事項。
第三課產權課掌理國宅用地產權登記、房地移轉、分割及公地清查等資料。

工務處
- 發 包
- 施 工
- 考 工

各課彙辦國宅工程發包、監工督導、考核等事項。

管理組
- 新 市 鎮 管 理
- 住 宅 管 理
- 住 宅 督 導

第二課住宅管理課，掌理國宅之分配，出售（租）管理等事項。
第三課住宅督導課掌理負責督導推動各縣、市辦理之國宅計畫。

局長—副局長

財務組
- 都 市 發 展 資 金
- 新 市 鎮 開 發 資 金
- 國 宅 資 金
- 資 金

第三課國宅資金課掌理國宅財務計畫、資金籌措、基金之保管運用等事項。
第四課資金課掌理國宅社區內公共設施公有產次之移轉、督導等事項。

道路工程處
- 道 路 規 劃
- 道 路
- 橋 標

材料組
- 探 購
- 運 供
- 倉 儲

行政室
- 研 考
- 法 制
- 文 書
- 事 務
- 財 產 管 理
- 出 納
- 歲 計

├ 環境工程北區測量規劃設計隊
├ 環境工程中區測量規劃設計隊
├ 環境工程南區測量規劃設計隊
├ 建築工程北區測量規劃設計隊第一隊
├ 建築工程北區測量規劃設計隊第二隊
├ 建築工程北區測量規劃設計隊第三隊
├ 道路工程北區測量規劃設計隊
├ 道路工程中區測量規劃設計隊
├ 道路工程南區測量規劃設計隊
├ 材料試驗室
├ 北區工程處
├ 中區工程處

主計室
- 公 務 會 計
- 作 業 會 計
- 材 料 帳
- 統 計

├ 南區工程處
├ 東區工程處
├ 林口新鎮開發工程處
├ 基隆安樂社區工程處
├ 五甲社區工程處

主任秘書

人事室
- 任 免
- 考 核
- 退 休 撫 卹
- 查 核

├ 臺北材料區
└ 高雄材料區

表 7-27 臺北市政府國民住宅處組織系統表

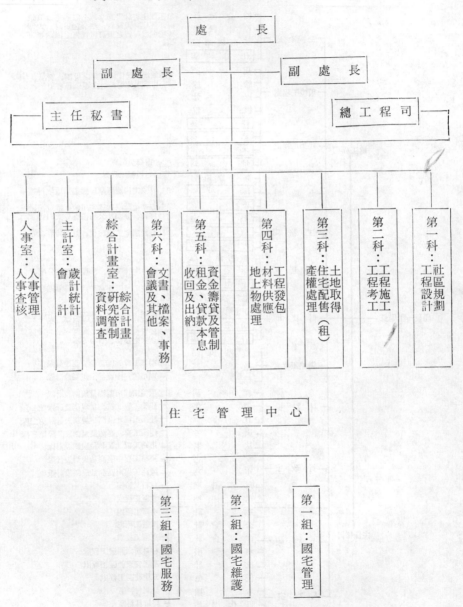

表 **7-28**　高雄市政府國民住宅處組織職掌表

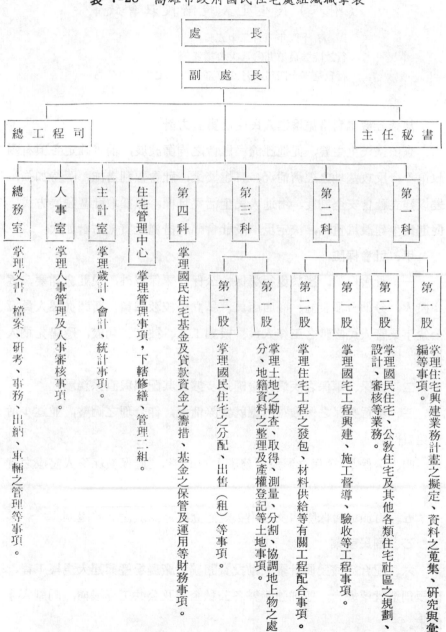

（附八）民生主義現階段社會政策

民國五十四年三月二十五日
行政院委員第九○八次會議通過
行政院五十四年四月八日臺內二二七六號令公佈

加强社會福利措施增進人民生活實施方針

查依據民生主義，促進經濟與社會之均衡發展，前曾確定各項有關政策。今反攻基地之經濟情況，日趨繁榮，社會福利措施，亟待加强，爰以建立社會安全制度，增進人民生活爲目標，以採取社區發展方式，促進民生建設爲重點，決定現階段社會福利措施之實施方針如次：

甲、社會保險

一、社會保險，應於現行勞保、公保、軍保以外，視社會需要，逐步擴大，分期分類實施。商店店員、私立學校教職員、新聞從業人員、公益事業暨人民團體之工作人員、機關工友、技工、司機，應盡先納入保險。

二、公保、軍保之疾病保險應逐步擴及其配偶與直系親屬。

三、現行勞保之保險費率應就實際情況，作合理之調整，並逐步增辦免費門診。

四、勞保、公保之醫療服務應力求改善，確保被保險人醫療之實惠。

五、訂頒社會保險法及有關法規建立社會保險之完整體制。

乙、國民就業

六、配合經濟發展計畫鼓勵投資開辦工廠農場暨興建大規模工程，積極創造就業機會；並加强聯繫各公私企業及公共工程機構，調劑人才供求。

七、擴充國民就業輔導機構及其業務，視工商業發展情形，增設就業輔導中心或輔導站，加強實施職業介紹。

八、經常辦理勞動力調查及就業容量調查，供應就業資料。

九、建立工業指導制度，舉辦就業、轉業暨在職訓練，並建立工廠學徒制度。

十、都市以日雇勞動方式，救濟臨時失業者，並酌設平民工廠，容納貧苦民眾。

十一、訂頒國民就業服務法及有關法規，以利就業服務之推行。

丙、社會救助

十二、改善公私立救濟設施，並擴展院外救濟，救濟貧苦老幼人民維持最低生活。

十三、擴大貧民免費醫療，並特約設備完善之公私醫院，劃撥床位，承辦免費醫療。

十四、加強防治傳染病，擴大對殘廢者之救助與重建，並積極收容精神病患者。

十五、拯救不幸婦女，訂定有效辦法，救助被虐待之養女被壓迫之娼妓。

十六、修訂社會救助法規，規定受救條件，給予標準，並改善其救助方式。

丁、國民住宅

十七、由政府興建國民住宅，廉租或分期出售平民居住，並加強其社會服務設施。

十八、推行長期低利貸款方式，協助平民及公務人員自行興建住宅，並運用分期收回之本息，轉向銀行貸款，循環擴建。

十九、鼓勵私人投資，建造國民住宅出租或分期出售。

二十、運用金融機構資金，開發都市近郊坡地或不適農耕土地，以合理價格，供給國民所需之建築基地。

二十一、設計改良住宅，供應圖樣，獎助居室工業大量生產建築器材，並劃一其規格標準，以利國民自建住宅。

二十二、修訂國民住宅法及有關法規，力求便利人民，以促進國民住宅之興建。

戊、福利服務

二十三、加強勞工福利，改善勞工生活，並倡導勞工分紅入股辦法，促進勞資合作。

二十四、鼓勵農會、漁會加強或增辦對農家及漁民服務之業務以改善農、漁民生活。

二十五、地方政府應於都市、鄉村及工礦區加設托兒所及兒童福利中心，並鼓勵公私企業、民間團體擴建兒童福利設施。

二十六、重視家庭教育、家庭衞生、國民營養、生育常識，並推廣家庭副業，加強家政指導，以增進家庭幸福。

己、社會教育

二十七、結合社會力量，設置獎學基金，獎助在學暨社會清寒優秀青年依其志願與資質，完成學業。

二十八、擴大社會各種技藝訓練暨職業補習教育，並充實地方公共圖書館與博物院之設備。

二十九、電影、電視、廣播、報紙、雜誌及文藝書刊，應以社會教育為其大眾傳播之主要目標，當積極輔導負起社會教育之責任。

庚、社區發展

三十、採社區發展方式，啟發居民自動、自治之精神，配合政府行政措施，改善居民生活，增進居民福利。

三十一、設立社區服務中心，由社區居民推薦熱心公益事業人士組織理事會，並雇用曾受專業訓練之社會工作人員，負責推進各項工作。

三十二、加強公共衞生暨康樂設施，尤應積極推廣道路橋樑之修築，暨公井、公厠、公園、公墓、游泳池、體育場之設置。

三十三、鼓勵社區內人民，以合作組織方式辦理消費、副業生產與運銷、暨公用福利等事業。

以上各項措施，爲求迅著成效，必須妥籌財源。政府對社會福利事業，應寬列預算，並以實行都市平均地權所增收之地價稅，設立社會福利基金，更應訂頒辦法，獎勵人民捐資興辦福利事業，豁免其所捐部份之所得稅與遺產稅。至於所需人才，則應儘量任用各大學有關社會工作學系之畢業生，對現有工作人員亦當隨時舉辦在職訓練，增加其專業知識，改進其工作方法。總之，今後社會福利措施之推行，務須積極推動，政府與社會協力並舉，俾全體人民之生活，同臻於安全康樂之境地。

（附九）現階段社會建設綱領

甲、社會建設之目標

現代國家建設以社會建設爲根本，而社會建設又爲一切進步之基礎。本黨爲實現三民主義社會之理想，適應國家建設與地方自治之需要，並針對大陸共匪滅絕人性，摧毀倫理道德與傳統文化，破壞婚姻制度與家庭組織，蔑視民權、製造貧困之種種極權暴政，爰本倫理、民主、科學之原則，以及建設首要在民生之精神，加強反攻基地社會建設，並爲光復大陸社會重建之楷模，特制定本綱領，揭櫫目標如次：

一、發揮科學功能，培養企業精神，運用人力資源，加強社會福利

措施，建立社會安全制度，謀求社會發展與經濟發展之平衡，推進以建設均富、安和、樂利之社會。

二、養成國民守秩序、重法紀、負責任、有組織之習性及互助合作之精神，並發揚民意，健全基層組織，推進地方自治，以建設民主法治之社會。

三、發揚民族精神，堅定民族自信，光大優良傳統文化與倫理道德，提高人口素質，確立國民生活規範，以建設明禮、尚義、重廉、知恥之社會。

乙、社會建設之內容

一、實踐民生主義之社會建設事項：

(一) 貫徹耕者有其田政策，策進全面實施平均地權，提高土地利用，防止土地投機，實行漲價歸公，達成地利公享。

(二) 加強推行節制資本政策，合理發達國家資本，鼓勵節儉儲蓄，促進民間投資，加強以直接稅為重點之稅制，逐步實現資本大眾化，分配社會化與消費合理化。

(三) 擴大公保對象與範圍，增加給付項目，改進保險給付辦法，規劃辦理失業保險，逐步建立社會保險之完整體制。

(四) 建立職業平等觀念，推廣職業指導，辦理人力供需調查，加強職業訓練，改進學徒制度，擴展職業介紹，促進國民充分就業。

(五) 保障勞工合法權益，加強工礦安全與衛生設施，制定合理最低工資，推行團體協約及工廠會議，實施生產獎金辦法，倡導勞工入股分紅，並採行以「人」為中心之現代企業管理制度，促進勞資合作。

(六) 擴展福利服務，增進農民、漁民、勞工、山胞、退除役軍人、軍眷及遺族之福利措施，對貧苦之鰥、寡、孤、獨、廢疾者及不幸婦女，予以積極救助，對貧民施醫並應擴大辦理。

（七）運用政府與民間力量，廣建國民住宅，廉價供應低收入及貧苦國民居住，並鼓勵居室工業發展，劃一建築材料規格，以減低建宅成本。

（八）全面推動社區發展，鼓勵區內人民以自動、自發、自治精神，貢獻人力、財力、物力，配合地方行政措施，以改善其生活環境與生活方式。

（九）推展合作運動，健全合作社組織，改善其經營管理，劃清行政權責，加強合作教育與研究，使合作事業基於社會互助之精神，輔佐經濟事業之發展。

（十）提倡科學與技術研究，獎勵科學發明，以促進經濟發展，改善國民生活。

二、實踐民權主義之社會建設事項:

（一）普及國民法律知識，養成國民守法習慣，推行會議規範，輔導國民熟習民權之行使，厚植民主法治之根基。

（二）遵循地方自治開始實行法之精神，調整基層組織，推行管教養衛要政，並倡導公共服務，促進地方建設。

（三）重視輿論，反映民情，加強社會調查工作，使政府與民眾需要相適應。

（四）建立為民服務責任制度，致力興利除弊，推行便民措施，增進政府與民眾間之融和關係。

（五）健全人民團體組織，從各業中培養領導人才，對基層民眾關係最密切之團體，尤應加強輔導，發揮其效能。

三、實踐民族主義之社會建設事項:

（一）家庭、學校及社會教育應密切配合，以民族精神教育、生活倫理教育、思想人格教育為重點，培養國民重禮尚義優良德性，激勵知

恥知病與求新求行精神。

（二）頒行禮儀規範，制定服制條例，實踐國民生活須知，使國民思想、生活、行動均能合於現代化之要求。

（三）確認家庭為社會之基礎，維護婚姻制度，注重兒童保育，推行家庭計畫，加強優生保健，提高人口素質，並積極開發偏遠地區，謀求人口分佈之均衡。

（四）發展全民體育，宏揚民族藝術，倡導音樂劇藝活動，廣設公園並整建名勝古蹟，加強旅遊設施，提倡正當娛樂，充實國民之精神生活。

（五）擴展醫療設施，取締密醫偽藥，加強衛生教育，改善環境衛生，增進國民營養，以維護國民之健康。

（六）發揚孝親、尊賢、敬老、慈幼之美德，提倡敦親睦族，鼓勵善行義舉，表揚好人好事及各階層傑出之優秀人士，樹立典型，以為社會表率。

（七）採取有效措施，感化問題青少年，肅清流氓竊盜，嚴禁不良書刊影劇及有害風化之特定營業，以維護公共秩序，端正社會風氣。

丙、社會建設之推進

一、社會建設之推進，首重思想觀念之溝通，應發揮教育功能，透過大眾傳播事業、廣為宣傳，俾人人體認現代工業社會生活之方式以及知難行易、力行哲學之真諦，從思想意識之改變，策進生活方式之革新。

二、社會建設之推進，有賴於立法之完成，有關修訂中之勞工法及社會保險、社會救助、就業安全、國民住宅等法案，均宜配合經濟與社會發展趨向，次第完成立法程序，以利施行。

三、社會建設之推進，行政機關應妥為規劃，寬籌經費，釐訂進

度，切實執行，各級行政部門之縱橫關係，尤應協調配合，對執行幹部應予調訓，並積極培養專業人才，俾能有效實施。

四、社會建設之推進，應發動各種各級民眾團體響應實踐，社會領導份子尤宜以身作則，使全體國民均能自動自發，貢獻其智力、勞力與財力，共同推行。

五、社會建設之推進，各級黨部應爲推動之核心，運用組織力量，發動全體黨員，排除一切困難，積極推行，貫徹實施。

第八章 社會福利行政工作執行情形

第一節 社會保險

目前我國整體性社會保險雖尚未實施，而勞工保險、公務人員保險及軍人保險、私立學校教職員保險、學生團體保險、農民健康保險，則早已次第開辦，已奠定了社會保險的基石。

一、勞工保險

勞工保險的籌辦甚早，遠在民國十七年間，中國國民黨頒訂的工人運動綱領即規定要「制定勞工保險法」。民國二十三年，實業部曾本此一綱領，擬訂勞工保險法草案，民國二十六年國民政府公佈的訓政時期約法亦規定「國家應實行勞工保險制度」，惜因抗戰關係，未能實施。政府遷臺後，勵精圖治，臺灣省政府為奉行國策，實現 國父遺教，保障勞動者生活，以促進社會安全，乃於民國三十九年二月二十八日頒行「臺灣省勞工保險辦法」，同年三月一日開始辦理產業工人及交通公用事業工人保險。保險業務係委託臺灣人壽保險公司專設勞工保險部辦理。四十八年八月制定「臺灣省職業工人保險辦法」，並於同年九月開

始辦理；四十二年二月公布「臺灣省漁民保險辦法」，並於同年三月開辦；四十五年接受臺糖公司委託，於七月一日又舉辦蔗農保險。以上為臺灣省次第擴大勞工保險範圍的情形。

民國四十七年　總統公布勞工保險條例，勞工保險乃由中央正式立法。該條例奉令於四十九年四月十六日在臺灣省（包括臺北市）實施，乃將先前委託承辦勞工保險的臺灣人壽保險公司勞工保險部，改組為臺灣省勞工保險局，繼續辦理勞工保險業務。勞保條例實施後，臺灣省原制定之各項辦法隨之廢止，並依條例規定，將勞保對象擴及廠礦職員，而凡不屬強制保險範圍之各業職工，自願參加保險者，亦均得參加。五十四年中央頒佈「民生主義現階段社會政策——加強社會福利措施，增進人民生活方針」，將社會保險列為首要項目，為了配合上項政策，於同年七月起分別將無軍人身份之國防技術工人，中央及省級以下機關學校之技工、司機工友等納入保險範圍。五十七年七月勞保條例修正公布，於五十九年一月實施後，再次擴大保險對象，除將公司行號員工列入強制保險範圍外，並規定私立學校、新聞文化、公益合作事業及人民團體專用員工，均可自願參加保險。在給付方面，則增辦門診診療，取銷住院期間之限制，提高殘廢給付標準等，使勞工普遍受到實惠。實施地區並擴及福建省之金門馬祖兩地。六十八年一月再修正勞保條例，再進一步擴大投保範圍，七十七年十月二十五日全面辦理農民健康保險。

勞工保險的保險項目包括生育、傷害、疾病、殘廢、失業、老年及死亡七種，其中生育、傷害、殘廢、老年及死亡五種為現金給付，疾病給付為醫療服務，其醫療費用由勞保局逐付指定醫院，被保險人不得請領現金。至於失業給付一項係五十七年勞保條例修正後新增之項目，規定其實施地區、時間，及辦法由行政院另以命令定之，蓋因失業保險之舉辦，須與勞動力調查、職業訓練及職業介紹等輔導工作密切配合，始

克有效，故有待進一步籌議後，付諸實施。

　　勞工保險之保險費率，於三十九年三月一日開辦時為被保險人當月之月給投保工資三％，四十五年七月因增加疾病給付住院診斷，保險費率提高為四％，嗣因收支不能平衡及增辦門診診療，在五十七年修正勞保條例時，改定為八％，於五十九年一月一日實施。其分擔比例，共分三種，有雇主者由被保險人負擔二〇％，雇主負擔八〇％；無一定雇主者由政府補助三〇％，餘由被保險人負擔，漁民則由漁民保險費備付金支付。勞保的行政主管機關，在中央為內政部，在省、市為省市政府社會處局。由於我國現行勞保是在民國三十九年開辦，因當年時值政府遷臺，由臺灣省政府創辦，所以沿襲至今，仍由臺灣省政府主管，五十七年修正勞保條例時，鑒於金馬外島的勞工漁民須參加勞保，而臺北市改院轄市已不屬臺灣省，故將該條例第二章第六條訂為：「中央行政主管機關統籌全國勞工保險業務，視全國勞工分佈實況，劃分地區，由各該區內勞工較多之省市政府，設置勞保局，主持辦理各該地區勞工保險業務，並為保險人；必要時由中央設局辦理之。」於是，將原有「臺灣省勞工保險局」改稱「臺閩地區勞工保險局」，而實際上仍由臺灣省政府主管。為監督勞保業務及審議保險爭議事項，有關政府代表、勞資雙方代表及專家組成勞保監理委員會以主其事。

　　勞保實施以來，投保人數及平均投保工資，急劇增加，截至七十七年十二月底止，投保單位增為二十萬二千七百六十七個單位，投保人數超過六百萬人，平均投保工資為二千三百九十元，保險給付從三十九年開辦到七十七年十二月底止總計給付金額已超過二千三百九十八億元。

二、公務人員保險

公務人員保險亦於民國十七年間即有所擬議，於是年十二月十七日，公布銓敍部組織法時，在第六條獎卹司的職掌中，明定公務人員保險爲該司的職掌之一。其後於民國三十三年，國防最高委員會曾將公務人員保險制度有所討論，三十六條銓敍部擬具公務員保險法草案，呈考試院同行政院聯呈國民政府發交立法院審議，未幾赤焰瀰漫，政府播遷，幾經周折，直至四十七年一月始完成立法程序，二十九日奉 總統公布實施。公務人員保險係以銓敍部爲主管機關，中央信託局爲承保機關，並負承保盈虧責任，爲監督保險業務，由銓敍部會同有關機關組成監理委員會。被保險人分強制參加與自由參加兩種，強制參加對象爲法定機關編制內之有給人員，法定機關編制內有給之公職人員，自由參加對象爲被保險人配偶及直系親屬之疾病保險，及離職被保險人之個人保險。關於強制參加部分，中央機關公務人員於四十七年九月開始辦理保險，省級以下各地方機關公務人員於同年十一月起辦理保險，但其疾病保險則自四十八年七月起實施。自由參加部分，考試院於五十三年三月二十日公布退休人員保險辦法，於五十四年八月辦理退休人員保險，凡退休人員均可自由繼續投保。另外公務人員眷屬疾病保險（七十一年先行開辦配偶，至於父母及子女則依次序視實際需要分期實施）、退休公務人員疾病保險（七十四年開辦）、退休公務人員配偶疾病保險（七十四年開辦）亦陸續付之實施。公保業務最初係由中央信託局人壽保險處兼辦，其後因業務範圍擴大，乃於五十年六月一日起由該局設立公務人員保險處專責辦理。

公務人員保險之保險費率原定爲被保險人每月俸給七％，由被保險

人自付三五％，政府補助六五％。六十三年一月二十九日修正公務人員保險法，改爲被保險人俸給七％～九％，視保險實際收支情形，由行政院會同考試院覈實釐定。其負擔比例仍舊。

保險項目包括生育、疾病、傷害、殘廢、養老、死亡及眷屬喪葬七項，前三項爲免費醫療，後四項爲現金給付。

公務人員保險自民國四十七年開辦以來，投保人數年有增加，至七十七年底，投保機關已超過五千五百單位，被保險人已超過五十萬人。

三、軍人保險

民國三十九年四月十三日　總統批准「軍人保險計畫綱要」，交由聯勤總司令部會同中央信託局籌辦，中信局旋卽據以研訂「軍人保險法草案」、「軍人保險辦法施行細則草案」，送經國防部核定，於同年六月一日通令實施，並由財政部、聯勤總部及中央信託局推派代表組設「軍人保險管理委員會」，負軍人保險及監督之責，業務交由中信局代辦。承保對象限於現役軍官及國防部派遣在非軍事單位服務之現役軍官。四十二年十一月一日起，增加假退（除）役及編制內聘雇人員(軍官級)，四十二年十一月十九日「陸海空軍軍人保險條例」完成立法程序，奉總統令公布實施，軍人保險乃改以法律爲依據。四十五年一月一日承保對象又增加反共救國軍軍官，自四十八年七月一日起再增加現役士官、士兵及軍事學校之學生。至此全部軍人均納入軍人保險範圍。五十九年二月十二日，制定並由　總統公布「軍人保險條例」，旋經國防部轉頒實施，原頒陸海空軍軍人保險條例同時失效。

軍人保險項目包括死亡、殘廢二種，並附退伍給付。

軍人保險之保險費率，自三十九年六月至五十九年二月，係按被保

險人當月薪餉二％至一〇％繳納， 依階級之高低而有不同 。 新公布之軍人保險條例規定改按保險基數 三％～八％ 繳納 。 軍官應繳保險費，由國庫補助五〇％～七〇％； 士官 、 士兵應繳保險費， 由國庫全數負擔。

四、其　　他

除上述三種外， 尚有其他保險， 如學生團體保險、私立學校教職員保險、退休公務人員及其配偶保險、農民健康保險等。學生平安保險由臺灣省倡導辦理，臺北市學生也參加保險。臺灣省政府為促進社會安全制度的建立，並謀補償學生遭遇意外事故所受經濟上的損失，於民國六十四年七月十九日公布「臺灣省政府推行學生團體平安保險辦法」。依此一辦法第二條規定，凡經立案的公私立學校在學學生，均應參加學生團體平安保險為被保險人，其要保人為各學校校長或其職務代理人，承保機構為臺灣人壽保險公司。 嗣經六十八年兩次修正， 至七十一年再度修正，擴大保險範圍，增加給付項目及內容，改為臺灣省學生團體保險辦法。臺北市維持舊日法。被保人數四百五十餘萬人，保險費每人每年一五八元， 由學生家長繳納一一八元， 政府補貼四十元。如為貧苦學生、山地、離島、貧苦征屬或享受公費的國民中小學生，其應繳的保險費全部由政府補貼。

保險事故包括意外事故所受的傷害 、 殘廢或死亡及疾病 。 自六十五年八月一日至六十六年三月三十一日止核發給付人數為三二、四〇五人。

五、臺閩地區勞工保險局工作概況

(一) 前　　言

政府爲保障勞工生活，促進社會安全，秉承中央決策，於民國三十九年三月辦理勞工保險，迄今已逾三十九年，施行範圍擴及臺閩地區，被保險人數已逾六百萬，佔臺閩地區總人口十分之三，約佔生產人口三七％，如依靠勞工生活人口平均，每戶以三口計，則直接間接受到勞工保險保障與照顧之人口在一千八百萬人以上。而歷年以來（自三十九年至七十七年十二月底止）各種保險給付總額高達新臺幣二千三百九十八億元，由此足徵政府施行勞工保險，對被保險勞工生活之安定，頗多照顧與幫助。而政府加強社會福利措施，增進人民生活之政策，亦獲得預期之成效。

(二) 勞工保險辦理經過

1.民國三十九年三月一日開始創辦勞工保險，依臺灣省政府頒佈之「臺灣省勞工保險辦法」辦理。保險業務，委由臺灣人壽保險公司專設勞工保險部承辦。首先將公民營廠礦所僱用之產業工人納入保險。

2.四十年九月政府頒佈「臺灣省職業工人保險辦法」，辦理職業工人保險。

3.四十二年三月省政府復訂頒「臺灣省漁民保險辦法」，舉辦漁民保險。

4.四十五年七月舉辦蔗農保險，由勞工保險部與臺灣省蔗農服務社（五十九年十一月改爲臺灣省蔗農消費合作社）訂立約定書，依照勞工保險辦法辦理。

5.四十七年七月中央以勞工保險辦法爲藍本，訂頒勞工保險條例，

四十七年三月一日，行政院指定臺灣省為勞工保險條例實施地區，同時由臺灣省設置勞工保險局，專司其事。勞工保險業務乃自四十九年四月十六日起，改按勞工保險條例之規定辦理。

　　6.五十四年七月擴大保險範圍，將軍事工廠無軍籍身分之技術工人，納入保險範圍，九、十兩月，中央暨地方機關、公立學校之工友、技工、司機，亦先後參加保險。

　　7.五十七年七月中央修正勞工保險條例，擴大保險對象及施行地區，又將公司、行號、農場、牧場之員工納入保險，金馬地區之勞工、漁民亦包括在內，並舉辦門診醫療給付，於五十九年一月一日起實施。

　　8.六十八年一月再修正勞保條例，擴大投保範圍，凡僱用五人以上（原為十人）之廠、礦、場、公司、行號之勞工，以及私立學校之技工、司機、工友和新聞文化公益、合作事業及百貨業員工均納入強制保險對象。

　　9.七十四年十月二十五日起受省府委託試辦農民健康保險，並於七十七年十月二十五日全面辦理，有六十七萬餘人享農保生活保障與醫療服務。

（三）勞工保險局組織概況

1.加強組織功能，施行金融事業組織體制

　　勞工保險局係屬事業機構，自五十九年起經數度擴大保險對象暨地區。目前投保人數已超過二百萬人，業務量隨之激增，惟原有編制與組織型態係按行政機關編組，已無法適應當前業務發展之需要，經依勞工保險條例施行細則第九條：「勞工保險監理委員會及保險局之編制、人事、會計比照金融事業機構辦理」之規定，比照金融事業機構組織體制，分設部、室，授以權責，採取櫃臺化一貫作業處理業務，以資迅捷，而節人力。本案業已呈奉臺灣省政府核轉行政院臺六十四勞五四八

八號函修正核定，並已於六十五年一月起實施。

　2.編組情形

　勞工保險局現行組織，依組織規程第三、六及七條之規定：設三部、五室及十三所連絡處。

　(1)三部爲承保部、現金給付部及醫療給付部。

　(2)五室爲秘書室、財務室、研究室暨主計室及人事室。

　(3)十三所連絡處分設於臺北市、臺北縣、基隆區、宜蘭區、新竹區、臺中區、嘉義區、臺南區、高雄區、澎湖區、花蓮區、金門區及馬祖區。

　(四) 業務現況

　1.投保單位與被保險對象

　(1)被保險對象：

　勞工保險之被保險對象分爲強制保險及任意保險兩種。

　①公民營工廠、礦場、鹽場、農場、牧場、茶場、林場、交通、公用事業之產業工人。

　②無一定雇主之職業工會會員。

　③基層漁會之甲類會員漁民。

　④政府機關、公立學校之工友、司機、技工及約聘、約僱人員。

　⑤公司行號之員工。

　⑥私立學校、新聞、文化、公益、合作事業、百貨業商店之專用員工。

　(2)單位與人數：

　各類投保單位與被保險人數（七十七年十二月止）計二十萬二千七百六十七單位六百萬餘人。

第二節　國民就業

人民具有工作能力者，國家應予適當之工作機會，爲我國憲法明定之基本國策。近年來一方面由於經濟的加速發展，各行各業迅速成長，對於勞動力的需求逐年增加，另一方面由於人口的增加，直接影響勞動力的增加，所以，如何使勞動力供求之間能夠有效調節運用，以促進就業成長，而導致經濟的進一步的發展，實爲當務之急。所以國民就業輔導工作，亟待加強，以期充分利用現有並創造就業機會，改進就業輔導效能，使人與事密切配合，進而達到調節人力供求之目的。政府有鑒於此，民國五十四年行政院頒佈的民生主義現階段社會政策，對於國民就業列有專項，內容分爲六目，爲對國民就業的整體構想。六十八年三月執政黨十全大會通過之現階段社會建設綱領中規定：「建立職業平等觀念，推廣職業指導，辦理勞動力供需調查，加強職業訓練，改進學徒制度，擴展職業介紹，促進國民就業。」五十九年四月十屆二中全會通過「加強國民就業輔導工作綱領」，對配合現階段全面經濟發展加強國民就業輔導，以促進充分就業，提高國民所得，更有切實具體的規定。近年來，已先後在臺灣省設立基隆、臺北、臺中、臺南及高雄等五個地區就業輔導中心，並在工業集中地區分設十二個就業服務站，在臺北市設立國民就業輔導處，並分設四個就業服務站。在中央方面，行政院於民國四十三年設置國軍退除役官兵輔導委員會，輔導退除役官兵的就業、安養事宜。五十五年成立青年輔導委員會，專責輔導青年就業、創業。各就業輔導中心（處）另並委託各地民眾服務分社辦理求職求才登記。各就業輔導機構之主要工作包括：職業介紹、職業交換、職業指導、職業諮詢、就業訓練、就業市場資料之蒐集研析及發布、性向測驗及專技

人力調查等。近來各就業輔導單位對於求職求才者介紹就業之輔導、國中畢業生之就業輔導、技術人力調查、臺灣地區勞動力之調查均有貢獻。六十三年下半年因受國際不景氣的影響，失業人數增加，內政部曾訂定「因應經濟不景氣情形下勞工問題之措施實施要領」九項，鼓勵勞工參加農村生產、地方小型工程建設，並勸導勞資雙方共體時艱，以期減少失業，是項措施，對於消除勞資糾紛，安定生產程序及助長六十四年我國之經濟復甦，頗有成效。

　　為適應經濟發展需要，推動各事業單位辦理訓練，以減少挖工跳廠情形，職業訓練金條例，於六十一年二月八日奉　總統明令公布實施。該條例施行細則於六十一年十二月三十日由行政院核定公布實施。依照職業訓練金條例規定，應成立全國職業訓練金監理委員會為監理職業訓練金之保管與運用機構，內政部於六十二年三月三日輔導成立「全國職業訓練金監理委員會」，由公營事業、民營事業、勞方代表各三分之一組成。「應辦職業訓練詳細業別」第一次於六十二年二月十六日由內政部公告，依據規定以後每年度終了前調整修訂公告一次。為考驗職業訓練成就，逐步建立技工制度，又擬訂「技術士技能檢定及發證辦法」，於六十一年九月二十日公布實施。另並訂頒「職業訓練機構設置標準」一種，作為核准設立職業訓練機構，評審職業訓練專業人員之依據。職業訓練金條例自實施以後，因提繳職業訓練金，辦理各種訓練，而形成生產事業單位一種改進生產技術、辦理訓練之風氣。惟自六十三年十一月起，為因應國際經濟變化情況，乃暫停提繳職業訓練金。目前雖仍運用其收支餘額，輔導各事業單位繼續辦理職業訓練，並積極籌備興建中區職業訓練中心，暨配合救國團、大陸救災總會等機構辦理「殘障」及「難胞」等就業訓練，但規模較小，尚不足以配合十大建設暨今後六年經建計畫之人力需要。內政部為進一步改進職業訓練，已檢討職業訓練

金條例實施以來一切措施之得失，並會同經濟部、交通部等有關機關修訂職業訓練金條例實施細則，簡化申請手續，放寬動支標準，縮小薪資範圍，改進作業方法，俾能兼顧業者負擔，因應當前經濟發展現況，加強職業訓練、技能檢定，以及技能競賽，以促進經濟迅速發展。

又為獎勵技能優勝選手，培養專才起見，內政部已協調教育部於六十三年三月會銜公布「中等學校技能競賽優勝學生保送升學辦法」一種。

此外，為擴大辦理職業訓練，並適應地區性之需要起見，分別由臺灣省及臺北市設立地區性職業訓練中心。為期砥礪青年勞工技能，提高技術水準，舉辦全國性技能競賽大會及參加國際競賽，成績優異。

政府自實施五期經濟建設四年計畫以來，國內經濟長足發展，工業技術突飛猛進，尤其六十六年開始推行六年經濟建設計畫，更以發展高級工業、電化工業及精密工業為目標。因此，將需要大量技術人力，尤其是具有良好訓練的基層技術工。行政院有鑑於此，乃設立專技及職業訓練小組，以期針對職業訓練行政體系不够健全，職業訓練制度未能建立及舉辦訓練職種、人數及有關各種措施缺乏整體規劃等等問題，詳加檢討，尋求解決方案，研定推行職業訓練五年計畫，自六十七年度起至七十一年度止，統籌規劃六年經濟建設計畫期間，所需專技人才之訓練培養，提高其人力素質，並建立職業訓練完整體制。

民國七十年三月並進一步成立職業訓練局，隸屬內政部，職掌全國職業訓練之綜合規劃工作。民國七十六年八月一日行政院勞工委員會成立時，改隸該會。八年來，職業訓練局依據「現階段勞工政策綱要」、「臺灣經濟建設人力發展部門計畫」、「第二期加強推動職業訓練工作方案」及「加強就業服務方案」，並配合政府全力推動經濟自由化、國際化之趨勢，因應社經結構的變遷，以及工業升級對技術人力之需求，

訂定計畫，全力推動。

民國七十一年五月二十日行政院頒訂「加強推動職業訓練工作方案」，配合臺灣經濟四年計畫，以四年爲期，自七十一年七月起至七十五年六月止，在擴充訓練能量、提升訓練水準及建立職業訓練制度三方面訂定二十五項措施，大多已達成預訂目標，並獲致相當績效:

（一）在擴充公共訓練能量方面

內政部職業訓練局中區職訓中心及青輔會青年職訓中心之擴建計畫已完成；臺北市新建職訓中心亦已完成並開訓；臺灣省南區及高雄市新設立之職訓中心已初步籌建完成並開始訓練。全國十二所專責公共職訓機構已達到每年培訓一萬名技工之預定目標。惟有少數職訓中心因地點較偏，少數職類因工作較苦，招訓較有困難，今後應繼續加強宣導與改進。在推展企業界辦理訓練方面，計已輔導補助臺灣區製衣公會設置完成職訓中心，辦理訓練，績效良好。輔導製鞋、機器、織布、西服、洗染、消防器材等公會開辦訓練班，辦理各該行業人力培訓；另輔導事業機構自辦訓練，協助其聘請師資，編印教材，舉辦觀摩會，成果發表會，配合教育主管機關辦理輪調式建教合作訓練等，均獲有成果。惟以我國目前之事業機構仍以中、小型規模居多，職業訓練觀念尚未普及，公會組織亦限於人力物力，推動不無困難，今後應配合職業訓練法之實施，多加宣導，提供協助，促使其積極辦理。

（二）在提升訓練水準方面

爲提高職訓師資水準，於七十二年起，將職訓師資養成訓練之招訓對象由高職畢業提升爲專科以上畢業，並加強辦理在職訓練師之進修訓練、補充訓練，經常舉辦教學觀摩會、研討會，不斷提升職訓師資素質。研、修訂技工養成訓練課程標準及設備標準，計二十六職類三十五種，研編技工養成訓練教材十八職類二十四種及一般學科教材。四年來

內政部職業訓練局督導推動十一所專責職訓機構辦理在職技術人員夜間進修訓練計十期。受訓人數達一四、〇〇七人，及委託有關單位辦理生產自動化技術進修訓練六、二五八人，提升我技術水準與提高勞動生產力。此外，先後完成與荷蘭飛利浦公司及西德西門子公司等著名外商之技術合作計畫，辦理精密機械及工業電子與電機技術人員訓練，引進國外優良之教材教法，成效極佳，當根據合作經驗推廣至國內其他職訓機構。

（三）在建立職業訓練制度方面

職業訓練法已制訂公布，其附屬法規如職業訓練法施行細則、技術士技能檢定及發證辦法、職業訓練師甄審遴聘辦法等亦陸續訂頒施行，職訓法制體系已漸趨完備。技能檢定職類及參加檢定人數逐年增加，迄七十五年五月底止，共計辦理技能檢定六十七職類，累計已核發技術士證達二二四、一八九枚。每年舉辦全國技能競賽，成績年有進步；先後參加第二十七、二十八屆國際技能競賽，獲得金、銀、銅牌多面，尤有傑出表現。

第二期加強推動職業訓練工作方案則是配合我國第九期經濟建設中期四年計畫，自七十五年七月起至七十九年六月止。其基本目標乃在強化職訓功能，加強公共職訓機構之運作，推動企業界辦理訓練，建立生產訓練體系，促進國民充分就業；提高職訓層次，培養職業道德觀念，擴大辦理技能檢定，提升各業技術及服務水準，以及健全職訓制度，研訂職訓標準，加強管理及強化技術士證照功能。為達上述目標，此一方案在強化職業訓練功能、提高職業訓練層次及健全職業訓練制度三方面採行二十三項措施，在強化職訓功能方面，有了強化公共職訓功能、推動企業界辦理職訓、加強辦理服務業訓練、舉辦轉業訓練、加強辦理殘障者訓練業；在提高職訓層次，有加強培訓職訓能提高其素質，引進並

推廣國外優良訓練方法與制度、發展職訓敎材敎具、培養職業道德觀念與敬業精神、擴大辦理技能檢定等；在健全職訓制度方面、有舉辦職訓需求調查，擴大宣導、強化職訓行政體系、建立專業制度、強化技術士證照制度及加強職訓與職業教育、補習敎育及就業服務之配合等。

　　第二期加強推動職業訓練工作方案之實施已逾兩年，職訓局除力求切實貫徹繼續執行外，並就該方案進行期中檢討，檢視該方案原訂之措施是否有須配合環境變遷及社會發展需要而作部分調整與修正，並作為規劃該方案執行期滿後接續計畫之參考。

　　職業訓練局面對日益加重的責任，尙能以前瞻性的眼光、務實性的態度、開創性的作為，不斷力求績效的擴大，並且，在提昇殘障者職業訓練之水準、研究公共職業訓練機構設置夜間部之可行性、推動企業界設立職訓機構、規劃全國就業資訊中心、完成就業服務法草案研擬工作，以及擴大推動技能檢定等方面，均已獲致重大成效。

　　政府在臺灣地區辦理就業服務工作，可溯自民國三十五年在新竹縣政府設立職業介紹所一所開始，當時設置職業介紹所的主要目的係在安置解甲歸鄉官兵就業，因成效卓著，臺灣省政府遂於三十六年一月十八日訂頒「臺灣省各縣市職業介紹所組織規程」，全省各縣市一體實施。依該規程之規定，各縣市職業介紹所的任務為：

　　1 接受求職求才者之請求介紹並為登記。

　　2 調查人才需要及供給。

　　3 調查人才之供求狀況。

　　4 辦理職業訓練及就業輔導。

　　5 其他有關職業介紹事項。

　　由於自民國四十二年實施第一期四年經濟建設計畫，臺灣地區經濟、社會均產生顯著的成長，為配合此一新趨勢，調節縣市間的人力供

需，臺灣省政府於民國四十五年在臺北市設立「臺灣省國民就業輔導中心」一所。並於五十二年擴增為北、中、南三區國民就業輔導中心；旋為配合在經濟發展上出口擴張政策之需要，於民國五十六年在臺南市、基隆市增設兩所國民就業輔導中心後，臺灣省計有基隆、臺北、臺中、臺南、高雄等五區國民就業輔導中心，及花蓮等十二個就業服務站。

嗣因應五十六年及六十六年臺北市、高雄市分別改制為院轄市，臺灣地區乃增設臺北市國民就業輔導處，及高雄市國民就業輔導所各一所。目前省市計有國民就業輔導中心、處、所七所，及三十七個就業服務站。臺北、高雄兩市國民就業輔導處所分設三課，臺灣省各中心則分設職業介紹、就業諮詢、雇主關係及研究分析等四組，辦理下列各項業務：

1 求職求才登記。

2 職業介紹。

3 職業輔導及就業諮詢。

4 雇主訪問聯繫，開拓就業機會。

5 殘障等特案就業服務。

6 就業市場資料之蒐集及發布。

7 專技人力調查及管理；及

8 配合內政部職業訓練局推動技能檢定、技能競賽。

七十一年至七十三年各就業輔導機構業務統計，平均每年計辦理求才三四四、二六一人，求職二三五、四九八人，輔導就業一一八、八二六人，占同期平均失業人數的五·六八％，較已實施失業保險制度及就業服務法的美國一九七九年為四·一八％為高；日本一九八二年為五·八％很接近。顯示政府辦理就業服務工作三十多年以來，對經濟發展、社會安定確有相當效果。

由於就業服務多項措施涉及人民的權利義務，但迄無法律以為遵

循，影響業務之推展。內政部有鑑於此，於民國六十四年就國民政府在二十四年所訂頒的「職業介紹法」，研提修正案（就業服務法），陳行政院核議，旋奉行政院六十四年二月二十八日臺⑷內字第一六一四號函核示：「所擬『就業服務法』（職業介紹法修正案）草案，有無立法必要，需再斟酌，有關民營職業介紹所管理問題，可先依本院秘書處臺⑹內字第二六〇七號函，就前送『民營職業介紹所管理辦法』草案，再加研究充實報核。」內政部奉院函示後，委託國際就業安全協會中華民國分會對原提「職業介紹法修正案」再加研究充實，並於六十八年再陳報行政院審議，奉行政院六十八年六月二十二臺⑻勞字第六一〇四號函示：「所送『就業服務法草案』應暫緩立法，並由貴部針對當前實際情況，深入檢討，會同有關機關先擬具加強就業服務方案，配合適當人力、財力，作實質上之改進，俟實施一段時期，再檢討實際成效，進行立法。」內政部遵依行政院六十八年之函示研擬就業服務方案草案。

本方案之制訂係為配合國家當前經濟社會之發展，以及行業結構轉型等之需要，以健全組織、確立制度、改進作業、提高效率等手段，激發國民就業意願，輔導國民充分就業，達成支援生產、繁榮經濟與安定社會之目標，並作為爾後制訂就業服務法之參據。自七十年五月起至七十三年十二月止，計邀請有關學者專家、中央及省（市）政府社會處（局）就業輔導機構等有關機關代表，共同審議達十五次。七十三年十月二十六日復邀請省（市）政府社會處（局）主管審議後，再於十二月二十四日邀請行政院秘書處、教育部、經濟部、財政部、行政院退輔會及青輔會等中央有關機關，及各省市政府代表等，作最後一次之審議，修正後定稿，於七十四年二月二十六日報院審議。嗣行政院經建會奉院交下研議「加強就業服務方案」草案，並於五月十五日該會第三二〇次委員會議中，邀請有關機關首長討論本草案。會中決議請經建會依與會委

員及該會人力規劃處審查之意見，將原提方案草案再加整理後報請行政院於七十四年七月二十六日核定。

（附一）加強就業服務方案

七十四年七月二十六日　行政院核定

一、依　　據

本方案係依行政院六十八年六月二十三日臺⑻勞字第六一〇四號函指示訂定。

二、工作目標

本方案之制定，係爲配合國家當前經濟社會之發展、工業自動化及農業機械化之推行，以及行業結構轉型等之需要，以健全組織、確立制度、改進作業、提高效率等手段，激發國民就業意願，增進國民就業技能，輔導國民充分就業，達成支援生產、繁榮經濟與安定社會之目標，並作爲制訂就業服務法之參據。

三、工作項目

（一）調整就業輔導機關組織及設置

1.研訂省市就業輔導機關組織準則，報請行政院核定，以爲調整及增設就業輔導機關之依據。（主辦：內政部；協辦：省市政府社會處、局、人事處）

2.研訂「就業輔導機關員額設置標準」，報請行政院核定，以爲各就業輔導機關進用人員之依據。（主辦：內政部；協辦：省市政府社會處、局、人事處）

3.各省市就業輔導機關（包括中心、處、所及其所屬服務站）之設置，應考慮人口數、業務量及經濟發展情形等因素，適時予以調整。

（主辦：省市政府社會處、局）

4.尚未設置就業服務站之地區，由各該就業輔導機關推動地區之聯合就業服務，以擴大服務網面，增進人力資源之有效運用。（主辦：省市政府社會處、局）

5.就業服務站應設於當地交通便利之處，並有適當面積之固定辦公處所。（主辦：省市政府社會處、局）

（二）建立就業服務專業制度：

1.訂定「就業輔導機關專業人員甄審及運用要點」，以建立其專業制度。（主辦：內政部、行政院青輔會；協辦：行政院人事行政局、省市政府人事處、社會處、局）

2.協調教育部，於各大專院校社會、勞工、教育心理、心理、輔導等相關系所，增開人力政策、就業市場分析、勞動經濟、職業輔導、心理測驗、諮商技巧、工業心理等各有關就業服務之專業課程，以培育專業人才。（主辦：教育部、內政部；協辦：各公私立大專院校）

3.與國內外有關機構或學校合作，選派各就業輔導機關具有發展潛能之現職人員，前往進修或訓練。（主辦：內政部、行政院青輔會；協辦：省市政府社會處、局）

4.舉辦就業服務工作人員在職訓練，分期調訓就業服務人員。（主辦：內政部；協辦：省市政府社會處、局）

（三）加強就業服務與職業觀念之宣導：

1.中央主管機關統一製作就業服務與職業觀念宣導影片、幻燈片、廣播劇等，並協調有關機關於各電視臺、廣播電臺、電影院，廣為宣導。（主辦：內政部；協辦：行政院新聞局）

2.省市主管機關及各地區就業輔導機關擬訂計畫，加強與該地區報社、電臺、電影院等大眾傳播單位間之聯繫，擴大就業服務與職業觀念

之宣導，並廣爲刊佈地區就業機會。（主辦：省市政府社會處、局；協辦：省市新聞處）

3.各級學校應利用適當時間，加強對學生正確職業觀念之宣導，及政府就業輔導機關與就業服務業務之介紹。（主辦：教育部、行政院青輔會；協辦：內政部、各省市政府教育廳、局）

4.訂定每年四月爲「職業觀念宣導月」，由中央主管機關協調中央與地方有關機關擴大舉辦宣導職業觀念之各種活動，以導正國民職業觀念，提高國民職業道德。（主辦：內政部、教育部；協辦：省市政府教育廳局、社會處、局）

（四）改進電腦作業：

依據行政院核定之「內政部就業輔導電腦作業評鑑報告」，確實改進電腦作業。（主辦：內政部；協辦：省市政府社會處、局）

（五）強化就業諮詢服務、發展心理測驗、充實職業輔導資料：

1.各就業輔導機關應積極提供就業諮詢服務，今後有人員出缺時應保留名額優先任用具有就業諮詢相關專業背景者。（主辦：內政部；協辦：省市政府社會處、局）

2.加強推動「中央各部會輔導用測驗、研究發展分工計畫」，分別編修訂適合國人使用之各種職業心理測驗。（主辦：內政部、教育部、行政院青輔會、國科會；協辦：省市各就業輔導機關、各公共職訓機構、各級學校）

3.加強各就業輔導機關心理測驗人員之在職訓練，並積極提供職業心理測驗服務。（主辦：內政部；協辦：省市政府社會處、局）

4.加強推動「中央與地方各機關職業輔導資料編製分工計畫」，協調各有關機關編譯製作各種職業輔導資料。（主辦：內政部、行政院經建會、青輔會、省市政府社會處、局及各就業輔導機關、職訓機構）

5.規劃推動職業分析工作，藉以編製各種職業資料；並配合工商社會之發展，適時修訂職業分類典。（主辦：內政部；協辦：省市政府社會處、局）

6.透過各種管道，加強職業資料之有效運用，以協助國民對職業狀況有深入之瞭解。（主辦：各級學校、省市各就業輔導機關）

（六）制訂工作手冊，充實機具設備：

1.增修訂就業服務工作手冊，齊一工作方法與步驟，以恢宏作業績效。（主辦：內政部；協辦：省市政府社會處、局）

2.充實各就業輔導機關及服務站工作所需之交通工具及電話、文書處理等機具，以提高其就業服務作業效率。（主辦：省市政府社會處、局）

（七）加強低收入戶十五歲以上人口之就業服務：

1.各直轄市、縣市政府應就各該轄區合於社會救助法規標準之低收入戶，將其年滿十五歲具有工作能力而未在學者，按季造冊函送當地就業輔導機關。（主辦：省、市政府社會處、局；協辦：臺灣省各縣市政府社會局、科）

2.各就業輔導機關對於前項冊列之低收入戶十五歲以上人口，應參考其意願積極輔導其就業或參加職業訓練。（主辦：各就業輔導機關；協辦：各職訓機構）

3.凡在專責職業訓練機構受訓之低收入戶十五歲以上人口，其受訓期間之膳食費由政府全額補助。（主辦：省、市政府社會處、局；協辦：各職訓機構）

（八）加強推動轉業輔導及部分時間工作就業服務：

1.各就業輔導機關應隨時蒐集各該地區因社會轉型、工業升級等所需轉業之資料，分析整理送請職業訓練機構作為規劃轉業訓練之參據。

（主辦: 各就業輔導機關; 協辦: 各職訓機構）

2.各就業輔導機關，對需要轉業而不需再開發其就業技能之國民，應直接輔導其就業; 對於需轉業而未具備該就業技能者，則應輔導其參加有關之職業訓練，結訓後輔導其就業。（主辦: 各就業輔導機關; 協辦: 各職訓機構）

3.各就業輔導機關應主動與縣市社政及工商單位，以及地區公民營企業機構切取聯繫，建立離職員工通報制度，並輔導其離職員工再就業。（主辦: 省市各就業輔導機關; 協辦: 縣市社會局、科）

4.為適應社會發展之需要，各就業輔導機關應積極推動「部分時間工作」之就業服務。（主辦: 省市政府社會處、局）

（九）加強對雇主服務，爭取就業機會:

1.就業輔導機關應經常提供各公民營企業有關就業市場資料，以協助其了解一般就業市場狀況，以為雇主招募員工之參考。（主辦: 各就業輔導機關）

2.就業輔導機關應經常與業務區內各公民營企業機構切取聯繫，依雇主僱用員工之需要，提供必要之服務，並爭取就業機會。（主辦: 各就業輔導機關; 協辦: 內政部）

3.公營事業機構進用不必具備法定任用資格之員工時，得委請行政院青輔會或省市各就業輔導機關，推介所需人員或辦理代招代考。（主辦: 財政部、交通部、經濟部、行政院青輔會、省市政府建設廳、局、人事處、局; 協辦: 省市各就業輔導機關）

（十）加強與各級學校聯繫，協助志願就業畢業生順利就業:

1.中央主管機關協調教育部支援各級學校強化其職業輔導單位，培訓專業人員，推動學校職業輔導工作。（主辦: 內政部、教育部、行政院青輔會; 協辦: 省市教育廳、局）

2.加強地區就業輔導機關與各級學校（輔導室）之聯繫合作：

(1)適時向業務地區內各級學校提供職業輔導資料。

(2)協助各校適時辦理應屆畢業生職業心理測驗。

(3)協助學校安排應屆畢業生參觀工廠、企業機構、職訓機構等，以提高其就業意願。

(4)協助各校輔導志願就業之應屆畢業生適性就業及追踪訪問，並予以適當之調適輔導。（主辦：各就業輔導機關；協辦：各級學校）

（十一）加強與職業訓練之配合，協助結訓學員順利就業：

1.各就業輔導機關應經常提供職訓機構各種就業市場資料，以為擬訂職業訓練計畫之參據。（主辦：各就業輔導機關）

2.各職訓機構應將其年度訓練計畫，函送就業輔導機關，以作協助輔導結訓學員就業之準備。（主辦：各公共職訓機構）

3.各職訓機構應依據學員之就業意願，於結訓前，為其爭取適當之就業機會；結訓時，協助輔導其就業；結訓後，將其學員個案資料送就業輔導機關，俾據以接續辦理未就業學員之推介就業工作。（主辦：各公共職訓機構；協辦：各就業輔導機關）

4.各職訓機構對結訓學員之就業情形，應予掌握，並將隨訪結果，副知就業輔導機關，以為協助其調適之參據。（主辦：各公共職訓機構；協辦：各就業輔導機關）

（十二）加強民營職業介紹所之管理：

1.就業輔導機關應於適當時期協調警政機關將民營職業介紹所之輔導工作納入就業服務體系。（主辦：內政部；協辦：省市政府社會處、局、警務處、警察局）

2.就業輔導機關提供各民營職業介紹所有關之職業資料及技術指導，以輔導其辦理職業介紹工作。（主辦：各就業輔導機關；協辦：內

政部）

3.各縣市政府警察局應將各民營職業介紹所營業概況按月造册轉送當地就業輔導機關。（主辦： 縣市政府警察局； 協辦： 各就業輔導機關）

（十三）外籍人士在我國就業之管理：

研訂外籍人士來華就業管理辦法，報請行政院核定實施，以防止外籍人士在我國境內非法就業，以保障我國國民就業機會。

（附二） 加強國民就業輔導工作綱領

中國國民黨十屆二中全會，通過「現階段加強國民就業輔導工作綱領」。全文如下：

本黨爲配合現階段全面經濟發展，加強國民就業輔導，以促進充分就業，提高國民所得，改善國民生活，特制定本綱領。

（一）目　　標

一、適應人口發展與新進勞動力需要，加速資金之累積與轉化，以創造並增加更多就業機會。

二、在不影響工業現代化與高級化原則下，儘量維護與加強勞工密集工業之發展，以減少失業人口，並進而擴大就業機會，容納新進勞動力就業。

三、配合經社發展人力需要，建立教育長期歲出政策，改變職業觀念，擴大職業訓練，加強職業敎育與建敎合作，以增進國民就業技能。

四、加強勞工行政，改善勞動條件及工作環境，提高勞工地位與待遇，以激發國民就業意願。

五、建立完整就業輔導行政體系，統一就業輔導事權，改進就業輔

導作業以加強人力供需調配。

（二）基本措施

一、開創更多就業機會

（一）貫徹經濟建設計畫之實施，以達成增加就業機會之目標。

（二）在不影響工業現代化與高級化原則下，儘量維護與加強勞工密集工業之發展，與減少因工作異動或技術變遷之失業人口，並進而擴大就業機會，容納新進勞動力就業。

（三）加強有關人力之調查統計，並應力求勞動力供需評估之精確，據以厘訂訓練及教育計畫，以提高人力素質與就業能力，促進國民充分就業，加速經濟發展。

二、增進國民就業技能

（一）在教育方面，應規劃建立教育長期歲出政策，以配合經社發展人力之需要，除因應學齡人口之就學需要，注意國民基本知識之傳授，與高深科學之研究發展外，並應改變盲目升學之士大夫意識，加強培養學生畢業離校後謀生就業所需之知識與技能。

（二）在職業訓練方面：由政府創辦地區性職業訓練中心，在中等學校內增設技藝訓練中心，並由事業單位辦理養成訓練及技術生訓練等，以輔導高初中畢業未升學及中途離校學生，成爲目前迫切需要之技工與半技工。在最近期內，尤須推展下列工作：

①在統一就業輔導行政體系下，建立職業訓練行政體制，統籌推動及督導職業訓練。

②研訂職業訓練法規，確定政府與事業單位對職業訓練方面之權利與義務，並儘先研訂「職業訓練實施辦法」、「工廠推行技術生（學徒制）訓練實施細則」、「技術工甄審發證辦法」，及審訂「各種職業訓練標準」等法規。

③爲籌措擴大職業訓練經費所研擬之「職業訓練基金條例草案」，應儘速完成立法程序，公布實施。

④配合經濟建設計畫中人力需要及戰時生產人力要求，由各級主管機關辦理各業人力供需調查。

（三）在建敎合作方面：應健全各級政府建敎合作體制，配合就業輔導工作的推動，聘用專業人員，負責建敎合作之進行。並應規劃推行下列工作。

①依據當前情勢，修訂建敎合作可行方案，力求建敎合作之有效推行。

②依建敎合作與建敎合一的基本精神，所設計之「建敎合作實驗班」、「技藝專科學校」及「實用高級技藝學校」，應鼓勵公民營企業盡力興辦，以減少政府的敎育投資及延聘師資的困難，並可充裕各業所需之中級及基層技術人力。

③公民營工廠應儘量給予工職及工專學生實習之便利。

④九年國民敎育方案的實施，必須兼顧升學與就業兩方面的需要，除在國中階段加強工藝與職業指導課程外，更應進一步辦理建敎合作。凡志願就業的學生，在學校附近有工廠可供實習時，得經學校當局核准，自第三年起至工廠中實習，俾能早日養成一技之長，提前就業。

三、激發國民就業意願

（一）充實中央及省（市）以下各級勞工行政機構的人事與經費，切實加強勞工行政作業。

（二）配合國家政策與社會發展需要，及時制訂，修正或廢止有關勞工法令。

（三）統一工礦檢查權責，加強產礦安全衞生檢查，切實督導廠礦改善勞動條件與工作環境。

（四）建立技能檢定發證，等級評價及其升遷進修制度，提高技術工作者地位與待遇，並舉辦技能競賽，強化技術工作者之職業觀念，激發國民參加勞動生產工作意願。

（五）倡導合理工資及適當之工時制度，充實職工福利措施，並依勞工生活費指數，定期調整基本工資。

（六）勞工災害賠償應與勞工保險分開，勞工保險的殘廢、老年及遺屬給付，應改為年金制。

（七）工業區的開闢，應預先考慮勞力供需情形，並應注意興建男女勞工宿舍，改進當地交通設備，與之配合，以吸引所需人力。

四、加強就業輔導工作

（一）建立中央就業輔導行政及省、市就業輔導體系，統籌規劃就業政策，儘速完成就業安全立法程序，擬訂有關就業輔導行政規章及標準作業程序。

（二）建立臺灣地區完整之就業輔導，將現有就業輔導中心，工業區就業服務站及縣、市就業輔導所之配置與關係，重新全盤檢討調整，並充實其員額經費，加強作業。

（三）私營職業介紹業者，應規劃就業輔導行政機構統一管理，以加強其業務之指導監督。

（四）加強雇主訪問與工業技術服務，建立就業市場資料蒐集及定期發布制度，及時實施職業交換，合理調節各地各業各職類人力供需。

（五）舉辦就業輔導人員專業訓練，並建立專業人事與待遇制度，有關就業輔導之職業指導，職業諮詢，性向測驗及職業分類典，並應分別充實與加強。

（六）配合動員需求，加強專技人力之調查登記與動態管理，奠定戰時專技人力管理基礎，以適應反攻大陸之需要。

<h1 style="text-align:center">第三節　社會救助</h1>

　　社會救助工作，亦爲社會福利重要部門之一，不只在消極方面對生活遭遇困難者予以適當之救助，以維持其最低標準之生活，而且在積極方面，更進一步協助其恢復工作潛能，參加生產，服務社會。

　　我國早於民國三十二年九月，卽由國民政府公布「社會救濟法」開始辦理社會救助工作。政府遷臺後，又陸續制定有關救濟的法規，至今有關社會救助法規凡七十餘種，倘由其制訂機關可分爲中央、省及市頒行者三種：

　　1.中央制訂者：最重要者有二，其一爲社會救濟法，爲我國社會救助之基本法，於民國三十二年九月二十九日由國民政府公布實施，共分五章五十三條，內容包括救濟範圍、救濟方法、救濟措施、救濟費用及附則。其二爲社會救濟法實施細則，係依據前法第五十二條之規定而制定者，於民國三十三年九月十二日由行政院公布實施，共有十八條。

　　2.臺灣省政府制訂者：臺灣省政府所制訂之社會救助法規計有六十一種。其中有三種爲臺北市參照使用者，爲臺灣省社會救濟調查辦法、臺灣省貧民施醫辦法及臺灣省多令救濟辦法及有關統一募捐辦法。

　　3.臺北市制訂者：計有十種，其中以參照臺灣省辦法而制訂之臺北市社會救濟調查辦法及臺北市貧民施醫辦法較爲重要。

　　茲依據上述法規，說明我國現行社會救助工作實況：

　　（一）一般災害救助

　　依規定一般災害救助的對象，以遭受風災、水災、震災致傷亡或住屋倒塌者爲限，其救濟金發放標準爲：因災死亡每人發給其遺族救助金

八千元，失踪者五千元，重傷者四千元，住屋倒毀者全戶爲一人爲二千元，二至三口爲四千元，四口以上每口加發一千元，最高不能超過八千元，半毀者比照半數發給。一時無家可歸之災民，則由臨時收容所收容，供應膳宿。

（二）機構院所收容安置

1.此包括救濟（現改稱仁愛之家及廣慈博愛院）育幼院所收容貧苦無依之老弱殘障及廢疾者之主要措施，現有公私立院所九十五所。另有榮民之家及不幸婦女殘障者之收容機構。

2.凡合乎下列規定者，均爲其收容對象：

(1)年齡在六十歲以上精力衰耗，無人扶養者。

(2)年齡未滿十二歲之貧孤兒童應予教養救濟者。

(3)身體健康，具有勞動能力而無謀生技能自願習藝或游民乞丐應予強制習藝。

(4)傷殘無力生活，應予救濟者。

(5)其他情況特殊，或遭重大災害，依有關法令應予臨時收容救助者。

3.救助方式分院內收容與院外救助兩種，凡貧苦之老弱殘障鰥寡無依者，均按其志願予以院內收容，除其日常所需全部由院方供給外，遇有疾病並予以適當之治療，更經常注意院民院童保健及康樂活動，以維護其健康並調節其身心，此外並配合體能興趣，傳授技藝及輔導從事輕便生產工作，藉以增加收入。

（三）推行家庭補助

凡經調查登記有案之一級貧民，按月發給家庭補助費，臺灣省每戶發給新臺幣二百元，戶內有六十歲以上十二歲以下及殘障者，臺灣省則每人增發一百元；臺北市則爲每戶四百元，每增加一人加發一百元，

以維持其最低標準生活。該項經費由各級地方政府社會福利基金項下支付。

（四）貧民施醫

目前貧民施醫，係以登記有案之貧民及公私立救濟（現改爲仁愛之家及廣慈博愛院）、育幼安老院所之院民罹患傷病者爲對象，其施醫業務由地方政府主辦，醫療工作則委由各公私立醫院及各縣市鄉鎮衞生局（所）附設貧民施醫所辦理，現有施醫所二九〇所。

（五）貧民技藝訓練與就業服務

對於調查登記有案之二、三級貧民，加強貧民技藝訓練計畫之推行，以養成一技之長，參加生產，謀其自力更生，同時由各地國民就業輔導中心，積極輔導貧民就業，務期人適其事，充分發揮人力，以期有助於經濟發展，社會繁榮。

（六）教育扶助

爲使貧民子女有接受良好教育的機會，鼓勵其上進，提高其知識水準，增加其就業能力，早日脫離貧窮，有下面二種措施以資扶助：(1)貧戶子女助學金；(2)助學貸款。

（七）急難救助

此項救助是一種臨時性、突發性的社會救助措施，係對登記有案之貧戶或低收入家庭因突遭變故，生活一時陷入絕境者，適時予以救助，以期減免社會問題之發生。其救助方式計有：(1)貧民急難救助；(2)淸寒特別救助；(3)後備軍人急難救助；(4)榮民急難救助；(5)天然災害救助；(6)喪葬補助。

（八）辦理各項貸款輔導貧民生產

對於經政府核定有案之貧民欲創業者，積極給予各種貸款，輔導從事生產，而脫離貧窮。此項貸款包括：(1)貧民農牧貸款；(2)貧民工商貸

款及⑶生產工具貸款。

（九）大陸災胞救濟

大陸災胞救濟以接運來臺安置之反共義士義胞，及救助海外流亡難胞以及大陸同胞抗暴爲重心，由內政部督導中國大陸災胞救濟總會辦理。

新的社會救助法已於六十九年六月十四日由　總統令公布實施，立法內容有生活扶助、醫療補助、急難救助及災害救助等，詳見附錄四～3，執行情形見拙著《民生主義福利社會之理論與實踐》，七十八年。

第四節　國民住宅

國民住宅是民生四大需要之一，人之一生，泰半消磨於其間，發展國民住宅實爲國家現代化之基本建設。而且，興建國宅，兼具有促進社會建設及經濟發展雙重功能，國民居住環境可以改善，生活水準可以提高，並因大量興建國宅，帶動相關工業的發展，增加就業機會。臺灣地區人口增加甚速，房荒問題，日趨嚴重，尤其是都市地區，由於每年農村人口大量集中於都市地區，爲適應此一情況，每年必須大量興建住宅。

依照民生主義現階段社會政策規定，應由政府興建國民住宅，廉租或分期出售平民居住，採長期低利貸款協助平民及公教人員自行興建住宅。鼓勵私人投資建造國民住宅出租或分期出售。開發都市近郊坡地或不適農耕土地，以合理價格供給國民所需建地；設計改良住宅，供應圖樣，獎勵居室工業，修訂國民住宅法及有關法規，力求便利人民，以促進國民住宅之興建。

爲實踐國宅政策，政府於四十六年七月公布「興建國民住宅貸款條

例」，五十六年臺灣省爲強化業務，訂定「臺灣省興建國民住宅管理辦法」，於同年十一月正式公布實施。至國民住宅興建業務，則創辦於民國四十三年五月，由行政院成立興建都市住宅技術小組負責辦理，翌年七月因業務需要，將該小組擴大爲行政院國民住宅興建委員會，加強推行。當時貸款建屋資金，全賴美援貸款協助，政府本身並無固定財源。至四十七年因美援貸款停止，該會奉令結束，其主管業務交省政府接辦，於省社會處成立國民住宅興建管理室，負策劃督導之責，並在縣市設置國民住宅興建委員會。同時，報經行政院核定，將全省土地增值稅收入，集中使用，悉數撥充國民住宅興建基金。此乃我國政府指定專款財源，設置國民住宅行政專管機關，興建國民住宅之創始。臺北市於五十六年改爲院轄市後，原設置之國民住宅興建委員會改爲國民住宅興建及社區發展委員會，負實際執行之責（救助貧戶之平價住宅工作交由社會局承辦）。惟歷年來因資金困難，僅會同違章建築處理委員會辦理配合拆除違建之平民住宅工作。臺灣地區興建國宅之財源，民國四十七年至五十五年係以土地增值稅撥充基金，五十六年起因民生主義現階段社會政策規定以土地增值稅撥作社會福利基金辦理七大項社會福利措施，乃分別在省市社會福利基金內提撥成數，規定不得少於全部收入之二五％，五十八年因實施九年國民義務教育，此項分配比例減爲一二‧五％。二十餘年來，政府興建國民住宅，爲期有限之資金能發揮高度效用，乃決定以解決低收入勞動人口之居住問題爲主，以協助解決中級收入國民居住問題爲輔，其項目包括：

（一）低收入國民住宅

以一般低收入而無自有住宅之勞工、農漁民、市民及公敎人員爲對象，貸款金額爲住宅造價八〇％，貸款期限原爲十年，自五十三年度起延長爲十五年，利率爲月息五厘。

（二）配合拆除違章建築，及公共建設興建平民住宅

自五十三年起，爲配合各大都市拆除違章建築計畫之執行，及各項重要公共建設，以促進都市之正常發展，並改善被拆遷戶生活起見，由政府本「先建後拆」原則，興建公寓式各類住宅，出售與拆遷戶住用，其貸款償還期限及利率與一般低收入住宅同（該項住宅貸款自六十年起併入一般低收入國民住宅內辦理，違建戶可准優先核貸）。

（三）興建平價（貧民）住宅

爲加強社會福利措施，改善貧民居住環境，自五十六年起，先在臺北市及臺灣省轄市集中興建公寓式平價住宅，並附設各種福利服務設施，免費配與一、二、三級貧民居住，至其生活獲得改善，貧民身份消失爲止。

（四）協助機關學校興建公教宿舍

本項貸款於五十五年創辦，以機關學校爲對象，貸款由機關學校統籌，興建完成，分配員工居住，其產權歸機關學校所有，貸款償還期限爲十年，利率按銀行融通利率轉貸。

（五）鼓勵投資興建國民住宅

爲配合都市發展及誘導民間資力興建國民住宅，以解決都市居住問題，自五十一年開始辦理鼓勵投資興建國民住宅貸款，由投資人興建高層公寓式住宅，售供無屋市民住用，其貸款金額爲住宅造價之五成，貸款期限十年，利率爲月息八厘五毫。

（六）災害重建住宅

臺灣地區地理環境特殊，時遭天然災害侵襲，爲協助災民重建家園，每於重大災害時，辦理貸款，協助災民重建住宅，其貸款年期利率與低收入住宅貸款同。

（七）勞工住宅（包括礦工、漁民、鹽民）

　爲配合經濟發展，改善勞工生活，增加生產，特辦理是項貸款，其貸款年期及利率與低收入住宅貸款同。

　以臺灣省言，自四十八年至六十六年十二月底止，先後已興建完成各類住宅十二萬一千二百八十八戶，使用貸款及補助金四十八億多元。

　政府鑑於中央立法有關國民住宅之興建者，僅有「興建國民住宅貸款條例」一種，係於民國四十六年公布施行，其內容僅止於國民住宅貸款之有關事項，實施以來，發現缺點甚多，致使國宅計畫無法大量推展興建。例如(1)貸款利率規定不得超過年息六厘，缺乏彈性，致政府補貼過多。(2)無出租住宅之規定，致使低收入家庭無法享受政府興建國民住宅之實惠。(3)無強制收回住宅之規定，致使部分貸款戶，拖欠攤還本息，政府只能循民事訴訟程序解決，長期涉訟，曠日費時。爲解決及改進以上缺點，以期有效推動國民住宅之興建與管理工作，經參考各國有關法律，擇其必須立法事項，擬訂「國民住宅條例」草案，送請立法院完成立法程序，於民國六十四年七月十二日公布實施。同時，廢止已實施約二十年之「興建國民住宅貸款條例」。新的國民住宅條例主要內容包括宗旨、主管機關、國宅含義、國宅的規劃、興建用地、基金的設置、國宅的租售及國宅的收回等，與國民住宅貸款條例比較，相當完備，尤其改由政府直接興建國宅，實爲我國國宅發展過程之里程碑。

　爲期有效推動國宅興建工作，內政部於六十四年七月成立國宅興建計畫推動小組，會同省市政府研定「六十五、六十六年度國宅興建計畫」，在二年內興建國宅二萬戶，分佈於臺灣省、臺北市及金馬地區。六十七年度以後，配合六年經建計畫研訂中期國民住宅興建計畫，預定六年內興建國宅十萬六千九百三十一戶。此外，爲解決臺灣省生活特別貧困民眾居住問題，預計六年內，將以四萬一千餘戶貧戶爲對象，由省政府補助興建簡易住宅，使成爲自強戶，並補助貧困農戶整修其破舊住宅，六

年內預計整修三萬七千餘戶，以改善其生活環境。

六十六年政府宣示「廣建國民住宅」為十二項重大建設中的第七項，顯示政府的決心，此實為我國實行三民主義均富理想中，有關國宅方面最重要的行動。事實上，為執行臺灣地區國宅六年興建計畫，中央、省市、縣市政府莫不全力以赴，積極推動，惟因機構組織未健全，人力、資金不足，且土地難求，進展緩慢。至七十一年六月底止，完成四萬三千九百九十六戶。為克服土地取得困難，乃有行政權宜措施，以委建方式，由承辦單位（公民營企業公司、工廠、礦場、或工會、漁會等單位）自備土地（以縣市政府首長為起造人）及利用低度使用之軍眷改建，迄六年計畫屆滿，興建七二、五三二戶（見國民住宅六年興建計畫，執行成果評估報告，七十一年十二月，內政部營建署）。

自七十一年七月起繼續推動國民住宅四年興建計畫及年度計畫，至七十六年十二月三十一日計興建一二三、五〇七戶。七十七年度起，一方面價購土地，一方面對公有土地予以清查列管備用。經通盤檢討清理，政府已價購之土地共有一七二‧八一二一公頃，適合興建國宅，擬繼續列管之，公有土地共有六〇一‧二三三五公頃，此外，檢討確立國民住宅政策，以獎勵投資興建為主，政府直接興建為輔，並研討確立國宅政策目標發展策略及財務制度、土地利用、管理維護制度、機構組織型態、權責以及人力做適當之調整。為求國宅政策突破與創新，並掌握住宅供需市場，經有關單位研訂相關規定後，正積極推動預售制度、建立候用名冊，並進行都會區購宅意願調查；同時，為因應近來房價狂飆，協助中低收入民眾解決居住問題，內政部經擬訂「臺灣地區住宅建設方案」，並與經建會會同擬訂「興建中低收入住宅方案」，經報奉行政院覆以省市政府應在近期內，各依實際需要，擬訂實施計畫報院核定後辦理（見附錄五）。

第五節　福利服務

一、兒童福利

　　培養健全國民，除講求先天之優生善種外，尤須注意後天之教養，而後天之教養，則有賴於兒童時期之妥善保育與教導。因此，各國政府均專設機構，推行兒童福利工作。我國自古即重視兒童福利工作，慈幼局、育嬰堂等都是古時代表性的兒童福利設施。民國以來，外受各國社會福利事業發展之影響，內有政府與社會團體之創導推行，兒童福利事業漸具規模。民國二十年的五善政策，三十四年四大社會政策綱領中第一部分民族保育政策綱領，對兒童福利工作均有明確規定，中華民國憲法一五六條規定：「國家為奠定民族生存發展之基礎，應保護母性，並實施婦女兒童福利政策。」五十四年行政院頒佈民生主義現階段社會政策中明確規定為福利服務之一部分。六十二年二月八日，　總統公布兒童福利法，本法從消極的保護兒童免受迫害始，進而積極的促進兒童心智之平衡發展，兒童福利工作乃逐漸步入了專業化及現代化之境地。

　　我國目前有關學齡前兒童教育——幼稚園——由教育機關主管；有關兒童衛生保健，由衛生機關主管；他如托兒所、育幼院、社區童子軍等福利設施，則由社政機關主管，並配合教育與衛生機構辦理。茲就我國兒童福利工作介紹於後：

（一）托兒設施

　　托兒設施之設立，係依照「托兒所設置辦法」辦理，並參照六十二年八月二十三日公布之「托兒所設施標準」，逐步提高其各項設施標

準。托兒所設施依其性質可分爲一般托兒所及農村托兒所二種:

1.一般托兒所是政府鼓勵地方熱心兒童福利人士及民間團體創辦,收托對象爲一般職業婦女及低收入勞工家庭子女,並兼寄養家庭發生臨時變故難童,是固定性長久托兒設施,其收托年齡爲滿一足月至未滿六足歲爲限,收托方式分全托、日托、半日托三種,除臨時遭遇變故之難童,不得不予全托外,其餘均爲日托或半日托,以維兒童的正常家庭生活。從社會福利觀點看,一般托兒所可幫助父母有效教養子女,並可使婦女參與人力市場,對促進國家社會經濟發展,均有莫大助益。

2.農村托兒所,乃是近年來政府輔導縣市鄉鎮公所、農會等單位舉辦的一種新興兒童福利事業。每屆農忙季節,農家均從事農業生產,對學齡前兒童常無法予以妥適照顧,影響兒童身心發展至鉅。政府乃於民國四十四年起輔導縣市舉辦農忙托兒所。舉辦之初,係配合農忙季節辦理,每年舉辦一期至三期,每期一個月,嗣以是項農忙托兒所工作,僅配合農忙季節辦理,爲時短暫,已無法適應農村發展實際需要,乃自四十七年度起,將部分地區托兒所改爲常年舉辦,從此由短期性農忙托兒所遞嬗爲常年舉辦的農村托兒所,此項福利設施,不但使農村及貧困地區學齡前兒童獲得良好保育,而且,使農村婦女得以協助農事生產,增進農村經濟繁榮,亦兼具有社會福利與經濟建設雙重功能。

(二)孤苦無依兒童之收容安置

對孤苦無依兒童由政府自辦育幼院,並鼓勵社會上熱心慈善人士或團體,辦理私立育幼院所,予以收容安置,其方式可分爲院內收容、家庭補助及介紹領養。

1.院內收容

育幼院內收容孤苦無依兒童,其生活及教育費用,均由院方負擔。對初生至四歲的嬰童,由資深且具保育知識與經驗之保姆負責養育,依

照兒童生理、心理需要，給予妥善的照顧，四至六歲的兒童，開始施予幼稚教育，依兒童的個別差異，分別指導，發揮所長，養成自立能力。六至十五歲兒童，送至國民小、中學就讀，中學畢業後，分別輔導升學或習藝。

2.家庭補助

育幼院對貧苦家庭兒童，按月將主副食撥發其監護人自行撫養，並經常派員訪視，協助其家庭解決就業及生活上的困難，期使逐漸不需依賴救助，而能維持最低生活。

3.介紹領養

對收容的棄嬰或無依孤兒，為使重獲家庭溫暖，經調查如有適合領養條件之家庭，卽予介紹領養，領養後，仍將隨時派員訪視、督導，用以保障被領養兒童應享之權益。

（三）身心殘障兒童收容、教養及重建設施

目前所有身心殘障兒童，據各方資料估計，總數不下十萬人，現有殘障兒童收容、教養、重建之設施中，有小兒痲痺或肢體傷殘重建工作者計有十所之多，盲童育幼院、智能不足兒童教養院各一個，另有專事收容無法醫療或重建如腦痲痺、軟骨症、畸型等殘廢兒童之機構二個，總計收容身心殘障兒童一千餘名。鑒於小兒痲痺預防藥物之進步，目前此類病患已有逐漸減少之趨勢，今後或將絕跡，而盲聾啞、智能不足、腦痲痺、畸型軟骨症、精神病等之治療與重建工作，將為我國兒童福利工作上最艱鉅之任務，並需要教育、衛生及社會三方面之密切配合。

（四）兒童福利工作人員訓練

內政部曾與聯合國兒童機構簽訂一項「聯合國兒童基金會援助我國兒童社會服務計畫」後，於五十二年協助設立「臺灣省兒童福利業務人員研習中心」，透過現代社會工作專業方法，訓練各級兒童福利工作人

員，包括育幼院所社工人員、省縣市督導人及農村托兒所保育人員等，藉以提高專業智能，改進兒童福利工作，臺北市政府亦委託上述機構代為訓練，此項國際援助已停止，訓練計畫由省政府籌措財源繼續辦理。另外，在創辦寄養服務、保護服務、鄰里托兒家庭保母制度以及兒童健康保險方面亦均有所突破（詳見拙著《民生主義福利社會之理論與實踐》）。

二、其他方面

在農民福利方面，繁榮農村經濟，改善農民生活，增進農民福利，一直是我政府農村建設的目標。遠在民國三十四年通過之四大社會政策綱領之第三部分「農民政策綱領」中，卽確立我國農民政策乃在發展農民組織，刷新農村政治，改革農村經濟，推進農村福利，實現三民主義之新農村社會。政府遷臺後，乃本民生主義精神，以公平合理，和平漸進的方式，兼顧地主和佃農雙方利益，實施土地改革，並確立「以農業培養工業，以工業發展農業」之方針，致力於經濟建設，使得我國經濟快速成長，人民生活提高。不過，在另一方面，也引起經濟結構上的變化，使農村面臨新的局面、新的問題，極須我政府尋求適當調整方向與步驟，展開另一次的農業革新。政府基於保障廣大農民利益與促進農業現代化之要求以及配合國家經濟發展需要，乃針對當前農村現有問題，積極尋求有效對策，執政黨並於民國五十九年通過「現階段農村經濟建設綱領」，以為加強農村經濟建設增進農民生活福利之努力方向。此一政策性綱領之目標有三：第一、降低農業生產成本，減低農民負擔，建全農民組織，改進農產運銷制度，合理調節農產價格，並改善農業金融，以增加農業經營收益；第二、改善農業生產結構，擴大農場經營規模，推廣機械作業，運用科學技術，提高農業生產技術，以加速農業現

代化; 第三、加強農村社區建設, 增進農民福利, 以促進鄉村都市化理想之實現, 爲達此三項目標, 其基本措施共有十項, 卽(1)改善農業生產結構; (2)擴大農場經營規模; (3)推行農業機械作業; (4)提高生產技術; (5)降低肥料施用成本; (6)減輕農民負擔; (7)合理調節農產價格; (8)改善農業金融及投資; (9)建全農民組織; (10)增進農民福利。

此一綱領, 透過政黨政治的運用, 交由行政院策劃辦理, 且由有關單位首長組成督導組負責督導考核。政府有關部門依據該項綱領會同擬訂各項改進農業生產之基本措施。有關單位逐步規劃實施, 備極辛勞, 而成效亦不少。 然對貫徹此一綱領之基本要求與精神, 凡屬關鍵性問題, 例如如何擴大農場經營規模, 如何有效推行機械化作業, 如何改進農業金融及投資, 以及如何合理調節農產價格, 以促進農業發展, 均有待克服。於是, 六十一年九月二十七日行政院更進一步頒布「加速農村建設九項重要措施」, 其內容爲: 第一、廢除肥料換谷制度。第二、取銷田賦征教育捐。第三、放寬農貸條件, 包括(1)加強現代化經營放款; (2)加強貧困地區及農業專業區農貸; (3)加強農會信用部。第四、改革農產運銷制度, 包括(1)加強農會辦理共同運銷; (2)改進臺北市果菜市場營運。第五、加強農村公共投資, 包括(1)興修水利及防風林; (2)興修產業道路配合山坡地開發; (3)興建農村簡易自來水及改進環境衛生。第六、加速推廣綜合栽培技術, 包括(1)加強糧食作物的生產技術及其收穫與倉儲設施, (2)加速推行農業機械化。第七、倡設農業生產專業區, 包括設立雜糧專業區, 外銷特用作物專業區, 以及農牧綜合經營區等。第八、加強農業試驗研究與推廣工作。第九、鼓勵農村地區設立工廠。並卽在中央成立「加速農村建設重要措施策劃小組」, 省市分別成立「加速農村建設重要措施推行小組」。復爲期法律上有明確依據, 於六十二年九月三日公布「農業發展條例」。自六十六年起, 此一工作併入「六年經

濟建設計畫」中實施。

在勞工福利方面，係以三民主義爲方針，以憲法爲綱領，揭櫫國家至上、民主自由、經濟平等及勞資協調爲指導原則。先後訂定「保障勞工利益、改善勞工生活方案」、「加強勞工福利重點措施」、「加強工廠青年服務工作要點」、「推行以廠爲家、以廠爲校運動實施方案」、「加強工礦檢查機構功能提高檢查效率方案」、「加強就業服務方案」、「第二期加強推動職業訓練工作方案」等，公布實施勞動基準法，提昇各級勞工行政機構層次，更於七十七年三月二十八日由行政院核訂「現階段勞工政策綱要第一期執行方案」（七十七年至八十年），採取多項革新措施，充分顯示政府造福勞工之決心❶。

至於老年福利、婦女福利、殘障者福利及對少年之特別保護，亦有相當成效，因篇幅所限，茲不及備述。有關立法見附錄四，兒童福利、殘障福利婦女福利，執行情形參考拙著《民生主義福利社會之理論與實踐》。

第六節　社區發展

民國五十四年行政院頒布「民生主義現階段社會政策」，確立了社區發展爲我國社會福利措施七大要項之一，同時並明確規定「以採取社區發展方式，促進民生建設爲重點。」於是社區發展擔負了雙重的任務，卽其一就其爲社會政策的目的言，應貫澈民生建設之任務，其二爲就其爲社會工作方法言，應啟發居民自動自治之精神，配合政府行政措施，以發展社區。

---

❶　見行政院勞工委員會，《現階段勞工政策綱要第一期執行方案》（民國
　　七十七～八十年），民國七十七年三月十七日。

內政部爲加強各方面之協調配合，貫澈社區發展工作之推行，乃擬定「社區發展工作綱要」，於五十七年五月十日呈由行政院令頒施行，揭櫫社區發展之目標：「爲有計畫的動員區域內之人力、物力、財力，配合政府各部門之施政計畫與財力支援，以增進區內人民生活條件，提高區內人民生產效能，改善區內人民生活環境，建設民生主義新社會。」實施步驟，先就最貧苦地區採選點示範方式開始，最後點點連接，擴及全面。推行協調策畫機構，則於內政部、省（市）縣（市）政府及鄉鎮公所，設置各級「社區發展委員會」，並以其社會行政部門主管推行。工作機構，則於各社區設置社區服務中心，由社區內之戶長選舉九至十一人組織理事會管理之，配合政府及公私機關團體之協助，負責推行有關社區發展之實際工作。關於工作內容，則可歸納爲三大重點建設：卽公共工程、生產福利及精神倫理建設。

臺灣省政府於民國五十五年起執行民生主義現階段社會政策，運用社會福利基金，訂定全面選點推行社區發展計畫。五十七年九月頒行「臺灣省社區發展八年計畫」，六十一年五月修訂爲「臺灣省社區發展十年計畫」，就全省各縣市依自然形勢及居民生活上之共同需要，將全省社區重加規畫爲三、八九〇個社區，分十年（五十八～六十七年）辦理。以民眾爲主體，政府各部門共同輔助，給予技術、經費上的協助及精神獎勵；以貧苦落後地區優先辦理，並舉辦觀摩競賽予以激勵，逐步推展，普及全面。臺灣省政府於社會處設第三科專責社區發展業務，自公布小康計畫後，更配合社區發展實施，期以社區爲單元，增加財富，消滅貧窮。六十二年度全省性社區發展配合小康計畫示範觀摩，績效甚佳，足見二者相輔相成。

臺北市政府爲使此項工作能儘速全面推動，於五十六年七月改制後，於社會局設立第五科專責社區發展業務，運用社會福利基金，訂定

第一、二期四年發展計畫，先建立示範社區，再繼續擴及一般社區。自六十二年七月起，配合安康計畫，擴大實施，市區與郊區均衡發展。七十七年訂定都市社區發展長程計畫，逐年建立目標社區，由社工人員協助社區結合社團力量。

內政部為加速貫澈社區發展政策之推行，配合當前社區發展需要，爰於五十九年六月設立「中華民國社區發展研究訓練中心」，並洽得聯合國之技術援助，期能結合各方力量，以推進我國社區發展之研究訓練工作，以利我國社區發展工作。除聯合國技協款項外，並獲中美基金及政府預算補助。民國六十一年五月，聯合國發展方案結束在華業務，原派該中心之外籍計畫經理及專家相繼離去，技協款項亦隨之中斷，翌年中美基金又復停止。至此該中心之經費，乃由行政院列入政府年度預算，撥由內政部繼續支應，惟部分專案計畫，偶亦可獲中美基金及其他外援之補助，是以該中心之業務，仍得照常進行。該中心主要任務為促進並從事對社區發展有關各項之調查研究、促進並辦理公私機構社區發展工作人員及志願人員之講習訓練以及主持在選定地區之各項社區發展示範實驗。該中心透過實驗與示範的過程，使得社區獲致社區發展的經驗與實務，據以擬訂可行及有效的社區發展計畫。它協調社區發展執行機構之相互關係，使有關機關團體組織能密切的配合連繫，發揮團隊的精神，共同為促進社區發展而努力。它評估與檢討社區發展計畫推行的成敗得失，提供改進的途徑，俾達預期的目標。它選訓社區領袖、專業工作人員及志願服務人員，透過各種研討講習，不斷增見聞、長知能，以適應社會文化變遷，不斷地發展社區。

行政院進一步修改「社區發展工作綱要」為「社區發展工作綱領」，並於七十二年四月二十八日函頒實施，見附錄四～5。

（附三）社區發展工作綱要

行政院五十七年五月十日臺五十七內三七一〇號令頒
臺灣省政府五十七年十一月八日府社三字九〇〇二二號令轉
刊登省公報五十七冬字第三十四期

第一章　目　標

一、社區發展為有計畫的動員區域內之人力、物力、財力，配合政府各部門之施政計畫與財力支援，以增進區內人民生活條件，提高區內人民生產效能，改善區內人民生活環境，建設民生主義新社會為目標。

第二章　區　域

二、社區發展開始推行之階段，採全面選點示範方式行之，在市每一區選一貧苦落後區域劃為社區，在縣轄市、鎮，每一市、鎮選一貧苦落後之區域劃為社區，在鄉村，每一鄉選一貧苦落後之村或鄰近之數村劃為社區，俟行之有效，令周圍各村里仿照辦理，最後點點連接，擴及全面。

第三章　推行機關

三、中央政府於內政部設社區發展委員會，以內政部部長為主任委員，各有關單位首長及專家人士參加為委員，策劃全國社區發展之推行方式及國際間之聯繫，社會司司長兼總幹事。

四、省、市於省、市政府設社區發展委員會，以省主席、市長為主任委員，各有關廳、處、局首長及有關方面人士參加為委員，協調各有關方面推動全省、市社區發展工作，社會處、局長兼總幹事。

五、縣、市局設社區發展委員會，以縣、市局長為主任委員，各有關單位首長及有關團體社會人士參加為委員，推動所屬社區發展工作，

民政局長兼總幹事。但已分設社會科者以社會科長兼總幹事。

六、鄉、鎮、區設社區發展委員會，以鄉、鎮、區長爲主任委員，各有關地方人士參加爲委員，督導所屬社區，開展社區發展工作，以鄉、鎮、區公所民政課長兼總幹事。但山地鄉設文化課者以文化課長兼總幹事。

七、各級社區發展委員會之任務，社區發展工作之策劃、協調、聯繫、推動，各級社政單位執行時，涉及其他機關主管事項者，仍應由各該行政主管機關辦理。

八、社區設社區服務中心，由社區內之戶長選舉九至十一人組織理事會管理之，社區服務中心設總幹事及社區工作員若干人，得分組辦事。

第四章　推行步驟

九、各縣之鄉、鎮、市公所及市、區公所，先依本綱要第六條之規定，遴聘有關人士組設社區發展委員會。

十、各縣之鄉、鎮、市公所及市、區公所應就各轄區內選擇窮苦落後之區域（得不受村、里行政區域之限制）劃定一個社區，提經社區發展委員會審議通過率先實施。

十一、社區劃定後，卽由該社區派員，首先對區內各戶之成員職業收入、生活狀況及其困難問題作一個案調查，製卡存案。

十二、次一步卽依本綱要所規定之工作項目，按地方實際需要，分別先後緩急陸續推行。

第五章　工作項目

十三、社區發展之工作項目如次：

（一）鄉村社區發展

1.關於生產建設者：

(1)農作物採用優良品種及其栽培技術之講習。

(2)新式農具之推廣與使用方法之傳授。

(3)堆肥之提倡及肥料使用方法之傳授。

(4)農田灌溉水路之修築。

(5)農產品加工技術訓練。

(6)技藝訓練。

(7)興建曬穀場。

(8)提倡家庭副業。

(9)果樹種植之提倡。

(10)各類合作方式之提倡。

　2.關於生活改善者:

(1)家政改良指導。

(2)家屋裝設之改良。

(3)飲水設備之改善。

(4)家庭內外環境之美化。

(5)食物營養及烹調技術之傳授。

(6)節育知識之傳授。

(7)育嬰常識之傳授。

(8)設置托兒所。

(9)設置牛乳站。

(10)縫紉編織訓練。

(11)儲蓄互助之提倡。

　3.關於教育文化者:

(1)擴充國校教室及教學設備。

(2)興辦兒童樂園、幼稚園、公園、游泳池、運動場。

⑶提倡體育活動。

⑷提倡正當娛樂。

⑸建立社區活動中心——儘可能與社區服務中心毗鄰。

⑹改善風俗。

⑺保護養女。

⑻推行四健會。

4.關於衞生保健者:

⑴配合公共勞動服務，整修環境衞生。

⑵充實地方衞生所。

⑶實施防疫注射。

⑷推廣衞生教育。

⑸設置貧病免費醫療。

（二）都市社區發展

1.環境衞生之整理與保持。

2.違章建築之防制與處理。

3.家屋裝設之改良。

4.家庭環境之美化。

5.倡設游泳池。

6.設置托兒所。

7.設置牛奶站。

8.組設合作社。

9.儲蓄互助之提倡。

10.節育知識之傳授。

11.少年犯罪之防治。

12.技藝訓練。

13.扶助貧戶。

14.貧病施醫。

15.保護養女。

16.防制流氓。

17.倡設社區童子軍。

十四、前條各工作項目，社區服務中心，應分別秉承各該項目原屬行政主管機關之有關規定辦理。

第六章 經濟來源

十五、社區發展之經費來源:

（一）縣、市社會福利基金內撥助。

（二）政府各有關單位業務計畫內之預算撥助。

（三）區內受益人捐獻。

（四）地方公私社團機關捐助。

（五）國際志願機構援助。

第七章 工作要領

十六、社區劃定後，首先設立社區服務中心，由該社區發展委員會聘曾受專業教育者一人為總幹事，視財力許可，酌用社區工作員，必要時得分設組織、業務、財務三部分辦事。

十七、社區服務中心初設時，如無專用辦公處所，儘可能借用區內之合作社或民眾服務社聯合辦公。

十八、社區發展工作，首應動員區內富有熱忱之領導人員與志願工作人員。

十九、區內下列各機構之領導人員，必須加強聯繫，並動員其所屬人力、財力、物力配合工作:

（一）村、里公所。

（二）警察派出所。

（三）學校。

（四）醫療院、所。

（五）人民團體。

（六）其他公私機構。

二十、志願工作人員在鄉村以四健會為主要來源，在都市可就區內十一歲至十八歲之少年組設社區童子軍，商訂一定時間之訓練活動，及必要時之社會服務，以培養其正義勇敢之精神，為區內居民義務服務，並藉以防止流入少年犯罪集團。

二十一、社區發展之工作，宜善用其他機構團體之個別工作計畫，使成為社區工作計畫之一部分，但仍不損失其獨立性，以達成社區發展之大目標。

二十二、各個都市社區之間與各個鄉村社區之間，應由其上級社區發展委員會舉行工作競賽。

二十三、本綱要自頒佈之日施行。

第七節　小（安）康計畫

小（安）康計畫是臺灣省及臺北市政府貫澈民生主義現階段社會政策的重要方案，以達到均富的小康社會為目標，不只要消極的對貧民予以救助，且要積極的根絕致貧的因素，使全體國民普遍改善生活環境，做到社會生產公平分配，使家給人足而儘量縮短社會上貧富差距，以臻於全面小康，而為將到達大同之治奠定基石。小康計畫的提出在先，安康計畫的提出在後，時間雖有先後，但其目標和理想則一。

一、小康計畫

（一）計畫緣起

自民國五十四年起，政府遵照　總統蔣公指示，運用實施都市平均地權條例所增收的地價稅和土地增值稅的一部分充作社會福利基金，全力推行以貧民爲實施主體的加強社會福利措施，使貧民生活有顯著改善，貧民和貧戶的數字逐年減少，顯示政府所辦理的社會福利措施，已收到相當效果。但是，無可諱言的，仍存在著不少的問題有待克服。行政院蔣院長在六十一年六月十六日蒞臨臺灣省政府巡視時特別指示，對於此等貧民的救助方式，認爲應以積極輔導其生產或就業爲宜，不要養成其依賴心理；如確無生產能力之老弱貧民，政府自應負責救助。省社會處秉承指示，乃草擬了「小康計畫」，並提請臺灣省政府委員會於六十一年十月二十三日例會審議通過，並於同年十月二十五日由謝主席公佈實施。

（二）計畫構想與內涵

1.計畫構想

本計畫採標本兼治，消極與積極並重方式，並著重於積極輔導生產、就業，對老弱殘障無生產能力者，則給予適當的救助和照顧。在做法上，按貧民實際需要，以救助、安置、生產、就業、教育訓練等五類方法，分爲近程、中程、遠程三個階段，分年分項實施。預計在八年之內，促使臺灣省現有（六十年度）七萬多貧戶，三十九萬餘貧民，養成自立自強，勤勞奮發的精神和意念，參加生產，充分就業，從而增加財富，逐漸脫離貧窮，進入小康佳境；同時並設法防止新貧戶的產生。在工作推行時，則注重發揮各級政府的團隊精神，發揚社會的仁愛精神，

和激發貧民的自立自強精神，並配合輿論界的宣導，希望從這四方面力量的相互配合來達成目標。

2.計畫內涵

小康計畫共有九個計畫項目：

(1)擴大救助、收容、安養。(2)輔導生產。(3)輔導就業。(4)辦理職業訓練。(5)興建貧民住宅。(6)指導節制生育。(7)輔導接受教育。(8)推行社會生產福利事業。(9)發動社會力量配合救助運動。

(1)消極方面　擴大救助、收容、安養，使一級貧民全部獲得安置救助；殘障、痼疾、低能、（白癡），及精神病患之二、三級貧民予以全部收容安置；並擴大貧民醫療救助，使有勞動能力的貧民，迅速恢復工作能力。

(2)積極方面　①教育訓練：加強輔導貧戶適齡兒童入學；貸予入學費用，鼓勵貧戶子弟就讀各種職業學校，加強辦理貧民成人補習教育，並與工、商、農等職業學校及工商企業合作，辦理貧民職業訓練，使具有專長，以利輔導就業。②輔導就業：將具有工作能力之貧民，按其志願能力予以輔導就業。③輔導生產：舉辦小本貸款；倡導家庭副業，輔導有勞動能力之貧民從事農、漁、牧、工、商及手工藝等生產事業。④興建貧民住宅：配合社區及貧民原有建地；興建整修貧民住宅，以改善其居住環境。⑤防止新貧戶產生：組織仁愛工作隊，指導公共衛生及疾病預防；加強辦理急難救助及嚴重精神病患之收容。

（三）其他配合措施——設置仁愛專戶、仁愛信箱、仁愛工作隊

為了發揚社會仁風義舉，結合羣體力量，協助政府推行小康計畫，特別設置「仁愛專戶」、「仁愛信箱」、「仁愛工作隊」，希望能透過此種組織和措施，獲得社會上廣大人力、物力、財力的支援，順利達成預定目標：

1.仁愛專戶

經常接受各機關、學校、團體、公司行號、廠礦企業，和各界人士捐贈金錢物品，積少成多，聚沙成塔，專戶存儲，全部作爲小康計畫基金，統籌分配使用，惟一切捐獻均採自由樂捐方式，絕不允許有硬性攤派引起捐款人反感之情事發生。

2.仁愛信箱

接納社會各界人士對省府推行小康計畫的各種建議意見，或提供技藝訓練，生產就業機會，和其他一切善意的批評，供作小康計畫推行小組的參考。

3.仁愛工作隊

策動社會熱心公益人士和機關學校、團體的員工、師生所組成的一種不需酬勞的服務團體，工作對象爲所在地鄉、鎮、市、區範圍內列冊有案的一、二、三級貧民，工作隊隊員利用假日分批前往貧戶實地訪問，深入瞭解，發掘問題，並設定協助解決，而當地公私立社會救濟機構慈善團體需要提供服務事項，亦可經過適當安排，參加服務，儘可能符合供求雙方的意願。

二、安康計畫

(一) 計畫緣起

依據中央訂頒之「民生主義現階段社會政策」及蔣院長指示：「臺北市的社會福利和救助工作，尚應加強，特別對於貧病老弱，要多加照顧，因之這方面的福利和救助設施，需要擴充及改進的，都不妨撥款辦理，把工作實實在在的作好。對於退除役官兵的生活照顧，更是於國家社會極有意義有價值的事，臺北市預定籌建的榮民之家，也望依照計畫

完成。」

（二）計畫構想

本計畫是以政府爲主導，結合社會支援，匯集整體力量，來解決社會問題。並以積極輔導就業、創業，消極安養救助，來幫助貧民自立，改善貧民生活。同時，確定長遠目標，分程規劃實施，來確實照顧貧戶，全面消除貧窮。

具體而言，安康計畫以社會事業大眾化，生活照顧積極化、職業輔導專技化、社區發展生產化、殘障重建系統化、兒童福利普及化爲目標，以期達到對沒有依靠的市民，能透過擴大收容安養，使其生活得到照顧；對沒有職業的予以專技訓練，並介紹職業，使其參加生產；對於沒有資本的給予各種創業貸款，使其自力謀生；對無法升學的發給助學金，設置助學貸款，使其完成學業；對有疾病的免費就醫，使其早日康復，不致瀕於困境；對肢體殘障的收容習藝，使其殘而不廢；對遭遇急難的予以緊急救助，設置急難貸款，解決其迫切需要；對沒有房子住的興建平價住宅，免費或優待借住，解決住的問題。

（三）其他配合措施

爲了發揚社會仁風義舉，結合羣體力量，協助政府推行安康計畫，特別設置「安康基金」、「安康服務隊」、「安康服務團」，期以透過此種組織和措施，獲得社會上廣大人力、物力、財力的支援，順利達成預定目標：

1.安康基金專戶

以安康計畫執行委員會名義，函請社會企業界、工商界、金融界人士踴躍捐獻，並設立安康基金專戶，並運用社會力量策動大戶捐獻目標、與個別希望捐獻金額。長期接受捐獻，支援辦理各項社會事業。同時，邀請學者專家提供意見，響應安康計畫，發動社會捐獻金額或土

地，表彰典型事蹟，擴大影響，並鼓勵民間興辦社會公益事業之義舉。

2.安康服務隊

各社區、里成立安康服務隊——社區、里為最基層之單元，從社區、里着手，展開消除貧窮的挃根工作。由社區理事會理事或鄰長，以及地方熱心公益人士，社會義務工作幹部組成之，隊址設於社區活動中心或里辦公處。宣揚安康計畫工作目標以及各階段工作重點與民眾密切之關連。根據各單位、各團體或慈善機構認定照顧之能量對象，切實協調有效運用。對貧戶專案輔助，瞭解其家庭狀況及致貧原因，並分析輔導救助之適當途徑，確實照顧，發生急難問題，隨時幫助解決，個案追蹤輔導，使其澈底脫離貧困。並透過社區發展，針對社區居民需要、問題予以解決，並使社區發揮自動自發互助精神，預防新貧戶之產生。

3.安康志願服務團

組設安康志願工作團——結合社會青年、知識份子、婦女、各界人士凡志願參加支援工作者，先予以訓練後根據各參與人員志願、專長、興趣、能力，分別派遣運用，並支援各社區發展工作。

（附五）臺灣省消滅貧窮「小康計畫」

一、計畫依據

（一）中央指示：「應寬籌經費，擴大在各縣市籌建救濟機構，加強收容救助孤苦無依貧民，以期配合澈底消除貧窮工作。」

（二）院長指示：「貧民等級應重新認眞調查，至救濟方式，以積極輔導其生產或就業爲宜，不要養成其依賴心理，如確無生產能力之老弱貧民，自應負責救助。」

（三）本府施政目標：「消滅貧窮，增加財富。」

二、現況概述

（一）本省貧戶資料，係先由鄉鎮村里幹事舉辦初查，再經大專院校社會系同學辦理複查所取得，故較正確。依據六十年貧戶調查資料，本省尚有一、二、三級貧戶七四、二四七戶，貧民三九一、四六三人，均亟需予以救助、安養，或扶助生產、輔導就業，始能安定生活。

（二）上述貧戶，根據調查，每戶平均每人每月收入僅七五‧五七元（其中平均每人每月收入在一〇〇元至一五〇元之戶數，四七‧〇四％，一〇〇元以下之戶數佔五二‧九五％）。因此要設法扶助其從事生產或予以職業訓練輔導就業，使其能自力更生，脫離貧窮。

（三）分析貧戶致貧原因，約有下列五項：

1.依賴人口過多，勞動力人口過少：

貧戶中，十四歲以下人口佔五六％。五十歲以上人口佔一二％。且家庭人口眾多，據統計貧戶家口，六口以上者佔六〇％。負擔過重，生活不易改善。

2.教育及技能訓練不足：

上述貧戶中，不識字者佔二四％，僅識字者佔五％，小學程度者佔四四％，中學程度者佔四％，受專業訓練者很少，技能差，只好從事低收入工作。

3.身心狀況欠佳：

上述貧戶人口中，經調查，疾病、殘障、患精神病、低能者，佔總貧戶人口七％，其中疾病百分之三‧四五％，殘障二‧八六％（精神病〇‧五一％，低能〇‧一五％）這些人不但無法生產，反而增加家庭物質及精神上之負擔。

4.感染不良嗜好：

所謂感染不良嗜好，如酗酒、賭博及懶惰成習，缺乏工作意願。

5.遭遇天然災害及意外事故：

本省地理環境特殊，天然災害年有發生，本已貧窮之貧民，受天然災害侵襲，生活益陷於困難。一般低收入家庭中，有工作能力者受意外事故傷亡，致收入銳減，不足以維持家計，陷入貧困。

三、計畫構想

（一）計畫消極救助與積極輔導同時兼顧，以救助、安置、生產、就業、教育訓練五者為消滅貧窮之根本措施。

（二）積極有效的防止新貧戶產生，故對意外事故，天然災害等，足以使低收入家戶陷於貧困之境者，均宜加強辦理急難救助，以期消滅貧窮。

（三）消滅貧窮，增加財富，係長期性之社會投資作業，應針對致貧原因，分類策訂救助方式並訂定期程，以鄉鎮為單位，綜合運用政府、民間、社會各種力量，激發貧民早日脫卸貧民為榮之榮譽心，自強自立，一戶一家脫離貧窮。

（四）調查現有貧戶中具有工作能力之人數及其體位、工作志願、工作性向，及自有工具等，以為扶助、訓練、輔導就業，輔導生產之依據。其有失學及適齡而未入學之兒童，助其參加補習教育或入學。

（五）凡本府現行各種有關消滅貧窮增加財富措施，均依上項資料，修正其中部分法令規章，使更能配合本計畫之實施者外，一律繼續加強推行。

（六）本計畫實施時，採分工合作方式，各有關廳處局按業務職掌，本團隊精神，相互配合辦理，並要求縣市鄉鎮各就區域範圍，配合實施外，更須結合社會各方面力量，協力合作，以發揮整體力量。

四、計畫項目

（一）擴大救助、收容、安養：

1.繼續辦理現行各種救濟工作，擴建增建救濟機構，增加家庭補助名額，以擴大救助、收容、安養，使一級貧民全部獲得安置救助。

2.殘障、痼疾、低能（白癡）精神病患之二、三級貧民予以全部收容安置，以減輕其家庭負擔，便利參加生產、就業。

3.擴大推行貧民醫療救助，加強疾病防治，使有勞動能力之貧民，免於貧病交迫，迅速恢復工作能力。

4.積極加強辦理急難救助及嚴重精神病患之收容，使低收入者不致因意外變故及精神病患家屬之拖累而陷入貧困，有效防止新貧戶發生。

5.發動社會力量，舉辦養老、育幼等慈善事業。

（二）輔導生產：

1.以縣市鄉鎮為單位，調查可供輔導貧民從事農、漁、牧及手工藝等生產資源，分期分區輔導本地區有勞動能力之貧民從事生產。

2.策劃興建市場，分配貧戶經營。

3.舉辦小本貸款：由省屬金融機構融通資金，透過各級農會、合作社等，辦理小額無息或低利生產貸款，放寬保證條件，及簡化手續，以提供貧民生產資金。

4.提供之生產條件，採合理運用，務使貧民享有辛勞成果，累積財富，逐漸脫離貧困，進入小康佳境。

（三）輔導就業：

1.以縣市、鄉鎮（社區）為單位，調查在外辦理工廠、企業已具規模之當地人士，發動其錄用本鄉具有勞動力之貧困子弟。

2.將具有工作能力之貧民，按其志願能力輔導就業。

3.由各公私企業機構以僱用人員之多寡，比例提供貧民就業機會，輔導就業。

（四）辦理職業訓練：

1.以縣市為單位，與工、商、農等職業學校配合，訓練有工作能力而無工作技能之貧民，使具有專長，以利輔導就業。

2.與工廠企業主定約，以卽訓卽用方式，合作辦理職業訓練，並輔導其在原工廠企業就業。

3.以鄉鎮（社區）為單位，設小型工廠，或規劃設置小型工業區，就地辦理職業訓練並輔導就業。

（五）興建貧民住宅：以縣市、鄉鎮為單位，配合社區及貧民原有建地，興建貧民住宅供貧民居住，以改善其住宅環境，避免疾病，減少致貧原因。

（六）指導節制生育：推行家庭計畫工作人員，應經常對貧戶實施家庭訪視，勸導貧戶節制生育，並免費提供技術指導及所需藥物。

（七）輔導接受教育：

1.加強輔導貧戶適齡兒童入學，以提高其知識水準，增加其日後謀生能力。

2.以貸予入學費用方式，鼓勵貧戶子弟就讀高級職業學校。其成績優良者，免除其學雜費用，或發動社會人士，贈送獎學金。

3.辦理貧民成人補習教育，培養其勤勞精神，以增加其謀生能力；並灌輸其環境衞生、家庭計畫、公民道德及一切現代生活知識及榮譽心理。

（八）推行社區生產福利事業：

1.調查社區可用資源，發動以社區力量，辦理本社區之救助工作。

2.興辦社區家庭副業，輔導生產。並設置「媽媽教室」，講授親職教育，家政知識等，以加強家庭之社會功能。

3.將社區內之貧民，分配於社區內之宗教慈善團體及地方熱心人士，負責輔導其脫離貧窮。

4.社區普設托兒所，增加貧戶婦女從事生產機會與時間。

5.各社區（或縣市鄉鎮）採以工代賑方式，遇有公共工程及公共造產時，無論發包辦理與否，均設法儘先僱用貧民從事勞務。

6.組織社區合作社，增加收入，減輕負擔，改善生活。

7.發動當地衞生機構，公私立醫院及各大專院校醫學系學生，組織巡廻保健服務隊，配合社區發展單位，指導公共衞生，疾病預防，並舉行定期健康檢查，減少貧民施醫對各縣市政府之負擔。

8.加強宣導有關法令及倫理道德實踐要件，預防犯罪。

9.發動貧民自強運動，鼓勵貧民子弟從事生產，參加訓練，踴躍就業。

（九）發動社會力量配合救助運動：

1.設置「仁愛專戶」，發動社會力量，籌募救濟基金，並設置「仁愛信箱」，協力合作，提供生產、就業、訓練之機會與技術，以社會全體力量，共同解決社會問題。

2.發動學生，利用假期，勸募衣物，並幫助貧民整理環境衞生，及指導其改善家庭生活。

3.請大眾傳播機構加強宣導救貧工作，表揚貧民自力奮鬪成功事蹟，俾獲得社會廣泛支持，貧民主動合作。

五、實施要領

（一）資料運用：

1.就貧戶調查資料，加以分析統計，作爲有關廳處研訂細部計畫之用。

2.以鄉鎮（社區）爲單位，請當地民眾服務分社、婦聯會、婦女會、國民中學，及鄉鎮民代表會，組成「小康計畫小組」，協助建立貧戶卡，作爲運用、記錄之基本資料。

3.訂定工作手册，分發使用，以統一做法。

（二）修訂法規：

1.修訂貧戶調查辦法，增加調查項目，俾能深入瞭解致貧原因，及真實現況，作為實施適當救助之依據。

2.修（增）訂有關救助、安置、生產、就業、及教育訓練等法規，使能配合本計畫，繼續加強推行。

3.修（增）訂法規，以獎勵縣市、鄉鎮、社區、社團，及社會人士出錢出力，或組織社團，以辦理有助於本計畫之各種直接間接造福貧戶，消滅貧窮之社會福利工作。

4.修（增）訂有關保障原來因貧民身份而獲得之各種救助、優待、輔導等社會福利法規，以免此等貧戶之再陷於貧困，而能進入小康佳境。

5.修（增）訂有關非用強制性之手段方式，難以使貧民袪除依賴心理，樂願接受本計畫各種措施之法規。

6.修（增）訂有關獎勵貧戶、貧民，積極參與本計畫，發起自強運動，提早脫離貧窮之法規。

（三）獎勵及競賽：

1.訂定獎勵及競賽辦法，舉辦縣市間、鄉鎮間、社區間執行小康計畫績效競賽，優良單位予以獎勵。

2.凡鄉鎮社區，能研提有效辦法付之實施，發動轄區內社會力量，直接造福貧民者，予以獎勵。

3.社團熱心人士，其能配合本計畫實施，對貧民提供各種福利服務，具有績效者，予以獎勵。

4.對公私企業等之捐獻，洽請中央及省主管機關，准在納稅資料中扣除其所得額。

（四）各業務主管廳處局，依據本計畫實施項目，分別訂定細部計畫，報經核准實施，並得先行選定貧民較多之鄉鎮、社區試辦，檢討得失，修訂相關計畫，擴大辦理，但試辦期間最長不得超過一年。

六、實施進度

（一）本計畫列爲本府施政重點工作，配合年度計畫執行。

（二）本計畫之實施進度分近程、中程、遠程三類，凡在三年內能辦理完成或著有績效者，列爲近程。五年完成者，列爲中程。必須較長期間者，列爲遠程計畫。

（三）本計畫之近、中、遠程項目分列如後：

1.近程目標：

(1)擴大救助、收容、安養。

(2)輔導就業。

(3)辦理職業訓練項中之第 1. 2.目。

(4)興建貧民住宅。

(5)舉辦小本貸款。

(6)指導節制生育。

(7)輔導接受教育項中之第 1. 2.目。

(8)推行社區生產福利事業項中之第 1. 2. 3. 4. 5. 8.目。

2.中程目標：

(1)輔導生產。

(2)辦理職業訓練中之第 3.目。

(3)輔導接受教育項中之第 3.目。

(4)推行社區生產福利事業項中之 6. 7. 9.目。

(5)發動社會力量，配合救貧運動。

3.遠程目標：

前列近、中程計畫實施期限屆滿後，仍應長期推行，以增加貧民財富，並防止新貧戶之產生，使本省社會，普遍進入安和樂利小康佳境。

（四）上列近程、中程項目，均應於計畫開始實施時同時，實施或開始籌辦。

七、責任分工

（一）爲貫澈本計畫之有效實施，由本府有關單位首長組織小組，負策畫、指導、考核之責，並由本府秘書長召集之。

（二）民政單位：研訂協助辦理山胞救助技能訓練，及輔導就業等有關專案計畫，並規劃實施。

（三）財、主單位及社會福利基金管理單位：妥籌財源，編擬預算，並督促省屬金融機構及各級農會、合作社等舉辦小本貸款，與鼓勵貧民儲蓄。

（四）建設單位：研訂有關各公私企業提供就業機會，安置貧民就業，與籌設小型工業區，並鼓勵興辦小型工廠，及推廣家庭副業等專案計畫，並規劃實施。

（五）教育單位：研訂有關強制貧民兒童入學，獎助貧民就讀高級職業學校及設置補習班、技訓班之專案計劃，並規劃實施。

（六）農糧地政單位：研訂有關輔導農、漁、牧等生產事業專案計畫，設法撥用公地，提供可用資源，規劃執行，並辦理小型農貸，或以合作方式，輔導貧民從事生產。

（七）警政單位：研訂協助貧戶調查，貧戶戶口異動登記、流浪各地孤苦無依老弱殘障人口之查報，及少年不良行爲之預防等有關專案計畫，並規劃實施。

（八）交通單位：對擬訂開發荒地，及實施本計畫所需之有關交通道路配合發展等有關專案計畫，並規劃實施。

（九）衛生保健單位：研訂有關加強推行家庭計畫擴大醫療，防治疾病，環境衛生等專案計畫，並規劃實施。

（十）新聞單位：研訂運用大眾傳播機構，加強宣導表揚之有關專案計畫，並規劃實施。

（十一）社政單位：提供貧民資料，研訂有關收容、安置、救助、職業訓練、輔導就業，及組織合作社與發動社會力量，辦理福利服務事項等有關專案計畫，並規劃實施。

以上各項責任分工之規劃範圍，均包括縣市鄉鎮在內。

八、經費調度

（一）由社會福利基金調撥專款支應。

（二）由各有關單位運用現已編列之相關項目預算辦理。

（三）由各有關單位編列預算辦理。

（四）由社會各界所捐贈之基金或其他資源統籌調度使用。

九、績效預估

（一）一級貧民逐步獲得安置。

（二）殘障及身心欠佳之貧民，逐步獲得治療、收容。

（三）自強運動普遍推展，促使二、三級貧民袪除依賴心理，逐漸就業，參加生產，生活獲得改善。

（四）貧窮消滅，社會安定，原有貧戶均進入小康局面。

十、本計畫經公佈後實施

（附六）臺北市消滅貧窮「安康計畫」

一、依　　據

遵奉蔣院長指示：「臺北市社會福利和救助工作，尚應加強，特別

對於貧病老弱，要多加照顧，因之這方面的福利和救助設施，需要擴充及改進的，都不妨撥款辦理，把工作實實在在的做好，對於退除役官兵的生活照顧，更是於國家社會極有意義有價值的事；臺北市預定籌建的榮民之家，也望依照計畫完成。」

二、目　　標

善用社會福利基金，繼續加強社會福利措施，逐步改善貧民生活，貫徹民生主義現階段社會政策，達到均富、安和、樂利的現代化社會。

三、構　　想

根據目前社會現況，就本市實有貧戶人數，在其生活上有待解決之各種實際問題，由消極的救助，進入積極的輔導，分近程、中程、遠程三個階段，作有計畫、有步驟，分別緩急先後，並本著院長指示去照顧沒有人照顧的人，徹底謀求改善，使其逐漸脫離貧窮。自給自足，其原則爲：

（一）積極方面：　培育兒童健康，　訓練青少年技藝，　輔導成人就業，以發展人力資源，並推廣社區發展，擴建平價住宅，以改善貧民的居住環境。

（二）消極方面：照顧老殘貧病四種人之生活需要，防止偷刼淫殺四種現象之發生，以確保社會之安全與安定。

四、現況分析

（一）人口及貧戶統計：

(1)六十一年六月份本市現住人口戶籍統計有二五三、二四一戶，計一、六三四、〇四六人。

(2)六十一年六月份本市現有貧民六、二七六戶，計有三〇、二二七人，內一級貧戶二、七八七戶，計六、五九〇人，二級貧戶九四一戶，計七、四八七人，三級貧戶二、五四八戶，計一六、一五〇人。

(3)再就本市貧戶總人數加以分析， 計佔全市總人口數的一‧八五％， 內一級貧戶佔○‧四○％， 二級貧戶佔○‧四六％， 三級貧戶佔○‧九九％。

（二）貧民生活概況：

(1)有眷一級貧戶， 計有一、三五三戶， 共有五、一五六人。其中四二二戶， 計一、五四七人已免費配住五分埔平價住宅， 其餘九三一戶， 計三、六一三人， 散居本市各區， 全無謀生能力， 每月僅賴本府所發家庭生活補助金， 勉可維持最低生活。

(2)單身一級貧戶二、二八三人， 其中八四九人， 已由本市綜合救濟院安置頤養， 其餘一、四三四人， 每月亦賴家庭生活補助費， 維持最低生活。

(3)二、三級貧戶， 計有三、四八九戶， 共有二三、六三七人， 分住本市各區， 大都因子女眾多， 又無謀生技能， 每月僅靠臨時工獲取少數生活費， 不足以維持生活。

（三）致貧原因：

就本市現有貧戶， 經分析歸納其主要致貧原因如下：

年老無嗣暨年老而子女幼小者佔三六‧六％， 家庭人口眾多（四個以上小孩子）佔一九‧九％， 疾病佔一三‧六％， 原有貧窮佔一○、二％， 負責生計者死亡佔八‧九％， 殘廢佔五‧七％， 失業佔四％， 其他佔一‧一％。

五、計畫重點

（一）近程計畫重點（六十二年七月至六十五年六月）

1.職業訓練：

(1)籌設本市職業訓練中心一所， 以培養人力需求之各類技術人員， 預計每年訓練一、五○○人。

(2)輔導公民企業及訓練機構，加強推動職業訓練，以調劑人力之供需。

(3)委託各工廠優先訓練貧民謀生技能，就廠輔導就業，以收訓用合一之效。

2.就業輔導:

(1)繼續籌設國民就業服務站三所，擴大就業服務網，加強輔導貧民就業。

(2)就本市之臨時工集散場，加強組織、管理並輔導就業。

(3)對二、三級貧民具有工作能力而尚未就業者，採以工代賑方式，依其志願輔導參加臨時工，由現有之每天一、○○○人，再增加二○○人，並延長工作天數每人至十五日，藉以增加固定收入，改善其生活。

(4)嚴格管理私立傭工介紹所，派專人巡廻稽查督導以杜流弊。

3.兒童福利:

(1)為解除貧苦及清寒家庭之負累，使其父母安心就業，繼續籌設托兒所五所，每所免費收托一五○人，連同已完成及正在興建者八所，計可免費收托二、○○○人。

(2)鼓勵私人及敎會團體創辦家庭式育幼所，以養育貧苦無依之兒童一五○人。

(3)補助現有私立育幼機構，增建房舍，擴充設備，改善環境，提高水準，增進兒童福利。

(4)建立貧苦兒童家庭扶助制度，扶助貧苦兒童四○○人。

(5)設立兒童保育人員研習中心，每年調訓各公私立育幼院與托兒所之保育人員二○○人，以提高其素質，健全兒童發展。

(6)撥發助學金獎勵貧戶子女就學，降低至能就學即予補助之標準。

(7)擴充少年輔育院之設備加強輔導工作，並授予技藝訓練，變化其

氣質，使成為健全之國民。

4.社會救助：

(1)繼續對一級貧戶實施定額家庭生活補助，並對殘障老弱行動不便者，按月責由各區公所派員送達到家。

(2)設置社會工作員，採個案工作方法辦理急難救助，遇意外災害、疾病，及其他非自力所能抗拒之事故，無力解決者，核實救助以渡難關。並協助解決有關家庭問題。

(3)擴大貧民醫療救助，給予免費門診或住院治療，時間與費用不予限制，以維護健康，並恢復其生產能力。

(4)積極建立平民醫院改善貧民醫療設施，並擴建療養院，收治長期療養病患。

(5)充實與改善綜合救濟院各項安養設施，增加安養貧苦無依老人一五〇人，合計安養一、一五〇人。

(6)補助私立愛愛救濟院增建房舍，充實設備，改善環境增加安置貧苦無依之殘障者五〇人就養，合計安養二五〇人。

(7)籌設殘障復健院一所，安置貧苦之殘障及低能市民一〇〇人。

(8)擴建現有第一榮譽國民之家，安置退除役官兵四千人就養，並繼續興建第二榮譽國民之家，再安養四千人。

(9)設立貧民安康基金專戶，以供社會熱心公益人士自動樂捐，擴大辦理社會救助。

(10)協調各宗教慈善團體安養單身一級貧戶，在二年內，徹底解決一級單身貧戶安養問題。

5.平價住宅：

為解決本市貧戶居住問題，於六十二年度一次購足土地並興建甲種平價住宅（每戶十五坪）三〇〇戶，乙種平價住宅（每戶十三坪）二〇

〇戶，六十三年度興建乙種平價住宅五〇〇戶，六十四年度興建甲乙種平價住宅各二五〇戶，共五〇〇戶，六十五年度興建甲乙種平價住宅各二五〇戶，共五〇〇戶。總計興建平價住宅二、〇〇〇戶。

　　6.社區發展：

　　(1)就市內髒亂地區，郊外偏僻落後地區，以綜合性發展方式，積極規劃做到市區與郊區均衡發展，以改善居民生活，依實際需要在四年內共計發展七十四個社區，

　　(2)推行家戶環境衞生，倡導營養，以減少因疾病而致貧。

　　(3)鼓勵家庭副業，舉辦編織縫紉等技藝訓練，參加生產，增加家庭收入，改善其生活。

　　(4)加強推行貧戶家庭計畫，指導計畫生育，減輕家庭負擔，緩和人口增加之壓力，每年二十個社區，四年合計八十個社區。

　　(5)普設社區活動中心，以供居民集會，加強社區活動，培養居民社區意識，並倡組社區童子軍爲社區服務。

　　(6)發動熱心社會服務之大專學生及社會青年，組織社會工作志願服務團，予以短期訓練，分派各區協助貧戶解決各種困難問題。

　　(7)試行輔導郊區偏僻地區貧戶無息貸款，協助其就地從事農牧生產。

　　（二）中程計畫重點（六十五年七月至六十九年六月）

　　(1)全力推動各公私立企業機構配合政府力量，加強辦理職業訓練，並鼓勵貧戶子女參加職業訓練或接受職業教育，期能獲得一技之長，從事生產。

　　(2)建立完整就業輔導網，確立貧戶勞動力評估資料，以配合技藝訓練，有效輔導貧民就業。

　　(3)繼續加強兒童福利，務使貧苦兒童皆能獲得良好的教育與保健，

以防堵貧窮的惡性循環。

⑷擴大辦理貧民醫療保健服務，以消除因病而致窮的連環性。

⑸繼續加強老弱、殘障之安養或復健，期以老有所終，殘而不廢。

⑹繼續興建平價住宅二、〇〇〇戶，免費或優待借住貧民，解決其住的問題。

⑺繼續對郊區偏僻地區貧戶無息貸款，協助其就地從事農牧生產。

⑻擴大社區福利服務，結合社會力量，輔導貧民從事各種家庭副業，加強貧民生活教育，啟發貧民自尊、自信、進取心與榮譽感，期使貧民均能自立、自強、逐漸脫離貧窮。

（三）遠程計畫重點（六十九年七月至七十三年六月）

遠程計畫重點仍以加強職業訓練、輔導就業，擴大醫療保健，提高貧民教育水準，徹底消滅貧窮，期使本市市民生活在均富、安和、樂利之現代化社會。

六、經費來源

（一）近程計畫所列重點項目，其經費來源，係根據年度施政計畫編列公務預算及社會福利基金預算支應。

（二）中、遠程計畫所需經費，按照所列重點，得視經濟成長狀況並量財源情形分年編列預算支應。

（三）設立安康基金專戶，提供社會各界熱心公益人士自動捐助並設立專戶保管運用。

七、近程計畫重點經費概算如附表

八、附　　則

（一）本計畫如有未盡事宜或因情況變遷得隨時修正補充之。

（二）本計畫自核定之日起實施。

第九章 我國社會福利行政工作檢討與改進（上）

第一節 前 言

我國社會福利體制應是我國社會的產物，是順應我國社會的需要、情況而逐漸成長。因此，任何社會福利工作的檢討與改進，任何社會福利制度之建立，除參考其他福利國家之進步措施，亦須把握國情，瞭解人民需要。他山之石固可以攻錯，是以放眼世界，瞭解並參考社會福利世界潮流，至為重要。然而，制度是成長的，既不能點滴仿效、全盤抄襲歐美，亦不能憑空創立制度。因此，我們必須不忘自我，把握我國國情，並借助他山，旁稽別國體制，始能建立我國社會福利完整體制。因此，在本章中，將一方面根據社會福利世界潮流以及各國經驗，另方面依據我國社會需要與情況、我國國策、 國父民生主義及其他訓示、先總統 蔣公訓示以及民生主義現階段社會政策等，來檢討我國當前社會行政工作，並進一步就所發現之重大困難或問題，提出改革建議，以為我國今後努力之方向。

我們的基本目標是使社會福利的措施與經濟發展結合，使經濟發展的成果，為社會大眾所共享，人人生活富足而幸福。建立社會安全完整體制， 以社會保險維持國民收入， 保障人人經濟安全而不虞匱乏， 以社會救助照顧經濟上處於不利地位的特定人羣，以福利服務保障老有所

終、壯有所用、幼有所養及人人有其屋、殘障者均能復建。同時，並以社區發展方式促進民生基層建設。

第二節　經費方面

一、社會福利基金方面

先總統　蔣公曾經指示：「都市平均地權政策之推行，其目的非為增加稅收，乃在以地利為社會共享，亦即以社會財富創建社會福利事業」，「辦理社會福利實施項目，目前所列仍嫌太多，若干事項，原屬政府有關單位應辦業務，或已另列預算者，自不宜佔用社會福利基金款項……。」及民國五十四年行政院頒佈的民生主義現階段社會政策亦明確規定：「政府對社會福利事業，應寬列預算，並以實施平均地權所增收之地價稅，設立社會福利基金……。」故社會福利基金須專款專用，即專供辦理上項政策所列之社會保險、國民就業、社會救助、國民住宅、福利服務、社會教育及社區發展等七大項社會福利措施，而不可移作他用，始能貫徹實施，並宏大績效。然而，由於觀念未能溝通，致仍有部份人士誤以舉辦社會福利只是一種財政上的消耗，並不瞭解其具有促進經濟繁榮之效果，認為社會福利基金既是公帑，就可公用，因而常將社會福利基金挪用於不屬社會福利範疇之其他行政措施，以致社會福利工作之推動，深受影響。將都市街道之修築、溝渠之疏濬、垃圾箱之設置、違章建築之拆除、公園公墓之整修、防疫清潔衞生等等設施，挪用社會福利基金，而不列入經常行政經費，以致社會福利措施之項目無款肆應，實為不妥。

　　社會福利基金來源既感不足，若能集中運用於重點方面，尚可發揮功效，但目前一般傾向，認為一般有關地方之建設費用均應由社會福利基金負擔，故將若干應由政府以其他經費辦理之工作，各有關單位常有一再申請動用社會福利基金之情形，不特影響成效，且增業務處理上之困擾。此外，省市縣市部份民意代表常基於選區民眾之利益，或其他理由，提出計畫外之請求，致使社會福利基金用途因而分散消耗，無法集中重點使用，以收實效。而且，嗣以防洪經費無著，臺灣省臺北市分別自五十四、五十五年度起，每年在社會福利基金提撥二〇％充防洪經費，又自五十七年度起，將超收之地價稅與土地增值稅撥充九年國民義務教育經費後，每年收入均限於五十六年度基數，無法增加，致歷年來對社會福利工作之策訂，常難免顧此失彼，而基金之分配，尤有粥少僧多之苦。

　　至於社會福利基金之調配運用，因中央財政收支畫分法之規定，各縣市社會福利基金屬於各縣市所有，無法統籌調度運用，致貧瘠縣份基金十分短絀，無法適應最低需要，影響社會福利措施全面普及之原則，乃自六十四會計年度起，在配撥省統籌基金時，對於澎湖、宜蘭、臺東、花蓮、苗栗、雲林、南投、臺南等八個基金特別短絀縣份，視其實際需要，增加分配額，以資調劑，以促進偏遠貧瘠地區建設，改善貧困居民之生活，誠為良策。然而，據實際了解，目前省統籌基金之分配標準，大致僅以省府各有關廳處所提計畫資料為依據，對各該縣政實際狀況殊少考量，以致該等縣份地瘠及貧困民特別多，但以財政拮据，常致申請救助者多所向隅。

　　加強推行社會福利之本旨，乃在促進經濟社會平衡發展，現我國經濟建設，已有長足進展，而各種社會問題，仍亟待解決。但由於社會福利基金為數相當有限，故於策訂第一期四年加強社會福利措施計畫之

初，不得不以救助貧窮爲主，並期配合社會福利世界潮流逐漸由消極性救助措施走向積極性福利措施。然而，仔細檢查臺灣省及臺北市社會福利措施第一、二、三期四年實施計畫及經費分配情形，我們發現仍停留在消極性救貧階段，有待進一步改善。以臺北市言，第一期四年計畫中，爲配合違章建築處理及救濟拆遷爲一一四、三八二、五三一元，佔經費分配總數二六％強，又籌建市立綜合救濟院爲一〇六、七五〇、五八六元。所以，難怪臺北市第一期四年計畫中社會救助經費分配數額竟高達總數七二％，若加上興建平價（貧民）住宅一六・一二％，則爲八八・一四％；臺北市第二期四年計畫社會救助爲五八・一〇％，若加上興建平價（貧民）住宅二八・六一％，則爲八六・七一％；臺北市第三期四年計畫社會救助爲五二・三六％，若加上興建平價（貧民）住宅三六・三〇％，則爲八八・六六％。

目前，社會福利基金更是名存實亡，影響社會福利工作繼續推展至深且鉅，應設法改善。

二、在政府年度預算方面

當今世界各國均以社會福利爲施政重心，社會福利經費支出佔政府年度預算之百分比，逐年提高，已開發國家多佔政府年度預算五〇％，開發中國家則過半數在一〇％左右。國勞局所出版之《社會安全費用》（*Cost of Social Security*）之研究中，顯示在二十世紀六十年代各國社會安全支出佔政府年度預算之百分比情形，根據此一表所列，我國社會安全之支出佔政府年度預算之百分比爲全世界最低。事實上，我國政府自遷臺以來，對社會福利工作並非不重視，如表所示，自民國四十年以來，政府對於社會福利經費支出百分比，略有增加，但若與其

他國家相比較，則呈現落後一大段。民國六十五年度時曾提高福利支出
爲年度預算之一三％，以用於實施醫療、保險、國宅興建、災難救濟及
職業訓練等工作。但到了六十六年度總預算之編訂，社會福利支出之比
重反略呈下降，佔總預算的一一‧四％，六十八年度社會福利支出則爲
一二‧三％。當然，此乃由於政府在各項目標之抉擇上，必須全盤考慮，
審酌優先順序，以期各項目標依序達成。而且目前仍一貫維持國家安全
爲最優先之施政目標，故六十六年度總預算案中，將國防與外交經費支
出列爲第一位，爲四百八十一億餘元，佔總預算之四三‧四％；而十項
建設之進行，在六十五會計年度趨於高峯，六十六年度仍是如此，此乃
經濟建設及交通支出突增的原因，高達二百五十億元，佔總預算之二二
‧七％，此對目前之經濟復甦，及對未來的經濟發展，將產生深遠的影
響。由於年度總預算分配於前二項之經費旣增，則社會福利支出之增長幅
度因而趨緩。至民國七十四年爲一五‧七％，七十七年爲一八‧二％，
呈逐漸增加的趨勢，如附錄三。在地方政府年度預算中，社會福利所佔
之比例亦嫌偏低。

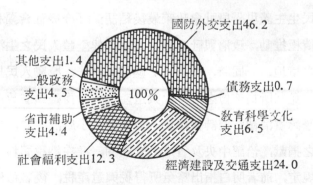

圖 9-1　六十八年度中央總預算分配情形

三、民間捐資方面

以目前政府財政狀況，社會福利工作若悉賴政府辦理，短期內勢難獲致普遍績效，故為解決社會問題，以改善人民生活，惟有多方倡導，獎勵民眾捐資興辦社會福利事業，遵照先總統　蔣公指示：「民眾的事必須以民眾的力量去做，社會事業應以社會力量去推行。」始能逐漸開拓社會福利事業之坦途。從社會福利發展歷史來看，早期的救貧工作是由民間的慈善、公益或宗教團體辦理；其後政府介入，始由政府之社政機關辦理。但是，不論是由民間或政府機構辦理，均只是少數人之參與。今天，政府與人民協力並舉，政府除了本身大力推動社會福利工作外，並致力於發動社會整體力量來協助政府加速推動社會福利工作，使得社會福利工作成為一種大眾參與的全面性工作，一方面結合工商企業界捐資興辦民間社會福利事業，另方面建立志願服務體制，有效結合、組織社會上熱心人士，服務社會，造福人羣，尤應鼓勵大專知識青年之「社會參與」。此乃當前社會福利世界潮流，我國社會政策亦有明確規定。我國民生主義現階段社會政策最後結語：「今後社會福利措施之推行，務須積極推動，政府與社會協力並舉，俾全體人民之生活，同臻於安全康樂之境地。」同時，要求「更應訂頒辦法，獎勵人民捐資興辦福利事業，豁免其所捐部份之所得稅與遺產稅。」而臺灣省政府於六十一年公佈之臺灣省消滅貧窮計畫綱要——通稱「小康計畫」，亦有「對公私企業等之捐獻，洽請中央及省市主管機關，准在納稅資料中扣除其所得額」之規定，前者明白指出豁免所得稅與遺產稅，後者似僅要求免除所得稅，以獎勵人民捐資興辦社會福利事業。

關於人民捐資興辦福利事業之豁免所得稅與遺產稅問題，在所得稅

方面，依現行所得稅之規定「爲……公益、慈善等目的，而設立之機關或團體，專爲其創設目的而經營之作業組織，其所得或累積之所得，全部用於本事業者，免納所得稅」，而「凡自由捐贈……但爲……或舉辦公益、慈善及直接並積極於國家有益之事業，其捐贈取得確實證據……經政府核准，或經合於本法第十一條第四項規定之團體決議者，可列爲費用或損失，免納所得稅，但以不超過所得額百分之三十爲限。」「本法稱……公益、慈善機關或團體，係以合於民法總則公益社團及財團之組織，或依其他關係法令，經向主管機關登記或立案成立者爲限。」在遺產稅方面，依現行遺產稅法規定「捐助各級政府及公立教育、文化、衞生、救濟機關之財產」、「捐贈私立教育、文化、衞生機構及宗教、慈善、公益團體之財產，未超過三萬元者」可免納遺產稅。至於人民除了金錢或物品外倘若捐贈土地或建築改良物者，土地依法應納稅，包括地價稅及土地增值稅（卽土地稅），而建築改良物依法亦應繳納房屋稅，因現行法令中並無可以免納地價稅、土地增值稅及房屋稅之明文規定。

民生主義現階段社會政策，乃中央所訂頒，對於人民捐資興辦福利事業應免其所捐部份所得稅及遺產稅，在政策方面早已有依據，且免稅數額亦無任何限制。但上述現行所得稅法、遺產稅法及相關法規，均訂有免稅限額，超過限額者仍應繳稅，而手續又至爲繁瑣，常致人民因財物捐贈興辦福利事業後而仍需納稅，形成雙重支出，不如不捐。其結果，嚴重影響人民捐資興辦福利事業之興趣。故爲有效獎勵人民踴躍捐資興辦福利事業，對於所捐部份，無論財物多寡，均應修訂有關稅法，予以免稅。而如此修訂有關稅法條文，以後政府之稅收或許要受點影響，但相對的，政府也因此減少福利支出。人民捐資興辦福利事業不啻代替了政府的負擔。而且，因其捐贈部份既可免稅，不致既已捐贈，仍需納稅，人民就會樂於捐贈了。人民樂於捐贈蔚成風氣，形成一種社會

運動，其所捐贈之款物常會比所得稅收爲多，社會福利經費乃得更爲充裕，社會福利事業由是得以順利推展。

此外，蒐集有關歐美社區基金會 (Community Chest, United Funds) 等有關資料，研議如何視地方需要作有計畫宣導與勸募，並有計畫分配、運用基金，以促成社會福利事業之聯合設計、共同行動及標準化，亦至爲重要（詳見拙著〈談民間機構聯合募捐組織〉，《自立晚報》，六十八年五月二十二日）。

現在我們根據各縣市政府的資料，對近年來，社會福利基金實際收支情形作一個扼要的分析，藉以瞭解此一社會福利基金運用的內容。

各縣市政府社會福利基金收入的主要來源有三：（一）地價稅撥入；（二）土地增值稅併入；（三）其他收入。

（一）地價稅撥入，其計算方法爲

1.五十七年度前，以五十三年度地價稅及附征數收入爲基數，超過部份，全部撥充社會福利基金（省得二〇％，省統得二〇％，縣市得六〇％）。

2.五十七年度後，以五十六年度地價稅及附徵數收入爲基數，超過部份，以半數撥充九年國教經費，半數仍撥充社會福利基金（分配比率同前）。

3.五十八年度後，超收部份，全部撥作九年國教經費（因此社會福利基金之收入，以五十八年度以前收入數爲準）。

自六十年度至六十五年度，此一來源收入在整個福利基金收入中所佔的比重平均爲一三‧六％。各縣市地價稅收入撥充福利基金的比率，在這段期間最高爲雲林縣一一‧七％，最低爲桃園縣及彰化縣的五‧一％。同一縣市歷年撥充福利基金之地價稅其比率亦有相當變化，顯示此一收入之來源並不十分穩定。

（二）土地增值稅撥充福利基金之計算方法

1.五十七年度起，省縣市依財政收支劃分法所得之土地增值稅，省及省統籌部份，以五〇％撥充社會福利基金（餘為國宅基金二五％，都市道路及上下水道二五％），縣市部份以四〇％撥充社會福利基金（餘為國宅基金二五％，都市道路及上下水道二五％）。

2.五十八年度起，以五十六年度土地增值稅收入為基數，超過部份以半數撥充九年國教經費，餘半數仍照上項比率分配。

土地增值稅係於土地規定地價後，發生土地所有權移轉時徵收，或發生設定典權時預徵。因土地增值稅之徵收只適用於都市土地，凡都市化程度較高之縣市，土地增值稅之收入自然較為豐富，其撥充福利基金之收入自然亦相對較大。從有關資料我們可以看出，各縣市歷年撥充福利基金之土地增值稅收入相差異常顯著。自六十年度至六十五年度撥充福利基金之土地增值稅收入以臺北縣為最多，計二四六、六二一千元，澎湖縣最少，計二五、四四一千元。後者只相當於前者的十分之一稍強，除了少數都市化程度較低的縣市，土地增值稅劃撥收入在福利基金收入中所佔的比重，遠較地價稅劃撥收入在福利基金收入所佔的比重為大。如同地價稅一樣，土地增值稅之收入因受公告地價現值變動之影響，歷年波動頗大，從有關資料我們可以看出，各縣市撥充福利基金之土地增值稅收入在該稅實徵數之比重，歷年每月顯著之變動，在過去六年間（六十──六十五年度），此項比重全省平均約為一〇％。

（三）其他收入，此項收入包括

1.省府補助。

2.以往年度累積盈餘。

3.基金孳息收入。

從有關資料我們可以看出，其他收入在整個福利基金收入中歷年所

佔的比重平均在五○％以上，資料顯示，較爲貧瘠的縣分福利基金的
來源似更爲依賴其他收入。

　　根據臺灣省社會福利基金設置及管理運用辦法，社會福利基金之用
途計有下列七項：社會保險、社會救助、就業輔導、國民住宅、福利服
務、就業扶助、社區發展。其中社會保險包括公敎保險、勞工保險、農
漁民保險已另有財源，無須動用基金；國民住宅的興建，有些縣市亦另
有國宅基金之設置可供使用。基金之運用事實上主要集中於社區發展、
社會救助及福利服務三項，以六十年度至六十五年度爲例，上述三項福
利支出在福利基金總支出中，所佔之比重分別爲三八·七％，三一·二
％及一○·四％，三者合計，其所佔比重高達八○％。

　　政府需要做的事情很多，財政收入卻往往有限，各級政府的單位主
管對若干工作無法推動，無不歸咎於財力的不足，在編列年度預算時，無
不盡力爭取多列經費，似乎有了經費，一切工作都可順利推動，實際的
情形卻常常是到了年度終了有些經費尚未全部用出去，這可能有二種原
因：一種原因是，這些經費的編列根本無此需要；另一種原因是怕多做
事，不去想法利用。我們無意鼓勵濫用經費，但應該知值得做的事情，
如果經費許可，便應該盡力去做。從有關資料，我們可以看出，各縣市
社會福利基金的收入雖不算太大，但絕大多數的縣市卻沒有辦法完全消
納這筆收入，自六十年度至六十五年度，全省二十縣市，只有雲林縣社
會福利基金收支相抵，剛好平衡，其他十九縣市均有盈餘，全省累積盈
餘迄六十五年度爲止高達三億一千萬元，佔全部基金收入的一○％。在
這段期間，有些縣市基金盈餘佔收入之比重連續多年均達五○％以上。

　　每一年度超過支出達三○％以上者約有五至八個縣市，卽使一般人
心目中的所謂貧瘠的縣市，亦有基金供過於求的情形，當各縣市普遍要
求增加福利基金財源的時候，這一個問題首先值得深入的檢討。遺憾的

是此一基金自七十年度起名存而實質上已被取消了。

第三節　法規方面

　　法規必須適應實際情況，　方能臻功。　我國有關社會福利法規之訂頒，在民國三十二年後，由中央社會部先後依據執政黨所制訂之社會政策而頒行者最多，諸如針對農村問題、勞工問題、婦女問題、民族健康問題、貧窮問題，制訂有關法規，嗣並將社會安全政策之實施，納入中華民國憲法之內，　專列一節，　確定爲基本國策。　政府遷臺後，　銳意興革，復對有關國民就業與勞動安全等，配合經濟發展，擬具多種方案。惟近年來值精簡法規時期，除根據方案採用行政命令推行政策外，法規頒行者不多，致多種社會福利措施尚沿襲三十餘年前農業社會時期所訂陳舊的法規，致施政不免因法規之陳舊而受牽制與拘束，形成社會變遷急劇時期，　社會福利法規有故步自封安於現狀，　甚至已有導致落伍現象，實爲憾事。社會工業化後，亟需有勞工法，中央適時訂頒勞基法，唯反對之聲一直未停，　勞資衝突，　甚至愈演愈烈；　工業化帶來工業災害，引發殘障者日益增加，都市化產生諸種社會病態，使家庭中老年人青少年兒童的照顧發生問題，我們對兒童、少年、老年福利法、殘障福利法少年福利外等，雖已訂頒，但宣告意義重於實質意義，均缺乏強制力。國內經濟長足發展，工業技術突飛猛進，需要大量具有良好訓練之技術人力，我國雖然推行職業訓練經年，但缺乏有關法律作依據，致職業訓練行政體系無法建立，　因此，　對於職業訓練的各項措施，　也無法作整體的規劃，使得我國職業訓練工作進展緩慢，無法配合突飛猛進的工業發展，供應所需的人才。自七十二年訂頒職業訓練法以來，在職訓局統籌策劃，漸有改善。此外，對於社區發展，社會保險等重要政策之

推動，只有綱要或條例等辦法，而迄無母法。發動民間志願服務日益重要，但亦無志願服務法。法規新頒者少，舊有者亦失之陳腐，或與環境脫節，致每有扞格難行或遵循無從之感。

今天，我們實應針對實際狀況，應修訂的修訂，須創立的創立，要歸併的予以歸併，且毋一概而論，認爲法規已多，又逢法規精簡時期，而不去創立、修訂或歸併。就以社會救助言，原有關社會救助之法規凡七十餘種，多在民國三、四十年間制定，不但有很多規定失之陳腐已不再能適應今天的情況，而衝突矛盾之處甚多。例如對貧戶等級之劃分標準，係採「有工作能力人口與家庭總人數之比例」爲主，「工作收入與生活費用支出之比例」爲輔。但有工作能力人口與家庭總人數之比例，並無法確切表示一個家庭之謀生能力，如十六歲青少年與三、四十歲青壯年同列工作能力人口，但其謀生不能相提並論，至爲明顯。因此以此項因素爲劃分貧戶等級之標準，易造成不公平的情形。

又如貧戶調查時最低生活費用之計算，一直是依據民國五十六年頒訂之「臺灣省社會救濟調查辦法」，該辦法之規定每人每月最低生活費用，係按照當時省立救濟院之主副食費之標準，即每人每月計新臺幣二百元。二十幾年來，物價已經上漲了，一般生活水準已經提高了，尤其近年來物價上昇幅度之高已非往昔可比。一般人的待遇已經調整數次，若未能適時調整而以一成不變之標準來衡量貧民資格，未免失之過嚴。而對一級貧戶之救助金一直是二百元，更是不合理。一級貧戶每增一口加發一百元（臺北市加發一百五十元），但卻不包括十六歲以上至六十歲未滿者。因爲，該辦法規定「未滿十六歲者」、「未滿十八歲之在學學生」才被認爲是無工作能力，即滿了十八歲而在學，不論是否有工作機會，均視爲有工作能力。而依現行學制，滿十八歲爲高中剛畢業，如此年齡而尚求學者，大多爲大專學生。滿十八歲之大專學生，除非夜校

生，實無法謀得工作，亦卽滿十八歲之在學學生，未必卽是有工作能力人口，而一律視爲工作人口，實嫌苛刻。並且，貧戶子弟一滿十八歲就要能工作，不論其是否在學，卽使在學，似亦應放棄學業從事工作，增加收入，幫助家庭改善生活，以脫離貧籍。短期著眼，似乎有助於改善貧民生活，但若長遠來看，貧民子弟若能接受高等敎育，意卽謀生能力之提高，才能永遠脫離貧窮。如果從短期著眼，而限制其繼續接受高等敎育，不只是貧戶之損失，有優秀人才不予培植，亦是國家一大損失。

至於省市社會救濟調查辦法中規定身體殘廢及精神病患無工作收入者，視爲無工作能力，但所謂「身體殘廢」其種類如何？殘廢程度如何？均乏明確規定，且在認定何種情況爲身體殘廢及精神病患並無規定需醫院之鑑定，是以歷年來關於殘廢之解釋，殘廢程度之認定，均任由行政人員依主觀看法爲之，而無統一之標準可循，以致常可發現僅斷一指頭卽自認定殘廢而求救助者，以及因意外四肢稍一外傷或骨折，卽以殘廢者自居而求列入貧戶者，對此，應予以修正，明定殘廢種類與等級狀況，以爲工作能力之有無建立客觀而明確之判斷標準。同時，該辦法第四條第九款對現患重病三個月以上，不能工作，無固定收入者視爲無工作能力之規定似嫌苛刻，因無固定工作收入而患重病三個月以上者，一般而言，均爲以零工爲生之工人，平時生活已極困苦，如患重病而尚需等待三個月方能視爲無工作能力，以列入貧戶請求救助，似嫌緩不濟急，爲期一般貧民之健康與勞動力之能早日恢復，應將本款規定放寬，俾貧病民衆得早蒙受醫療救助之利。該法第四條第十款規定配偶死亡，獨自在家扶養六歲以下子女而無固定工作收入者，視爲無工作能力之規定，旣有含糊不清之感，又陷苛求之嫌。一般而言，本款規定僅適用於寡婦，但條文中並未確切指明性別。又所稱以扶養「六歲」以下子女作爲無工作能力之標準，實有待放寬，以符保護母性及民族幼苗之憲法旨

意。該法第四條第十一款規定父母雙方由祖父或祖母獨自扶養十二歲以下之孫子女而無固定收入者，視爲無工作能力，亦失之過苛，因父母雙亡之孤兒而必須由祖父或祖母「獨自扶養」，其祖父或祖母始能視爲無工作能力，則對老人要求太過苛刻，再者國民義務教育已延長爲九年，其「十二歲」之規定似應放寬，以利孤兒求學。上述現象，自六十九年六月十四日新的社會救助法之訂頒，以及省市政府之努力，在立法內容及施政作爲已大有改善❶。

從開發國家的現代化建設過程中顯示，其國家經濟的發展及社會的富強，技術人力對它的貢獻實佔有極重要的地位；而技術人力尤其需要依賴職業教育和職業訓練加以開發，所以職業教育和職業訓練，是用於培育其技術人力資源一體兩面之措施。職業教育重於職業智能的長期傳授，而職業訓練則重於職業實用技能的磨鍊與加強，二者對國家現代化建設及保障國民就業的安全，實具有相輔相成之功用，不可偏廢。歐美日韓等諸國有鑑於此，故對職業教育和職業訓練之發展，不遺餘力。

近年來，我國政府大力發展職業教育，已有相當的成效；但職業訓練目前尚在發軔階段。而制定「職業訓練法」的目的，是希望能透過立法程序，統一職業訓練的觀念，積極推動職業訓練的工作，協調職業訓練的行政體系，充裕職業訓練基金，以改善在技術革新的時代中，所產生人力的供需不平衡現象並希望長期性，全面性提高技術人力資源的技能水準，提供國家建設必須之人力，甚而保障國民就業安全，謀求達到強國富民的境界。

在擬定職業訓練法案的過程當中，首重避免職業教育和職業訓練的衝突與重複；正如同行政負責分工方面，教育由教育部門主管及辦理，而少年輔導的工作則由社會工作部門主管及辦理。故職業教育仍應由教

---

❶ 詳見拙著《民生主義福利社會之理論實踐》，國立編譯館，民國七十八年。

育部門來負責，而職業訓練，則由勞工行政部門來推動，兩者之間，應無衝突及矛盾的問題存在。

根據研究，擬定「職業訓練法」應有下列四項立法精神：

一、希望能全面加強推動職業訓練工作，並應朝多元化的途徑進發。無論政府勞工行政部門、就業輔導部門、青年輔導部門、退除役官兵輔導部門，以及各別事業單位，均應各盡所能、分頭並進，互相協調辦理所需的職業訓練，用以迅速提高全國工業技術水準。

二、推動職業訓練，應重視事業單位的需求，無論訓練內涵、時間等，均宜以適應單位需要為前題，但亦應兼顧國民就業需要與社會安定。

三、政府有關部門應主動，積極編列預算，推動職業訓練工作，民間各事業單位亦應對所雇用在職人員，加強在職訓練。

四、政府應採輔導與推動的措施，以代替管理、管制、審查、核定等措施。

預期本法通過後，將可獲致下列三項效益：

（一）有效運用新進勞動力，投入經濟發展與國家建設。

（二）使失學失業的青年，獲得技術訓練及就業的機會，且可以直接參加生產工作，相對的減少社會問題及減輕教育負擔。

（三）可以提高在職人員的工作知能，使產業中技術人力結構，予以改善；並可防止失業問題的產生。

爰依據上述構想，參酌各國成例及我國國情，草擬「職業訓練法」凡四十四條，以為推動職業訓練工作的基本大法。此項職業訓練法已於民國七十二年十二月五日由總統明令公布實施，對我國實施職業訓練，以培養國家建設技術人力，提高工作技能，促進國民就業，至為重要。

我國與就業服務有關之法律，為國民政府於民國二十四年八月七日

公布，但迄未施行之「職業介紹法」。經四十餘年社會與經濟結構之改變，就業服務不但對安定社會及維持充分就業具有更爲積極之意義，且對調節人力供需促進經濟發展亦有不容忽視之貢獻。 在民國六十五年時，受雇者在就業總人數中之比例已高達五八‧四％，與二次大戰前以自僱者及無酬家屬工作者爲就業主幹之農業社會，對就業服務之需要情形完全迥異。根據行政院青輔會及省市就業輔導機構之業務統計，六十五年全年向上述機構登記之求職人爲二一五、五一七人，雇主所提供之就業機會更高，達五〇〇、八四二人。其中經介紹成功之人數亦達一三六、五〇二人。

目前已設立之就業服務機構： 行政管理方面， 中央爲行政院勞委會，省爲勞工處，市爲勞工局。執行方面，中央設有行政院退除役官兵輔導委員會及行政院靑年輔導委員會。臺灣省除設有五個區就業輔導中心外尙有工作站分佈全省人口較稠密之地區。臺北市亦設有國民就業輔導中心一所及工作站。由於缺乏法律依據，不但各就業輔導機構間之職掌難以作明確之劃分，卽如各地區間就業交換，協助創業，勞工招募之保護， 包工剝削之防止及學生職業指導等亦無法律規定。

就業安全體系之構成，包括就業服務、職業訓練與失業保險。職業訓練需要之鑑定與受訓者之遴選，均賴與就業服務間之密切聯繫。而失業保險之舉辦，受益給付之發給與基金之鞏固，亦必以健全普遍之就業服務爲前題。故就業服務實爲就業安全體系之重心。現職業訓練法已公布實施，而失業保險則早已納入六十二年四月二十五日公佈之「勞工保險條例」第八十五條「……其實施地區、時間及辦法，由行政院另以命令定之。」故本法更有及早制定之必要。

本法共分爲總則、機構及職掌、就業服務、學生職業指導、勞工招募及供應服務、 民營職業介紹業之管理、 罰則及附則等八章。 第一章

「總則」中除闡述立法目的外，尚有政府爲平衡人力供需所應採取之措施，及國民基本就業權之保障等。第二章「機構及職掌」之重點爲各級就業服務機構職權之劃分與職掌之規定。第三章「就業服務」係以就業服務之工作內容與原則，對殘障者之就業保障，及與職業訓練，失業保險之配合爲重點。第四章「學生職業指導」旨在加強學校與就業服務機構間之聯繫，與在校學生之職業指導。第五章「勞工招募及供應服務」，目的在對有關調節地區人力分配、保護勞工不受中間剝削，及國外勞工招募與勞工出國等有所規定。第六章「民營職業介紹業之管理」在加強民營職業介紹之管理，以防止弊端，及對非營利職業介紹業者，其業績優良者，予以獎勵。第七章「罰則」則係規定違反本法所訂有關條款者之處罰。以下就業服務法草案內容:

第一章　總　　則

（立法目的）

第　一　條　爲達成充分就業，調節人力供需，保障就業安全，以促進
　　　　　　社會及經濟發展，特制定本法。

　　　說明: 旨在說明本法之目的，除社會發展外，尚兼及經濟目的，
　　　　　　尤其我國就業市場已脫離勞力剩餘階段，藉就業服務以加
　　　　　　強就業市場之機能，從而達成社會經濟之均衡發展，實爲
　　　　　　當前之要務。

（其他法律援用）

第　二　條　關於就業服務，依本法之規定，本法未規定者，依其他法
　　　　　　律之規定。

　　　說明: 說明本法與其他法律有關條款之關係。

（禁止歧視）

第　三　條　就業服務除受職業性質限制外，不得因種族、宗教、性

別、籍貫、以往職業及工會會員而有所歧視，但其他法律
有優先之規定者從其規定。

說明: 在促進國民就業機會之平等及防止歧視。

(擇業自由)

第 四 條 國民有擇業、受僱及僱用之充分自由，除違反公共利益及
社會善良風俗者外，非依法律規定不得限制。

說明: 說明僱傭雙方僱用與擇業之自由。

(政府任務)

第 五 條 政府爲達成本法之目的，應辦理下列事項:

一、促進國民充分就業。

二、防止失業與勞力短缺。

三、提供免費就業服務及職業指導。

四、對勞資雙方提供服務因應技術發展及經濟結構改變。

五、保障身心殘障者之就業機會。

六、指導管理民間辦理之職業介紹及勞工招募。

七、策進民間與政府機構對就業服務之協調合作。

說明: 爲達成本法立法目的，政府所應採取之政策措施。

(定義解釋)

第 六 條 本法所稱就業服務，指接受求才者或求職者之申請，提供
服務，以促進僱傭關係之建立。

本法所稱職業指導，指根據求職人之性向、興趣、能力及
就業市場情況提供職業之指導，俾利求職人選擇適當工作
及其未來職業之發展。

本法所稱就業市場，指特定區域內顯示之就業方面供需情
形，僱傭關係及其未來發展趨勢。

本法所稱就業交換，指就業服務機構所接受之求才求職申請，在其轄區內不能滿足申請人之條件而將申請資料送請其他地區辦理之，以促進地區間之人力交流與分配。

本法所稱勞工招募，指雇主直接或委託他人爲其僱用所需勞工。

本法所稱勞工供應服務，指工會依照工會法與團體協約法對雇主遴介勞工之服務。

本法所稱民營職業介紹，指民間團體或個人，以營利或非營利爲目的，向求才與求職之雙方或一方收取費用，所爲之職業介紹。

說明：解釋本法所用有關名詞之定義。

第二章　機構及職掌

（權責劃分與協調）

第　七　條　就業服務之主管機關，在中央爲內政部，在省（市）爲省（市）政府。

為輔導國軍退除役官兵及專科以上學校畢業生就業，由行政院設置之專業輔導機構辦理之。

為協調推動全國就業服務工作，中央主管機關得組設就業服務協調委員會，其組織規程由內政部另定之。

說明：配合現行行政體制而定。

（中央主管機關職掌）

第　八　條　中央就業服務主管機關職掌如下：

一、研訂各種就業方案。

二、協調全國人力分配運用與辦理全國就業交換。

三、管理勞力輸出。

四、訂定就業服務作業準則。

五、制訂就業服務與職業訓練、失業保險、專技人力登記及技能檢定等相關業務之配合作業。

六、劃定就業服務地區。

七、蒐集及分析全國就業資料，並編訂就業服務工作所需之基本參考手冊。

八、督導考核政府就業服務業務。

九、其他有關全國就業服務事項。

說明：就中央就業服務主管機關應具備之職能而定。

（省市主管機關職掌）

第　九　條　省、市政府應設置就業服務處（局），爲配合社會及經濟發展需要，應就所轄區內普遍設置地區性就業服務機構，其組織規程及職掌由省、市政府訂定，報請中央主管機關核定之。

說明：配合就業服務業務之加強，省市宜專設單位，主管其事。

（組設就業服務策進委員會）

第　十　條　省、市政府就業服務機構爲策進就業服務，得聘請勞、資雙方及社會有關人士，設置就業服務策進委員會，對有關就業服務重要事項提出建議。其組織簡則由省、市政府訂定之。

說明：就業服務業務涉及僱傭雙方權益，組設策進委員會有助於就業服務工作之進展與改進。

（全國就業交換中心）

第　十一　條　中央主管機關應設置全國就業交換中心，與省、市就業服務機構及各地區就業服務處、所配合，構成全國就業服務。

說明：我國隨經濟發展，就業服務業務日趨繁重，爲有效利用就
業空缺及縮短求職人求職時間，設置就業市場交換中心，
已有必要。

日本、歐美各國均設有中央及地方性交換中心，並採用電
子計算機作業。

（省市就業服務機構主管之任命）

第 十 二 條　爲有效推行全國就業服務，省、市主管機關對就業服務機
構及地區就業服務處主管人員，應徵得中央主管機關同意
後任命之。

說明：便利中央與地方行政上之協調連繫。

第三章　就業服務

（求才求職登記）

第 十 三 條　凡求才與求職者，均可向就業服務機構親自或通訊方式辦
理登記。就業服務機構對求才求職之申請，除違背法律規
定者外，不得拒絕。

說明：在就業服務機構未普遍設立前，除規定求職求才人可親自
登記外，亦可以通訊方式辦理。並規定政府所提供之就業
服務，除違背法律者外不得拒絕。

（聘僱條件陳述）

第 十 四 條　雇主對求才登記時，應詳列工作內容、求才資格、工資、
工時等聘僱條件。

說明：爲保障求職之權益，及便於選擇適合其本身條件之工作，
規定雇主必須詳列所提供之條件。

（就業安置）

第 十 五 條　就業安置以適所爲原則，爲求職人安置工作，應儘量適合

其性向能力，向雇主推介人才，應盡量適合其求才需要。

說明：為使求職人發展其個人事業之潛力，及使雇主羅致適合其需要之人才，就業服務機構對就業安置應力求適合供需雙方之條件。

（地區間就業交換）

第 十 六 條　為求職人安置工作，以通勤為原則。若當地無適當就業機會時，經求職人同意，安置較遠地區就業；對貧苦之求職人至較遠地區就業所需旅費，由就業服務機構酌予補助。就業服務機構為執行國家人力地區分配方案，應調節人力供需，辦理地區間就業交換。

說明：為調節各地區之勞力供需，應辦理地區間就業交換，以減少勞力供應豐裕地區之失業，並充實勞力不足地區之勞力供應。但為顧及求職人之利益，對就業安置仍以通勤地區為優先。

（協助創業）

第 十 七 條　就業服務機構，對有創業才能及計劃者，應協助其開創事業，發展前途。

說明：對具有創業才能者經指定辦理創造輔導之就業服務機構得接受其申請提供管理、技術、財務等方面之協助，以促成其事，從而創造更多就業機會。

（職業指導）

第 十 八 條　就業服務機構，應視求職人之需要施予職業指導。並以初次尋職者、殘障者及因技術變更而導致失業者為優先。

說明：為協助求職人選擇適當之職業使盡量達到適才適所之目標，得視需要施予職業指導。

（配合職業訓練）

第 十 九 條　對缺乏工作技術之求職人，就業服務機構得協助其接受職
　　　　　　業訓練，對貧苦者酌予補助交通、生活及訓練等費用。

　　說明：為協助求職人順利就業應安排適當職業訓練機會，以提高
　　　　　其就業能力，惟技術性職業訓練，通常需時較長，故對貧苦
　　　　　民眾尚應同時補助其基本生活費用，使能安心接受訓練。

（配合失業保險）

第 二 十 條　就業服務機構為配合失業保險，應辦理失業登記，安排職
　　　　　　業訓練及安置就業。

　　說明：失業保險之實施，須有健全之就業服務，以使失業者迅速
　　　　　恢復就業或安排適當職業訓練，以重建其就業能力，從而
　　　　　保護失業保險基金之有效運用。

（殘障者就業保障）

第二十一條　凡受僱人數滿一百人之政府機關、學校及公民營企業機
　　　　　　構，應接受就業服務機構之推介，雇用曾經職業訓練並具
　　　　　　有工作能力之殘障者，其人數未超過受雇總數之百分之三
　　　　　　時，不得拒絕推介。

　　說明：為減少社會對殘障者之就業歧視，對具有工作能力之殘障
　　　　　人力應給予保障，且為不致陳義太高，而礙難執行，故僅
　　　　　規定一百人之大型機關團體或企業有僱用之義務。

（不介入勞資爭議）

第二十二條　就業服務機構，不得介入勞資爭議，嚴守中立。

　　說明：本條之精神在使就業服務機構對勞資雙方保持公平中立之
　　　　　立場。

（不公開個人資料）

第二十三條　就業服務機構對求才與求職者之個人資料除提供就業安置
　　　　　　所必要者外，不得對外公開。

　　　說明：本條旨在保護求職與求才者個人或業務上之隱密。

　（就業通報）

第二十四條　凡受僱人數滿一百人之僱主，應將員工增減人數等資料，
　　　　　　定期向當地就業服務機構通報。

　　　說明：為使地區就業服務機構瞭解當地之就業市場情況及加強服
　　　　　　務，故應規定實施就業通報制度，現臺灣地區之事業單位
　　　　　　至六十五年底已達四十三萬餘家，為簡化處理工作，本法
　　　　　　規定一百人以上之事業單位，定期通報。

　（戰時專技人力登記）

第二十五條　就業服務機構，為適應戰時需要，對專技人力應予辦理登
　　　　　　記，建立檔案；對可能擔任戰時工作之專技人力應予調查
　　　　　　儲備，以備戰時人力調配之需。

　　　說明：為配合辦理戰時技術人力動員，使前後方之技術人力能有
　　　　　　適當之分配，故應辦理登記。

　第四章　學生職業指導

　（學校兼負之就業服務功能）

第二十六條　為加強輔導國中以上學校畢業生就業，學校應分擔部份就
　　　　　　業服務工作，並以職業指導，職業試探為重點。

　　　說明：本條在說明學校在就業服務體系中所分擔之任務。

　（個案資料卡之建立）

第二十七條　國中以上學校應設置在校學生之智力、興趣、性向、人格
　　　　　　測驗及家庭背景等個案資料卡，作為職業指導之依據。

　　　說明：學生個案資料為辦理學生指導之基礎工作，應建立國中以

上學生資料卡。

（專業指導教師之設置）

第二十八條　為推展學生職業指導，學校應設專業指導教師加強指導活動工作，協助畢業生就業。

　　說明：國中設有指導活動教師，高中亦正式辦學生評量輔導，本案在加強其法律之依據。

（職校及大專之職業指導）

第二十九條　職業學校及專科以上學校應設置就業輔導室，辦理在校學生職業指導及應屆畢業生之就業安置；聯繫就業服務機構、公民營企業及畢業校友，推介畢業生就業及追踪輔導。

　　說明：大學規程及專科學校法，分別規定專科以上學校得視實際需要設置就業輔導室。

（學校與就業服務機構之連繫）

第 三 十 條　就業服務機構應與服務地區內之學校保持連繫合作，提供就業市場消息，就業諮詢服務及協助安排職業訓練與就業安置等工作。

　　說明：加強就業服務機構與所在地區學校之合作，有助於在校學生及畢業生對就業市場情況之瞭解，並便於安排訓練及就業。

第五章　勞工招募及供應服務

（公開招募）

第三十一條　雇主或受雇主委託在本就業服務區以外越區招募勞工超過五十人以上，應事先向招募地區就業服務機構報備。

　　說明：為使全國各地區人力供求合理調配，並加強雇主與就業服務機構之聯繫，特規定在外地越區招募大量勞工時，應事

先向招募勞工地區之就業服務機構報備。招募人數，我國定爲五十人，旨在減少雇主公文之繁瑣。

（國外勞工招募及勞工出國）

第三十二條　雇主或受雇主委託在海外招募勞工在國內工作或在國內招募勞工出國工作，應事先向中央就業服務主管機關申請許可。

　　　說明：雇主在國外招募勞工與在國內招募勞工出國工作，涉及外交、僑務、移民等事務，各國均由中央勞工主管機構核定，我國宜比照規定辦理。

（委託招募責任）

第三十三條　雇主委託他人或團體招募勞工時，應對受託之個人或團體之招募行爲完全負責。

　　　說明：本條在使雇主審愼委託他人或團體招募勞工，並對受託人之行爲負責，以免損害受募勞工之權益。

（剝削防止）

第三十四條　招募勞工之雇主，受委託之個人或團體，或其他人員，不得以任何理由，向受招募勞工收取與招募有關之財物或其他利益。

　　　說明：招募勞工人員，每有利用招募機會、剝削受募勞工情事發生，特依各國慣例，訂列本條，禁止向受募人員，收取任何財物或其他利益。

（招募之限制）

第三十五條　就業服務機構爲調節人力供求，對民間招募勞工，得敍明理由限制其招募時間、地理、人數及方式，並給予必要之指導。

　　說明：當雇主依照第三十一條之規定，越區招募大量勞工時，各
　　　　　地就業服務機構，得根據當地實際情況，給予適當之處理
　　　　　與指導，以免引起當地人力供求調節之困難。中央主管機
　　　　　關，爲求全國人力供求之有效調配，必要時，亦得根據本
　　　　　條規定，主動採取必要之措施。

　（勞工供應服務）

第三十六條　工會得依工會法及團體協約法之規定，從事勞工供應服務，
　　　　　　但不得藉詞向其服務之雇主或其會員，收取任何費用。

　　說明：工會依現行工會法之規定，得從事勞工供應服務。因係對
　　　　　會員之服務，依法不得收取任何費用，以免發生包工及中
　　　　　間剝削等陋規。

第六章　民營職業介紹業之管理

　（許可證之核發）

第三十七條　個人或團體從事職業介紹業者，應向所在地區就業服務機
　　　　　　構申請核發民營職業介紹業許可證。
　　　　　　前項許可證之有效期間定爲二年，期滿得申請換發新證。

　　說明：爲使我國民營職業介紹業納入就業服務體系，並使其業務
　　　　　接受當地就業服務機構管理，防止各種弊端，特規定個人
　　　　　或團體從事職業介紹業者，應依法申請許可，並規定許可
　　　　　證之有效期間爲二年，以便定期檢查，決定應否換發新證。

　（本法有關條款之援用）

第三十八條　民營職業介紹業者，準用本法第三章有關條款之規定。

　　說明：規定民營職業介紹業者之業務，與就業服務機構之業務，
　　　　　相互配合。

　（報告業務狀況）

第三十九條　民營職業介紹業者應將其業務狀況按月向所在地區就業服
　　　　　　務機構列報。

　　　說明：民營職業介紹業者，應按月向當地就業服務機構列報求
　　　　　　職、求才、介紹，及經營情形，以加強聯繫，而便考核。

　　（介紹費之收取）

第 四 十 條　民營營利職業介紹業者得向雇傭雙方或一方收取介紹費，
　　　　　　其費率及辦法由中央主管機關以命令定之。

　　　說明：民營營利職業介紹業者之收費費率及辦法，在日韓兩國，
　　　　　　均由政府規定，我國亦比照辦理。至向雇傭雙方或一方收
　　　　　　費一節，從我國民間習慣，未予硬性規定。

　　（業務檢查）

第四十一條　民營營利職業介紹者應依規定保存各項簿籍、帳册及其他
　　　　　　文件。所在地區就業服務機構於必要時，可會同當地警政
　　　　　　機構進行業務檢查。

　　　說明：民營營利職業介紹業者應保存規定簿記、帳册及其他文
　　　　　　件，以便就業服務機構於必要時，會同警政單位從事業務
　　　　　　檢查，俾督導改進其業務。

　　（經營職別之範圍）

第四十二條　民營營利職業介紹業者經營之職類得予限制。其限制範圍
　　　　　　由中央主管機關另定之。

　　　說明：我國民營營利職業介紹業者之規模與水準，目前不如理
　　　　　　想，其經營職類得予必要之限制。

　　（非營利職業介紹之獎勵）

第四十三條　就業服務機構對民營非營利職業介紹業者應予指導協助，
　　　　　　其業績優良者得予獎勵。

說明：民營非營利職業介紹業者，應由就業服務機構予以協助指導，其業績優良者，予以獎勵。

第七章　罰　　則

（違法歧視）

第四十四條　違反本法第三條之規定者，處一千元以上三千元以下罰鍰。

（違反保障殘障人力）

第四十五條　違反本法第二十一條之規定者，處五百元以上一千元以下之罰鍰。

（違反中立）

第四十六條　民營職業介紹業違反本法第二十二條不守中立之規定者，處五百元以上三千元以下罰鍰，其情節重大因而釀成糾紛者，並得勒令停業。

（違反通報）

第四十七條　違反本法第二十四條者，處一千元以下罰鍰。

（嚴禁剝削）

第四十八條　違反本法第三十四條之規定者，處一千元以上三千元以下之罰鍰。

（未經許可執業）

第四十九條　民營職業介紹業違反本法第三十七條之規定。未經許可先行營業者，處一千元以下罰鍰並勒令停業。

（不列報業務）

第 五 十 條　民營職業介紹業違反第三十九條及第四十一條之規定。怠於報告或虛偽之報告或拒絕就業服務主管機關之檢查者。處五百元以上罰鍰，並得按情節輕重停止營業一個月至三

個月。

（違法收費）

第五十一條　民營職業介紹業違反第四十條及有關法令之規定。處五百
　　　　　　元以下罰鍰，其再次違反者，得停止其營業一個月至三個
　　　　　　月。

（處罰機關）

第五十二條　本法規定之罰鍰，由就業服務主管機關之直轄市或縣、市
　　　　　　政府處罰。

（抗繳罰鍰）

第五十三條　本法所訂之罰鍰，拒不繳納者，移送法院強制執行。

（刑責）

第五十四條　依本法應處罰鍰之案件，如涉及刑事責任應分別處分。

第八章　附　　則

（實施細則）

第五十五條　本法施行細則，由內政部擬定，報請行政院核定之。

（公佈）

第五十六條　本法自公佈之日施行。

第四節　人員方面

　　從事社會福利工作的人員是否適任，關係社會政策之貫徹。為提高
服務品質，為確保服務功效，從事社會福利工作者，均須接受社會工作
專業教育與訓練。我國民生主義現階段社會政策中卽明確規定:「至於所
需人才，則應盡量任用各大專有關社會工作科系之畢業生。對現有工作
人員，亦當隨時舉辦在職訓練，增加其專業知識，改進其工作方法」。

隨後於民國五十八年執政黨十全大會通過並頒佈之「現階段社會建設綱領」及內政部據此而制定之「第二期社會建設計畫」，在推進項內除強調觀念溝通、訂定立法、機構配合外，亦列有「對執行幹部應予調訓，俾能有效實施」。民國六十三年召開之社會工作教學研討會中亦以「社會工作人力資源及人事制度」為六大議題之一。其後，以全國兒童少年發展研討會綜合結論所擬成之發展方案綱要中亦特別指出專業人員為一切工作之本，除了應制定兒童福利各級工作人員考試任免登記辦法以建立兒童福利工作人員之人事制度外，在社會福利項內分別列出「增用專業個案工作員」、「社會團體工作員」、「延聘社會工作人員」、「長期培養社會工作人才」等。凡此，足證政府及各界對社會工作事業之重視。然而，自現階段民生主義社會政策付之實施以來，十一年於茲，由於社會工作專業教育與實際需要配合不夠，各級政府及其所屬機構從事社會福利工作者仍缺乏社會工作專業教育與訓練，致嚴重影響服務品質及服務功效。目前尚乏全面性調查，但據六十一年兒童少年發展策進委員會辦理兒童少年需要調查，對象包括國中、國小、幼稚園、托兒所、福利機構及醫院等，收回調查表八百份，內中人力現況計教育人員一三、三四五人，衞生人員七六三人，社會工作人員僅四二〇人，而在四二〇人中大專相關科系畢業者為九十五人，佔二五％。又臺灣省社會處統計中列該處及所屬機構編制人員一、二九五人大學程度不及二〇％，相關科系畢業者微乎其微。六十五年一月四日至十六日筆者曾應中央之邀考核推行社會福利政策之績效，曾實地訪查臺灣省北部苗栗縣、中部臺中縣、南部高雄縣、東部花蓮縣及臺北市，發現苗栗等四縣之社政單位編制內從事社會福利工作的人員竟無一名曾受過社會工作專業教育與訓練。而在各種環境、條件最佳之臺北市，主管社會福利工作之社會局及其所屬機構編制內人員五九一人中，大專程

度一八九人，而其中有關社會學系畢業者僅二十六人，僅佔四·四％。
此外，筆者於六十五年接受中華民國社區發展研究訓練中心之委託，主
持「我國老年福利之研究與設計」研究計畫，曾對全國有關安老機構進
行全面普查工作，亦發現在編制內人員中全無大專院校有關社會學、社
會工作科系之畢業生。由於有關社會福利機構缺乏受過社會工作專業教
育、訓練及專業精神灌輸之社會工作人員，以致問題叢生，嚴重影響兒
童、青少年、老年、婦女及貧民福利。在另一方面，有關社會學、社會
工作科系之畢業生，從事社會福利工作竟微乎其微，造成教育上、人力
上之一種莫大浪費。如以臺大社會系畢業生就業情形言，七屆畢業生三
七四人中，從寬估計其與社會福利工作有關係者亦不過八十餘人，約佔
二五％。惟近年來，此種情況已大為改善，將來再進行調查時，一定會
有令人鼓舞的發現。

當然，從事社會福利工作之專業人員的培養，須賴下列三方面之配
合：一是正規、長期訓練人才計畫，二是非正規、短期的在職人員訓練
及進修辦法，三是一套完善人才任用及升遷制度。正規的社會工作專業
教育發展，迄今已有三十多年的歷史，但受種種客觀條件之限制，故發
展甚緩。下列重要問題亟待克服：(1)教學設施不敷應用；(2)課程不合專
業標準；(3)專業師資缺乏；(4)教學內容與方法不甚良好；(5)教材不足；
(6)實習指導不充分；(7)學校與社會福利機構配合不夠密切；(8)專業精神
之灌輸被忽視。我國社會工作專業教育與訓練，除大專院校外，我國政
府與公私立社會團體亦曾不斷地運用各種方式，辦理社會工作人員之短
期訓練，亦有相當成效。不過，為期保持成果並擴大績效，對於社會
上不重視在職進修的風氣，社會福利機構現職人員的苟安不求進步的心
理、不積極追求新知而有敷衍應付的情事，以及訓練課程編排、教材內
容、訓練方式未能與實際工作密切結合，訓練後未能繼續輔導等問題，

必須設法予以克服。至於人才任用制度，旨在保障公私社會福利機構服務之社會工作專業人員，不因生活逼迫而見異思遷，不因主管之更迭而徬徨憂慮。倘獻身服務，救人之急，助人之難之社會工作人員，其本身反有衣食不足而須他人照拂，自非妥善之道。而省市政府社會工作人員長期不能納編，　為編制外的聘雇人員十八年，　更是無法讓人了解。　因此，宜速將社會工作人員納入編制，健全人員任用、福利、升遷制度，創造出一種環境與制度，使專業人員能安心服務，久在其位，如是方能精益求精改進服務。

（附一）臺灣省各縣市設置社會工作員實驗計畫綱要

壹、目　　的

貫徹民生主義現階段社會政策，設置社會工作專業人員，運用科學理論與方法，改善人民實質生活，增進社會福利，以達到建設安和樂利社會為目的。

貳、依　　據

一、民生主義現階段社會政策「庚項」「僱用曾受專業訓練之社會工作人員，負責推行各項工作」之指示。

二、內政部六十五年十二月所頒「當前社會福利服務與社會救助業務改進方案」（伍）建立社會工作員制度之規定。

三、省府第四六二次首長會談主席裁示。

四、省府第一四三一次委員會對六十七年度政治革新實驗示範「建立社會工作員制度」年終考核報告之決議。

叁、設置要領

一、本計畫自民國六十七年七月一日起，除原試辦之臺北縣、臺中

縣、雲林縣及高雄市四縣市外，再另選若干縣市繼續實驗一年，由六十九年度起視實驗績效逐年擴大辦理在全省各縣市全面設置。

二、各縣市設置人數暫以每鄉、鎮、市、區一人爲原則，並得視人口、工業密集及礦、漁、鹽民地創酌增設若干人，在縣市政府設置社會工作督導員二至四人。

三、縣市社會工作督導員擔任鄉、鎮、市、區社會工作員之督導考核工作，其遴選標準另訂之。

肆、任　　務

社會工作員應運用個案工作團體工作及社區工作等基本方法，以協助個人、家庭、團體及社區，解決並預防問題、調適其社會關係、發揮其潛能，以改善人民生活增進社會福利。

伍、工作目標與步驟

年　次	工　作　目　標	工　作　步　驟
一、第一年實驗計畫	(一)瞭解區內人文與地理環境並介紹社會工作功能。 (二)發掘並掌握區內社會資源。 (三)接觸民眾，探求疾苦。 (四)針對民眾個別需要，試尋解決途徑。 (五)啟發案主潛能，激勵自動自發精神，運用社會資源，解決困難。	1.瞭解區內人文地理狀況，訪問有關單位與人士，介紹社會工作功能。 2.瞭解有關社會行政單位社會福利措施執行規定與辦理情形，訪問與發掘地方福利團體與熱心公益人士。 3.運用各種機會，深入並接觸民眾，發掘、瞭解與研析問題。 4.經由家庭訪視，針對案主個別問題，建立完整個案紀錄，並據以研析問題成因，謀求解決途徑。 5.輔導案主瞭解自我，並針對需要，運用社會資源，啟發潛能，開創生活機會。

二、第二年實驗計畫	(一)確實掌握與運用社會資源，加強個案輔導成效。	1.	根據案主所遭致之心理、經濟、社會障礙，有效運用區內社會資源，俾消除與減緩困難，奠定個案成功基礎。
	(二)調適案主生活關係，充實美滿生活。	2.	針對案主家庭、職業與社區生活的失調狀況與原因，協助參加職訓與就業並運用社區各種活動，改善其家庭與社區生活，俾開創美滿生活。
	(三)建立良好工作關係，培養民眾尋求輔導意願，擴大工作範圍，貫徹社區發展成效。	3.	經由成功的個案服務工作，贏取民眾信賴支持，俾社會工作在社區、鄉鎮市內紮根。
	(四)結合有關單位，加強家庭組織功能。	4.	協調教育、衛生、福利、家政單位並發動社會力量，推行家庭福利、保健、家政等工作，俾達到齊家報國之目的。
	(五)因應青少年需要，配合有關單位辦理心理諮商與生活輔導工作。	5.	結合學校、家庭與社會有關機關，針對區內未升學未就業與生活適應困難青少年，予以心理諮商與生活輔導，俾導入常規生活，進而發展潛能，貢獻社會。
	(六)改善漁、鹽、礦與勞工生活，增進社會福利。	6.	協助鄉鎮市政府，因應地區特性，擬訂專案計畫改善上述民眾生活。

陸、甄選標準

一、大專院校社會工作科系、社會學系或其他相關科系畢業者。

二、年齡限三十五歲以下。

三、男性限於服完兵役。

四、身心健康、無不良嗜好、國語及當地方言流利並具有社會工作熱忱者。

柒、甄選及訓練

一、甄選：由本府社會處會同人事處統一甄選，甄選事宜另訂之。

二、訓練：社會工作員之訓練分職前訓練及在職訓練，由本府省訓團設班辦理或委託大專院校及有關單位代為訓練，訓練事宜另訂之。

捌、聘僱、待遇及差假

一、甄選及格人員由本府列冊送有關縣市政府約聘或約僱（大學院校畢業及高等考試或相當高等考試及格，以及專科學校畢業曾經本府甄選及格並任社會工作員一年以上者約聘，專科學校畢業初任社會工作員者約僱）。

二、社會工作員之待遇，依照本府約聘或約僱技術專業人員之規定辦理，另在業務費酌予支給個案資料整理費。

三、社會工作員婚、喪、事、病假及因公差勤均比照公務員有關規定事項辦理。

玖、指導與評鑑

聘請專家學者分赴各縣市對有關人員及社會工作員施以專業技術諮詢與指導，並配合省研考會年終考核實施評鑑工作，有關指導與評鑑事宜另訂之。

拾、經　　費

設置社會工作員所需人事費、差旅費自六十九年度起由各縣市政府編列公務預算支應。

拾壹、附　　則

實施細則、工作手冊、訓練計畫及評鑑標準另訂之。

（附二）臺灣省各縣市設置社會工作員工作指導與評鑑計畫

壹、目　　的

使各縣市實驗設置之社會工作員工作獲致良好之成效，以樹立社會工作員制度之堅實基礎，確立社會工作員專業化體制，恢宏社會福利功能。

貳、依　　據

臺灣省各縣市設置社會工作員實驗計畫綱要。

參、工作指導

一、定期指導，由本府社會處聘請專家學者組成指導小組（名單如附件）定期分赴各實驗設置社會工作員縣市督導，並對縣市有關人員及社會工作施以技術諮詢與指導。

二、不定期指導，視事實需要隨時前往督導與技術指導。

三、指導項目如下：

（一）業務及行政部份

1.社會工作員之分發及調配情形。

2.社會工作員工作量之分配。

3.社會工作員外勤與內勤之配當。

4.縣市鄉鎮對社會工作員督導之功能已否發揮。

5.社會工作員在縣市政府內擔任輔導聯繫工作之績效。

6.是否定期召開工作研討會，其內容是否充實。

7.社會工作員所提問題是否即時處理，有無建立工作建議紀錄簿。

（二）社會工作技術部份：

1.個案紀錄是否清晰完整扼要。

2.對有困難之家庭或個人了解是否透徹。

3.對有困難之家庭或個人造成困難之原因研析與診斷是否準確。

4.對解決家庭或個人困難之設計與建議是否切實可行。

5.社會工作員主動解決問題情形。

6.對青少年及兒童輔導工作情形。

7.推行家庭及老人福利基礎工作情形。

8.工作方法是否具有彈性與創意。

9.發掘與運用社會資源之程度。

10.與有困難之民眾及地方機關如何建立良好工作關係。

三、指導時間另訂。

四、召開工作研討會: 由本府社會處召開各縣市社會工作員與有關人員工作研討會檢討工作得失及溝通觀念, 以作為工作改進之參考。

肆、工作評鑑

評鑑工作配合省研考會年終考核辦理。

伍、經費 (另行專案簽辦)

(附三) 臺灣省社會工作員訓練計畫

壹、目　的

在充實社會工作員專業知識與工作技能, 瞭解本省社會發展特性與有關社會福利措施, 有效運用社會資源, 俾社會工作順利推展, 並在基層紮根,期能貫徹民生主義現階段社會福利政策,建設安和樂利的社會。

貳、依　據

臺灣省各縣市設置社會工作員實驗計畫綱要。

參、訓練對象

一、職前訓練: 第一年實驗計畫臺南市等四縣市新進社會工作員。

二、在職訓練:

(一) 第二年實驗計畫各縣市社會工作員一一三人。

(二) 第一年實驗計畫社會工作員服務滿六個月後辦理。

肆、訓練方式

採專業課程講授與個案實例研討方式進行。

伍、訓練期間

職前訓練爲期二週，　在職訓練均以一週爲期，　訓練起迄時間另訂之。

陸、訓練地點

由本府省訓團設專班辦理或委託大專院校及有關單位代爲訓練。

柒、訓練課程及時數

一、職前訓練

課　　　程　　　名　　　稱	時　　數
一、本省社會福利措施介紹	6
二、協談原則與技巧	4
三、社會資源的發掘與運用	4
四、社會工作專業關係建立	2
五、社會工作員信條與守則	2
六、個案診斷與處理	4
七、個案紀錄	4
八、心理衞生	2
九、實　　習	7
十、精神講話	4
十一、個案研討	8
十二、家庭動力關係	4
十三、社會團體工作	2
十四、社區組織與發展	2
十五、社會行政體系介紹	2
小　　計	5 3

二、在職訓練

課　　程　　名　　稱	時　　數
一、個案診斷與治療	4
二、擴大照顧低收入方案	2
三、社會團體工作與技巧	2
四、協談原則與技巧研討	4
五、個案研討	6
六、如何參與社區活動	4
七、青少年諮詢與指導	2
八、社會政策與社會問題	4
九、團體動力學	2
十、精神講話	2
十一、社區組織與發展	2
十二、社會變遷	4
小　　計	3 8

捌、訓練費用（另行專案簽辦）

玖、預期績效

　　社會工作員經專業訓練後，當能以豐富的科學理論與工作技巧，和高度的工作熱誠，深入瞭解民眾疾苦，從個案工作著手，以協助個人，家庭團體及社區，解決並預防社會問題，調適社會關係，發揮潛能，改善生活，增進社會福利。

第五節　機構組織方面

　　有關衞生及社會福利在不同的國家，不論在組織結構、職掌範圍，機構名稱、計畫或實務方面,均有所不同。因爲這種差別,所以不可能也不需要去建立一個一致的行政體制適用於每一個地方。以社會福利言，目前各國行政體制可歸納爲五種類型: (1)有完整獨立的社會福利行政主管單位，如希臘、法國、澳大利亞的社會服務部，以色列、比利時、瓜地馬拉的社會福利部，新加坡、丹麥、冰島、瑞典及挪威等的社會事務部，英國的社會安全部。(2)社會福利與衞生合併的行政主管單位，如加拿大、韓國等等衞生福利部（內設社會福利局），美國的衞生與人類服務部（內分社會服務、社會安全及衞生部門)及日本的厚生省(卽衞生與福利部)。(3)社會福利(或社會事務)與勞工行政合併的行政主管單位，如敍利亞、約旦、沙烏地阿拉伯、西德等的勞工及社會事務部，意大利、智利、墨西哥等等的勞工及社會福利部。(4)社會福利 (或社會事務) 併其他公共行政混合於內政部之內，如泰國（內政部下設公共福利司）、中華民國（內政部設下社會司）之內政部。(5)特殊的複合體制，如以前美國的衞生教育福利部。由上述資料可見大多數國家均設有社會福利行政主管機構，但其名稱組織及職掌範圍，各有不同。

　　社會福利工作是政府職責中的一個特殊領域，因此，社會福利行政應該集中於一個獨立的部門，各國均逐步朝向集中一個部的方向走。不過，此一努力，並非一蹴可至，所以，很多國家，社會福利工作非僅由社會行政主管單獨負責，必須要有一個負責主要協調責任的機構總其成，以免職責混淆不明，社會福利領域內的工作乃至和其他有關部門的社會性計畫，在計畫方面和執行方面都要互相協調配合。大多數國家目

前都有某種型態的協調機能 (coordinating mechanism) 的存在，其中有英國等十八個國家是採「全國性的社會福利委員會」 (National Council of Social Welfare or Social Service)，以發揮協調的功能，協調各種有關政府與民間機構，促成聯合設計與行動。另外，有些國家則採成立中央設計委員會 (Central Planning Commission) 的方式，以所得結果貢獻給部門間的高階層作最後裁決，決定後可獲得優先財力支援。這種行政程序，有助於計畫方面獲得有效之協調，工作方面獲得一致的步驟。由於現代社會福利的範圍至爲廣泛，而其措施亦極爲繁多，常非僅由社會福利行政主管機構所能單獨勝任，而必須由社會福利行政主管機關以及其他有關機構協力推進，分工合作，相輔相成。而且，在事實上，一個國家的社會福利行政主管單位常無法將所有社會福利工作都彙集起來獨自承擔。有的因歷史傳統，有的因政治、經濟、社會、文化因素或其他因素，不能不以一部份社會福利工作任由其他有關單位分擔。因此，如何有效協調配合，消極地避免機關間之分立、衝突以及其職權與工作之紛歧與割裂，積極的在求配合與集中力量以發揮最高之行政效率而求社會整體之福利，至爲重要。

我國目前衞生與社會福利行政決策權不完整，衞生與社會福利行政乃爲實施國家衞生及社會福利政策，推動各種衞生與社會福利措施的力量，爲政府行政權之一部門，依照憲法第三十五條規定「行政院爲最高行政機關」。因此國家行政權應隸屬行政院所屬部會。其次，所謂行政權不完整，不只是分散在若干不同機構、委員會、會報裏，而且，我國目前有關衞生及社會福利行政決策缺乏一個名實俱備的最高協調權威。

我國目前有關衞生及社會福利行政最高單位爲衞生署、社會司等，由於其地位較其他經濟發展行政單位爲低，故其行政權威也較弱，致衞生及社會福利方面的設計工作落在經濟發展方面之後。衞生及社會福利

政策與整個經濟發展政策間之連繫有欠健全，往往過份偏重經濟發展效益，而忽略了人民的健康、安全與福利，尤其是若干衛生及社會福利方面的工作由經建單位主管，常因主管的經建單位的觀念未能溝通，而大大影響及衛生及社會福利工作之推展。

衛生署一方面是行政院下之一級行政機關，受行政院之指揮監督，另一方面爲全國最高衛生行政機關，對於地方衛生機關有指導、監督之責。依其業務內容言，它具有下列功能：

1.統籌的功能：統籌全局，確立政策、目標，負責擬訂與推行計畫方案，研議並實施法規，尤其是在建立制度與標準，以發揮長遠而廣大的影響。

2.管制的功能：依公益的要求與標準，對於涉及國民健康的活動加以控制或檢查。

3.保衛的功能：保衛國民全體的健康，使人人免於疾病的威脅。

4.扶助的功能：以技術輔導、宣傳、示範等方法達到增進國民健康的目的。

基於上述情形，衛生署之成立是具有其時代意義與任務，使命重大，任務艱鉅。然而，依現行體制，衛生署雖爲中央衛生主管單位，但並無多大實權，雖可草擬製訂衛生行政法規，但其執行則由臺灣省政府衛生處、臺北市衛生局負責。而這些機構直屬省市、縣市政府，經費各自獨立，其人事亦不屬衛生署控制，雖有督導之名，而無其實。此對衛生行政業務之推展，自有影響。

在組織方面，檢驗及實驗機構之設置，一個衛生行政機構，如無檢驗、調查研究機構，實是盲目從事，尤其是衛生署是全國最高衛生行政主管機關，對於各種檢驗標準之研訂，標準品之購置及有關衛生試驗與行政工作之配合推行等，負有最高責任，此種工作應設專管機構負責辦

理。現衛生署因無所屬檢驗機構，故有關藥品之檢驗，均送臺灣省衛生實驗所代辦，有關其他衛生實驗則送臺大醫院等代辦，卽費時且乏權威。爲建立全國性之檢驗權威，實有設置藥物食品檢驗局及中央衛生院之必要，使其分別掌理藥物、醫療器械及食品有關之檢驗，和衛生技術之研究設計及檢驗鑑定等工作，成爲衛生署之參謀作業機構，以技術作爲衛生行政工作之後盾。

權威方面，關於食品之管理，依衛生署組織法第六條之規定，食品衛生之管理，應以衛生署爲主管機關，唯就目前實際情況言，經濟部似仍爲主管機關。以衛生營業爲例，在作業上，工商單位與衛生單位未能密切配合，常有步調不一，發生脫節現象。凡涉及衛生及營業有關之事項，應由中央省市有關單位組成聯繫小組，以便協調處理。關於水污染之管制，依衛生署組織法第九條規定，衛生署掌理關於阻止河川污染，工業廢水等公害之研究、指導及監督事項。此項職掌與環境衛生業務之通盤計畫有密切關係，應仍計畫歸衛生署主管較合理。又在省境水污染之管制機關爲建設廳，衛生署對它並無指導、監督之權，應予改進。關於自來水管理，依衛生署組織法之規定，衛生署掌理關於飲料水之檢驗及衛生指導，監督事項。在「飲水管理條例」中亦規定，飲用水主管機構，在中央爲衛生署，關於飲用水水質標準，由省市政府擬訂，報衛生署核定後公布之。然依「自來水法」之規定，由省政府訂定公告，並報內政部核備。飲用水關係國民健康至深，此種混淆情形，應從速劃分清楚，確定飲用水之主管機構。

推行衛生保健工作，應以社會全體人民爲對象，要爲全民服務，自然須深入民間。故衛生所實是衛生行政最基層的單位，也是推展衛生業務的前鋒，使命既重，工作亦繁。其工作項目至多，且均直接關係國民健康。故據專家學者及行政實務人員的一般意見，以爲衛生所的編制，

應以每一鄉鎮人口戶數的多少，地域的廣狹，交通的方便與否來決定。
目前衛生所工作人員，在編制上共有主任兼醫師、醫師、公共衛生護
士、護士，此與民國五十九年比較（如附表），顯示衛生工作人員編制
未能配合人口而適度調整。人員不足，經費短缺，使得與國民保健關係
最密切的衛生所，無法完成為民保健服務之使命。

五十九年度臺灣地區衛生工作人員編制情況調查表

	衛生所數	主任兼醫生	醫師	公共衛生護士	護　士	助產士	檢驗員	保健員	技術員	事務員
市	10	10	7	18	4	23	8	20		10
鎮	73	73	13	54	23	99	59	144	1	66
鄉	231	231	40	95	43	127	127	661	1	26
區	32	32	1	40	22	10	10	41		22
合計	346	346	61	207	92	259	204	866	2	124
備考	彰化市包括兩個衛生所									

我國目前職訓工作除民營事業自辦訓練外，是由各有關行政單位辦
理工作職訓者有：行政院勞委會，青輔會職業訓練組、退輔會、經濟部、
教育部及省市政府等。行政院勞委會負責指導監督公民營企業單位辦理
企業內訓練；青輔會負責青年就業訓練之規劃與聯繫，設有第一青年職
訓中心；退輔會為加強退除役官兵就業，訓練所需技能，先後設四所榮
民訓練中心；經濟部為配合經建，加速工業發展，解決技術人力之需
求，特設南區及北區職訓中心，又為發展漁業，與省政府共同設漁業幹
部訓練中心；交通部為配合業務需要，亦分別設置電信、郵政、航技人

員訓練所；教育部負責省市地區職訓中心及建教合作之監督推動；省市則負責地區職訓中心及中等學校附設實用技訓中心之監督與執行。上述種種機構，在縱的方面旣無統一決策、執行、監督與訂立標準之機構，在橫的方面亦缺乏互助相聯繫，配合實施。再就職訓職掌而言，亦屢見於各有關部會組織法、組織條例及組織規程中，中央與地方皆有之，在中央部會方面涉及職訓職掌者有：

1.五十七年十月公布之「內政部處務規程」第二十二條款第三項規定：勞工司第七科掌理職業訓練之規劃實施及指導監督事項。六十二年四月內政部勞工司改組爲七科，其中有職業訓練科、技能檢定科（民國七十六年國立行政院勞工委員會負責此項工作）。

2.五十七年十二月公布之「教育部組織法」第九條三款規定：專科職業教育司掌理職業訓練事項。

3.五十五年九月修正公布之「行政院國軍退除役官兵輔導委員會條例」第二條規定：本會職掌退除役官兵職業訓練及就業輔導事項；第六條規定：本會設第三處掌理退除役官兵職業訓練、介紹、聯絡等事項。

4.六十一年八月修正公布之「行政院靑年輔導委員會組織規程」第三條第一款規定，本會職掌靑年職業訓練之規劃與聯繫事項。

在地方方面，則由省市政府勞工行政單位兼管。

由上述可知，職訓之職掌分散在各級機關組織法規中，且彼此之間又無專責機構以負責協調聯繫溝通等工作。加之各單位所辦之各種訓練，都有其客觀事實需要，且由於辦理單位和目的不同，亦缺乏長期及整體之目標，難免有力量分散和工作重複之缺點。更由於訓練標準不一致，訓練方法和效率也因之不同，致不能充分適應現階段的工業發展和配合國家人力需要，發揮最大的效果。內政部曾依據第一期人力發展計畫，擬訂「中央職訓委員會組織規程草案」，以作爲職訓最高規劃及設

計考核機構，然遭行政院擱置。而行政院又曾研擬將由內政部勞工司、行政院國軍退除役官兵輔導委員會及行政院青年輔導委員會合併，設置「國民就業輔導委員會」，下設「職業訓練局」掌理全國職訓工作，然亦告「胎死腹中」。

內政部爲配合推動國家經建工作，切實掌握當前國家人力供需，而於六十三年六月二十四日正式成立「技術人力協調會報」，由內政部、國防部、財政部、經濟部、交通部、教育部、行政院秘書處、行政院經設會、主計處、青輔會、退輔會，及省市政府、職訓、監理等十四單位參加。此一會報主要任務爲：

1. 國家重要經建計畫技術人力供需培訓之統籌規劃事項。
2. 職業訓練及就業服務計畫之研審事項。
3. 職業訓練及就業服務的協調配合辦理事項。
4. 全面性技術人力供需調配之調查、分析及研究事項。
5. 其他有關技術人力協調事項。

就其任務言，此會報亦屬一規劃、協調、調查、分析研究性質之組織，須各單位能開誠佈公，力求合作，方能獲致預期目標。然而，事實上，由於機關眾多，協調不易，常步上會而不議，議而不決，決而不行之委員會制組織之弊病，終非長久之計。民國七十六年行政院成立勞工委員會，內設職訓局，對職訓工作之統籌規劃將有些助益。

各國國民就業輔導行政，依其發展歷史之不同，呈現之組織形態自不完全類似，惟均朝向合理完整與統一努力。

（一）在英國，勞工部爲全國國民就業輔導工作最高監督主管機關，勞工部下設有有關就業各司，爲實際掌管工作機構。勞工部下分區設區國民就業局，區之下設就業交換所及辦事處，並另設各種訓練，特殊服務機構。總之，英國就業輔導行政體系是採中央集權制，各級就業

輔導機構在一條鞭的系統下，均歸中央的勞工部統一指揮與監督，體系統一而完整。

（二）美國在聯邦政府設有勞工部，勞工部下設有人力署主管全國人力行政與政策之研議推行。人力署下設學徒訓練局，人力政策考核研究處，工作經驗訓練局及就業安全局四個業務單位。就業安全局內設就業輔導處、失業保險處及青年機會中心。勞工部內另設有退伍軍人就業輔導局（設有五個分局）。就業輔導處指揮分設於全國十四分區的區就業輔導處。在地方，各州政府之就業安全廳下設有就業輔導處，指揮分設各地方之辦事處。州各地就業輔導機構須受聯邦區就業輔導處之監督指導。在美國就業輔導行政體系係採中央與地方分權制度，而地方單位應受中央單位監督指導。

（三）西德的國民就業輔導行政係屬特設的聯邦就業輔導及失業保險署（簡稱就業署）掌管。就業署分設就業輔導及失業保險二處及顧問委員會、理事會。就業署所管轄機構有三類：(1)超越地區性機構業務各直屬單位，如中央就業輔導處、行政訓練中心等；(2)各區就業輔導處，共九個；(3)各地就業輔導中心、輔導站。西德的就業輔導行政體系是一元化完整統一的。

（四）日本的就業輔導行政，在中央由勞動省主管，在地方則由縣市政和公共職業安定處承辦。勞動省下有關就業輔導工作的單位計有調查統計組、勞動政策局、勞動基準局、職業安定局、職業訓練局和許多有關委員會等。在地方的職業安定所係勞動省的分支機構，為適應實際需要，在縣市職業安定所之上可設區職業安定所，均受中央之指揮監督。日本的就業輔導行政體系係採中央集權制度，完整統一的。

英國國民就業輔導行政體系

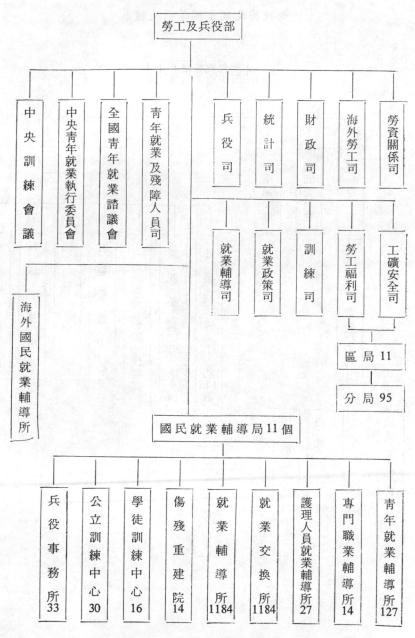

西德國民就業輔導行政體系

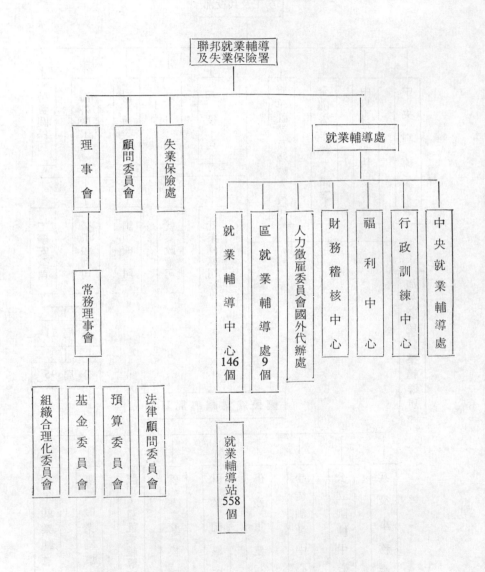

日本國民就業輔導行政體系

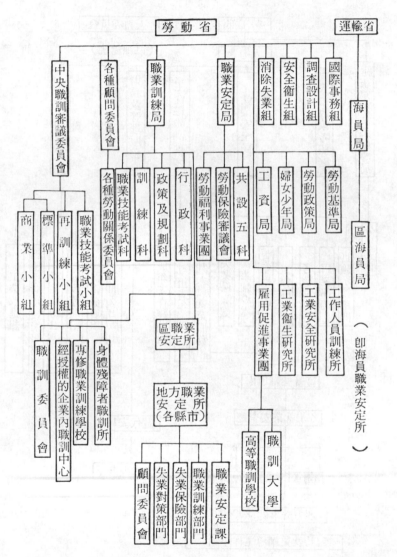

美國國民就業輔導行政體系

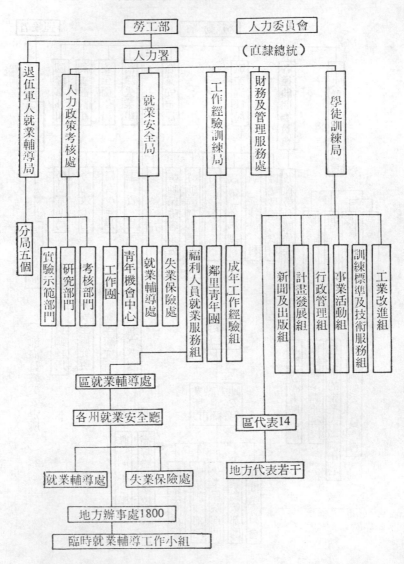

在國民住宅方面，可見臺灣地區住宅政策之擬訂策劃原由國民住宅興建推動小組負責，但此單位由於小組成員係由各部會首長及有關機關人員所組成，每月僅召開會議一次，而且各單位代表於本位主義影響，不易拋棄成見，致國宅政策之制訂與執行，每不能符合當前經社發展之需要。在國宅執行機構言，臺北市國民住宅之編制與組織較為合理，至臺灣省之國民住宅興建委員會，因採取委員制之組織，其委員並由各廳處長兼任，每月僅開會一次，對臺灣省國宅興建計畫之釐定，因而不能發揮較大作用，乃於六十八年三月一日時組為住宅及都市發展局。各縣市社會局、社會科或民政局之國宅股（課）主持國宅興建，區區三、四人之國宅股，負責推動一縣市之國宅業務，致效率甚低。且國宅機構人員責任重，公務員待遇又偏低，致無法羅致優秀專業人才。地方政府由於缺乏專業人員，降低國宅行政效率，嚴重影響國宅發展。

國宅機構之性質，有別於一般行政機構，亦與一般企業機構不同。而目前臺灣地區國宅推動機構，則過份偏重於一般行政業務管理，而忽略了國宅的實際生產，此實為莫大錯誤。因為，國宅管理雖是不可或缺的，但國宅生產，是國宅管理的基礎，缺乏國宅，則管理機構形同虛設，過份偏重住宅行政，而忽略住宅之實際生產，乃目前我國國宅機構重大缺陷。

國宅工作，可分為行政與業務兩方面，行政方面的工作，如住宅政策之制度、年度住宅計畫及長期住宅發展計畫之訂定，法規之修訂等是。業務方面為土地取得、地區規劃、房屋之設計興建、住宅租售管理、環境之維護保養等，二者工作性質完全不同，應可分別設置機構，即前者為行政單位，後者為業務單位。臺灣地區目前的住宅推動機構，效率不高，其原因甚多，但國宅機構不健全，權責不明，應予合併改組。中央應設立國宅專責機構，如住宅暨都市發展部之設立，實有其需

要。臺灣地區幅員不大，似不宜再將國宅機構再分爲省市二部份，而應指定一個中央性的機構，負責臺灣地區住宅政策及興建計畫之擬定。在此機構下，再設立專業性的住宅建設公司與國民住宅儲蓄銀行，負責住宅建造工作及資金之運用管理，其組織系統如下：

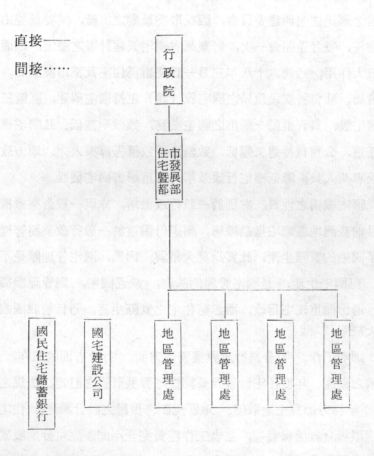

住宅暨都市發展部行政組織

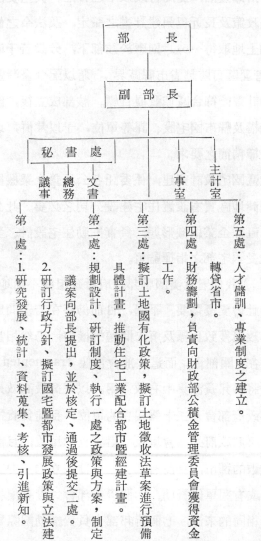

第一處：
1. 研究發展、統計、資料蒐集、考核、引進新知。
2. 研訂行政方針、擬訂國宅暨都市發展政策與立法建

第二處：規劃設計、研訂制度、執行一處之政策與方案，制定議案向部長提出，並於核定、通過後提交二處。

第三處：擬訂土地國有化政策，擬訂土地徵收法草案進行預備具體計畫，推動住宅工業配合都市暨經建計畫。

第四處：財務籌劃，負責向財政部公積金管理委員會獲得資金轉貸省市。

第五處：人才儲訓、專業制度之建立。

住宅暨都市發展部屬行政院，屬首長制的組織形態，以達到責任確定，事權集中，指揮靈活，提高行政效率之目的。其主要的職權，為負責臺灣地區住宅政策及長近程興建計畫之釐定，及法令之修改等工作。至於一般業務如土地取得……，則應於該部下，分設若干直屬管理區，派出單位，各管理區可跨越省市縣區界，藉以配合臺灣區域計畫之發展，使國宅興建計畫能符合區域發展目標。該部成立後，應同時將目前省市國宅推動機構及縣市國宅股、課等單位，予以裁併，以避免功能重複，並符機構組織精簡之要求。

目前臺灣地區國宅設計興建，係委託各公私營企業機構承造，易於發生弊端。故臺灣地區實有設置住宅建設公司之必要。此公司性質係屬工程業務單位，直採企業組織形態，負責推動住宅設計、發包、承建、整修等業務，並受國宅部之指揮監督。

在美國方面，我們看見美國聯邦政府行政組織不斷地在擴充與改進，以便能配合社會變遷需要。不過，目前仍存在若干問題有待進一步改進。美國聯邦政府獲致目標及解決問題的權力，仍然相當 fragmented。分散在聯邦各有關部會，而這些部會常像 fragmented fiefdoms 一樣的行動，無法將聯邦資源集中有效運用，以發揮最高效果。譬如，有九個不同的聯邦政府部會及二十個獨立的單位，目前負責推動有關教育的工作。有七個聯邦政府的部會以及九個獨立的單位，目前負責推動衛生工作。在大多數的都市，目前有二、三十種獨立的人力計畫，由不同的聯邦政府部會或有關單位資助。六個聯邦部會負責蒐集相同的經濟資料——經常取自相同的來源，七個聯邦部會負責推動國際貿易事務。其他在休閒娛樂、環境保護等亦有類似情形。上述情形，實有必要予以改進，將之予以統合。由於權力與責任的分散，常造成經費浪費、相互間衝突、重複，同時，不易協調配合，齊一步驟來對付各種日益複雜的問

題，獲致共同目標。由於大家各自爲政，採取 piece-meal approach，妨害到對公眾需要（public needs）的基本分析。各個部門常從自己的觀點、立場來界定問題，所採取的計畫，也常是適合個別機構的情況，而不是對公共需要的全盤考慮。

一個特定部會在決策過程中所扮演的角色，常因其任務範圍而受限制，其任務範圍越小，其所提觀點、立場常過於窄小，而不適合以全民爲服務對象的總統之需。

責任的分散，常會造成某些工作被忽略了，或者是重複了。爲了解決此種問題，聯邦政府必須花費相當龐大的時間與精力來相互研討以便能滿足人民需要。同時，責任的分散，造成公共決策的過份集中化（vercentralization），因爲互相競爭對立衝突的機構常屬不同 chains of command，他們之間常不易解決對立紛爭，除非訴之更高階層，此一過程，造成 interminable delays。爲了設法提供方法以解決此一紛爭對立及促成協調配合，新的組織（an entire new layer of bureaucracy）乃在機構之間（interagency level）出現。根據美國總統府管理與預算處（Office of Management & Budget）的統計，聯邦政府有八五〇個機構之間的委員會（interagency committees）。儘管如此，仍有很多的部會機構組織之間的紛爭必須白宮出面解決方可。

聯邦政府組織上的缺失，常影響到州及地方政府的效率。各個州與市政府的州長、市長常浪費大量時間與金錢與聯邦政府機構組織打交道，而這些不同的聯邦機構，每一個都有他們自己的一套手續與政策。地方官員常對於這麼多的聯邦計畫感到迷失，不知那一個計畫對他們的地方最有用處。部份州及地方政府發現他們必須僱用昂貴的專家來指導他們走出聯邦政府行政組織的叢林（jungles of the federal bureaucracy），以免迷失。這種情形，對一般的民眾來說，更是嚴重。

責任分散帶來另一個更為嚴重的問題，此即政府行政部門民選首長 (the hobbling of elected leadership) 即對行政部門民選首長，及民主政府的基本原則，在民主政制下，選民選出領導人士來解決問題、滿足需要，倘民選領導人士能解決問題、滿足需要，他們將連任；不然將被取代。選舉可以說是人民使政府對其需要負責的有效工具。不過，此一整個體制是建立在一種假設的基礎上：即民選首長能使政府對人民的要求負責。這種假設，經常是錯誤的。當責任系統紛亂糾纏不清時，國會或是總統要使他們的目標能付之實施，實在很不容易的。倘使總統或國會想去發動一項計畫或改進一項計畫，或者去了解一項計畫進行如何，常須與一大羣專家諮商，而當計畫有問題時，這些專家互相推諉責任，相互指責。由於處理事務的機器是分散在許多不同的單位，要指定某一個公僕對實現某項人民的要求負全責，似乎是不太可能。其結果，對於政府滿足人民需要之成敗，國會或總統常無法找到一個人——甚至是內閣階層來負責。因此，常被譏為「無人統治」(the rule of no one) (Every body's business become nobody's business)。

為了改善上述情形，一九七一年美國政府曾經提出一項全面深入的改革方案，僅摘述如次以供參考 (Papers Relating to the President's Departmental Reorganization Program, A Reference Compilation, March 1971, U. S. Government Printing Office, Washington, D. C.) 由於現代社會越來越複雜，為獲一單一目標 (a single set of goals)，常須運用各種方法 (a variety of means)，改組計畫是針對目標來組織政府，即進行同一目標的，必須在同一組織架構 (the some organizational framework) 共同工作，每一個部會將其任務範圍擴大，以便能建立綜合新政策與計畫解決問題；在一個部會內的內部組織，相同功能者亦組織在一起，以避免相互衝突，並使之能負全責處理事務。

新的改組計畫根據上述原則建立了四個新的部：自然資源部(Dept. of Natural Resources)、社區發展部 (Dept. of Community Development)、人力資源部 (Dept. of Human Resources) 及經濟事務部 (Dept. of Economic Affairs)。

建　　制

歸納綜合國內外學者專家之意見，並參考目前我國政府之組織與國情，筆者對目前我國衛生及社會福利行政體制提出下列三個建議。

第一方案:

本方案大部份仍維持現有之組織與機構，只是在功能上作局部性之調整，其組織圖如下。

說明：

1.中央設立一永久性之衛生及社會福利協調小組，直屬總統府，由副總統擔任召集人。並由國內中央（包括行政院、考試院）級衛生及社會福利行政單位負責人，有關部會首長與學者專家組成，其主要功能為協調全國衛生及社會福利工作，並作為總統及行政院院長的諮詢機構。

2.將內政部之社會司擴充成立社會福利署，俾能實際負起全國最高社會福利行政機構之責，其功能與職掌可與目前行政院環保署之功能與職掌類似，惟使其成為名符其實之社會福利行政主管機構，對全國社會福利政策之擬定與執行能有確實監督考核之權。

3.內政部營建署國宅組擴充成立住宅暨都市發展局。

4.臺灣省、臺北市政府仍由社會處、衛生處及社會局、衛生局維持現有功能，分別負責臺灣省、臺北市的衛生、及社會福利工作。省市分設衛生及社會福利協調小組,直屬臺灣省及臺北市政府,由秘書長擔任召集人，並分別由省市政府衛生及社會福利行政單位負責人、有關單位首長及學者專家組成，其主要功能為分別協調省市衛生及社會福利工作。

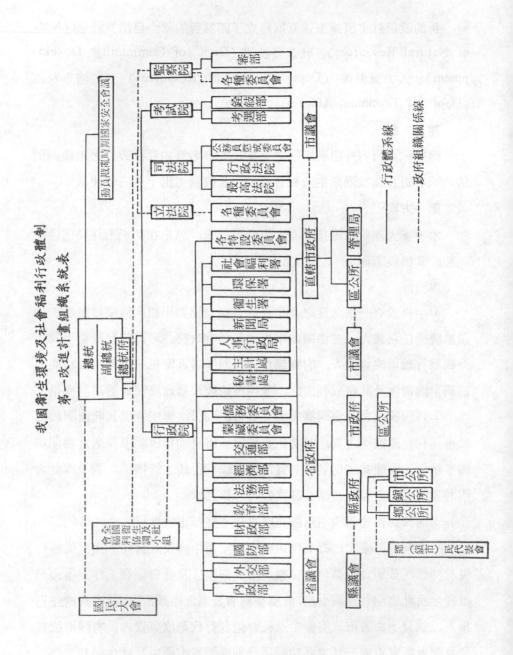

我國衛生環境及社會福利行政體制
第一次遲計畫組織系統表

5.縣市鄉鎮級仍維持現狀，惟對社會工作員制度應作有計畫推展。

實行第一方案應考慮之因素與預期效果

1.第一方案在整個行政體制上所需的調整較少，社會司及國宅部門若能擴大編制，充分發揮其功能，對於社會福利的整體發展具有極大的俾益。

2.中央衛生及社會福利協調小組若能成為長設性機構，建立其權威，發揮其功能，對於我國衛生環境及社會福利工作之整體規劃與設計，與有關部會間之工作配合必將能順利進行，並取得充分協調，共同為人民健康安全與福利而努力。

3.協調小組並可結合學者專家與行政人員，充分發揮共同研究設計及諮詢與顧問的功能。

第二方案:

根據調查的結果顯示，部份衛生及社會福利界有關人士認為在行政院應成立「衛生及社會福利部」負責全國有關衛生及社會福利工作。

說　明:

1.衛生及社會福利部屬行政院，為中央主管衛生及社會福利之主要行政機構，儘可能將此方面的工作集中於此一衛生及社會福利部。並由衛生及社會福利部協調其他部會有關衛生及社會福利工作。

2.在行政院設立衛生及社會福利委員會，由國內中央有關部會首長與學者專家組成，作為總統、行政院院長及衛生及社會福利部部長的諮詢機構，並負責有關方面之研究設計工作。

3.衛生及社會福利部內分設衛生署及社會福利署等有關單位（組織及職掌如附件），負責法令規章之擬訂，政策之制定，標準之建立，財務之支援及地方之監督輔導事項。

4.臺灣省、臺北市政府仍由社會處、衛生處、社會局及衛生局維持

現有功能，分別負責臺灣省、臺北市的衛生及社會福利工作，直隸省主席及市長，兼受中央主管機關之指導。

5.縣市鄉鎮級仍維持現狀，惟對社會工作員制度應作有計畫推展。

實行第二方案應考慮之因素及預期效果

1.衛生及社會福利工作是二十世紀現代國家施政重心，二者關係極為密切，應考慮建立「衛生及社會福利部」，唯在戡亂時期及臺灣之特殊情況，行政院之改組，需經過複雜之立法手續，在程序上問題較多。

2.衛生及社會福利部之成立，對於今後我國衛生及社會福利之整體規劃與設計，以及衛生及社會福利二者相互間之協調配合，將有莫大助益。同時，有關衛生及社會福利行政決策將有一個名實俱備的最高協調權威，消極地可避免機關間之分立、衝突以及其職權與工作之紛歧與割裂，積極的可促成密切配合與集中力量，以發揮最高之行政效率。

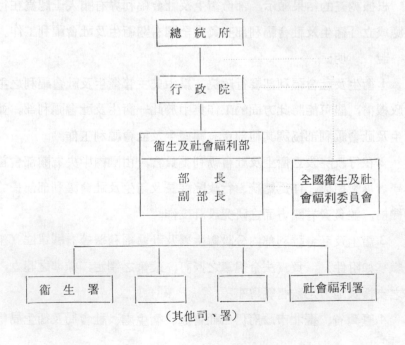

（其他司、署）

　　3.衞生及社會福利部建立後，由於其地位提高而與其他經濟發展行政單位相等，其首長亦爲閣員，其行政權威大大較前增強，將大大有助於改善目前衞生環境及社會福利方面的工作落在經濟發展方面之後，以期社會發展與經濟發展並進。衞生及社會福利政策與整個經濟發展政策間之連繫亦可改善。

第三方案:

　　根據調查的結果，亦有不少衞生及社會福利界有關人士認爲行政院應單獨成立「社會福利部」負責一般社會福利工作。

　　說明:

　　1.社會福利部屬行政院，爲中央主管一般社會福利之主要行政機構，儘可能將上述的工作集中於此一勞工及社會福利部。並由社會福利部協調其他部會有關一般社會福利工作。

　　2.衞生及環境行政則暫維持現狀，卽由行政院衞生署環保署分別負責衞生及環境行政工作，俟時機成熟，再行籌設獨立衞生環境行政機構。

　　3.在行政院設立衞生及社會福利委員會，由國內有關部會首長與學者專家組成，作爲總統、行政院長、立法院的諮詢機構，並負責有關方面之研究設計工作。

　　4.臺灣省、臺北市政府仍由社會處、衞生局、社會局及衞生處維持現有組織與功能，分別負責臺灣省、臺北市的衞生及社會福利工作。

　　5.縣市鄉鎮級仍維持現狀，惟對試辦中的社會工作員制度應作有計畫推展，並使社會工作員在地方上發揮協調連繫配合的功能，以期大家共同一致爲地方建設而努力。

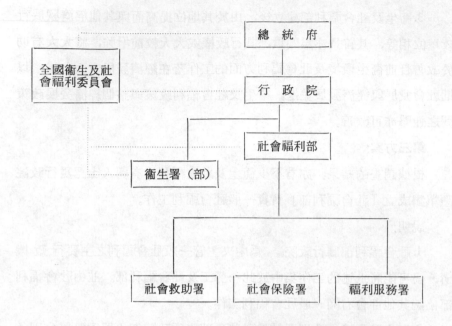

實行第三方案應考慮之因素與預期效果：

一般社會福利工作乃當前各國施政重心，亟待建立「社會福利部」，唯在戡亂時期及臺灣之特殊情況，行政院之改組，需經過複雜之立法手續，在程序上問題較多。

2.社會福利行政與內政部其他之一般公共行政，在性質上完全不同，混合在一起，不論從學理或經驗言，對推動社會福利行政阻礙甚多。倘能將性質特殊社會福利行政從內政部劃出，則對此方面工作推展將有甚大助益。

3.將社會福利行政集中於一個新成立的獨立部門，而復提高其為部的地位，對今後社會福利與經濟發展密切連繫配合，平衡推進，將大有助益。

4.中央衛生及社會福利委員會若能成為長設性機構，建立其權威，

發揮其功能，對今後我國衛生及社會福利工作之整體規劃與設計，與有關部門間之工作配合必將能順利進行，並取得充分協調，共同爲人及健康安全與福利而努力。

第十章　我國社會福利行政工作
檢討與改進（下）

第一節　社會保險方面

　　社會保險實為消滅貧窮之最佳途徑，但國人因觀念未能溝通，致反侈言單憑消極救濟工作可以根絕貧窮，這無異是開倒車和緣木求魚之辦法。倘若能於今日將工作者儘納入社會保險體系，則將來一旦老弱殘疾失去工作能力時，其生活即有充份保障，而能免陷於饑饉貧困。因此，當今實施社會安全制度的國家，均以社會保險為主體，此乃當前社會福利世界潮流，亦為我國憲法、民生主義現階段社會政策所揭櫫之目標。我國憲法以基本國策之社會安全項第一五五條明文規定：「國家為謀社會福利，應實施社會保險制度。」民生主義現階段社會政策規定：「社會保險，應於現行勞保、公保、軍保以外，視社會需要，逐步擴大，分期分類實施。」「公保、軍保之疾病保險，應逐步擴及其配偶與直系親屬。」「訂頒社會保險法及有關法規，建立社會保險之完整體制。」然而，實際上，我國社會保險法遲遲未能完成立法程序，而距全面的社會保險尚遠，目前各種有關社會保險計畫，被保人不過六百八十五萬餘人，僅及臺灣地區人口之三四‧八四％。至於疾病保險，事隔十數年，迄無實施跡象，軍人因陸海空各兵種醫院及榮民醫院，對軍人之配偶及其直系親屬有免費優待可替代，惟公務員及勞工之眷屬疾病至今未得

保障，以致弊端叢生，公保虧損頗大，勞保基金雖說累積數十億元，但此乃老年給付與死亡給付需付出之金額，因勞保已舉辦三十九年，被保險人年滿六十歲申請退休者日多，今後將逐年消耗，轉盈爲虧，而醫療給付之超支又逐年增，如不改弦更張，危機甚大。而且，各種保險各別立法，各有其法定對象範圍，至於被排除在各種保險立法範圍以外之其他大多數人，尚無門路可以投保。私立學校教職員、新聞文化公益、人民團體及合作社工作人員、農民，雖已獲得保障，但仍有六四％的民眾，至今仍無門路可以投保。殘廢老年死亡（遺屬）三種事故之保障屬長期性，依社會保險之原理應採年金制，當今實施社會安全制度的一百四十二個國家與地區中，只有我國與黎巴嫩等極少數國家不採年金制，而是一次給付。一旦領取一次給付後被保人處理不當，而形成「轉手成空」，或經商失敗，或買房地產被騙，則不得不由政府予以救濟，實有失社會保險的意義，且就國家與社會來說，無異對此被保人以雙重負擔。五十九年執政黨十屆二中全會通過的「現階段加強國民就業輔導工作綱領」雖已明定「勞工保險的殘廢老年及遺屬給付應改採年金制，但迄今未見諸實行。又職業災害之危險率，各種產業之間，彼此差別甚大。例如煤礦工之災害比諸百貨公司員工災害率不可同日而語，勞保對職業災害賠償之保險費，未分別訂定費率辦理，顯失公平，致令若干公司行號之事業主以此藉口拖延不爲所屬職員投保。民國五十九年執政黨十屆二中全會通過之「現階段加強國民就業輔導工作綱領」雖明定「勞工災害賠償應與勞工保險分開」，但迄今仍未見實施。社會保險是多數人分擔少數人的危險損失，所以投保人數越多越好辦，範圍越大越經濟。而各種保險分三個體系，設多套人馬辦理，殊不合保險經濟原理。各種保險各自爲政，保險年資不能銜接計算，影響被保人之權益至大。假如某人先任公務員參加了公保若干年，後來轉爲某工廠爲職員，

必須重新加入勞保，原有投保年資因未實施通算制度不能累併計算。社會保險屬國家行政，各國皆由中央政府主辦。我國現行勞工保險於民國三十九年三月間開辦，當年時值政府遷臺，係臺灣省政府創辦，所以沿襲至今，仍由臺灣省政府主管。五十七年修正勞保條例時，鑒於金馬外島之勞工漁民須參加勞保，而臺北市改院轄市已不屬臺灣省，故將該條例第二章第六條訂爲：「中央行政主管機關統籌全國勞工保險業務，視全國勞工分布實況，劃分地區，由各該區內勞工人數較多之省市政府，設置勞工保險局，主持辦理各該地區勞工保險業務，並爲保險人；必要時由中央設局辦理之。」於是，將原有「臺灣省勞工保險局」改稱「臺閩地區勞工保險局」，而實際仍由臺灣省政府主管，但臺灣省政府又將勞工保險局之監督權分散於勞工處、財政廳、主計處、人事處各單位，致政出多門，權責模糊，勞保局需解決的問題必須多方請託，致效率遲緩。綜觀世界各國舉辦社會保險之國情沿革及歷史背景互殊，所以或是分開辦理或是統一辦理，體制不一。但是，近年來各國皆鑑於行政管理之集中統一，便於通盤規劃，可以節省開支，並可統籌資金運用，所以有逐漸走向統一集中辦理之趨勢。軍人保險另成體制，各國不無先例，公務人員保險分立，美國日本也有先例，但彼邦幅員廣大，人數眾多，而我國目前投保人數僅二百八十餘萬人。故六十三年四月三十日立法院通過修正「公務人員保險法」之附帶決議，規定「依憲法第一五五條規定『國家爲謀社會福利，應實施社會保險制度』。政府辦理有年之軍人、勞工、公務人員等保險，均屬社會保險範疇，應由行政院妥速規劃，設立主管社會保險機關，統一辦理，以專責成，而宏績效」。

　　總之，在社會保險方面，我們希望：

　　1.儘速訂頒綜合性的社會保險法，普及保險對象，建立統一的社會保險體制。社會保險的行政主管機關可以分開，但現有的勞保、公保、

軍保的業務機構則應予合併，改設中央社會保險局統籌辦理，始能統一事權，並聘用社會保險專業人員來主持業務，以利社會保險之推展。

2.應建立年金制度，為國民提供有效的保障，保障其最低生活安全之要求。

3.免費醫療，流弊甚大，宜參考先進國家，採被保險人部份負擔制，以資防範。並加強監督稽核工作，不再指定醫院，凡向政府依法領有開業執照之中西醫院一律特約，其資格與標準由衞生行政主管機關訂頒並監督之。

4.應積極蒐集有關失業保險資料，俾供決策及執行之參考，並應積極規劃辦理失業保險。

5.應儘速普及保險對象，為解決社會問題、貫徹國家社會政策，社會保險應普及全體國民，且社會保險是多數人分擔少數人的危險損失，所以，投保人數愈多愈好辦，財務基礎愈穩固，範圍越大越經濟。

6.其他方法，如應從速研擬訂頒職業災害賠償法，並積極培養社會保險專業人才。

第二節　國民就業方面

人類是由自然賦予生存的權利，而職業是生存權利的一種最好的保證。倘若能使每一個國民獲得職業，即是對其生存權及工作權給予保障。而且，自食其力、自立自強，才能確保人類尊嚴與價值，才不致喪失自信心與自尊心。所以，就業是人民應有的權利，而輔導人民就業。是現代國家的責任。早在三千年以前，我國禮運大同篇就提出「壯有所用」大同社會的理想。國父亦主張「人人有工作，個個有飯吃」，我國憲法十五條規定：「人民之生存權、工作權及財產權應予保障。」憲

法一五二條規定：「人民具有工作能力者，國家應予適當之工作機會。」
其目的無非在使國民充分就業，以保障其生存的基本權利，國民個個安
居樂業，社會才能安定、繁榮。民國五十四年行政院頒佈的民生主義現
階段社會政策中，明確規定「國民就業」爲七大項社會福利措施之一。
爲配合現階段全面經濟發展，加強國民就業輔導，以促進充分就業，提
高國民所得，改善國民生活，執政黨於五十九年間召開之十屆二中全會
又通過了「現階段加強國民就業輔導工作綱領」，足見執政黨對國民就
業問題特別重視。此一綱領中規定：「建立中央就業輔導行政及省市就
業輔導體系」，因爲就業輔導機構之所以能發揮其功能，貴在上下一貫
指揮靈活，一條鞭（one line system）爲其最大特性。所以，世界各國
就業輔導體系，均逐漸走向體系的一貫性，德國就業輔導體系多年維持
不變，且績效顯著，可視爲一貫性之典型，西德聯邦政府設有就業輔導
與失業保險總署，總署透過區署直接指揮監督地方辦事處，一切工作均
有統一之標準與作法，而無其他機構之牽制與干擾，故一切法令及規定
均能貫徹實施。美國雖屬聯邦與州政府聯合推動，但實質上，聯邦政府
之就業安全局仍有其統一領導之地位，爲協調各州之工作，並經設立州
際就業安全會議（Interstate Conference of Employment Security），
以研討各州特殊問題及州與州間之協調事項，不致破壞制度的統一性。
而且，美國就業安全行政及業務費用係由全國統一徵收失業保險稅中提
取，在州政府之下雖設有辦事處，但一切工作標準及預算之編列標準均
由聯邦就業安全局予以規定，更可看出其體系之一貫性。但是，迄今我
國就業輔導仍分由許多機關處理，在政策上和技術上都無法收到統一和
協調的效果。目前就業輔導機構，在中央有行政院勞委會、退除役官兵
輔導委員會，及青年輔導委員會，各有所司，事權不統一；在省市有省
市就業輔導中心（處），在縣市有各地就業輔導中心（站），有各地民

眾服務分社，有各縣市救國團團委會，都在辦理就業服務工作，由於行政系統欠統一，各自為政，不免浪費人力和經費，且在執行業務時亦多重複，引起莫大困擾。因此，為期統一事權，亟應建立自中央至地方一元化之行政體系，集中指揮監督，不必各自為政。民國五十九年四月十六日行政院院會通過「國民職業輔導委員會組織法」（草案），並送請立法院審議，惜遭擱置的命運。

其次，關於建立正確職業觀念，在「現階段加強國民就業輔導工作綱領」第一部分「目標」中明確規定：「配合經濟發展人力需要，建立教育長期歲出政策，改變職業觀念……。」及第二部分「基本措施」中第三項「激發就業意願」亦規定：「……強化技術工作者之職業觀念，激發國民參加勞動生產工作意願。」然而，由於社會上未能建立正確職業觀念，面子問題始終困擾青年人。自六十四年七月經濟復甦以來，各工廠均大量需要員工，求才案件大增，可是，青年前來求職者甚少，其因是求才之工廠是以作業員為主，而中學畢業生，在校期間，有關單位未能訂定有效辦法培養青年人正確職業觀念，而對作業員此一稱呼感到委曲，而不願屈就，使辦理就業輔導單位頗感困擾。因此，如何加強職業指導工作，並透過學校、家庭及社會教育，灌輸青年正確職業觀念，破除士大夫觀念，至為重要。

就業輔導是一種服務性工作，其機構必須普及各地，而且要打破行政區的約束，應以人力供需、就業情況及經濟環境等條件劃定勞動市場，在區內適當地點設置辦事處。同時，為了互通聲息、交換資料、調節供需，更應力求辦事處之普及。這些普設各地的辦事處，乃構成就業輔導網 (employment net-work)。就業輔導之能發生調節供需功能，主要就是有賴於輔導網之建立。以美國為例，人口有二億人，就業輔導地方辦事處有二千四百個，約每八萬人即有一個地方辦事處。其他如

英、西德及日本，平均不到十萬人就有一個地方辦事處。我國省市政府雖亦積極設置就業輔導處、中心及服務站，以便有效提供服務。然迄至目前，省市政府所設置就業輔導處、中心及服務站合計僅二十二個辦事單位，平均約八十萬人口才有一個辦事處，與歐美各國之就業輔導機構之普及情形相去甚遠。且就其分佈之地點分析，多限於沿西部主要交通幹線之大都市及幾處工業區。由此可見，就業輔導工作在人力剩餘之鄉村地區亟待加強。農村機械化，須使節餘人力外移，而工業方面亦須人力充足供應，或以事接近人，或以人接近事，前者如誘導工業設廠靠近人力充裕之鄉村，後者為引導農村剩餘人口往工業區服務，無論操何種措施，均需建立更普及之就業輔導網。

就業輔導體系統一和普及後，才能更進一步有效掌握最為實際而不可缺少之關於各種職業消息，推演預測職業未來發展趨勢，以便從事有效之職業指導，調節各地人力供需。如美國之建立電腦化工作銀行，有效掌握何處有適當工作機會，何處有適當工作人員，各地資料能夠隨時傳遞至中央及全國。能夠掌握最新、最完整資料，才能為有能力的工作者擴大選擇機會、自由。因此，如何有效掌握人力供需動態，藉以了解人力供需實況，調劑人力運用，加速「人」「事」之配合，達到供需之平衡，亦是當前國民就業服務的重點之一。

此外，就業輔導的對象是勞資雙方，故各國就業輔導體系均有勞資雙方直接或間接參與。今後，我們如何有效瞭解勞資雙方的意見，作為施政重要參考，亦至為重要。

第三節　社會救助方面

臺灣省及臺北市加強社會福利措施第一、二、三期四年實施計畫中

的經費分配，社會救助一項一直佔相當高的比例。而社會救助是以貧困為對象，因此，必須辦理低收入戶調查以鑑定其資格。由此看來，低收入戶調查工作之確實與否，影響及社會福利工作頗鉅。依據社會救濟調查辦法規定：「社會救濟調查由縣市政府（局）督促鄉鎮市（區）公所辦理，縣市政府（局）除隨時派員抽查外，每年得派員複查一次。」及「鄉鎮市（區）公所應督飭村里幹事會同村里鄰長按戶實地調查，填具社會救濟調查表。」其中所謂「派員複查」即是由臺灣省政府委託各大專院校社會學科系進行調查，每年一次。而「初查」則為各低收入戶申請表繳交後，由當地村里幹事進行。最初，低收入戶調查工作是單獨由村里幹事負責，因其長年居住當地，熟悉當地環境與低收入戶的實際狀況。但是，後來有鑑於村里幹事無法擺脫人情包圍，是以搭配大專院校社會學科系學生，期以局外人的立場，較易得到公正、客觀的結果。然而，事實上，大專學生是擔任複查工作，其所依據之資料，是村里幹事之初查結果，大學生之複查工作每被視為挑剔村里幹事之錯誤。村里幹事儘量要求複查結果與初查結果相符，且運用各種方法予以干涉，而造成雙方之不愉快。而且，大專學生一年一度之複查工作，由於經費有限，遠道往訪，涉及交通及食宿問題，不能久留，故來去匆匆，實難予確實掌握低收入戶之實際情況。大專學生對低收入戶家庭經濟狀況之了解，當然無法與長期居住在當地的村里幹事相比。因此，除非村里幹事能與大專學生密切配合，不循私隱瞞，主動告以實情，否則，複查之工作，對真相之發掘，仍無法克盡全功。此外，由於小（安）康計畫之實施，提出「消滅貧窮」的口號，帶來不少困擾。「消滅貧窮」（war on poverty）與「消滅貧民」（war on the poor）完全是兩回事。然而，由於若干地方政府工作人員觀念之偏差，往往把「消滅貧窮」變成「消滅貧民」了。其結果，低收入戶都被刪除了，成為「小康之鎮（鄉

市）」，但是，貧窮的事實、現象仍然存在。如臺灣省社會處以各縣市存在低收入戶數額之多寡，作為社會救濟工作推行績效之考評標準。換言之，低收入戶愈少，成績愈好。此一目標並非不正確，問題發生地方政府工作人員在實施時，犯了「形式主義」、「報銷主義」，卽未能積極輔導低收入戶就業或從事生產，自力更生，自強自立，以脫離貧窮，反而不問低收入戶生活是否已有改善，先刪除再說。在另一方面，最基層的村里幹事，因較了解區內低收入戶實際狀況，除有確係假報貧困而生活很富裕的個案，他們會主動向擔任複查工作的大專學生提出，請代為「操刀」刪除外，對於一般低收入戶，每要求保留其低收入戶資格，使得複查工作備受困擾與壓力，影響到審查的公正與客觀。因此，如何儘速廢止弊端叢生的村里幹事初查大專學生複查之現行低收入戶調查辦法，參考歐美福利國家之社會救助措施，建立社會工作員制度，任用受過社會工作專業教育與訓練以及專業精神之灌輸之專業人員，運用社會工作專業知能，發揮專業精神，把握低收入戶實際狀況，為低收入戶提供正確、有效服務，關係社會救助乃至整個社會福利工作。

　　有關社會救助法規雖已重新予以整理修訂，以適應當前實際情況。但社會救助工作應與社區發展工作密切結合，有關低收入戶之救助、安養、住宅，儘量在當地有效發動地方民力配合政府措施予以解決，不可強迫低收入戶（尤其是六十歲以上無依老年人），遠離家鄉到其他縣市救濟院（名稱不妥，已改稱仁愛之家）或政府集中興建之平價住宅。有關單位訂定重大計畫、措施之前，應對實際狀況與民眾需要作深入了解。一般安老院所及育幼院所及平價住宅，目前均呈現供過於求，空位甚多，或不為老年人及低收入戶所接受，或無此需要，除都市地區外，是否適宜再大事增設，應詳加考慮，以免徒事浪費。今後應積極針對致貧原因予以有效預防或改善，或透過技藝訓練或輔導生產或小本貸款，

避免重演過去消極性救濟措施，更應力求免流於「形式主義」「報銷主義」，而形成「消滅貧民」的偏差行為。把握「完全照顧」與「重點扶助」原則，區分社會救助對象為「生活照顧戶」與「生活輔導戶」兩類，「貧戶」名稱已經取消，以維被救助者的人格尊嚴。但不只在名稱上，並且應力求在實質上維護受助者的人格尊嚴。對「生活照顧戶」應按公立救助機構主副食費標準計口發給生活照顧金，並輔以現有各種扶助措施，達到完全照顧的目的。對「生活輔導戶」，加強就業訓練、就業輔導及創業輔導與貸款等積極性的辦法，促使自立自強。策動人民團體及地方熱心人士，參加各種社會服務。策動人民團體及地方熱心人士，辦理各種救助工作。在加強貧苦兒童之照顧方面，政府應寬列貧苦兒童家庭補助經費，以增加貧苦兒童照顧名額，並提高補助金額。輔導各公私立福利基金會寬籌經費，協助政府推展貧苦兒童家庭補助工作。對於貧苦兒童之補助，應顧及人口政策之推行，加強對貧戶家庭計畫之宣導，並運用社會工作專業方法，進行個案輔導，加強父母對社會之責任。目前省、市對於貧苦兒童照顧標準及年齡限制與範圍不同，應做一致之規定。對於貧苦兒童之照顧，除經濟上補助外，應進一步對貧苦兒童與家庭提供諮詢與協談之服務。受刑女犯之兒童應予照顧。

對低收入者生活之改善，各級政府應儘速研討有效辦法妥善輔導；對山胞離島居民、沿海居民及大陸來臺難胞生活，應針對各地區、各個不同對象之實際需要作有計畫之推展，衡量輕重緩急，作重點及積極性照顧。除政府本身力量外，可結合社會力量，共同推動，以宏成效。

此外，平價住宅之興建，很多低收入戶不願遷入，強迫低收入戶中之六十歲以上無依老年人離開「生於斯、長於斯、老於斯」的鄉里、社區，一律強行送至本縣或其他縣市之「仁愛之家」收容，實有違人道，亦不合情理，久居海外華僑，尚且「落葉歸根」，倘對低收入戶中無依

老年人，一律強送救濟院所收容，實為不妥。今後社會救助工作應與社區發展工作密切結合，有關低收入戶之救助、安養及住宅，應配合低收入戶需要、意願，就地有效發動地方民力、地方資源，配合政府措施予以解決。

第四節　關於國民住宅方面

興建國宅為多目標之事業，不但可以減輕房荒的現象、平抑房屋價格及租金，且因國宅之大量興建，直接增加就業機會，又可刺激各種建材之生產，促進相關工業之發展，間接增加各種建材工人、各種相關工業工人就業機會，此包括水泥、鋼筋、木材、五金、玻璃、油漆、水電、白灰、沙石等，其他如運輸業、電器業、各種家庭用品、室內裝璜工業等，亦蒙受影響。它不僅可以增進社會福利，且可促進經濟建設。以往我國推行國宅政策偏重於救濟性措施，以協助貧民及低收入國民為對象。惟我國國民收入之高低，由於各種因素，殊難截然劃分，而由政府支出龐大資金又為財政負擔所不勝，加以在財政收支程序方面限於財政困難而未克配合政策，故在政策觀點上今後似有考慮更張之必要，即推行興建國宅，宜視同兼具經濟建設之國家投資事業，期能於調節金融籌集資金加強誘導民間投資振興建築工業及聯繫區域及都會建設方面，均能予以有利之配合支援，藉以解決當前推行政策之困難。

過去數十年來，國宅推行工作雖不無績效，但距實際需要相去甚遠。推究其原因，可歸納為：

1.缺乏強有力的統合規劃執行機構與住宅政策法規，勞工住宅由勞委會負責，農民住宅由農委會負責，公教住宅由住輔會負責，平價住宅則由社政單位負責，一般國宅始由國宅行政單位負責，各自為政。今後

宜在行政院設立住宅暨都市發展部（或局），以發揮統合整體規劃推行
之功能。

2.國宅政策未健全，致無明確之目標、原則、方向與做法可資遵
循；國宅興建計畫目標，並非依據需求分析而訂，而是依照政令指示分
配而來，為計畫戶數而興建，致供需失調。

3.土地取得與資金籌措困難。

4.沒有完善的長期興建計畫，僅視資金的多少作零星的興建。

5.房屋工業化之推行遲滯，不能及時應付現代房屋的量與質的迫切
需要。

6.未能善用民間財力，誘導其參加國宅興建工作。

由於放縱民間濫建的結果，形成許多高級住宅無人居住，而需要的
人卻沒有房屋可住的現象，而且浪費大量資源於不以居住為目的的房屋
建築上。對此，國宅推行機構應有一個強有力的輔導或管制政策，以防
止因利潤高而形成一窩風興建高級大廈的不良風氣。至於興建國宅之財
源，主要靠社會福利基金內提撥部分作為國宅基金，為數極為有限，乃
向中央銀行以轉抵押方式融通資金，但須補貼利息差額，致有限之國宅
基金頻年即將賠貼無餘，以臺灣省統計為例，興建國宅使用銀行融通資
金，至六十四年初，總額不過十四億五百多萬元，但應補貼利息差額卽
達三億六千八百萬元。致國宅政策未能順利貫徹。六十四年公佈的國民
住宅條例中，對資金之籌措，仍無具體規定，僅規定：「國民住宅之興
建，應設置基金，其辦法由行政院定之。」顯然語焉不詳，亦無明確的
基金籌措方式。因此，推展國宅政策，首應明確訂定籌措資金的方式，
需要籌措長期的、源源不斷的資金來源。中央國宅基金係由中央編列年
度預算，其金額一直偏低，省市國宅基金均由土地增值稅提撥，亦未能
按規定提撥。除運用國宅基金外，更應運用廣大的民間力量。有許多進

步國家，雖然政府財力雄厚，亦多運用國民自己的儲蓄力量，來累積住宅的基金。爲了長期的解決國民住宅問題，我們亦應以自助人助的方式，訂定建屋儲蓄辦法，甚至設置獎金制度，鼓勵國民積極爲建屋而儲蓄，合力籌措資金。許多國家舉辦以建屋爲目的之儲蓄計畫，且均有良好成效，如西德之建屋儲蓄銀行、法國之住宅儲蓄方案及新加坡之藉「公積金制度」推動住宅計畫，均值得參考。有了可靠的資金來源，尚須有強有力的住宅推行機構，通盤策劃資金的籌措、土地的取得、有關機構（包括民間）的協調配合，並依國民的實際需要，作全面有計畫的興建，以免浪費財力、物力和日漸珍貴的土地。

　　興建國宅的推行機構，過去從中央到地方，都是兼辦性質，很不健全，其後雖成立了專責機構，在臺灣省有住都局，臺北市、高雄市則國宅處，但在中央則由內政部營建司設國宅科主其事，其後雖已擴編爲營建署國宅組但人員不夠，只有十五人，以目前業務情形似可勉強應付，爾後倘要大事興建國宅，則必須改弦更張。民國六十六年底。雖在改組後的經建會中設立住宅與都市發展處，惟儘管其權力很大，負責設計、協調、撥款及監督之責，且經建會中人員包括了關係各單位經費來源、審核等之中央銀行、主計處、財政部等，但其畢竟不是執行單位，且其功能尚未明確。我們希望政府當局能儘速在行政院成立住宅及都市發展部，以配合都市發展的新情勢負推動此一新政之責。土地的取得，亦一直困擾著國宅主管單位，六十四年公佈之國民住宅條例中僅規定「公有土地適於興建國民住宅者，應優先讓售供興建國民住宅之用，其讓售價格，依公告現值辦理。」對於私地之取得，卻無明文規定。爲使國宅計畫能作通盤籌劃，合理的配置，有時必須徵收私地使之完整而經濟，因此，此一條文應予以修訂。此外，住宅工業化之推行陷於遲滯，所謂住宅工業化，即採預籌方法，使用機器製造房屋，其原理猶如工廠生產汽

車，先在工廠製造各種零件，而後加以銜接裝配，即可出廠行駛。預鑄房屋依據模具規格，自樑柱門窗以至牆壁地板等，均可預先製造，而後拼湊組合，即成完整之房屋。其優點：(1)節省人力；(2)施工快速；(3)規格統一；(4)品質管制，偷工減料減至最低程度。總之，它可省時省工省料，減低成本，降低售價，有助於解決房荒的問題。

總之，臺灣地區，一方面由於人口逐年不斷增加，另方面由於農村人口大量向都市遷移，所以房荒問題日趨嚴重，再加違章建築林立，不但影響公共安全與環境衛生，抑且有礙都市發展，復因環境衛生欠佳，容易傳播病源，居住過密，容易發生道德頹廢，導致犯罪等嚴重的有形無形的問題。政府雖將自六十七年度以後，配合經建計畫研訂中期國宅興建計畫興建國宅，但仍與人口增長所需住宅之比例相去甚遠。近年來內政部營建署（國宅組）積極主動評估研究與規劃，對國宅政策目標、發展策略、國宅制度與執行檢討提出很多具體建議❶，並且因應當前情勢研訂諸多方案（見本書第八章四節），倘各單位能予支將配合，必能落實國宅政策目標，解決民眾居住問題。

第五節　福利服務方面

由於社會變遷，工業化與都市化之趨勢，產生老年、家庭、青少年、兒童、婦女、殘障及心理衛生等等方面的問題，日趨嚴重。此一情況，促成民間各種機構的產生，配合政府措施，提供各種服務。不過，目前民間各類服務機構，諸如私立職業介紹所、育嬰中心、托兒所、育

---

❶ 見〈國民住宅六年興建計劃執行成果評估報告〉，內政部營建署，民國七十一年十二月。

幼院所及安老院所等，由於有關單位未能盡速訂定有效辦法予以監督輔導，不論是人事、業務、財務方面，弊端叢生，且彼此之間，欠缺協調連繫，各自為政，步驟不一，不僅浪費有限之資源，且影響社會福利事業之標準化。尤其是對於基金之籌募，迄無有效之統一募捐辦法，致個別機構重複的募捐，造成有錢人經常為募捐者所困而深感不勝其煩，他們實在無法了解何以需要這麼多工作相同而重複的機構，更何況部分假「育幼」「養孤」之美名而自飽私囊，更是引起他們的反感。而且，各個機構的工作人員用在募捐工作的時間與精力過多，常無法專心致力本身服務工作。因此，如何參考先進國家之統一募捐辦法，訂立適合我國國情之具體而有效的方案，以社會運動方式進行有組織、有系統地統一聯合進行募捐工作，即可節省各機構工作人員用在募捐方面的時間、精力，以便專心一致努力本身服務工作，提高服務效果，捐款者亦可免除各別機構繼續不斷前來勸募之困擾。同時，由於透過統一募捐之有系統、有組織、有計畫的闡釋、宣傳與介紹工作，使社區大眾能充分了解其內容、意義及貢獻，始能建立一種普遍信任的氣氛，喚起社會民眾充分予以贊助、支持，激起社區民眾的情感化成為具體行動，透過募捐，或是親自參與服務。而且，統一募捐工作，有助於促進社會福利事業之標準化及促成各個地區福利事業之聯合計畫、共同行動、協調配合及有效運用社區資源來滿足社區在衛生教育福利等各方面的需要。

此外，我們提出下列幾點建議，以作為今後福利服務之參考：

1.應建立志願服務體制，統一召募徵選、訓練，而後依其專長、興趣、時間及地區之選擇，分別安排至適當地區或場所服務。六十一年三月間執政黨臺北市委員會曾創辦臺北市義務（志願）服務團，可以此為基礎擴大辦理。

2.對現有私立有關福利服務機構，包括職業介紹所、育嬰中心、托

兒所、幼稚園、育幼院所、安老院所等，應訂定有效辦法積極予以鼓勵、輔導，並加強監督或辦理評鑑工作，俾使在業務、人事、財務等方面日臻健全。

3.配合當前社會發展需要，擴展托兒設施，輔導並獎助私人創設托兒所，政府對績優者配予增列獎助會，以收輔導之效，對條件或設施不夠標準，無法申請立案之托兒所或興辦托兒所不申請立案，經政府數次輔導，仍未辦立案手續者，應給予適當之處分，以維護兒童之福利。同時，政府應定期對公私立托兒所舉行評鑑，以維持托兒所之水準。

4.加強輔導育幼機構，健全組織，提高保育人員素質，改善教養設備。

5.在就業服務方面，除加強職業指導、職業訓練外，應透過學校、家庭及社會教育，建立國民正確職業觀念。

6.應適應社會變遷、人口與家庭結構變遷及社會需要，積極加強老年福利服務、家庭、婦女及青少年兒童福利服務、殘障福利服務、心理衛生服務等措施。

7.為期順應老年福利世界潮流，並配合我國老年需要與問題，我人應積極開拓老年福利服務的新領域，諸如老年就業服務、飲食服務、健康服務、友誼訪問、家庭助理服務、收容照顧、法律服務、旅遊服務、休閒娛樂服務、生產輔導、住宅服務、教育性服務及老年志願服務等，並儘量做到「服務到家」，以及與社區工作結合（詳見下列說明）。

8.為期順應兒童福利世界潮流，並配合我國兒童需要與問題，應積極開拓兒童福利服務的新領域，諸如兒童保護服務，家庭寄養服務、領養服務、托兒服務、學前輔導、醫療保健服務、休閒娛樂服務、家庭助理服務及收容照顧等，並建立鄰里托兒家庭保母服務制度。

9.積極改進感化教育，強化少年輔育院組織與功能，各少年輔育院

應設置補習學校，加強補習教育，以利其出院後繼續升學。為防範少年犯罪，應積極加強推廣親職教育，提供專業服務，健全家庭及婚姻生活，淨化大眾傳播內容，加強學校生活教育，提供正當休閒娛樂場所，並輔導青少年從事正當休閒娛樂活動。此外，少年輔育院、少年監獄、少年隊應增列社會工作專業人員、心理輔導人員及其他專業人員，以便作團隊矯治工作。

　　10.充實各輔育院技藝訓練設備，增加材料費用，提高教師素質，以提高訓練效果，並擴大辦理建教合作，務使每一少年均能學習一技之長，以利出院後輔導就業。

一、加強老年福利

　　老年是人生過程中較脆弱的一個階段，收入減少，開支增加，不但物質生活成問題，在精神生活亦多問題。因此，晚景淒涼，老病潦倒現象甚多。在工業化以前原始社會、農業社會，由於科學、醫藥未發達，平均壽命甚短，壽登耄耋者，極為稀少，我國俗諺有云：人生七十古來稀。由於老年人數甚少，又在靜態的農業社會，社會變遷遲緩，尚傳統、重經驗，通常對老年人非常敬重。可是，到了今日二十世紀工業高度發達的都市社會，老年問題卻演變成為世界性的普遍問題，其主要原因，據美國老年問題研究權威的社會學家蒲其斯（E. W. Burgess）的看法，是工業革命後的社會趨勢所達成的，此可分為六項說明：

（一）生產由家庭轉移到工廠

　　工業革命所帶來最直接而顯著的影響，乃即物質生產從家庭轉入工廠，有史以來一直是經濟單位的家庭乃被破壞殆盡，年長的男性，現在貶為生產機構的雇員，聽命於雇主，婦女參與勞動力的數字提高，憑其

本事在外工作，經濟上獲得獨立，其地位逐漸提高，家中老年人的權威乃一落千丈。

（二）生活方式由鄉村的轉變爲都市的

與工業革命相隨而來的，乃是鄉村生活的方式轉變爲都市生活方式，都市化 (urbanization) 成爲一種普遍的現象，各個國家的農村人口日趨減少，湧入都市，造成舊都市的擴大與新都市的興起。人到了垂暮之年，最需要人情的溫暖，而都市生活之非私人的、間接的、冷漠的，都市生活是最難忍受的。

（三）大家庭爲小家庭所取代

生產由家庭轉到工廠，人口由農村湧入都市，造成傳統的大家庭 (extended family) 之崩潰，代之而起的是小型的核心家庭 (nuclear family)，由夫妻及未成年子女組成。在此小家庭裏，無老年人容身之地。

（四）社會各種大組織普遍興起

二十世紀以來，人類活動繼續走向「層階化」(bureaucratization)，各種組織的規模愈來愈龐大，所雇用人員日益增加，講求效率，用人唯才，注重創新與速度，此乃青年所長，老年所短。

（五）生產自動化及閒暇增多

工業革命後，由以往用人工生產，進而爲機械自動大量生產，造成工人失業，而以年老工人遭遇最慘，因爲他們不像年輕人那樣容易學習新技術。同時，生產自動化，大大減少工作時間，增加閒暇時間，如何好好利用，成爲現代社會的一項挑戰。

（六）平均壽命延長

由於人類科技和醫學的發展，營養的增進，公共衛生設施的改良，生活水準的提高，人類生存機會大爲改進，平均壽命乃顯著延長，老年

人口逐年增加。於是，乃形成老年人問題。

　　總之，在工業化和都市化的過程中，由於社會急劇的變遷，家庭結構的變遷，從大家庭制走向小家庭，社會結構的變遷，從農業社會的組織，演變爲工業社會的組織。在此一變遷過程中，傳統的敬老與孝親的倫理道德，亦日趨淡薄，加上老年人口愈來愈多，乃形成一社會問題。因此，社會學家、經濟學家指出老年人佔總人口的比例與日俱增，一八七〇年時爲一百萬老年人，佔當時全世界總人口之三％，到了一九四〇年老年人數目增至九百萬人，佔當時全世界總人口之六・八％，並預測在一九八〇年以前老年人爲二千萬人，佔總人口之九％，又據聯合國所作關於世界老年人口增加趨勢及分佈狀況之報告，我們以很明顯看出全世界各地區老年人口人數與比例都在逐漸增加。並且，科技、醫藥較進步，生活水準較高的地區，如歐美等地，其老年人口數額及比例，比科技、醫藥不進步，生活水準低的地區如亞非等地爲高。

　　世界各地居民的平均壽命——人口學上「平均餘命」，均顯著延長。據聯合國編印之《一九七二年人口年鑑》（*Demographic Year Book*s 1972)，亦以北歐諸國爲最高，以非洲國家爲最低。

　　我自由中國臺灣地區自光復以來，政治經濟社會改革，人民生活安和樂利，科技、醫藥進步，因此，居民平均餘命，逐年增長。

　　至於臺灣地區老年人口數額及其佔總人口百分比，亦逐年提高。

　　原始社會及農業社會是靜態的，尚傳統、重經驗，此正爲老年人所長，老者是智慧的象徵，大家對老者非常崇敬。然而，今天二十世紀工業高度發達的都市社會，強調創新與速度，此乃老者所短，其地位及受尊敬的情形乃大不如從前。同時，誠如英國韋克斯教授（Prof. Athur J. Willcoehs, Univ. of Nottington）指出，老年人本身亦有下列四方面的變遷，而影響老年人的生活：1.經濟來源與所得方面的變遷；2.社

會角色 (social role) 與人際關係方面的變遷; 3.心理與精神狀態方面的變遷; 4.身體健康方面的變遷。所以, 據美國社會學家史密斯 (W. M. Smith Jr.) 問四四七位老年人, 發現其中絕大多數不希望長壽, 覺得「活著沒意思」 (nothing to live for)。史密斯的訪問表有一項問題「老年人最擔心的是什麼?」其答覆是: (1)缺乏經濟安全者, 四三%; (2)衰邁無能者, 一一%; (3)誰來照管者, 八%; (4)被人討厭或依賴他人者, 六%; (5)前途無望者, 六%; (6)為未來居住苦惱者, 四%; (7)怕沒人要而陷於孤單者, 三%; (8)擔心青年人的作為者, 二%, 還沒考慮此一問題者, 一七%。美國勞工領袖貝瑟 (Walta Benthor) 描述老年人之心境時, 曾沉痛地說: 「工作嫌老, 死又嫌早」 (Too old to work and too young to die)。

雖然年紀大並不是一種疾病, 但是, 老年人很容易患長期發展的慢性疾病, 如心臟血管疾病、腦血管疾病、癌症、心理疾病及因病理因素影響運動系統、聽覺及視覺。這種疾病及意外傷害, 常使老年人無法自立、無能 (disability), 而必須依靠其他人來協助。早期治療及適當治療, 可以緩和老年人變為完全無能或必須依賴別人, 甚至可以完全避免上述情況發生。但是, 目前, 大多數國家在這方面有待大大加強。根據美國芝加哥的伊利諾大學社會學教授 Dr. Ethel Shanas 在一九七四年《美國公共衞生雜誌》(*American Journal of Public Health*)所發表的〈老年人的健康情況〉(Health Status of Older People) 一文中指出, 在調查的國家 (丹麥、英國、美國、波蘭、南斯拉夫及以色列) 中, 約有四分之一的老年「臥床不起」「拘限在家」或「行動有困難」同時, 關於老年人自我照顧的能力, 他根據老年人回答六個問題的答案, 而將老年人的能力分為零至七以上各等級。六個問題是: (1)他能外出嗎? (2)他能上下樓梯嗎? (3)他能在家走動嗎? (4)他能自己清洗及沐浴

嗎？⑸他能自己穿衣服及穿鞋嗎？⑹他能自己剪腳趾嗎？問卷並問老年人是否能毫無困難的做這些事，或有困難但不需協助，或很困難唯有靠別人協助才能做。分數低於三表示輕微無能，七及七以上表示嚴重無能。此調查發現四～八％的老年人（不包括臥床不起者），甚至於對最簡單的工作都需別人協助。七〇～八〇％僅有輕微的無能。

由於推行家庭計畫減少生育，生育率逐漸降低，其結果老年人口比率逐漸增加，年齡結構逐漸變老。工業化的國家，由於生育率降低，加以醫藥進步，未來人口逐漸變老，而開發中國家，其年齡結構變老的速度，要比已開發中國家更快。由於與勞動人口相對照，老年人口比率過高，由於人口少的家庭及沒有子女的家庭增加，形成沒有子女照顧的老年人比率增高，凡此，亦成為現代社會的一項挑戰，而社會與政府，面臨必須挑起原來在「養兒防老」方式下由子女照顧老年人的重擔了。

二、各國老年福利新趨向

在二十世紀的現代國家，對老年人口的照顧，已從早期的老年救濟，邁向具現代意義的老年福利。換言之，今天福利國家的老年福利措施，與早期的老年救濟措施，已有了顯著的不同。今天，世界各國新實施的老年福利政策，並非救濟政策。救濟政策為救一時之急，時間上是臨時性，危急既過，即不再為救濟之舉，本質上是消極的，針對老年問題所帶來的一些後果如貧病孤閒等予以事後之補救，常是限於有問題、貧病無依的老人為救濟對象，此佔老年人口的極少數；參與服務者亦為極少數，且常以社教機關及教會為限；在組織上，常是充滿地方主義色彩，由地方自行負責，缺乏整體性計畫與協調配合；在方法與內容上，常因工作人員缺乏專業教育與訓練，致工作方法欠講求，服務內容不够

充實。

今天，各國均重視建立老年福利政策，並以積極提高全體老年人口生活品質爲老年福利政策之主要目標。重視對老年生活狀況、需要及問題之探究與分析，以資明瞭並改進有關老年問題。除消極針對老年所帶來的貧病孤閉等現象予以救濟外，更重視積極防範老年問題的產生，以全國性計畫與組織來保障老年之經濟安全。如美國於一九三五年通過社會安全法 (The Social Security Act of 1935) 爲老年人提供雙重計畫以確保其經濟安全：一個由聯邦辦理的強制性老年年金計畫，以及一個聯邦撥款各州以建立依需要調查 (need-test) 爲基礎的老年救助計畫。而且，一九六五年的社會安全法修正案，增列老年健康保險，自一九六六年七月一日起，使凡在六十五歲以上的老年人，均可獲得兩項健康保險之保護：一爲住院保險 (hospital insurance) 以支付住院費及其他有關費用，二爲醫療保險 (medical insurance) 以支付門診醫療費用及其他有關費用。

除了建立老年保險（或稱老年年金）及老年救助計畫以保障經濟安全外，對於老年的休閒活動、情感安慰、退休的工作（智慧經驗之繼續貢獻）等等福利服務工作更是大力推動。換言之，各國針對老年人在經濟性安定、職業性安定、醫療衛生營養之保障，家庭性安定（住宅、日常生活保障），教育文化及娛樂機會之基本需求，提供了各種的福利服務措施，包括友誼服務、膳食服務、收容照顧、醫療保健、法律服務、就業服務、生產指導、旅遊服務、休閒娛樂、住宅服務、家庭助理服務等。由此可見，老年福利服務的領域至爲廣泛，每一個地方可酌量其地方資源，老年問題與需要，發展其服務計畫與內容。因此，在這裏，僅就較爲重要者予以介紹，以供參考。筆者想強調的是，各國的老年福利服務，是以儘量鼓勵和協助老年人留在自己家中，能留多久就留多久，

儘可能有效發動當地資源予以照顧，除非萬不得已，絕不輕易將他們送入救濟院、安老院所。

（一）就業服務（Employment Services）

對大多數老人言，退休立刻會造成收入的減少以及喪失由正常工作中所得到的激勵與友誼交往，更有些老年人在退休後會覺得自己不再是一個對社會有用的人，不再爲大家所尊敬。因此，此項老年就業服務，使老年人能將其智慧、經驗再爲社會服務，不只具有經濟意義，更具有社會意義。美國政府定五月爲老人節（原稱 Senior Citizens Month，政府稱 Older American Month），並以美國老年人爲一項國家資源（Older Americans Is A National Resource）爲口號，總之，歸納各國爲老年所提供就業服務，其方式不外：

1.成立「人才銀行」（Manpower Bank），與有關機關團體人事部門密切連繫，建立有關退休人員完整資料，按照其專長、興趣、時間、地區、工作性質，及是否需報酬等，予以輔導就業。我國社會福利事業協進會卽曾參考此一作法而創「人力銀行」。

2.延長僱用時間（Continuing Employment），西方各國工商業機構對於其已達退休年齡而自願繼續工作之員工，大都是有特別辦法，或使其擔任原工作而改爲「兼任」（part-time），或在每年「忙季」召回工作一段時間等，大專院校教師方面，則於退休後，兼授數小時課程，或擔任論文指導等。

3.老年人工作室（Workrooms），此多由民間志願團體主持設立，向各大廠商分包一些輕工作，而後分配給社區中或機構裏的老年人去做，包括裝配、包裝、釘鈕扣、分裝印刷品及賀卡、文件之分類與裝釘，製作聖誕飾物等。

（二）飲食服務（Meal Service）

保持飲食的平衡是維護老年人健康的重要因素，因此，歐美各國許多地方政府或民間志願團體，開始爲老年人舉辦飲食服務——「運送到府飲食」(meals on wheels, or portable meals, or mobile meals service or meals services)。其提供方式有下列數種：(1)由社區消費合作社代老年人置辦飲食品，負責送到老年人家裏，或者由社區中熱心人士負責辦理；(2)設置午餐俱樂部 (lunch clubs) 及日間供食中心 (day centers)，以供正常老人進餐之用；(3)由民間團體辦理，按時分送至老年人家中食用，如英國婦女志願服務團體 (Women's Voluntary Services，簡稱 W. V. S)在這方面有卓越的表現。英國對於這項服務辦得最有成效，英國老年福利委員會 (Old People's Welfare Committee) 對於推動這項工作有相當的貢獻。根據一九四八年英國國民救助法 (Section 31, National Assistance Act, 1948) 規定地方政府得撥款補助民間志願團體辦理此項飲食服務，而一九六二年英國國民救助法修正後，地方政府不但獲得授權可以自己直接主辦此項服務，而且還可以用經費和設備來補助民間志願團體，來協助地方政府辦理此項服務。

(三) 收容照顧 (Residential Care)

收容照顧或稱「機構（關）式服務」(institutional care)。儘管「留在自己家中」「服務到家」「社區照顧」的原則，爲晚近老年福利的一個新趨勢，但是，事實上仍難完全避免機關收容的辦法。換言之，儘管機關式收容照顧並非老年服務的唯一或好的方式，但仍有其存在的需要。例如，患嚴重病症的老年人不能不住醫院，無親屬依靠或不適宜在自宅居住的老年人不得不進入安老院所。對老年人的收容照顧有下列幾種：(1)總醫院之老人病科 (geriatric units in general hospitals)，卽老人病科，有足夠病床，用以收容老年病人，爲其進行評鑑 (assessment)，治療及復健工作；(2)日間醫院 (day hospitals)，主要任務爲

殘障老年人進行復健工作。老年人不須在醫院內過夜，只須每天來到醫院接受訓練卽可，故稱日間醫院；(3)護理之家 (nursing homes)，以患有慢性疾病，健康極惡劣等老年人爲收容對象，他們雖已不須藥治療，但需長期的護理照顧。(4)安老院所 (old people's homes)，收容那些雖有在宅服務及社區服務的幫助，亦無法在自己住宅中或社區生活，但並不需要護理照顧的老年人。

(四) 健康訪問 (Health Visiting)

健康訪問員 (health visitors) 主要訪問與照顧的對象是老年人，特別是殘障、獨居或剛病癒出院的老年人。這些訪問員通常與醫師有密切的聯繫，他們定期到老年人的家中去訪問，對老年人提供有關健康、營養與家居安全方面的建議。英國有名的詹姆生報告(Jameson Report)則將社會問題方面的諮商，亦列爲健康訪問員的主要責任之一，楊哈斯本委員會 (Younghusban Committee) 同意此一建議。蘇格蘭衞生部及其他有關單位，均認爲下列事項是健康訪問員的職責：(1)維持老年人身心的健康，包括在飲食、運動、休息、休閒娛樂活動的建議，以及消除不必要的緊張與恐懼。(2)輔導申請各項有關服務及津貼。(3)剛病癒出院的老年人之繼續照顧或重建工作。(4)提供各項適當服務以應其需要。(5)發動或協調社會機關團體照顧老人之問題。

(五) 訪問服務 (Visiting Services)

爲使老年人驅除寂寞，使他們增加安全感和社區隸屬感 (sense of belonging to the community)，由社區志願團體辦理，有二種方式，其一爲派「親善訪員」(friendly visitors)，到老年人住所訪問，與老年人閒話家常，聽聽他們的傾訴，或報告一些消息，或帶些期刊雜誌給老年人閱讀，其二爲電話訪問 (telephone check)，定期撥電話給老年人，與其聊談，以驅除寂寞。透過上述二種方式的訪問服務，可以及早

發現老年問題及困難，以便發動社會資源適時解決。

（六）家庭助理服務（Homemaker Service）

日常生活保障乃老年人的基本需求之一，因此，家庭助理服務乃係針對老年人日常生活所遭遇的困難事項，提供適當的服務。家庭助理服務包括為老年人做些家事、代領年金、代購物品、代寫書信、代辦手續、整理庭院、清掃房間、佈置裝飾、解釋有關文書內容規定並代填表格，以及其他日常生活中所遭遇的困難事項，適時提供協助。

（七）志願服務（Voluntary Service）

Andrew Hendrickson 教授在其所著〈需要為老年人設計第二度事業〉（Need of Second Career for Aging）一文中指出我們應該協助老年人及退休人員為第二度事業而設計。同時，他更進一步指出，老年人及退休人員需要積極地參與社區服務，或其他志願性服務工作，作為過去之工作角色的一種心理上的代替物（a psychological substitute for their former work roles）以便使他們覺得仍然有價值。事實上，美國「大社會」及「向貧窮作戰計畫」所建立的「美國志願服務團」（volunteers in service to America），就有不少老年人參加，甚至有八十五歲高齡者參與社區服務。他們以其豐富的經驗與智慧，擔任很多社區、育幼機構的志願服務工作，特別是為老年人所舉辦的各種服務，老年人自己亦可參與，如可擔任老年俱樂部，醫院的志願工作，也可擔任訪問和募捐的志願工作，同時，退休的老年人常是組成各種社區委員會、理事會的重要成員。老年人透過服務他人，造福人羣，不但可使休閒時間過得更為生動有趣，更能充實而有價值，而且，更可因服務他人，認為自己仍可對社會有所貢獻，而在心理上覺得無比的快慰、滿足與自信。老年人參與志願服務所具的社會意義，非金錢所能計量的。

其他尚有生產指導、居家看護、在宅服務、住宅服務、法律服務、

旅遊服務、休閒活動之服務以及其他教育文化性服務等，因篇幅所限，茲不及備述。有關各國老年救助、老年保險，筆者另有專書介紹，此處不再重複。

三、建議事項

從以上的分析，我們了解我國老年之需要與問題、情況，及我們老年福利設施之不足以解決當前老年問題、滿足老年需要。同時，我們也探討了老年福利之世界潮流。最後，我們在本章內繼續探討如何配合老年福利之世界潮流、我國國情、老年需要與問題，對我國老年福利設施提出具體可行的建議，以為建立我國老年福利完整體制之參考。

（一）基本原則

我國老年福利體制應是我國社會的產物，是順應我國社會需要、情況而逐漸成長的。因此，老年福利體制之建立，除參考其他福利國家之進步措施外，更須把握國情、老人需要。

（二）基本認識方面

老年福利內容至為廣泛，至少包括三大類，即老年保險、老年救助，及老年服務。因此，我們不應以目前老人旅遊性服務、老人俱樂部（包括長壽長春俱樂部）、免費乘車及機構式照顧（即安老院）為已足。我們必須配合老年福利之世界潮流、我國國情、老年需要，不斷的研究，開創新的服務內容。

（三）老年保險方面

積極建立老年安全政策，實施老年保險、年金制度，以保障老年經濟方面的安全，使其生活不致有問題。倘若今日我們將工作者盡納入社會保險體系，則將來一旦老年失去工作能力時，其生活即有充份的保

險，而能免陷於饑饉貧困，是預防將來老年貧窮的最佳途徑，但國人因觀念未能溝通，致反侈言單憑消極救濟工作可以根絕貧窮，無異是開倒車和緣木求魚的辦法。當前實施社會安全計畫的一百二十七個國家，均以社會保險、年金制度爲主體，社會保險年金制度則以老年爲重點，如據一九三五年美國社會安全法規定，社會保險部分最主要的而由聯邦統一辦理的，只列老年保險 (old-aged insurance) 一項，其後經四十餘年的發展， 始擴充爲今日之「老年遺屬殘廢健康保險」(OASDHI)。 爲保障老年安全而於一九一三年及一九五九年制定的瑞典兩項國民年金計畫，以老年年金爲主體；其他如英國國民保險中的老年給付 (old-aged benefit)， 法國社會保險中的老年給付及日本社會保險中的國民年金及厚生年金保險等，亦均以保障老年經濟生活之安全爲主要目標。因此，我國亦應積極建立並健全年金保險制度，儘速普及保險對象。此外，綜觀全世界一百二十七個實施社會安全制度的國家中，關於老年事故的保險給付，只有我國和黎巴嫩極少數國家仍採一次給付。按老年事故之保障屬長期性，依社會保險的目的應採年金制，方可符合保障國民最低生活要求。但我國目前多採一次給付制，其利在給付數額大，可資利用以經營謀生，其弊在如處理不當，極易形成「轉手成空」，生活仍將成問題。

（四）老年救助方面

有關社會救助法規，因多在民國三、四十年間制定，不但有很多規定失之陳舊，已不再適應今天的情況，而衝突矛盾之處甚多，政府終於六十九年訂頒新的社會救助法規，但最低生活費用之計算、救助金額與照顧之方式，仍有待改進。此外，強迫一級貧民中六十歲以上老年人離開「生於斯、長於斯、老於斯」之鄉里、社區，一律強行送到本縣市或其他縣市之救濟院（現已改名爲「仁愛之家」）收容，實有違人道，亦

不合情理，久居海外華僑，尚且「落葉歸根」，倘對低收入戶中六十歲以上無依老人，一律強迫送往救濟院收容，實爲不妥。老年救助方式甚多，包括家庭救助，使老年人能留在自己家裏獲得生活上的照顧，社區照顧（community care）與社區發展工作結合，在當地有效發動地方民力配合政府措施予以照顧，以及機構或照顧（institutional care）──即安老院所收容等方式。由此可見，對無依老人的照顧並非只有安老院所收容一途，應配合老年人本身意願妥當安置。從調查顯示，一方面老年人均不願意被送往安老院所，或因離鄉背景，無親朋熟人照顧，或因老年人適應力較差不願到陌生環境，不慣團體生活起居規範，或有感於入救濟院乃係一種羞辱，或因目前安老院所設備與服務尚不够理想，因此有些老年人寧願被鄉鎮公所撤銷其貧民登記，亦不願入院接受安置。另一方面，安老院所剩餘床位尚多，目前收容率爲九○‧一二％，以目前設備言，尚可再收容九‧八八％。而就目前已收人數中，根據統計，就現有年齡資料看，滿六十歲者佔八二‧三六％，其餘爲不滿六十歲者及年齡資料不明。還有部分年齡未滿六十歲者多爲殘障者、低能及精神病患者等，因目前尚無其他適當機構可收容，乃與老年人安置在一起，影響老年人生活情趣。倘將來社會對此部分人口另設適當機構予以收容，則安老院所剩餘床位更多。同時我國安老院所目前收容人數三三、一六三人，佔六十五歲老年人口之六‧四％，已算是很高的比例，比大多數國家爲高。一般國家是從一％（波蘭）到三％（丹麥、英、美、以色列）。因此，我們建議，目前是否再興建安老院所，應詳加研究，以免徒事浪費。更不可因安老院所供過於求，而將無依老人一律送往收容，違反老年意願，更與民主方式相違，當前應注意的是如何配合老年人需要與願望，開拓新的領域，如家庭補助及社區照顧，以及福利服務，且勿以爲老年照顧只有機構式一途，而只知辦救濟院所。並且對現有的安老院所

的設備予以充實並改進服務方式，提高服務品質。

（五）安老院所方面

在現有的安老院所，我們發現經費設備與專業人員均欠理想。經費一項，由於大多機構未能將其收支情形填覆，因此，無法整理，殊感遺憾。不過，在答覆的機構，有不少機構認為經費不足（四一‧五％）、設備不足（五三‧六％）。我們對若干安老院所曾進行參與觀察與深度訪問，以彌補問卷調查之不足，常常發現安老院所實際收容人數與其向政府機構所報之數字不符，希望今後政府機關能加強監督輔導考核。在工作人員方面，我們發現無所事事的職員太多，而一些必需的專門人員，都無設置，不但無接受專業教育訓練之社會工作人員，亦沒有固定炊事人員，完全由院民中徵求能任炊事者，自動擔任炊事工作，他們較乏責任感，如工作稍為繁重，卽棄之不顧。另外，醫護人員亦至為缺乏。由於工作人員缺乏專業知識與專業精神，常未能真正為老年福利設想，不能與老年人打成一片，以了解他們的需要、問題，更談不上運用專業知識與方法協助老年人解決他們的問題或滿足他們的需要。此次調查，除臺北市綜合救濟院（現已改稱廣慈博愛院）對「工作人員編制及教育程度」一欄以「奉令不對外提供」拒作答覆外，其餘四十個安老院所中，尚未發現工作人員有接受專業教育訓練者，令人感到遺憾。

在設備方面，醫療保健設備甚為缺乏，醫護人員亦不足，疾病常得不到適時的照顧。文康設備與活動均極缺乏，致院中老年人精神生活至為空虛。廁所浴室設備及衛生亦很不理想，致老年人跌倒情事，屢屢發生。因此，我們建議，對於老年人的照顧，除應配合時代潮流及老年需要開拓老年服務新領域外，對於現有之安老院所設施及服務，亦應速謀改進，並建立「老年社會工作員」制度，儘量任用接受社會工作專業教育訓練者擔任，政府有關單位應加強監督輔導。

（六）與社區發展配合方面

從前面所述各國老年福利新趨向來看，福利服務方面的措施，大多與社區發展相配合，而此次筆者進行調查研究我國老年問題與需要，其目的之一卽是想發現社區中的老年人與安老院所的老年人，在飲食、居住、休閒娛樂生活、經濟狀況、醫藥保健等方面，是否有顯著的不同。關於這一點，我們的調查研究結果，並未發現有顯著的差異。其原因有二：其一是因為在我們實地訪問的過程中，發現一般安老院所的老年人與一般老年人一樣，具有一種忍耐、保守的性格，此充分表現於問卷中，對許多問題，常聽到他們答覆：「無所謂……」、「不習慣（或不好）又有什麼辦法？」、「抱怨又有什麼用？」其二是由於目前我國社區發展工作尚待改進之處甚多，對老年福利之貢獻，實在非常有限。筆者曾參與「臺灣地區社區發展工作評估研究計畫」（六十四年度行政院經設會委託之集體研究計畫）、「如何以社區發展配合農工專業區建設研究計畫」（六十五年度行政院經設會委託之集體研究計畫）以及「臺灣省社會福利基金之運用」（六十六年度行政院研考會委託之集體研究計畫），均發現很多民眾對社區發展工作不甚了解，甚至於有那些活動，也不清楚。

在這一次實地調查中，我們發現不只是社區中的老年人不嚮往安老院所，就是現在住進安老院所的老年人亦不喜歡繼續住下去，充分說明了機關式（安老院所）的收容，並不是大家所歡迎的。因此，我們認為各項老年福利服務措施應儘可能與社區發展相結合。譬如，強迫一級低收入戶中之六十歲以上無依老年人離開「生於斯、長於斯、老於斯」的鄉里、社區，一律強迫送到本縣市或其他縣市之救濟院（現已改稱仁愛之家）收容，實有違人道，亦不合情理，久居海外華僑，尚且「落葉歸根」，倘對一級低收入戶中無依老年人，一律強迫送往救濟院收容，實為

不妥。事實上，對老年人的照顧，實可透過社區發展工作，在當地有效發動地方民力，地方資源，配合政府行政措施予以解決。美國早在一九六五年的大社會計畫下通過的經濟機會法(Economic Opportunity Act)卽建立了所謂「社區行動計畫」(community action program)，此卽將老年服務與社區工作相結合。 同時， 一九六五年通過的老年法 (Older American Act)，亦規定協助各社區爲老年建立綜合性的服務。

（七）老年服務方面

爲期順應老年福利世界潮流，並配合我國老年需要與問題，我人應積極開拓老年服務的新領域， 諸如老年就業服務、 飲食服務、 收容照顧、健康訪問、友誼訪問、家庭助理服務、法律服務、旅遊服務、休閒娛樂、生產指導、住宅服務、在宅服務、居家看護及家庭助理服務（詳見第四章）等，而此，均可與社區發展工作結合，配合各地區的實際狀況（包括社區的資源、老年需要與問題等），有效發動當地社區 (local community) 的資源予以提供。

在飲食方面，由於我國倫理素重孝道，一向對尊長者都很孝順，每以長者的意見爲主， 其在飲食選擇亦不例外。 然而， 值得我人關切的是， 老年人的飲食習慣不一定合乎營養原則， 或適合其身體需要。 因此，對老年人飲食之照料，必須先了解其需要，婉轉勸導其接受適合其需要之食品，才能維護老年健康。我們應積極研究老年期各種因素諸如社會環境、生理、心理之改變與營養之交互影響對健康關係，並運用營養學原則設計飲食，積極維護老年期的健康，消極的抑制衰退性疾病的進展，如高血壓、糖尿病、痛風症、關節炎及動脈硬化症等，以減少老年期的痛苦。老年期的營養問題，不僅限於飲食設計，尚有很多飲食製備， 供應的問題，非老年人所能獨立解決者，必須由社會負擔，包括家屬、社區、社會福利機構、衛生醫療機構、營養教育專業人員及食品加

工業者（爲老年人準備適用之簡易食品），均可就其能力或工作範圍，共同努力，解決老年人的飲食問題。

安老院所內供應飲食至少應維持下列標準：(1)合乎老年人的營養需要量；(2)適合老年人的消化能力；(3)衛生安全；(4)供應場所整潔舒適。至於社區中，可經由組織消費合作社，代老年人置辦飲食品，負責運送到家，如同歐美各國爲老年人所辦之膳食服務——「運送到府飲食」，由社區中熱心人士負責辦理。並可透過社區各項活動，爲老年人普及營養知識，或團體聚會時講演或示範表演，或設電話專線提供營養諮詢服務，或藉大眾傳播工具提供營養知識。

（八）在機構組織方面

我們建議政府應儘速設立專責機構，以負責統籌策劃監督輔導及考核老年福利措施。隨著社會進步，科技醫藥發達，老年人口日益增長，實需在中央政府成立一專責機構，或稱老年事務局或老年福利局。如美國聯邦政府中衛生教育福利部（Dept. of Health. Education & Wealfare）中卽設有老年署（Administration on Aging），而且，美國資深國民委員會（National Council of Senior Citizens）於一九七四年六月十三～十五日在華盛頓集會，三千餘位代表與會，一致建議政府將老年署的地位提高爲部會的地位，並設老年事務部部長（Secretary of Elder Affairs）。

除上述在行政部門設專責機構外，據一九六五年美國老年法（Older Americans Act of 1965）之規定建立了一項由十五位資深老年人所組成的「美國老年顧問委員會」（Advisory Committee on Older Americans）——此一般人稱「聯邦老年委員會」（The Federal Council on Aging），作爲美國總統、國會、衛生教育福利部部長及老年署署長的諮詢機構。此十五名顧問，均敦聘過去在政府及工商企業及學術界著有貢

獻而今已退休者擔任。此一方式好處甚多，老年人本身較熟悉老年的問題，較爲關切老年的福利。同時，使老年人能繼續將其經驗、智慧貢獻給社會，並且，透過此種社會參與，避免與社會隔離，對其個人，對老年人，對整個社會均有益處。因此，我們建議各級政府應儘速建立一個由德高望重的退休老年人所組成的「老年福利顧問委員會（或稱促進會）」，作爲各級政府有關老年福利之諮詢機構。

此外，對提供有關老年福利措施之公私立機關團體之間的協調配合工作亦應加強。因爲，對老年人之照顧，牽涉社政，教育，衞生等單位；而且，由於政府力量有限，需要民間機關團體之協助。因此，實有加強協調配合之必要。如英國之「老年福利委員會」(Old People's Welfare Committees) 之成立，乃卽順應此一需要。英國在各個地方的老年福利工作，均由各該地方的「老年福利委員會」予以協調配合，以便老年福利措施達到聯合設計、共同行動的目標。此一委員會又稱「協調委員會」(Coordinating Committee)，其功能除了協調配合外，目前更進一步對於被大家所忽略而確爲老年人所需的事項，積極地開拓，創設新的服務計畫。

（九）發揚固有孝道方面

對我國固有孝道，應積極運用教育力量並透過大眾傳播工具予以發揚光大，以樹立中國人子之典範。孝乃中華文化之精華，爲人子女者皆以奉養父母爲天職。目前，隨著社會變遷，社會結構及家庭結構變遷，孝亦有所變遷，惟孝的精神決不可廢止。如因都市化，農家子女流入都市，而無法侍奉老人家，但每逢假日或有空暇時，則回鄉省親，每逢父親節或母親節，遙寄賀卡，均可聊表孝忱於萬一。

此外，爲防止可能發生代溝問題，並減少父母子女間可能發生之歧見，應透過各種途徑，推行親職教育及子職教育，使一般人獲知家人關

係協調的方法及應有的態度，藉以增進家庭之和諧，對於老年人與其子孫間發生問題之家庭，社會應提供家庭諮詢服務。倘使國人均能孝其親、敬其老，並能進而「老吾老以及人之老」，則可彌補其他各項措施之不及，而使大多數老年人心理及精神有所寄託。

（十）加強老年研究方面

我們呼籲政府有關單位應儘速成立國立老年研究中心，以進行有關老年問題與政策之研究。在我們這次調查研究過程中，我們發現各國對老年研究至為重視，此可從他們在老年研究機構、期刊雜誌（包括一般性及學術性）及有關專著之多可見。然而，我國情形與之相比較，相去實甚遠。本研究報告的附錄中，詳列有中英文參考資料，我們可以看到，到目前為止，我們只有報章或一般性雜誌上載有廣泛而籠統地談及老年問題的文章而已，有關老年研究的專門性雜誌尚無，可稱為科學的研究之專著或論文亦一無所有，更不用談老年研究中心之設置了。實踐家專社會工作科所設社會發展中心正規劃籌設「老年中心」，惟距正式設立，尚有一段時日。因此，我們呼籲政府有關單位應儘速成立國立老年研究中心，並鼓勵民間機關團體、基金會成立有關老年研究中心，推動有關老年問題與政策之科學的研究，以作為政府施政之參考。

同時，由於年齡老邁，不僅是生理學、心理學和醫學上的問題，同時也是社會上的問題。因此，我們也呼籲大家採取科際合作的方式，共同致力於老年研究。

（十一）其他方面

對於老年福利，除應確立政策，建立並健全機構組織及充實內容外，為使老年福利措施能予強有力推行，尚須訂頒老年福利法，寬列老年福利經費預算，更重要的是，我們應積極建立社會工作專業體制，培養「老年社會工作員」。有關老年福利法，政府有關單位正在積極草擬

中，願能儘速草擬完成並早日完成立法程序。 至於經費來源方面， 應採政府與民間二方面並重，除各級政府年度預算儘量增列老年福利預算外，更應訂定有效辦法獎勵民眾捐資興辦民間老年福利事業。從事老年福利工作人員是否適任，關係老年福利政策之貫徹。從事老年福利工作者， 均須接受過社會工作專業教育與訓練，並且對老年心理、態度、行爲模式、價值觀念及生活適應等有基本認識，才能提高老年服務品質，確保老年服務功效。

四、兒童福利方面與社會發展、社會工作之配合

社會發展與經濟發展同爲國家建設中之兩大部分，其關係之密切，猶如鳥之兩翼， 車之兩輪， 相輔相成， 缺一不可， 而且， 必須同時並進， 平衡發展。經濟發展只是達成社會發展之手段，社會發展才是經濟發展之目的。 換言之， 經濟發展之成果， 必須透過社會發展之途徑，始能眞正爲全民所共享。職是之故，世界各國對社會發展向極重視，聯合國社會發展委員會於一九六八年三月一日所通過之「社會發展宣言」中， 亦強調社會發展與 經濟發展在成長與 變遷之廣大過程中之相互關係。

社會發展之範圍甚爲廣泛， 舉凡人口、 土地、 人力資源、 教育文化、 政治法律、醫藥衞生、社會救助、國民住宅、國民就業及兒童福利均包括在內。如我國執政黨十全大會所通過之現階段社會建設綱領，即包括民生部分（土地、資本、分配、消費、勞工保險、國民就業及兒童福利等等）、民權部分（四權行使、民主法治、基層組織及人民團體等等）及民族部分（家庭、學校、社會教育及其配合等等）。而上述聯合國社會發展宣言中則列舉免除饑餓、消除貧窮、保障兒童福利及權利等

十二項目標。由此可見，保障兒童福利，是當前各國社會發展之目標與重點。而且，兒童福利亦是社會發展之基礎。因為，健全民主法治，必須由培養健全公民做起，而健全之公民，端賴兒童福利促進健全之兒童。同時，到公元二千年時之成年人，他們之能力能否充分發揮、運用，端賴我人今天對兒童所做之投資而定。

事實上，不論古今中外，均特別重視對兒童的服務工作。照顧失去家庭保護及貧困之兒童，可以說是慈善事業及社會服務最古老的方式。不過，認識兒童需要一種異於成人的服務，則是最近的新發展，這是由於最近百年來，行為及社會科學方面之發展，使社會對兒童的看法有所改變，兒童不再被視為是成人之縮影，而是別有生活天地，另有其需要之完整人格。現代福利國家認為家庭是兒童最理想、最適當之處所、是德智體發展及社會化的地方，並運用社會工作專業知識與技能保障兒童親生家庭之健全。同時，除了對失依、棄養、流浪、殘廢、頑劣、受虐待、受歧視、心理困擾等不幸兒童，消極地提供救濟或予以治療外，並積極地促進其德智體羣四育健全發展及重視一般兒童的生活，一方面提倡先天的優生，另方面講求後天的合理教養，增加其生活情趣，合理健全生活，以促進兒童身心健全發展，培養其完整人格與優良德性，使成為優良公民。

從事兒童福利工作人員是否適任，關係兒童福利政策之貫澈。為提高服務品質，為確保服務功效，從事兒童福利（是社會福利工作中之主要部分）者，必須接受社會工作專業教育與訓練。因為，工業化之社會精密分工與知識技術專門化之現象必然日益增加，建立社會工作專業體制是潮流，也是事實需要。換言之，一個國家要辦好各種福利工作，必須提高人員素質，要提高素質，必須專業化。從事社會福利工作者必須具備一定資格標準，而非漫無標準，任何人均可。國際社會工作界人

士大都認爲社會福利工作能否順利推展，端視其領導人員及工作人員是否接受社會工作專業教育而定。其中尤以聯合國社會經濟理事會於一九六四年成立社會委員會（後易名爲社會發展委員會）一致通過決議強調必須專業化，充分表現出社會工作專業之重要性，亦說明此一重要性經過聯合國專家學者所共同承認。

爲積極培養兒童福利及一般社會福利工作人員，以配合世界潮流及我國社會需要，實踐家專特於民國六十二年成立社會工作科，同時，爲促進社會經濟平衡發展，以建立民生安和樂利均富之現代社會，在社會工作科長程計畫中，擬建立「社會發展研究中心」，內分設兒童中心、青少年中心、青年中心、老年中心、婦幼中心、懇談中心及人口中心等，計畫分期逐步建立。目前已成立者有懇談中心及兒童中心。兒童中心係將過去該校附屬幼稚園予以充實、改進而成，內設兒童讀物資料室、音樂室、自然科學室、遊戲室、兒童交誼室，爲期加強教學研究與訓練，並促使社會大眾對社會發展、社會工作及兒童福利有所認識，進而能對此等工作之推展予以支持、贊助及參與，俾社會發展與經濟發展平衡推進。

第六節　社區發展方面

社區發展工作推展以來，成就不少，但無可諱言的，有待改進的缺失亦不少：

1. 目前社區發展的項目未能適合地方及人民需要，缺乏彈性。每一個社區均有其獨特性，也就是說，有其特殊需要。我們的社區發展項目究竟有多少是眞正符合了居民生活上的實際需要？

依據聯合國之觀點，「社區發展」原非一項公共工程計畫。「社區

發展」之成敗，不能以它已興建了若干里的道路，排水溝或究竟有多少鄉里已獲得實質建設的改善，來遽加評斷。

忽視「自助」，則花費多，而收獲有限。在事先未曾投下大量的時間與努力來同時訓練出一批具有高度工作熱情的社區發展工作者之前，有少數政府卽花錢來進行社區發展計畫。……其結果只是完成一項「公共工程計畫」，而無「社區發展」之原意，必然發生下列之各種現象，如，社區裏設備良好的公用廁所和浴室，使用者不加管理維護，致生髒亂，則政府爲地方建設所花的錢，將得到極有限的效果。

中央、臺灣省及臺北市均曾提出所謂社區成果不易維護，社區缺少主動精神，無法培養社區意識……等等，也就是此道理，因爲在規劃時未注意到人民的需要，所有計畫沒有人民「眞正」的參與，當然會有此缺點。事實上，規劃對於整個工作之成敗，居於最重要的地位，其法爲調查研究、分析、討論、協調、訂定方案，才能執行。目前我國對此項過程，除少數社區曾委託各大學社會學系，代爲調查並提出建議外，絕大多數社區之規劃，僅憑有關承辦人員之認識，欠缺明確之調查與統計，以致提出的方案，只是依照上級規定的項目造具工作計畫、項目，並沒有依照人民眞正的需要，以致所做的，並非完全是居民所需要的，使彼等由失望而冷淡，甚至產生相反效果。

2.協調配合工作不夠，社區工作，特別注重協調配合，主要卽希望能以羣策羣力，以達成預期目的。如我國在社區發展工作的推動上，包括民政、社政、教育、建設、財政、農林、交通、衛生、警政、糧食等各單位，過去自中央至省（市）縣（市）區等均有社區發展委員會之組織，由各級政府（如中央則爲內政部長、臺灣省則爲省主席、臺北市則爲市長，其他縣、市、區則爲縣、市、區長）主管擔任主任委員，各單位主管及學者專家擔任委員，甚多有關事務均可在此會議中達成協議，

但自民國六十二年起，在政府精簡機關時，卻將此既非機構（僅係一委員會組織，無工作人員，無預算），又不浪費預算之組織予以撤銷，使社區發展工作之推行，歸於社政單位辦理，致使各單位之協調配合頓生困難，省、市政府屢次反應，希望儘速恢復此組織，實為當務之急。

3.社區理事會組織鬆懈，又無實權，無法負起推動社區工作之責，雖然省、市政府均明白規定理事會為社區決策單位，然而迄未發揮實際作用，其理由為：第一、目前大部分社區理事會之理事均為社區所在地之村里鄰長兼任，而由村里長兼任理事長（或理事主席），結果一方面要代表政府推行政令，一方面要代表社區居民向政府爭取權益，一人兼具兩種截然不同之角色，甚難面面俱到。第二、如果此社區之理事長非由村里長兼任，或一個社區包括兩個以上之村里而只能有一人兼任的話，則在行政上甚難得到村里長的支持，易於造成派系糾紛；第三、社區工程建設之規劃，發包監工及付款等手續，社區理事會多無權過問，而操之於鄉鎮區公所之手，雖說由於過去少數理事會曾發生問題而不得不如此，然而吾人不能因噎廢食，而應另謀妥策，原則理事會形同虛設，而理事們不滿之情緒，將影響社區工作之推動。

4.專業工作人員之缺乏，目前社區工作之推行，工作人員過於缺乏，特別在直接推動社區工作之鄉鎮區公所，僅有一社區主辦人員，又要忙於開會、填報表等瑣碎公務，自然無法專心工作，尤其此等人員，多非受過專業訓練者，推動起來更加困難，雖然中華民國社區發展研究訓練中心每年均舉辦訓練，以各階層工作人員為對象，分期分區調訓，然而仍嫌不夠，除該中心應繼續加強訓練工作外，應盡量擴大編制，任用一批各大專院校畢業之專業工作人員，以求擴大社區發展之成果。

5.各級政府急於求取表現，而忽略社區發展過程及實際效益，社區發展工作乃是注重社區居民自助、自動、自發、參與的一種社會運動，

不能貪圖近功，希望一做便有成果，今省、市政府將每年每縣、市應建
設之社區數目硬行規定，列入考核，致使基層工作人員為求業績，加工
趕製，既無法發動民眾熱心參與，又無法維持成果，變成曇花一現，失
去社區發展之意義，又如社區活動中心，大可利用當地現成資源，如我
國鄉間甚多以廟宇作為集會中心，在此附近搭蓋棚架，遮蔽風雨，卽可
活動，最好不要花費大批經費，建造鋼筋建築而無使用價值，甚為可
惜。

　　6.現有社區發展之法規不全或不合時宜，增加工作困擾，我國自推
行社區發展工作以來，主要根據卽行政院於民國五十七年令頒之社區發
展工作綱要，現已時隔六、七年之久，一方面該綱要內容過於簡單，甚
至部分條文含義過於籠統，易生誤解；另一方面我國經濟社會飛躍進
步，各方面變遷太大，其內容已難適應目前之社會情況，且各級政府於
推行工作時，常受「於法無據，寸步難行」之苦，屢次反應當儘速制訂
社區發展法或修訂社區發展工作綱要，以利工作之進行，故如何研訂有
關法令，為刻不容緩之事。

　　7.社區發展乃係一種多目標綜合性之基層建設工作，目前各社區大
多重於社區基礎建設，與生產福利建設，對推行精神倫理建設方面，似
乏具體與普遍性之作法，故績效不甚顯著。

　　8.社區發展工作，經緯萬端，內容廣泛，部分社區理事會多拘泥於
上級規定範圍，未能權衡本社區實際狀況，與本身人力財力，分別輕重
緩急，次第進行，以致難收事半功倍之成效。

　　9.都市土地寸地寸金，以致都市社區不易覓得興建活動中心場地，
因而社區居民聚會與舉辦各種文教康樂活動等，甚為困難。至於鄉村社
區活動中心之興建，有少數社區未能選擇交通方便，人口密集之中心地
帶，致活動中心形成孤立，不能充分別用，有失興建之價值與意義。

10.公共工程建設不免流於形式：社區公共工程，均係由政府劃一規定，居民頗難發揮主動精神，按照實際需要加以規劃建設。例如政府規定應設公浴公廁多少，但按今日臺灣居民的生活（除違建戶外），各戶有自設浴室及廁所之習慣，又如政府規定各戶應建築高度四尺以上的紅磚或水泥圍牆，不僅花費甚大，且又失去鄉村風味。此外，過份重視外表建築，例如建設社區入口之大牌樓或紀念物等，頗嫌浪費。

就農村的社區發展言，社區內之公共工程建設，需費有多達一、兩百萬元者，故社區發展必需以經濟事業配合，方能維持其繼續發展，因此，須獎勵社區各項增產，組織各項產銷合作社或消費合作社。但現行有關農會法令，卽限制農村中合作社之組設。對社區發展之主管單位言，每有民政與社政單位之爭，社區發展屬於廣義的地方自治，亦為綜合的社會福利措施，兩者實應密切配合，目前協調似尚不够。

（一）改進途徑

上述檢討，缺點應謀求改進，特提出改進項目如下：

1.繼續啟發民眾意識：應從加強教育、宣傳，並運用示範觀摩方式，使民眾認識社區發展的眞諦，樹立正確觀念，消除觀望與依賴心理。而此項工作更須不斷辦理，不斷加強，反覆為之，方能深入民心，形成意識，造成充沛的原動力。

2.加強推行三項建設：必須基礎工程，生產福利，精神倫理三種建設併重，平衡推進，才有意義。

3.針對需要選擇建設項目：為符合民眾的切身需要，各社區必須依照都市或鄉村社區，再針對各個的情況，選擇建設項目，方能切合實際。

4.維護建設成果及維護發展：社區建設成果如不能維護，則十年計畫完成之日，卽為重新計畫之時，不但浪費人力財力，時間的虛擲尤為

可怕。因此，省政府對此甚為重視，乃提出併重三項建設的措施，並加強宣傳，使大家都曉得社會基礎工程建設完成，乃是社區發展的開始，而非結束——第一年著重基礎工程建設，第二年起繼續實施生產福利與精神倫理建設，這三者都是針對維護成果的需要而採取的措施，最近又公布「社區合作事業推進辦法」，推行社區生產，運銷等合作社並推廣公共造產，以充裕維護及繼續發展財源。

5.建立社區工作員制度：目前由於社區理事等均為無給職，且均有其本身事業，委實難以長年將所有時間貢獻於社區，所以社區必須建立「社區工作員制度」方克有濟。至僱用工作人員經費來源，則擬以推行合作事業等方式，以其營運盈餘辦理之。

6.有效利用社區活動中心：社區活動中心應為社區之神經中樞，舉凡社區內舉辦各種社教、文教、體育、康樂以及各種技藝訓練等等，都可以利用活動中心，以往情形，雖有加以利用，但多為僅開辦托兒所或舉行村里民大會而已，未能完全充分利用，殊屬可惜。因此省府乃在六十一年三月，訂頒「臺灣省加強社區活動實施要點」。該要點明定社區活動中心為提供有關單位及社區理事會，推行各種活動之場所。

7.社區工作與民、財、建教、農林、水利、衞生等行政業務息息相關，為期加速社區發展工作，似應恢復原有「各級社區發展委員會」之組織，或省市與縣市兩級建立社區發展工作會報制度，規定由各級政府首長親自主持，有關單位主管及重要業務工作人員均須出席，每三個月舉行會報一次，研究如何以社區發展為中心，結合各項施政計畫，以資協調配合，共同推動工作與解決實際困難問題。

8.為建立社區發展工作制度，加速基層建設，似應由中央釐訂社區發展基本法規，規定各級政府對社區發展工作，無論民、財、建、教、農林、水利、衞生等單位，應盡量配合，期能發揮整體力量，俾收更佳

績效。

9.健全社區理事會組織，應選舉工作較清閒熱心地方公益之有力人士擔任理監事，同時與村里辦公處相結合，期能發揮領導功能，取得居民信任，推行各項建設。另應儘量運用地方公益事業機構、社會團體，如農會、商會、婦女會、四健會、民眾服務分社等單位之工作人員，協助工作之開展。

10.各縣市（區）政府應儘量輔導各社區早日成立社區合作社，並舉辦公共造屋，藉以開闢財源，至所需開辦基金，似可由政府予以低利貸款，分期歸還。

11.對推行生產福利建設工作，應由社區理事會根據社區特性及實際情況，作通盤長遠之計畫，並配合農、工業專業社區，以專業區帶動社區發展，以社區發展支援專業區之工作。

12.重視社區人力資源之運用及社區領袖之發掘與培植。唯有當地的人，才能清楚地了解當地的真正需要；也唯有當地的人，才能知道如何解決當地的問題；更唯有當地的人，才能比較容易與當地居民協調合作，社區領袖更是如此，此處所指之社區領袖，非具有政治地位之地方首長，乃指地方上之自然領袖，如一般所指之士紳、族長等人。在我國，不管過去也好，現在也好，對地方之德高望重的人士向極尊重，甚至有時政府依據法令無法處理之事，只要他們出來說一句話，立刻順利完成。

（二）未來展望

蔣故總統在六十二年十二月間舉行之四中全會行政工作報告中說：「社會建設的工作必須要從基層做起，而推動社區發展，鼓勵區內居民以自動、自發、自治的精神，貢獻人力、財力、物力，配合地方行政措施來改善生活環境和生活方式，不但是民生基層建設最好的基礎，也是

實行地方自治最好的實驗。」良以社區發展乃一多目標與多角度之基層建設工作，其範圍應包括物質建設與心理建設，有形發展與無形發展，故其一切措施，一方在改善居民之生活環境，與生活方式，縮短鄉村與都市之距離，一方在培養居民自動、自發精神，爲地方自治樹其規模。因此，今後此一工作之推行，應著重其組織與教育過程，養成其參與與合作態度，啟發其蘊蓄之潛力，以厚植三民主義之建設基礎，並將社區建設與區域發展之規劃工作予以結合，由點及面，以達成國家發展之整體目標，俾我國民生主義之社會政策得以實現，安和樂利之新社會，得以漸次建設完成。

參 考 書 目

中文書目

王雲五　〈胡佛第一委員會報告撮要〉，總統府臨時行政改革委員會，臺北，民國
　　　　四十七年十月。

　　　　〈胡佛第二委員會報告〉，總統府臨時行政改革委員會，臺北，民國四十
　　　　七年十月。

王學理　〈美國胡佛首次委員會報告綱要〉，總統府臨時行政改革委員會，臺北，
　　　　民國四十七年十月。

白秀雄　《社會工作》，三民書局，民國六十七年七月再版。

　　　　《社會行政》，華視教學部，民國六十七年二月初版。

民生主義現階段社會政策　　　　　　　　民五十四年四月八日行政院頒布

現階段社會建設綱領　　　　　　　　　　民國五十八年三月執政黨十全大會通過

內政部組織法　內政部編印　　　　　　　民國六十二年七月十三日修正公布

行政院衛生署組織法　衛生署編印　　　　民六十三年十二月二十一日公布

臺灣省法規彙編　臺灣省政府法規委員會　民國六十三年二月
　　　　　　　　編印

臺北市公共衛生　臺北市衛生局　　　　　民六十五年

臺灣省政府衛生處分屬負責明細表　省衛　民六十五年九月
生處編印

臺灣省政府衛生局組織規程　　　　　　　民六十五年十二月三日修正核定

臺北市社會行政業務　臺北市社會局編印　民國六十六年七月

臺灣省社會福利概況　省社會處編印　　　民六十六年九月

臺灣省政府社會處六十六年度年報　省社　民六十六年十二月
會處編印

衛生業務簡報　胡惠德　　　　　　　　　民六十六年十二月二十九日

勞工法令輯要　內政部編印　　　　　民國六十七年一月

臺灣省衛生行政　省衛生處　　　　　民六十七年

鄉鎮市區衛生業務提要　胡惠德　　　民六十七年一月十四日

臺北縣政府　辦事細列

臺北市政府公報　臺北市政府秘書處發行

臺灣省政府公報　臺灣省政府秘書處發行

臺灣省臺北市第一、二、三期加強社會福
利措施四年實施計畫及執行報告　省市政
府編印

外文專著

Annual Report, 1975, 1976, U.S. H.E.W.

Annual Report, 1975, 1976, U.S. Dept. of Labor.

Annual Report, 1975, 1976, U.S. H.U.D.

An Environmental Bibliography, U.S. Environment Protection Agency, U.S. Washington, D.C., 1968.

Behrendt, Richard F., Social Strategy for Developing Nations, Frankfurta/M.: Fischer, 1968.

Bloedorn, Jack C., et al., Designing Social Services Systems, Chicago, American Public Welfare Association, 1970.

Brown, R.G.S., The Management of Welfare, London: Fontana/Collins, 1965.

Commission on Organization of the Executive Branch of the Government, Dept. of Labor, A Report to the Congress, Washington, D.C.: Government Printing Office, 1949.

Commission on Organization of the Executive Branch of the Government, Dept. Of Interior, A Report to the Congress, Washington, D.C., Government Printing Office, 1949.

Commission on the Organization of the Executive Branch of the Government, "Social Security & Education & Indian Affairs", *A Report to the Congress*, Washington, D. C.: Government Printing Office, 1949.

Commission on Organization of the Executive Branch of the Government, "Medical Activities", *A Report to the Congress*, Washington, D. C.: Government Printing Office, 1949.

Dept. Of Health & Social Security, *Annual Report 1976*, Presented to Parliament by the Socretary of State for Social Services by the Commend of Her Majesty, Sept. 1977, London, Her Majesty's Stationery Office, Sept. 1977.

Dye. Thomes R., *Understanding Public Policy*, Englewood Cliffs: Prentice-Hall, Inc., N. J. 1978; *Finding Your Way Through EPA*, US. EPA, 1973.

George, Victor, *Social Security and Society*, Routledge and Kegan Paul Ltd., 1973.

Jeffreys, Margot, *An Anatomy of Social Welfare Services*, London: Michael Joseph, 1965.

Kahn, Alfred J., *Theory nad Practice of Social Planning*, New York: Russell Sage Foundation, 1969.

Studies in Social Policy and Planning, New York: Russell Sage Foundation, 1969.

Social Policy and Social Services, Random House, New York, 1973.

Lally, Dorothy, *National Social Service Systems*, Washington, D. C.: DHEW, 1970.

Social Services in Japan, Ministry of Health & Welfare, 1972.

National Social Service System: A Comparative Study & Analysis of Selected Countries, Sept. 1970, U. S. H. E. W.

Macneil and Metz, *The Hoover Report 1935-55*, N.Y.: The Macmillan Co., 1956.

Older Americans Act of 1965, As Amended and Related Acts, U.S.H.E.W., Office of Human Development, AOA. 1976.

Papers Relating to the President's, Departmental Reorganization Program, A Reference Compilation, March 1971, U.S. Government Printing Office Washington, D.C., 1971.

Raup, Ruth., *Intergovernmental Relations in Social Welfare*, Greenwood Press, Publishers, Connecticut, 1972.

Rein, Martin, *Social Policy*. New York: Random House, 1970.

Robson, William A., and Bernard Crick(eds), *The Future of the Social Services*, Baltimore: Penguin, 1970.

Schorr, Alvin, *Explorations in Social Policy*, New York: Basic Books, 1969.

Social Security in the United States, U.S. Dept. of H.E.W. Washington, D.C., 1973.

Social Security Programs Throughout the World, 1975. U.S. Dept. of H.E.W., Dec. 1975.

Steiner, Gilbert Y., *The State of Welfare*, Washington, D.C.: The Brookings Institution, 1971.

Survey of Social Security in the Federal Republic of Germany, the Federal Minister for Labour & Social Affairs, 1972.

The Brookings Institution, Functions and Activities of the National Government in the Field of Welfare, Prepared for the Commission on Organization of the Executive Branch of the Government, Greenwood Press Publishers. N.Y., 1969.

The Hoover Commission Report, New York: McGraw-Hill Book

Co., Inc., 1949.

U.S. Government Organization Manual, 1975-1976, 1977-1978. U.S. Government Printing Office.

Working Toward A Better Environment—Some Career Choices, U.S. EPC, Washington, D.C. 1974 & 1976.

角田豐，小倉襄二主編，《社會保障基本資料集》，法律文化社發行，日本京都，一九七五年五月。

外文期刊

Aging, U.S. H.E.W., Administration on Aging, U.S. Washington, D.C.

Children, U.S. H.E.W., Office of Human Development, U.S. Washington, D.C.

Environmental Facts, U.S. Environmental Protection Agency, U.S. Washington, D.C.

Social Security Bulletin, U.S.H.E.W, Social Security Administration, U.S. Washington, D.C.

Welfare in Review, U.S. H.E.W, U.S. Washington, D.C.

附錄一　世界各國社會行政組織體系

Country	Ministry or Other Official Body for Social Work	Date Official Body Established	Legislation Or Other Base	Other Programs in Same Ministry	Powers and Authority
Argentina	Ministry of Social Welfare	1967 (initial organization 1943)	19,956 Leg. No.	Public Health, Social Security, Housing, Social Tourism	Administration of Funds, Planning, Coordination and Standards
Australia	Department of Social Services	1939	Legislation, Constitution and Executive Order	Social Insurance	Administration of Funds, Coordination and Planning, Development of Policy, Issuance of Regulations for Social Security and Benefits; Aged Persons Home Act and Sheltered Employment Act (Assistance)
Brazil	Ministry of Labor and Social Security	1931	Legislation	Labor and Social Security	Administration of Funds, Coordination and Planning, Development of Policy
Canada	Department of National Health and Welfare, Welfare Branch	1944 (July 24)	Legislation, Department of National Health and Welfare	Health, Social Insurance, Social Security	Administration of Funds, Policy Development, Coordinated Planning

	Agency	Year	Legal Basis	Functions	Standards—Regulations Liaison with International Organizations and External Aid
	Ministry of Interior, Department of Social Affairs	1949	Act 1944 (Revised Statutes of Canada 1952) Amended 1952-63 Constitution	Health, Labor and Employment Housing Land Reform	Administration of Program Funds Coordination and Planning Development of Policy Insuarnce of Regulations
Ceylon	Ministry of Social Service, Department of Social Service	1948 Established as a Ministry 1965	Decision of the Cabinet	Services for Woman Services for Blind and Deaf	Administration Development of Policy Regulations
Cyprus	Ministry of Social Insurance and Labour Department of Social Services	1952	Constitution Established Ministry	Labor Social Security Employment Service and Statistics Retraining	Administration of Program Funds Coordination and Planning Development of Policy Issuance of Regulations
Ethiopia	Ministry of National Community Development, Community Development and Social Welfare Department	1957	Proclamation Order 15—1957	Labor Department Cooperatives	

Data on Chart A furnished by national organizations and country reports, Sept. 1967–March 1968.

Major Social Welfare Programs in Ministry	Other Ministries with Welfare Programs	Programs Delegated to Private Agencies	Supported by Public Funds	Provisions for Some Coordination
Social Assistance Community Organization and Assistance Recreation Social Tourism	Ministry of Justice	Specialized Services Church Institutions	Large Subsidies to private organizations	National Council of Social Welfare (Established 1962)
Age Pensions—1909; Invalid—1910; Child Endowment—1941 Case Work Services Rehabilitation—1948 (States Administer Main Welfare Programs) Basic Legislation in Social Services Act of 1947	Federal Department of Health Services and Federal Department of Rehabilitation	Institutions for Aged Hostels	Chants to Private Agencies	Australian Council of Social Service
National Institute of Social Security	Ministry of Health National Department of Child Assistance (LBA) Ministry of Planning Ministry of Justice Department of Minors	Legion of Drazilian Child Assistance (LBA) Entirely Financed by Public Funds	LBA Entirely Financed by Public Funds	National Council on Social Service
Family and Child Welfare Emergency Welfare Services Assistance—Types 1951-61 Rehabilitation—1952 Canadiae Assistance Plan 1965	Department of Affairs and Northern Development Services to Indians Department of Manpower and Immigration Department of Veterans Affairs	Child Welfare ServicesDelmgated in Four Provinces and All Races of Welfare Utilize seme voluntary agency	In Part	National Council of Social Welfare (Composed of Deputy Minister and 10 Provincial Deputy Ministers and 10 Other Persons Experienced in Welfare Field)

Programs	Administration	Public Support	Coordinating Machinery
Family and Child Welfare Service—1940 Emergency Relief—1940 Public Assistance—1940 Rehabilitation—1946 Urban Community Development—1964 Rural Community Development—1949	Joint Commission for Rural Development Vocational Assistance for Retired Servicemen Ministry of Personnel, Civil Servants, Inc. Ministry of National Defense Military Servicemen Insurance Rehabilitation and Resettlement of Escapess Protection of Adopted Daughters and Provincial Association	In Part	Inter Ministerial Committee Commissions and Committees
Emergency Relief—1948 Family and Child Welfare Public Assistance—1948 Rehabilitation—1948 Rural Community Organization	Ministry of Home Affairs—Rural Development Ministry of Lands, Development Ministry of Labour—Provident Fund	In Part	Department of National Planning Coordinating Council for Youth and Child Welfare Central Council for Social Services
Probation and After-Care—1946 Public Assistance—1953 Mental After-Care Emergency Relief—1953 Youth Services—1967 Family and Child Welfare—1954–1956	Department of Social Welfare Services is responsible for all social welfare services: has cooperative agreements with Ministry of Health and Education to provide social services to discharged patients and services to pupils Welfare Committees approve public assistance grants	None	Planning Commissions
Family and Child Welfare Emergency Relief Social Defense Rehabilitation Urban and Rural Development	Ministry of Education—youth activities, community development, women's services relief activities, aid to handicapped Ministry of Interior—Services for Adult Criminals Municipality of Addis Ababa—Children's Institutions	Grants for whole or partial support	National Council on Social Welfare

Country	Ministry or Other Official Body for Social Work	Date Official Body Established	Legislation or Other Base	Other Programs in Same Ministry	Powers and Authority
France	Ministry of Public Health and Population General Directorate of Population and Public Assistance	1920	Legislation	Health Popualstion Pharmaceutics	Administration of Funds Coordination Policy Development Regulations Supervision of Voluntary Angency
Chana	Minstry of Social Welfare and Community Development Department of Social Welfare and Community Development	1945	Legislation (No Special Reference)	Labor Cooperatives	Administration of Program Funds Coordination and Planning Development of Policy Issuance of Regulations
Guatemala	Secretariat of Social Welfare	1945 February 20	Law—March 12, 1945 Law—February 12, 1957		National Budget
India	Ministry of Petroleum, Chemicals, and Department of Social Welfare[1]	1965	Presidential Order		Administration of Program Funds Coordination Planning, Policy Development Regulations
Israel	Ministry of Social Welfare	1948	None (Reference made to specific program	Medical Insurance Probation Services Maintenance of Juvenile	Administration of Funds Coordination, Regulations

		Legislation		Policy
Japan	1931	Legislation	delinquency instiutions Hospitalization Service for the Needy (in cooperation with Ministry of Health, Job Placement of Physically Handicapped) (in cooperation with Ministry of Labor) — Health Programs and Services Health Insurance Employees Pension insurance Pharmaceutical Affairs	
			Ministry of Health and Welfare Social Affairs Bureau Children and Families Bureau (1964)	
Kenya	1966	No specific legislation, constitution provides for government responsibilities in this area.	Cooperatives Adult Education (if viewed as a separate function)	Administration of Program Funds Coordination and Planning Development of Policy
			Ministry of Cooperatives and Social Services	
Korea	August 15. 1948	Government Organization Law	Health and Pharmaceutical Affairs Labor Affairs	Administration of Funds Coordination and Planning Development of Policy Issuance of Regulations
			Ministry of Health and Social Affairs	

¹Central Social Welfare Board (CSWB), quasi government agency established by Government Resolution 1953.

Major Social Welfare Programs in Ministry	Other Ministries With Welfare Programs	Programs Delegated to Private Agencies	Supported by Public Funds	Provisions for Some Coordination
Family and Child Welfare Social Aid Emergency Aid Rehabilitation Programs of Aid: Child, Medical, Aged, Disabled and Blind, Housing Aid	Ministry of Labor and Social Security Social Services Associated with Social Security and Family Care Ministry of Veterans and War Victims Veterans Benefits	None	None	Council Superior de Service Social Advises Ministry of Health and Population
Family and Child Welfare—1945 Emergency Relief—1955 Public Assistance—1950 Rehabilitation—1961 Urban Community Development—1955 Rural Community Development—1948	National Insurance (Sick Benefits) Ministry of Health, Nutrltion and Community Health Nurse	Care of Groups of Handicapped. e. g., Blind, Dear, Cripples, Youth Welfare, Adult Education	Public Subsidies (Also Community Chest) Ghana National Trust Fund	Department of Social Welfare and Community Development
Family and Child Welfare–1946 Emergency Relief—1954 Public Assistance—1917 Rehabilitation—1950 Urban Development—1950 Rural Development—1964	Public Health–Health Education and Social Security Agriculture Education of Handicapped Social Security—Social Work Housing Institution— Social Service	None	In Part— Subsidies tor Private Institutions	Council of Social Welfare Composed of Government and Private Organizations
Prevention of Immoral Traffic Family and Child Welfare Central Social Welfare Board Social Aspects of Backward Classes Social Aspects of Correctional Programs	Ministry of Education—Youth Welfare and Handicapped Ministry of Home Affairs— Public Assistance Ministry of Health—Urban Community Development Ministry of Agriculture—RCD Ministry of Labor—Social Security and Rehabilitation	Welfare Services Mainly Delegated to CSWB, Also Indian Council on Child Welfare	CSWB 100 Percent Public; the Sponsored Programs Partially or 100 Percent Supported by Public Funds	Inter-Ministry Committee Indian Conference of Social Work Ad Hoc Committee
Family and Child Welfare—1948 Emergency Relief—1948	Ministry of Defense—Rehabilitation of Veterans and Families of Soldiers	None	None	Inter-Ministry Committee National Council

Programs	Ministries	Voluntary Agencies / Funding	Councils
Public Assistance—1948 Rehabilitation—1948 Urban Community Development—1955 Rural Community Development—1948 Probation—juvenile and Adult—1948 Youth Protection Authority Services for Retarded Supervision of Institutions—1965	Ministry of Health—Mother and Child Centers; Mental Health Clinics Ministry of Education—Summer Camps, Exception of Tuition Fees		on Social Welfare Ad Hoc Committees
Public Assistance—1929 Child Welfare—1947 Rehabilitation—1949 Daily Life Security—1950 Social Welfare Services—1950 Aged—1963	Ministry of Home Affairs—Mutual Aid Association Ministry of Education Ministry of Labor Ministry of Justice	Foundation for Promoting Voluntary Welfare Agencies Supported by Government Funds In Part	Central Social Welfare Council Central Child Welfare Council
Emergency Relief—1952 Public Assistance—1952 Rehabilitation being set up Urban Community Development—1960 Rural Community Development—1958 Cooperatives—1966 Adult Education—1967	Ministry of Labor—Social Security and Youth Service Ministry of Education—Education and Special Programs for Handicapped Ministry for Local Government—Local Social Welfare Service Ministry of Home Affairs—Children's Department, Probation	Grants in Aid to Voluntary Agency for Assistance to Needy, Research and Training Subsidy from Ministry and Grant from Roundtree Trust	Kenya National Council of Social Services Inter-Ministerial Committee
Family and Child Welfare Emergency Relief Public Assistance—1948 Rehabilitation—1955 Urban and Rural Community Development—1957 Self-help projects; Women's Affairs; Immigration, Studies in Social Security	Office of Veterans Administration has Veterans Rehabilitation Military Families Assistance	None	

Country	Ministry or Other Official Body for Social Work	Date Official Body Established	Legislation or Other Base	Other Programs in Same Ministry	Powers and Authority
Netherlands	Ministry of Cultural Affairs. Recreation and Social Welfare	1952	Royal Decree	Cultural Affairs and Recreation	Administration of Grants (Subsidies) Planning Coordination Guidance and supervision of voluntary agencies Regulations
Norway	Department of Social Affairs, General Division		Executive Order	Health Social Insurance	Administration of Program Funds Coordination and Planning Policy Regulations Guidance to Local Authorities
Pakistan	Ministry of Labor, Health and Social Welfare	1952	Executive Order	Labor Social Security Health and Related Social Services	Grants-in-Aid Coordination and Planning Development of Policy Regulations
Panama	Ministry of Labor, Social Welfare and Health Department of Social Welfare (Social Prevision)	1945	Constitution Other specific laws	Labor Health	Administer laws and funds Development of Policy and Procedures Execution of Assignments made by Articles of Constitution

Paru	Ministry of Public Health and Social Assistance	1942 (1935)	Law 9679	Public Health	Administration of Funds Coordination Policy Administration and Issuance of Regulations Budget for Legislation in Health and Welfare
Philippines²	Office of the President, Social Welfare Administration	1951	Executive Order 396	None	Administration of relief and charitable agencies Enforcement of laws and regulations relating to welfare
Poland	Ministry of Health and Welfare	1960 (1944.60—) Ministry of Labor and Welfare	Constitution Social Welfare Law	Health	Administration of Program Funds at Central Level Coordination and Planning Policy Development Regulations Supervision, Instruction, and Control of Training Programs;

¹ The Philippine Social Welfare Act of 1968 (R. A. 5616) abolished the SWA and created in its place the Department

Major Social Welfare Programs in Ministry	Other Ministries With Welfare Programs	Programs Delegated to Private Agencies	Supported by Public Funds	Provisions for Some Coordination
Family and Child Welfare Services Community Development and Activities of group work and guidance Social Development of Urban Areas Services for Migrants	Ministry of Social Affairs has unemployment and all labor related services Ministry of Justice has services for discharged prisoners, refugees and state reformatories	Majority of social services delegated to voluntary agencies	Some in whole, others probably 40%—80% for community development	Interministerial Committees National Council of Social Welfare
Family and Child Welfare Services—1915 Public Assistance—1900 Rehabilitation—1945 Services for Alcoholics—1900	Department of Local Government and Labor—Rehab. Department of Church and Education—Special School for Children Department of Family and Consumers Affairs—Children's playgrounds, day homes, day nursaries, homemakers, consumers council Department of Justice—Social Services for Children and Young Persons	Four large voluntary agencies, health associations and aid in trade unions	In Part	Coordinating Committee of four largest voluntary agencies
Emergency Aid—1947: Public Assistance—1965 Child and Family Welfare—1955 Rural Community Development—1965 Urban Community Development—1952 Rehabilitation—1955	Ministry of Works and Rehabilitation- Rehabilitation displaced persons and refugees Ministry of Education—Youth welfare and educational assistance to needy Revenue Service has Disaster Relief: Department of Administration and Services has welfare services for government employees	Subsidies to boards for all types of social services, largely by provincial Councils	Approximately 50% public funds	National Council on Social Welfare East and West Pakistan have Councils
Child and family Services-1953 Emergency Aid—1959 Rehabilitation—1956 Public Assistance—1963 Urban Community Development—1956	Social Security Institute— Social and health services for beneficiaries Ministry of Education— Social Services in primary schools Institute of Housing and	None	Many private organizations supported to part by public funds,	Interministerial Committees Technical Council of Social Service (for regulation of social service profession

set up by law)

Programs	Administration	Private / Other	Coordination
Rural Community Development—1956	Urban Development—social services and community development in housing ptoiests Tribunal for Minors— Services for juveniles, protection of infants and young people	Private organizations financed through campaigns, other sources: government provides land and no tax, special funds for aging	Inter-ministerial Committee, also Ministry has this function: Special Commissions for mordination
Family and Child Welfare—1944 Emergency Relief—1947 Public Assistance (Money and assistance to T.B.) Rehabilitation (Institutions) Urban Community Development—1950 Rural Community Development—1950 Others	Ministry of Justice— Protection of miners, protection of prisoners, family and child welfare services Ministry of Education Ministry of Labor and Community Development	None	
Aid to Indigents, Physically Handicapped and Unemployed—1951 Establishing Self-Help Projects, Counseling Services to Adults and Children—1951 Guidance to Youth on Probation—1951 Institutional Care—1951 Licensing and Supervision of Private Agencies and Institutions—1951	Department of Education— Child Guidance, Scnoeis for Deaf and Blind Department of Health Services for Medically Indigent	None	Council of Social Welfare Agencies Note SWA has licensing and standard-setting function
Family and Child Welfare Services—1944 Public Assistance—1944 Rehabilitation—1944 Urban Community Development—1944 Rural Community Development—1944 in cooperation with other activities	Ministry of Education and High Schooling—Child and Youth Welfare program Ministry of justice— Resocialisation of Juvenile Delinquents	Public Assistance— Polish Committee of Social Welfare Institutional Care— Caritas Nursery Services in Home Polish Red Cross	Three large organizations supported in part by public funds: other organizations financially independent	Inter-ministerial Planning, Commission Ministry of Health and Welfare coordinates government and rongovernment organizations

of Social Welfare and declared government responsibility to provide a comprehensive program of social welfare services.

Country	Ministry or Other Official Body for Social Work	Date Official Body Established	Legislation Or Other Base	Other Programs in Same Ministry	Powers and Authority
Singapore	Ministry of Social Affairs Department of Social Welfare	1946	Executive Branch Established by Constitution	Registry of Marriages Prisons Department Legal Aid Recreation and Sports Fire Prevention Botanical Gardens	None
Thailand	Department of Public Welfare Ministry of Interior	1940	Ministerial and Departmental Reorganization Act	Labor Corrections	Administration of Program Funds, Planning and Coordinating, Policy Regulations
Tunisia	Secretariat of Youth, Sports and Social Affairs	1964	Decree 64.360 of December 11, 1964	Organization of Camps Youth Houses and Sports Labor Training of Personnel and Employment Supervision of Social Security Fund	Administration of Funds for Services and Centers Inspection and Control Regulations

Turkey	Ministry of Health and Social Assistance	1959	Social Welfare Law of 1959	Health	Administration of Funds Coordination and Planning Development of Policy Issuance of Regulations
United Arab Republic	Ministry of Social Affairs	1939	Presidential Decree for Reorganization		Administration of Funds to Private Agencies and Provinces Policies and Regulation of Standards Planning
United Kingdom[1]	Ministry of Social Security	1966 April 1,	Legislation 67 Stat. 18;	Unemployment Insurance Sickness Benefit Insurance Industrial Injuries Insurance Old Age, Widows and Orphans Pension	Administration of Program Funds Development of Policy Issuance of Regulations

[2] In some instances, there are separate laws and administrative arrangements for Scotland and Northern Ireland

Major Social Welfare Programs in Ministry	Other Ministries With Welfare Programs	Programs Delegated to Private Agencies	Supported by Public Funds	Provisions for Some Coordination
Family and Child Welfare Services Public Assistance Protection of Old People Emergency Relief Institutional Care for Children, Older People. Those in Need Probation	Ministry of Health Almoner's Department Medical Social Work in Hospitals	Seamen's Welfare Community Centers Family Planning Adult Education	In Part	Council on Social Walfare
Relief Land Settlement Institutional Care Child Welfare Services for Families Community Development	Ministry of Public Health— Services for Narcotic Adults Ministry of Education— Handicapped Children Ministry of Justice— Young Offenders	Most Social Services Functions Delegated to Council of Social Welfare of Thailand and Member Organizations	In Part (Nine Agencies receive Support)	Cabinet for Government Agencies Council of Social Welfare for Government and Private
Centers and Institutions for Children Social Eduction of Young Girls, or Others Regional Social Action Programs Placement Program for Children Rehabilitation and Labor—1961 Urban Community Development—1963 Rural Community Development—1965	Ministry of Health and Family Planning Ministry of Agriculture— Rural Life Education Ministry of Public Works— Mousing Ministry of Education—Aid to Needy Students Social Security—Services for Handicapped	Services for Women Emergency Aid Aid to Scholars Rural Improvement Services	All Major Voluntary Organizations Partially Supported by Public Funds	Conseil Superior des Affaires Sociales and the Secretariat

		Care of Dependent Children	In Part	Ad Hoc Interdepartmental Committees
Family Welfare—1957 Emergency Relief—1960 Foster Care for Children 1951 Rehabilitation—1960 Urban Community Development—1960	Ministry of Justice Ministry of Industry Ministry of Village Affairs Ministry of Education	Aid to Destitute		
Rural Community Development—1939 Public Assistance—1950 Rehabilitation—1950 Emergency Relief—1964 Family Planning—1965 Family and Children's Services Economic Productive Families Social Defense (Care of juveniles)	Department of Education—Social Service in Schools Department of Youth—Youth Services Department of Labor—Social Insurance, Labor Welfare Department of Interior Department of Housing and Juveniles	Social Services of All Types Delegated; Approximately 7,000 Voluntary Agencies in U.A.R. in 1964	About One-third Public Funds	Permanent Council for Public Welfare Services—1953 Ministry of Social Affairs Responsible for Coordination on Voluntary Organizations
Noncontributing Benefits Supplementary Pensions and Supplementary Allowances Family and Child Welfare Services	Department of Education and Science—Youth Service (Est. 1939) Home Office—Administers Social Service through Children's Department Ministry of Health—Social Services in Hospitals, Clinics, Local Health Authorities Ministry of Labor-Youth Employment Service, Vocational Training	Report Shows Voluntary Agencies Number in the Thousands; National and Local Government Grants for Advice Bureaus, Family Youth and Child Welfare and Service to Elderly and Handicapped	Central and Local Government are Giving Increasing Financial Aid to Voluntary Organizations (Government Report 1966)	National Council of Social Service (for England & Wales) The Chari Commiss 00000000 Government Department) Maintains Central and Local Register of Charities; Ad Hoc Committees

but these follow the broad pattern of arrangements for England and Wales.

Country	Ministry or Other Official Body for Social Work	Date Official Body Established	Legislation Or Other Base	Other Programs In Same Ministry	Powers and Authority
United States of America	U.S. Department of Health, Education and Welfare	1953	5 U.S.C. Reorganization Plan 1 of 1963	Health Programs Administered by Public Health Service Education Administered by Office of Education Social Security Administration Food and Drug Administration	Administration of Program Funds (Grants-in-Aid) Coordination and Planning Development of Policy Issuance of Regulations
Yugoslavis	Federal Council of Health and Social Policy	1967 (A Previous Ministry Established 1943)	Constitution (Acts of 1963 and 1967)	Health	Planning and Program Development Supervision of Social Welfare Services and Centers Coordination and Liaison with International Bodies Administration of Funds (Limited)
Zambia	Ministry of Labour and Social Development Department of Social Welfare	1952	Ordinance (Also Reference to Guarantees in Constitution)	Department of Cooperatives Department of Culture and Social	Administration of Funds Coordination and Planning Development of Policy Issuance of Regulations

資料來源：National Social Service Systems, *A Comparative Study & Analysis of Selected Countries,* by Dorothy Lally, Division of International Activities, U.S. Dept. of Health, Education & Welfare, Sept. 1970.

Major Social Welfare Programs in Ministry	Other Ministries With Welfare Programs	Programs Delegated to Private Agencies	Supported by Public Funds	Provisions for Some Coordination
Child Welfare—1912 Emergency Assistance Provided in 1967 Amendments to Social Security Act Public Assistance—1935 Rehabilitation—1920, Amended 1954, 1964 Integrated Program For Aging—1965 Program for Medical Assistance—established in 1966 Repatriation of Americans Special Cuban Refugee Program	Department of Housing and Urban Development—Model Cities Administration; Physical and Social Planning in re Relocation and Housing; Metropolitan Development Department of Labor— Employment Services (Employment of Culturally, Educationally Deprived Youths) Employment Security Programs, Neighborhood Youth Carps, Work Incentive Program, Office of Economic Opportunity, Youth Programs; Community Action Programs; Work Experience; Special Programs to Combat Poverty in Rural Areas; Volunteers in Service to America	No programs delegated. Demonstration and research grants in social welfare services, economic security, training, prevention and control of juvenile delinquency, materna and child health and rehabilitation are made to State and local and voluntary organizations. Cuban Refugee Program utilizes voluntary agencies in resettlement and services for refugees		Interdepartmental Committees Ad Hoc Committees: Interagency task forces to study social problems, recommend solutions; committees such as a joint DHEW-HUD Committee on Health, Education and Welfare Services and Housing; National Assembly for Social Policy and Development contributes through voluntary efforts to national planning; to improve government and non-government programs; to participation of citizens in solution of social problems
Family and Child Welfare—1943 Emergency Relief—1943 Public Assistance—1943 Rehabilitation—1943 Welfare of War Veterans	Federal Councils of Labour— Social Insurance; Education and Culture— Day Care; Institute of Economic Planning—Planning the Social Programs	Services to Blind Services to Handicapped and Aged	No Direct Public Grant, Financed from Lottery, Fines, Cinema, Fees, Private Gifts	Ad Hoc Committees

Casework Services and
Adoption
Emergency Relief
Rehabilitation
Urban Community
Development
Care of Juveniles
Social Services
to Prisoners, General
Community Development

Ministry of Home Affairs—
Reformatories
Ministry of Education—
Training Schools

Supplemental
Services, Aged
Rehabilitation,
Children, Blind and
Handicapped

Major
Support
Public

Zambia Council
of Social Services;
Special Councils
in Special Fields

附錄二～1

美國聯邦政府行政體系

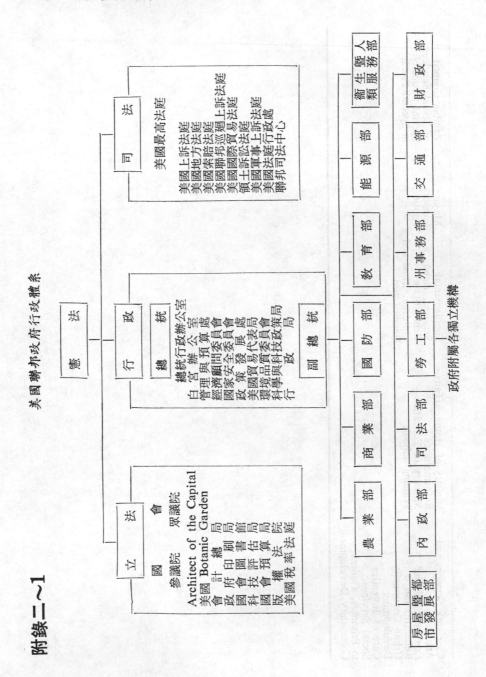

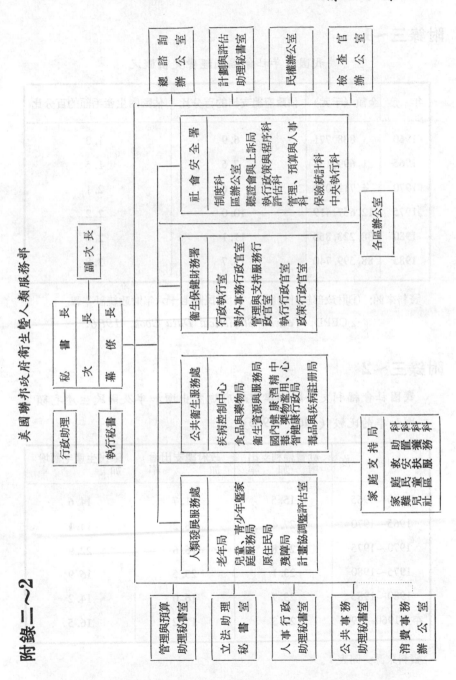

附錄二～2　美國聯邦政府衛生暨人類服務部

附錄三～1

我國歷年社會福利經費支出概況

年　度	金額（千元）	佔政府總支出的百分比	佔國內生產毛額的百分比
1960	838, 771	6. 9	1. 3
1965	1, 699, 138	7. 6	1. 5
1970	4, 712, 030	9. 6	2. 1
1975	12, 657, 419	10. 0	2. 2
1980	38, 223, 855	11. 1	2. 6
1985	88, 399, 740	15. 7	3. 8

資料來源：①財政部統計處編印，中華民國七十六年財政統計年報。
②CEPD, *Taiwan Statistical Data Book, 1986.*

附錄三～2

我國社會福利支出增加率與政府總支出增加率及國民生產毛額
增加率的比較（1960～1985）

年　　　　度	社會福利支出 增　加　率	政府總支出增 加　　　　率	國民生產毛額增 加　　　　率
1960～1965	15. 5	11. 7	14. 6
1965～1970	27. 4	18. 2	14. 1
1970～1975	21. 8	16. 6	22. 9
1975～1980	23. 1	23. 5	16. 9
1980～1985	23. 7	16. 0	14. 2
平均1960～1985	22. 3	17. 2	16. 5

資料來源：同表1。

附錄三～3

我國中央政府七十七年度總預算社會福利支出項目預算表

項　　　　　　　　目	佔社會福利支出百分比	佔政府總預算支出百分比
社 會 及 救 濟 支 出	34.6	6.3
公務員退休撫郵及保險支出	62.8	11.4
衞 生 支 出	2.6	0.5
合　　　　　　　　計	100.0	18.2

資料來源: 行政院編印，中華民國七十七年度中央政府總預算。

附錄三～4

各國社會福利經費支出概況:

國　　　別	佔政府總支出的百分比		佔國內生產毛額的百分比	
	1960	1981	1960	1981
中 華 民 國*	6.9	15.7	1.3	3.8
法 國	39.7	48.8	13.6	23.7
德 國	57.7	55.2	18.1	26.4
義 大 利	43.8	49.9	13.1	22.5
日 本	23.8	40.6	4.1	12.3
美 國	25.9	42.6	6.8	15.3
英 國	31.0	38.3	10.2	17.8
瑞 典	34.5	41.6	10.8	26.7

* 1985年資料。

資料來源: ①中華民國: 同表1。
②其他各國: OECD, *Social Expenditure: 1960~1990*
(OECD, 1985).

附錄三～5

我國中央政府七十七年度總預算社會福利經常支出按受惠者區分表

	金額（單位千元）	百　分　比
公務人員支出	6,001,464	8.1
退除役官兵支出	8,118,703	10.9
軍人及軍眷支出	46,898,832	63.1
大陸災胞榮胞及反共義士支出	413,165	0.6
調整軍公教人員待遇支出	4,976,000	6.7
衛生支出	2,098,173	2.8
社政業務支出	589,516	0.8
勞工業務支出	73,462	0.1
農業支出	5,000,000	6.7
省市補助支出	100,000	0.1
合　　　　計	74,269,315	100.0

資料來源：同表4。

附錄三～6

我國中央政府七十七年度總預算社會福利支出主管機關統計表

項目	衛生署	內政部	國防部	退輔會	農委會	行政院	銓敘部	人事行政局	司法院	財政部	經濟部	法務部	臺大及成大
衛生支出	√												
社會救濟及福利支出		√	√	√	√	√		√					√
公務人員退休及撫卹支出			√	√			√	√	√	√	√	√	
佔的總百分支分比	2.6	1.1	55.1	14.3	5.9	3.7	3.4	0.3	—	2.1	—	—	5.6

資料來源：同表 4。

附錄四～1

兒童福利法

六十二年二月八日　總統令公布

第一章　總　　則

第　一　條　為維護兒童身心健康，促進兒童正常發育，保障兒童福利，特制定本
　　　　　　法。

第　二　條　本法所稱兒童，係指未滿十二歲之人。

第　三　條　家庭應負保育兒童之責任。

　　　　　　各級政府及有關公私立機構、團體應協助家庭，維護兒童身心健康，
　　　　　　對於需要指導、管教、保護、身心矯治與殘障重建之兒童，應提供社
　　　　　　會服務與設施。

第　四　條　兒童應使其成長於親生家庭，其因家庭發生重大變故而致兒童無法生
　　　　　　活者，經利害關係人之聲請，由直轄市或縣（市）兒童福利主管機關
　　　　　　許可後，採家庭寄養或家庭型態之機關教養方式，妥予安置。
　　　　　　前項受寄養之家庭或機關，須提供必要之服務，使被安置之兒童於適
　　　　　　當時機仍得返回其家庭。

第　五　條　兒童福利之主管機關：在中央為內政部；在省（市）為社會處（局）；
　　　　　　在縣（市）為縣（市）政府。

第　六　條　中央主管機關掌理左列事項：

　　　　　　一、兒童福利立法之研擬事項。

　　　　　　二、地方兒童福利行政之監督與指導事項。

　　　　　　三、兒童福利工作之研究與實驗事項。

　　　　　　四、兒童福利事業之策劃與獎助事項。

　　　　　　五、兒童心理衛生及犯罪預防之計畫事項。

六、特殊兒童輔導及殘障兒童重建之計畫事項。

七、兒童福利專業人才之訓練事項。

八、兒童福利服務設施標準之審核事項。

九、國際兒童福利業務之聯繫與合作事項。

十、其他全國性兒童福利之策劃、督導事項。

第 七 條　省（市）主管機關掌理左列事項：

一、縣（市）以下兒童福利行政之監督與指導事項。

二、兒童及其父母、非婚生子女及其生母，提供必要服務之策劃事項。

三、兒童心理衛生之推行事項。

四、特殊兒童輔導及殘障兒童重建之實施事項。

五、兒童福利行政及業務人員之訓練事項。

六、兒童福利服務設施之檢查、監督事項。

七、其他全省（市）性之兒童福利事項、

第 八 條　直轄市、縣（市）主管機關掌理左列事項：

一、兒童福利設施之籌辦事項。

二、托兒設施保育人員訓練之舉辦事項。

三、兒童社會服務個案集中管理事項。

四、兒童狀況之調查、統計、分析及其指導事項。

五、勸導並協助生父認領非婚生子女事項。

六、兒童福利設施之監督事項。

七、其他全直轄市、縣（市）性之兒童保護事項。

第 九 條　為協助有關兒童福利事項，中央、省（市）、縣（市）得聘請有關單位及專家、學者分別設立兒童福利促進委員會；其組織規程，由內政部定之。

第 十 條　政府應培養兒童福利專業人才，對於兒童福利行政及業務人員，應定期舉行職前訓練及在職訓練。

第 十一 條　私立兒童福利機構之設立，應予獎勵；其設置標準與立案程序，由內政部定之。

第 十二 條　中央及省（市）、縣（市）各級政府應按年編列兒童福利預算，並得動用社會福利基金。

第二章　福利設施

第 十三 條　直轄市或縣（市）政府，應視實際需要，辦理左列兒童福利措施：

一、協助產前衛生及婦嬰衛生之推行。

二、對於不適宜在其親生家庭內教養之兒童，予以適當之安置。

三、對於棄嬰及無依兒童，予以適當之安置。

四、對於無力撫育其十四歲以下之子女者，予以家庭補助。

五、其他兒童及家庭之福利服務。

第 十四 條　前條第四款之家庭補助，以具有左列情形之一者為限：

一、父母因失業、疾病或其他不可抗拒之原因，無力維持子女生活者。

二、父母一人死亡，其直系血親無力撫育者。

三、父母雙亡，其親屬願代為撫養，而無經濟能力者。

四、未經認領之非婚生子女，其生母自行撫育，而無經濟能力者。

第 十五 條　直轄市或縣（市）政府，應創辦或獎助左列兒童福利設施：

一、托兒所。

二、兒童樂園。

三、兒童、孕婦醫院。

四、兒童社會問題諮詢所。

五、兒童康樂中心。

六、其他兒童福利設施。

第 十六 條　省（市）及縣（市）政府為收容不適於收養或寄養之無依兒童，及身心有重大缺陷，不適宜於家庭撫養之兒童，應創辦或獎助籌設左列兒童福利設施：

一、育幼院。

二、育嬰院。

三、教養院。

四、低能兒童教養院。

五、傷殘兒童重建院。

六、精神病兒童保育院。

七、其他兒童教養處所。

第 十 七 條　前二條各項設施之設置標準，由省（市）政府訂定，報內政部備案。

第三章　保　　護

第 十 八 條　對於兒童不得有左列行為：

一、虐待兒童，摧殘其身心。

二、利用兒童從事妨害健康之危險性特技表演。

三、利用畸形兒童供人參觀。

四、利用兒童行乞。

五、供應兒童閱讀有礙身心之電影、照片、出版物。

六、剝奪兒童接受國民教育之機會。

七、強迫兒童婚嫁。

八、拐騙、買賣兒童，或以兒童為擔保之行為。

九、利用兒童犯罪或不正當之行為。

第 十 九 條　養父母對養子女有前條之行為者，其利害關係人或兒童福利主福機關
　　　　　　　得請求法院宣告終止其收養關係。

第 二 十 條　養父母對養子女或父母對婚生子女不得任其從事不正當之職業或行
　　　　　　　為。

第二十一條　養父母對養子女或父母對婚生子女有下列各款情形之一者，得由利害
　　　　　　　關係人或兒童福利主管機關聲請該管法院依民法第一千零九十四條之
　　　　　　　順序，定其監護人：

一、虐待。

二、惡意遺棄。

三、押賣與他人。

四、強迫從事不正當之職業或行爲。

五、其他濫用親權行爲。

養父母或父母有前項所列各款情事，致養子女或婚生子女之生命、身體或自由，有急迫及重大之危難者，得逕由兒童福利主管機關予該兒童以適當之保護與安置。

第二十二條　政府爲維護兒童身心健康，得限制兒童出入特定之場所、吸煙飲酒或其他不正當行爲。

第二十三條　棄嬰及無依兒童，應由兒童福利機構予以安置。

第二十四條　政府對特殊及身心不健全之兒童，應按其需要，給予特殊保育。

第四章　罰　　則

第二十五條　養父母對養子女妨害風化罪、妨害婚姻及家庭罪、傷害罪、遺棄罪、妨害自由罪，加重其刑至二分之一。

第二十六條　違反第十八條、第二十條之規定者，處五百元以上五千元以下之罰鍰；其觸犯刑法者，移送司法機關依法辦理。

第二十七條　依本法所處之罰鍰，逾期不繳納者，移送法院強制執行之。

第五章　附　　則

第二十八條　在少年福利法未公布前，本法於十二歲以上未滿十八歲之人暫準用之。

第二十九條　本法施行細則，由內政部定之。

第 三 十 條　本法自公布日施行。

附錄四～2

老人福利法

中華民國六十九年一月二十六日公布

第　一　條　為宏揚敬老美德，安定老人生活，維護老人健康，增進老人福利，特
　　　　　　制定本法。

第　二　條　老人福利之主管機關：在中央為內政部；在省（市）為社會處（局）；
　　　　　　在縣（市）為縣（市）政府。

第　三　條　本法所稱老人，係指年滿七十歲以上之人。

第　四　條　各級政府及公立機構應各本職掌或宗旨，對老人提供服務與福利；並
　　　　　　獎助宗教、慈善及公益等團體為之。

第　五　條　為促進有關老人福利事項，各級主管機關得聘請有關單位代表及專
　　　　　　家、學者，分別設立老人福利促進委員會；其組織規程，由中央主管
　　　　　　機關定之。

第　六　條　各級政府應按年編列老人福利預算。並得動用社會福利基金。

第　七　條　省（市）、縣（市）主管機關應視需要設立並獎助私人設立左列各類
　　　　　　老人福利機構：

　　　　　　一、扶養機構：以留養無扶養義務之親屬或扶養義務之親屬無扶養能
　　　　　　　　力之老人為目的。

　　　　　　二、療養機構：以療養罹患長期慢性疾病或癱瘓老人為目的。

　　　　　　三、休養機構：以舉辦老人休閒、康樂及聯誼活動為目的。

　　　　　　四、服務機構：以提供老人綜合性服務為目的。

　　　　　　前項各類機構設立標準，由中央主管機關定之。

　　　　　　私人設立各類老人福利機構之獎助辦法，由中央主管機關定之。

　　　　　　第一項各類機構，得單獨或綜合辦理；並得就其所提供之設施或服務

酌收必要之費用。

第 八 條　老人福利機構之名稱，除應依前條第一項規定標明其業務性質外，其
　　　　　　由省（市）、縣（市）或鄉（鎮）設立者，應冠以該省（市）、縣
　　　　　　（市）或鄉（鎮）之名稱；其由民間設立者，應冠以私立二字。

第 九 條　創辦私立老人福利機構，應以申請書載明左列事項，申請當地主管機
　　　　　　關許可：

　　　　　　一、名稱及地址。

　　　　　　二、組織性質及管理計畫。

　　　　　　三、經費來源及預算。

　　　　　　四、業務性質及規模。

　　　　　　五、創辦人姓名、住址及履歷。

　　　　　　創項經許可後，應層報中央主管機關備案。

第 十 條　經許可創辦私立老人福利機構者，應於三個月內辦理財團法人登記。
　　　　　　前項期間，如有正當理由，得申請當地主管機關核准延長之；逾期不
　　　　　　辦者，原許可失其效力。

第 十一 條　老人福利機構之業務，應擇用專業人員辦理之。

第 十二 條　老人福利機構應按年將工作報告及收支報告送請主管機關核備；主管
　　　　　　機關對老人福利機構應予輔導、監督及評鑑。

　　　　　　私立老人福利機構成績優良者，應予獎助；辦理不善者，飭卽限期改
　　　　　　進；其違法令情節重大者，應予以停辦，涉及刑責行為者，移送司法
　　　　　　機關辦理。

第 十三 條　省（市）、縣（市）主管機關得視實際需要，興建或鼓勵民間興建適
　　　　　　合於老人安居之住宅，並採綜合服務管理方式專供老人購置或租賃之
　　　　　　需。

第 十四 條　無扶養義務之親屬或扶養義務之親屬無扶養能力之老人死亡者，當地
　　　　　　主管機關或福利機構應為其辦理喪葬，所需費用，由其遺產負擔之；
　　　　　　無遺產者，由當地主管機關或福利機構負擔之。

第 十 五 條　老人得依意願接受地方主管機關定期舉辦之老人健康檢查及提供之保
　　　　　　健服務。

　　　　　　前項健康檢查之項目及方式，由中央主管機關會同中央衛生主管機關
　　　　　　定之。

第 十 六 條　公、私立醫療院、所對老人傷、病之醫療費用，予以優待；老人及其
　　　　　　扶養義務之親屬無力負擔者，得依法予以醫療補助。

第 十 七 條　老人搭乘國內公、民營水、陸、空公共交通工具，進入康樂所及參觀
　　　　　　文教設施，予以半價優待。

第 十 八 條　老人志願以其知識、經驗貢獻於社會者。社會服務機構應令介紹或協
　　　　　　助，並妥善照顧。

第 十 九 條　有關機關、團體應鼓勵老人參與社會、教育、宗教、學術等活動。以
　　　　　　充實老人精神生活。

第 二 十 條　本法施行細則，由中央主管機關定之。

第二十一條　本法自公布日施行。

附錄四～3

殘障福利法

中華民國六十九年六月二日公布

第 一 條　政府爲維護殘障者之生活，舉辦各項福利措施，並扶助其自力更生，特制定本法。

第 二 條　殘障福利主管機關: 在中央爲內政部; 在省（市）爲社會處（局）; 在縣（市）爲縣（市）政府。

第 三 條　本法所稱殘障者，以合於中央主管機關所定等級之下列殘障並領有殘障手冊者爲範圍:

一、視覺殘障者。

二、聽覺或平衡機能殘障者。

三、聲音機能或言語機能殘障者。

四、肢體殘障者。

五、智能不足者。

六、多重殘障者。

七、其他經中央主管機關認定之殘障者。

第 四 條　殘障者之人格及合法權益，應受尊重與保障，不得歧視。

第 五 條　省（市）社會處（局）及縣（市）政府應定期舉辦殘障者之調查。

第 六 條　爲促進有關殘障福利事項，各級主管機關得聘請有關單位代表及專家、學者，分別設立殘障福利促進委員會; 其組織規程由中央主管機關定之。

第 七 條　各級政府，應按年編列殘障福利預算，並得動用社會福利基金。

第 八 條　省（市）、縣（市）政府應按需要，設立或獎勵民間設立下列各項殘障福利機構:

　　一、盲人教養院。

　　二、聾啞教養機構。

　　三、肢體殘障者教養機構。

　　四、智能不足者教養機構。

　　五、義肢製造裝配所。

　　六、傷殘重建機構。

　　七、盲人讀物出版社及盲人圖書館。

　　八、重殘養護機構。

　　九、其他服務及育樂機構。

　　前項機構得就其所提供之設施或服務，酌收必要費用。

　　民間設立各類殘障福利機構之獎勵辦法，由中央主管機關定之。

　　主管機關對各類殘障福利機構，應予輔導、監督及評鑑。

第　九　條　殘障福利機構之業務，應擇用專業人員辦理之。

第　十　條　省（市）、縣（市）政府得視事實需要，設立特殊學校、特殊班級或
　　　　　　以其他方式教育不能就讀於普通學校或普通班級之殘者。

第十一條　殘障者申請殘障手冊，應檢附公立醫療院、所或復健機構診斷書，提
　　　　　　出於戶籍所在地鄉（鎮、市、區）公所核轉直轄市社會局或縣（市）
　　　　　　政府發給。

　　　　　　前項申請，得由他人代理之。殘障手冊應行規定事項及格式，由中央
　　　　　　主管機關定之。

第十二條　公立醫療院、所或復健機構發給殘障者診斷書時，應由醫師註名殘障
　　　　　　名稱、原因、等級及診斷確定之年、月、日。

第十三條　持有殘障手冊者，於殘障消失時，應將殘障手冊繳還原發機關註銷。

第十四條　直轄市社會局及縣（市）政府，對殘障者應憑殘障手冊，予以左列輔
　　　　　　導或安置：

　　一、需要醫療者，轉介公、私立醫院或復健機構。

　　二、需要重建者，轉介有關重建機構。

三、需要就學者，轉介適當學校。

四、需要教養者，轉介教養機構。

五、需要就業者，由就業輔導機構轉介。

六、需要養護者，轉介養護機構。

七、需要社會服務者，轉介社會福利機構。

八、其他適當之輔導或安置。

第十五條　直轄市社會局及縣（市）政府，對合於社會救助規定之殘障者其醫療、復健及重建，應憑殘障手冊，酌予左列輔助：

一、診斷及治療費。

二、手術及材料費。

三、藥劑費。

四、住院費。

五、職業重建費。

第十六條　省（市）、縣（市）政府對合於社會救助規定之殘障者裝配盲人安全杖、義肢、支架、助聽器、輪椅、眼鏡等輔助器及點字書刊，均應酌予補助。

第十七條　各級政府機關，公、私立學校及公、民營事業機構，對於曾經職業重建合格並具有工作能力或資格條件之殘障者，應視業務需要，僱用從事適當工作。公、民營事業機構，僱用殘障者人數超過其僱用總人數百分之三以上者，應予獎勵。

第十八條　非本法所稱視覺殘障者，不得從事按摩業。但醫護人員以按摩為病患治療者，不在此限。按摩業管理規則，由中央主管機關會同行政院衛生署定之。

第十九條　殘障者申請在公共場所開設零售商店或攤販，得視需要優先核准。

第二十條　殘障者搭乘國內公、民營水陸、空公共交通工具，得憑殘障手冊半價優待。

第二十一條　殘障福利機構所生產之合格物品，各級政府機關、公、私立學校、團

體及公、民營事業機構，得依規定優先採購。

第二十二條　政府對各項公共建築物及活動場所，應設置便於殘障者行動之設備。

第二十三條　各級主管機關應指導並扶助私立殘障福利機構：成績優良者，應予獎助；辦理不善者，飭其限期改進。違反法令情節重大者，應予停辦；涉及刑責者，移送司法機關辦理。

第二十四條　精神病患者之維護及福利設施，另以法律定之。

第二十五條　本法施行細則，由中央主管機關定之。

第二十六條　本法自公布日施行。

附錄四~4

社會救助法

六十九年六月十四日總統令公布

第一章 總 則

第 一 條 爲照顧生活困難之低收入者及遭受緊急患難或非常災害者之生活，並
協助其自立，特制定本法。

第 二 條 本法所稱社會救助，分生活扶助、醫療補助、急難救助及災害救助。

第 三 條 本法所稱主管機關：在中央爲內政部；省（市）爲省（市）社會處
（局）；縣（市）爲縣（市）政府。

第 四 條 本法所稱低收入者，其標準應由省（市）政府視當地最低生活所需費
用，逐年訂定公告，並報中央主管機關備查。

第 五 條 本法所定救助項目，與其他社會福利法規所定性質相同時，概依本法
辦理。但不影響其他各法之福利服務。

第二章 生活扶助

第 六 條 家庭每年總收入，依該家庭人數平均計算之金額低於第四條所定之標
準者，得向戶籍所在地主管機關申請生活扶助。

前項申請，主管機關應於五日內派員調查其家庭環境、經濟狀況等項
目後核定之；必要時得授權鄉（鎮、市、區）公所爲之。

第 七 條 生活扶助以現金給付爲原則。但因實際需要，得委託適當之救助設施
及福利設施或其他家庭予以收容。

前項現金給付，省（市）主管機關並得依照收入之差別訂定等級，報
經中央主管機關備查後公告之。

第 八 條 直轄市及縣（市）主管機關每年應定期辦理低收入者調查，同時得收
受生活扶助之申請。

第　九　條　直轄市及縣（市）主管機關應經常派員訪問受生活扶助者之生活情形：其收入或資產增益者，應調整其扶助等級或停止扶助；其扶養義務人已能履行其扶養義務者亦同。

第　十　條　合於第六條規定之生活扶助戶中，有工作能力者，省(市)、縣(市)政府主管機關應予技能訓練、就業輔導、創業輔導或以工代賑等方式，輔助其自立；凡不願受訓或接受輔導或經受訓輔導而不願工作者，不予扶助。

第三章　醫療補助

第十一條　凡合於左列規定之一者，得檢同有關證明，向當地主管機關申請醫療補助：

一、低收入之傷、病患者。

二、救助設施所收容之傷、病患者。

三、患嚴重傷、病所需醫療費用非其本人或扶養義務人所能負擔者。

第十二條　醫療補助之給付方式及標準，由省（市）主管機關訂定，並報中央主管機關備查。

第十三條　凡參加社會保險可取得醫療給付者，不得再依本法申請醫療補助。

第四章　急難救助

第十四條　負家庭主要生計責任者，因長期患病、遭遇意外傷、亡或其他原因，致家庭生活陷於困境時，得向戶籍所在地主管機關申請急難救助。

第十五條　急難救助以現金付給，其給付方式及標準，由省（市）主管機關訂定，並報中央主管機關備查。

第十六條　凡死亡而無遺屬與遺產者，應由當地鄉（鎮、市、區）公所辦理葬埋。

第五章　災害救助

第十七條　人民遭受水、火、風、雹、旱、地震及其他災害，致損害重大，影響生活者，予以災害救助。

第十八條　災害救助，由省（市）、縣（市）政府視災情需要，依左列規定行

之:

一、協助搶救及善後處理。

二、臨時收容供應膳食口糧。

三、給與傷、亡或失縱濟助。

四、輔導修建房舍。

五、其他必要之救助。

前項救助方式，得由省（市）或縣（市）政府依實際需要訂定標準行之。

第 十 九 條　災害救助，於必要時，省（市）或縣（市）政府得洽定民間團體或機構協助辦理之。

第六章　救助設施

第 二 十 條　社會救助，除利用各種社會福利設施外，省（市）、縣（市）主管機關得視實施需要，設立習藝場所、臨時災害收容場所、或其他為實施本法所必要之設施。

前項社會福利設施，對於依本法予以救助者所應收之費用，由主管機關依本法之規定，予以補助或扶助。省（市）、縣（市）主管機關依前項規定設立之設施，不收任何費用。

第二十一條　救助設施之設立及管理辦法，由中央主管機關定之。

民間設立或捐助前項救助設施者，主管機關應予以輔導、獎勵。

第二十二條　救助設施輔助受救助人習藝生產者，應訂定收益計算及分配予受救助人之辦法，報經主管機關核定後行之。

第二十三條　救助設施之業務，應擇用專業人員辦理之。

第七章　救助經費

第二十四條　本法所規定之各項救助業務及救助設施所需經費，應由各級政府分別編列預算支應之。

第二十五條　省（市）、縣（市）政府每年得定期聯合各界舉行勸募社會救助金；其勸募及運用辦法，由各該政府定之。

第八章　附　　則

第二十六條　本法施行細則，由中央主管機關定之。

第二十七條　本法自公布日施行。

附錄四~5

少年福利法

中華民國七十八年一月二十三日公布

第一章　總　　則

第　一　條　爲增進少年福利，健全少年身心發展，提高父母及監護人對少年之責
　　　　　　任感，特制定本法。

第　二　條　本法所稱少年，係指十二歲以上未滿十八歲之人。

第　三　條　少年福利主管機關：在中央爲內政部；在省（市）爲社會處（局）；
　　　　　　在縣（市）爲縣（市）政府。

第　四　條　直轄市及縣（市）政府承辦少年福利業務之人數，應按各該直轄市及
　　　　　　縣（市）居民人口數比例定之，每五十萬人不得低於三人，未滿五十
　　　　　　萬人者應配置三人。

第　五　條　各級主管機關爲協調、研究、審議、諮詢及推動少年福利，得設少年
　　　　　　福利促進委員會；其組織規程由中央主管機關定之。

第　六　條　少年福利經費之來源如左：

　　　　　　一、各級政府年度預算及社會福利基金。

　　　　　　二、私人或團體捐贈。

第　七　條　省（市）、縣（市）政府或人民團體得聯合各界舉行勸募少年福利
　　　　　　金；其勸募及運用辦法，由各該政府定之。

第二章　福利措施

第　八　條　少年年滿十五歲有進修或就業意願者，主管機關應視其性向及志願，
　　　　　　輔導其進修、接受職業訓練或就業。

　　　　　　雇主對少年員工應提供教育進修機會。

第　九　條　少年因家庭發生重大變故，致無法生活於其家庭者，其父母、養父母

或監護人得申請當地主管機關安置或輔導。

少年之父母、養父母或監護人有左列情形之一或有事實足認有左列各款情形之虞者，當地主管機關應對少年予以適當之保護與安置：

一、虐待。

二、惡意遺棄。

三、押賣。

四、強迫、引誘從事不正當之職業或行為。

五、其他濫用親權行為。

前二項少年之安置，當地主管機關得辦理家庭寄養或設機構收容教養之，並得酌收必要之費用。

主管機關、機構負責人或個人依前三項之規定，安置、輔導、保護、寄養、收容、教養少年之期間，對少年有監護權。

少年之父母離婚者，法院得依職權、少年本人、其父母、檢察官或主管機關之聲請，為少年之利益，酌定適當之監護人，不受民法第一千零九十四條之限制，並得命其父母支付相當費用。

第　十　條　無謀生能力或在學之少年，無扶養義務人或扶養義務人無力維持其生活者，主管機關應依社會救助有關法令給予生活扶助或醫療補助。

第 十一 條　少年之父母、養父母或監護人對於主管機關或少年福利機構依本法所為之各項措施，應配合與協助。

第三章　福利機構

第 十二 條　各級主管機關為辦理少年福利事業，應設少年教養、輔導、服務、育樂及其他福利機構。

對於遭遇不幸之少年應專設收容教養機構；必要時，得聯合設立之。

第 十三 條　私人或團體設立少年福利機構，應以申請書載明左列事項，申請當地主管機關許可：

一、名稱及地址。

二、組織性質及規模。

562 社會福利行政

　　　　　三、業務計畫。

　　　　　四、經費來源及預算。

　　　　　五、創辦人姓名、住址及履歷。

　　　　　前項申請經許可後，應層報中央主管機關備案。

第 十 四 條　私人或團體依前條申請設立少年福利機構者，應於主管機關許可後六
　　　　　個月內，辦理財團法人登記。

　　　　　前項期間，如有正當事由，得申請延長之，期間不得超過三個月。逾
　　　　　期不辦理者，原許可失效。

第 十 五 條　少年福利機構應將年度預、決算書及業務計畫、業務報告書送請主管
　　　　　機關核備。

　　　　　主管機關對少年福利機構應予輔導、監督、檢查及評鑑。

第 十 六 條　私立少年福利機構，辦理成績優良者，主管機關應予獎助；辦理不善
　　　　　者，應予糾正並通知限期改善，其未於限期內改善或辦理不善情節重
　　　　　大者，得撤銷其許可（細則應規定由政府接辦）。

第 十 七 條　少年福利機構之業務，應遴用專業人員辦理之。

第四章　保　　護

第 十 八 條　少年不得吸菸、飲酒、嚼檳榔。

　　　　　少年之父母、養父母或監護人應禁止少年吸菸、飲酒、嚼檳榔。

　　　　　菸、酒、檳榔營業之負責人或從業人員，不得供售菸、酒、檳榔予少
　　　　　年吸食。

第 十 九 條　少年不得出入酒家、酒吧、酒館（店）、舞廳（場）、特種咖啡茶室
　　　　　及其他足以妨害少年身心健康之場所。

　　　　　少年之父母、養父母或監護人應禁止少年出入前項場所。

　　　　　第一項場所之負責人或從業人員應拒絕少年出入。

第 二 十 條　少年之父母、養父母或監護人應禁止少年吸食或施打迷幻、麻醉物
　　　　　品，並應防止少年觀看或閱覽有關暴力、猥褻之錄影帶或書刊。

第二十一條　少年不得充當第十九條第一項場所之侍應或從事其他足以危害或影響

身心發展之行爲。

少年之父母、養父母或監護人應禁止少年爲前項行爲。

任何人不得利用、僱用或誘迫少年爲第一項之行爲。

第二十二條　發現有第九條、第十條、第十八條至第二十一條足以影響少年身心健康之情事者，應通知當地主管機關、警察機關或少年福利機構。

前項警察機關或少年福利機構接獲通知後，應迅卽處理，並通知主管機關；處理遭遇困難時，應卽交由主管機關處理，並予必要之協助。

少年從事賣淫或營業性猥褻行爲者，主管機關接獲通知後，應將少年安置於適當場所，派員觀察輔導二週至一個月，若發現少年有少年事件處理法第三條之情形時，應卽移送地方法院少年法庭處理。

少年法庭調查後，認前項少年不宜責付其法定代理人者，得命責付主管機關或少年福利機構。主管機關認有必要時，得將少年安置於專門機構，施予六個月以上，兩年以下之輔導教育。

受安置之少年患有性病者，應強制治療，其費用必要時得責付其扶養義務人負擔。

第二十三條　父母、養父母或監護人對少年有第九條第二項或第二十一條第三項之行爲者，檢察官、少年最近尊親屬、主管機關或少年福利機構，得向法院聲請宣告停止其父母、養父母或監護人之監護權。對於養父母亦得向法院聲請宣告終止其收養關係。

法院依前項規定選定監護人時，得不受民法第一千零九十四條之限制，而指定主管機關或少年福利機構之負責人或其他適當之人爲少年之監護人。

第二十四條　少年有左列情事之一者，經其父母、養父母或監護人申請或同意，由當地主管機關協調適當之少年福利機構予以輔導或保護：

一、違反第二十一條第一項規定不知悔改者。

二、不服教養管理滋生事端者。

三、品行頑劣、浪蕩成性者。

第五章 罰 則

第二十五條 菸、酒及檳榔營業之負責人或從業人員供售菸、酒及檳榔予少年吸食者，處二百元以上二千元以下罰鍰。

第二十六條 少年之父母、養父母或監護人明知少年出入酒家、酒吧、酒館(店)、舞廳(場)、特種咖啡茶室及其他足以妨害少年身心健康之場所，不加制止者，處二百元以上一千元以下罰鍰，並公告其姓名。

前項場所之負責人或從業人員，放任少年出入者，處其負責人二千元以上一萬元以下罰鍰；必要時得勒令其停業、歇業或吊銷執照。

第二十七條 少年之父母、養父母或監護人明知少年吸食或施打迷幻、麻醉物品，而不加制止者，處一千元以上五千元以下罰鍰，並公告其姓名。

第二十八條 少年之父母、養父母或監護人明知少年有第二十一條第一項之行為，不加制止者，處一千元以上五千元以下罰鍰，並公告其姓名。

違反第二十一條第三項規定者，處三千元以上一萬五千元以下罰鍰，並公告其姓名；其觸犯刑法者，移送司法機關處理。

第二十九條 違反本法之行為，其他法律有較重處罰之規定者，從其規定。

第 三 十 條 依本法所處之罰鍰，經主管機關催繳，仍不繳納時，移送法院強制執行。

第六章 附 則

第三十一條 本法施行細則，由中央主管機關定之。

第三十二條 本法自公布日施行。

附錄四～6

社區發展工作綱領

行政院七十二年四月二十八日臺七十二內字第七五六二號函頒
臺北市政府七十二年五月九日府社五字第一六九六〇號函轉頒

一、為促進社區發展，增進居民福利，建設現代化社會，特訂定本綱領。

二、社區發展由社區居民基於共同需要，有效運用各種資源，從事綜合建設，以提高社區居民生活品質，並由政府予以行政支援、技術指導。

三、社區發展主管機關：中央為內政部；省（市）為省（市）政府；縣（市）為縣（市）政府；鄉鎮市區為鄉鎮市區公所。

社區發展業務主管單位：中央為內政部社會司；省（市）為社會處（局）；縣（市）為社會科（局）；鄉鎮市區公所為民政課（社會課、社經課）。

四、省（市）政府、縣（市）政府及鄉鎮市區公所，為輔導社區發展業務應設社區發展委員會，其組織依中央主管機關之規定。

五、社區之劃定，應以歷史關係、地緣形勢、人口分佈、資源多寡、生態特性及居民之意向、興趣、共同需求為依據，得不受村、里行政區域之限制。

已發展之社區未符前項條件者，得經該社區決定或由主管機關及業務主管單位輔導採取左列方式重新規劃：

（一）聯合鄰近數個社區共同規劃。

（二）配合社區既有條件，擴大本社區之區域範圍。

（三）合併鄰近數個社區或區域規劃為一個大社區。

六、社區之劃定，經該地區內居民過半數同意後，申請鄉、鎮、市、區公所核定之。

鄉、鎮、市、區公所為促進社區發展得選擇適當地區劃定之。

七、社區劃定後，由鄉、鎮、市、區公所，輔導成立社區理事會。

八、社區理事會為社會運動機構，由區內居民每戶代表一人，選舉理事組織

之。理事名額不得逾二十一人。置理事長一人，由理事互選之，理事長、理事任期二年，連選得連任一次。

九、社區理事會每三個月集會一次，必要時得召開臨時會議，主管機關得派員列席輔導。社區理事會負責策劃、協調、聯繫及執行該社區之各區之各項建設。其章程範本由中央主管機關定之。

十、社區理事會置總幹事一人，並得酌用社會工作員，輔助社區推動各項業務。前項人員由理事會聘用之。

十一、推行社區發展，應循調查、研究、協調、評估、組織、計畫、推動等方式辦理，並適時舉辦幹部訓練與業務觀摩。

十二、鄉、鎮、市區公所，應輔導社區理事會根據社區實際狀況，建立左列社區資料。

（一）歷史、地理、環境、人文資料。

（二）人口資料。

（三）社區各項問題之個案資料。

十三、社區理事會應斟酌社區資料，選定社區發展工作項目（如附表），訂定社區發展計畫。

前項計畫，應配合政府有關業務編訂經費預算，積極推動。

十四、社區發展計畫，由社區理事會分別配合主管機關有關規定辦理，各相關單位應予輔導支援，並解決其困難。

十五、社區理事會應設社區活動中心，作為社區居民集會活動之場所。

十六、社區理事會應與轄區內有關之機關、團體加強連繫，以支援社區發展工作並維護成果。

十七、社區發展工作與村里行政之人力、物力應妥為配合運用，由主管機關研訂辦法，選定地區先行試辦，再予擴大推行。

十八、主管機關對社區發展工作，應辦理評鑑、考核、觀摩，其實施要點由省（市）政府訂定之。

十九、社區發展之經費來源如左：

（一）縣、市社會福利基金內撥助。

（二）政府各有關單位業務計畫內之預算撥助。

（三）區內受益人捐獻。

（四）地方公私社團機構捐助。

（五）其他收入。

二十、社區理事會得設置基金，其設置要點由省（市）政府訂定之。

社區發展工作項目

一、公共設施建設類

（一）社區活動中心之設立。

（二）社區集會活動場所之建立。

（三）道路橋樑與堤防護岸之維護與整建。

（四）溝渠與下水道之整治。

（五）路燈與路標之設置。

（六）農田灌溉水圳之修築。

（七）社區綠化與美化。

（八）小型公園、運動場及兒童樂園之闢建。

（九）名勝及古蹟之維護與整修。

（十）破舊陋屋之整修。

（十一）垃圾之運轉與處理。

（十二）髒亂污染之清除。

（一三）飲水系統之修建。

（十四）交通秩序與治安設施之整頓與添設。

（十五）其他。

二、生產福利建設類

（一）農作物及家禽採用優良品種及指導其栽培與飼養技術之講習與推行。

（二）新式農機具示範推廣與使用保養方法之講習。

（三）農業機械化之推行事項。

（四）農作物病蟲害防治及肥料、農藥等使用方法之講習。

（五）耕地共同經營及委託代耕工作之推行。

（六）漁牧生產與安全操作方法之講習。

（七）農產品加工技術之訓練與指導事項。

（八）食品營養與烹調技術之訓練與指導事項。

（九）手工藝生產技術之訓練與輔導事項。

（十）縫紉及編織之傳授。

（十一）家庭副業之倡導。

（十二）客廳卽工廠之倡導。

（十三）儲蓄互助之倡導。

（十四）消費生產運銷之經營。

（十五）曬谷場、雜糧倉及堆貨棧之整建。

（十六）禽畜柵舍之整建。

（十七）托兒所之設置。

（十八）保健站之設置。

（十九）兒童福利之推行。

（二十）老人福利之推行。

（二十一）殘障福利之推行。

（二十二）社區衛生教育之推行。

（二十三）社區心理衛生之推行。

（二十四）家戶衛生之推行。

（二十五）家庭計畫之推行。

（二十六）婦嬰保健之推行。

（二十七）預防接種之推行。

（二十八）緊急傷患之救治。

（二十九）低收入住宅整建。

（三十）低收入戶生活之扶助。

（三十一）小本創業貸款之舉辦。

（三十二）公共造產之舉辦。

（三十三）社區住宅重劃。

（三十四）其他。

三、精神倫理建設類

（一）社區文化中心之設置並發揮其功能（利用社區附近學校或結合社區活動中心辦理）。

（二）圖書室之設置。

（三）媽媽教室之設置並展開活動。

（四）鄉土文化維護與發揚。

（五）康樂與運動設備之設置並增進其活動。

（六）全民體育運動之提倡。

（七）民俗技藝之保持與發揚。

（八）正當娛樂活動之提倡。

（九）改善家政、家教及家計之輔導。

（十）家戶內外環境之美化。

（十一）家庭膳食營養之改善。

（十二）家屋裝設之改善。

（十三）公共道德法律知識之宣傳。

（十四）社區播音站之設置。

（十五）敬老尊賢、敦親睦鄰之宣導。

（十六）國民生活須知及禮儀規範之宣導。

（十七）模範家庭及好人好事之表彰。

（十八）守望相助、保防自衛及救生防護之宣導及演練。

（十九）社會優良風氣之維護及倡導。

（二十）低收入子弟就學之協助。

（二十一）成人補習教育之舉辦。

（二十二）代書與諮詢服務之舉辦。

（二十三）社區志願服務之舉辦。

（二十四）社區長壽俱樂部之組設。

（二十五）社區男、女童之組設。

（二十六）宗教慈善團體舉辦公益之聯繫與鼓勵。

（二十七）社區通訊之刊行。

（二十八）其他。

附錄四～7

職 業 訓 練 法

民國七十二年十二月五日總統公布

第一章　總　　則

第　一　條　爲實施職業訓練，以培養國家建設技術人力，提高工作技能，促進國民就業，特制定本法。

第　二　條　職業訓練主管機關: 中央爲內政部; 省 (市) 爲省 (市) 政府。

第　三　條　本法所稱職業訓練，係指對未就業國民所實施之職前訓練及對已就業國民所實施之在職訓練; 實施方式，分養成訓練、技術生訓練、進修訓練、轉業訓練及殘障者職業訓練。

第　四　條　職業訓練應與職業教育、補習教育及就業服務，配合實施。

第二章　職業訓練機構

第　五　條　職業訓練機構包括左列三類:

　　㈠政府機關設立者。

　　㈡事業機構、學校或社團法人等團體附設者。

　　㈢以財團法人設立者。

第　六　條　職業訓練機構之設立，應經中央主管機關登記或許可; 停辦或解散時，應報中央主管機關核備。

　　職業訓練機構，依其設立目的，辦理訓練; 並得接受委託，辦理訓練。

　　職業訓練機構之設立及管理辦法，由中央主管機關定之。

第三章　職業訓練之實施

第一節　養成訓練

第　七　條　養成訓練，係對十五歲以上或國民中學畢業之國民，所實施有系統之

職前訓練。

第 八 條　養成訓練，由職業訓練機構辦理。

第 九 條　經中央主管機關公告職類之養成訓練，應依中央主管機關規定之訓練
　　　　　課程、時數及應具設備辦理。

第 十 條　養成訓練期滿，經測驗成績及格者，由職業訓練機構發給結訓證書。

第二節　技術訓練

第 十 一 條　技術生訓練，係事業機構為培養其基層技術人力，招收十五歲以上或
　　　　　　國民中學畢業之國民，所實施之訓練。

　　　　　　技術生訓練之職類及標準，由中央主管機關訂定公告之。

第 十 二 條　事業機構辦理技術生訓練，應先擬訂訓練計畫，並依有關法令規定，
　　　　　　與技術生簽訂書面訓練契約。

第 十 三 條　技術生訓練期間不得少於二年。

　　　　　　主管機關對事業機構辦理技術生訓練，應予輔導及提供技術協助。

第 十 四 條　技術生訓練期滿，經測驗成績及格者，由事業機構發給結訓證書。

第三節　進修訓練

第 十 五 條　進修訓練，係為增進在職技術員工專業技能與知識，以提高勞動生產
　　　　　　力所實施之訓練。

第 十 六 條　進修訓練，由事業機構自行辦理，委託辦理或指派其參加國內外相關
　　　　　　之專業訓練。

第 十 七 條　事業機構辦理進修訓練，應於年度終了後二個月內將辦理情形，報主
　　　　　　管機關備查。

第 十 八 條　轉業訓練，係為職業轉換者獲得轉業所需之工作技能與知識，所實施
　　　　　　之訓練。

第 十 九 條　主管機關為因應社會經濟變遷，得辦理轉業訓練需要之調查及受理登
　　　　　　記，配合社會福利措施，訂定訓練計畫。

　　　　　　主管機關擬定前項訓練計畫時，關於農民志願轉業訓練，應會商農業
　　　　　　主管機關訂定。

第 二 十 條　轉業訓練，由職業訓練機構辦理。

第四節　殘障者職業訓練

第二十一條　殘障者職業訓練，係爲身體殘障者獲得就業所需之工作技能與知識，
　　　　　　所實施之訓練。

第二十二條　殘障者職業訓練，由職業訓練機構、社會福利機構或醫療機構辦理。

第二十三條　殘障者職業訓練設施，應符合殘障者之體能及安全需要。

第四章　職業訓練師

第二十四條　職業訓練師，係指直接擔任職業技能與相關知識教學之人員。
　　　　　　職業訓練師之名稱、等級、資格、甄審及遴聘辦法，由中央主管機關
　　　　　　定之。

第二十五條　職業訓練師經甄審合格者，其在職業訓練機構之教學年資，得與同等
　　　　　　學校教師年資相互採計。其待遇並得比照同等學校教師。
　　　　　　前項採計及比照辦法，由中央主管機關會同教育主管機關定之。

第二十六條　中央主管機關，得指定職業訓練機構，辦理職業訓練師之養成訓練、
　　　　　　補充訓練及進修訓練。
　　　　　　前項職業訓練師培訓辦法，由中央主管機關定之。

第五章　事業機構辦理訓練之費用

第二十七條　應辦職業訓練之事業機構，其每年實支之職業訓練費用，不得低於當
　　　　　　年度營業額之規定比率。其低於規定比率者，應於規定期限內，將差
　　　　　　額繳交中央主管機關設置之職業訓練基金，以供統籌辦理職業訓練之
　　　　　　用。
　　　　　　前項事業機構之業別、規模、職業訓練費用比率、差額繳納期限及職
　　　　　　業訓練基金之設置、管理、運用辦法，由行政院定之。

第二十八條　前條事業機構，支付職業訓練費用之項目如左：
　　　　　　㈠自行辦理或聯合辦理訓練費用。
　　　　　　㈡委託辦理訓練費用。
　　　　　　㈢指派參加訓練費用。

前項費用之審核辦法，由中央主管機關定之。

第二十九條　依第二十七條規定，提列之職業訓練費用，應有獨立之會計科目，專款專用，並以業務費用列支。

第 三 十 條　應辦職業訓練之事業機構，須於年度終了後二個月內將職業訓練費用動支情形，報主管機關審核。

第六章　技能檢定及發證

第三十一條　為提高技能水準，建立證照制度，應由主管機關辦理技能檢定。

前項技能檢定，必要時中央主管機關得委託有關機構、團體辦理。

第三十二條　辦理技能檢定之職類，依其技能範圍及專精程度，分甲、乙、丙三級；不宜為三級者，由中央主管機關定之 。

第三十三條　技能檢定合格者稱技術士，由中央主管機關統一發給技術士證。技能檢定及發證辦法，由中央主管機關定之。

第三十四條　進用技術性職位人員，取得乙級技術士證者，得比照職業學校畢業程度遴用；取得甲級技術士證者，得比照專科學校畢業程度遴用。

第三十五條　技術上與公共安全有關業別之事業機構，應僱用一定比率之技術士；其業別及比率由行政院定之。

第七章　輔導及獎勵

第三十六條　主管機關得隨時派員查察職業訓練機構辦理職業訓練情形。

職業訓練機構或事業機構，對前項之查察不得拒絕，並應提供相關資料。

第三十七條　主管機關對職業訓練機構或事業機構辦理職業訓練情形，得就考核結果依左列規定辦理：

㈠著有成效者，予以獎勵。

㈡技術不足者，予以指導。

㈢經費困難者，酌予補助。

第三十八條　私人、團體或事業機構，捐贈財產辦理職業訓練，或對職業訓練有其他特殊貢獻者，應予獎勵。

第八章　罰　則

第三十九條　職業訓練機構辦理不善或有違反法令或設立許可條件者，主管機關得
視其情節，分別爲左列處理：

　　　　　㈠警告。

　　　　　㈡限期改善。

　　　　　㈢停訓整頓。

　　　　　㈣撤銷許可。

第 四 十 條　依第二十七條規定，應繳交職業訓練費用左額而未依規定繳交者，自
規定期限屆滿之次日起，至差額繳清日止，每逾一日加繳欠繳差額百
分之零點二滯納金。但以不超過欠繳差額一倍爲限。

第四十一條　本法所定應繳交之職業訓練費用差額及滯納金，經通知限期繳納而逾
期仍未繳納者，得移送法院強制執行。

第九章　附　則

第四十二條　本法施行前已設立之職業訓練機構，應於中央主管機關指定期限內，
依本法規定重行辦理設立程序；逾期未辦者，撤銷其許可，並註銷登
記。

第四十三條　本法施行細則，由行政院定之。

第四十四條　本法自公布日施行。

附錄五～1

國 民 住 宅 興 建

地 區 別 / 計 畫 別 / 興建 方式	政 府 直 接 興 建			貸 款 人 民 自 建		
	施工中	已完工	小 計	施工中	已完工	小 計
臺灣省 六年計畫	95	22,069	22,164	0	3,670	3,670
四年計畫	0	14,558	14,558	1,033	16,917	17,950
七五年度	0	200	200	160	2,094	2,254
七六年度	228	0	228	455	1,523	1,978
七七年度	32	39	71	1,083	434	1,517
七八年度	0	0	0	124	95	219
小 計	355	36,866	37,221	2,855	24,733	27,588
臺北市 六年計畫	0	23,838	23,838	0	0	0
四年計畫	0	8,121	8,121	0	0	0
七五年度	0	105	105	0	0	0
七六年度	0	777	777	0	0	0
七七年度	480	0	480	0	0	0
七八年度	0	0	0	0	0	0
小 計	480	32,841	33,321	0	0	0
高雄市 六年計畫	0	8,422	8,422	0	4	4
四年計畫	0	3,226	3,226	0	0	0
七五年度	0	488	488	0	0	0
七六年度	0	0	0	0	0	0
七七年度	115	0	115	0	0	0
七八年度	0	0	0	0	0	0
小 計	115	12,136	12,251	0	4	4
合 計 六年計畫	95	54,329	54,424	0	3,674	3,674
四年計畫	0	25,905	25,905	1,033	16,917	17,900
七五年度	0	793	793	160	2,094	2,254
七六年度	228	777	1,005	455	1,523	1,978
七七年度	627	39	666	1,083	434	1,517
七八年度	0	0	0	124	95	219
小 計	950	81,843	82,793	2,855	24,737	27,592

SUMAT-10

執 行 情 形 表　　資料截至七十七年十二月底止　單位: 戶

委 託 興 建			獎 勵 投 資 興 建			總		計
施工中	已完工	小　計	施工中	已完工	小　計	施工中	已完工	小　計
0	14,036	14,036	0	0	0	95	39,775	39,870
0	0	0	0	0	0	1,033	31,475	32,508
0	0	0	0	0	0	160	2,294	2,454
0	0	0	51	130	181	734	1,653	2,337
0	0	0	132	0	132	1,247	473	1,720
0	0	0	0	0	0	124	95	219
0	14,036	14,036	183	130	313	3,393	75,765	79,158
0	0	0	0	0	0	0	23,838	23,838
0	0	0	0	0	0	0	8,121	8,121
0	0	0	0	0	0	0	105	105
0	0	0	0	0	0	0	777	777
0	0	0	0	0	0	480	0	480
0	0	0	0	0	0	0	0	0
0	0	0	0	0	0	480	32,841	33,321
0	304	304	0	0	0	0	8,730	8,730
0	0	0	0	0	0	0	3,226	3,226
0	0	0	0	0	0	0	488	488
0	0	0	0	0	0	0	0	0
0	0	0	70	0	70	185	0	185
0	0	0	0	0	0	0	0	0
0	304	304	70	0	70	185	12,444	12,629
0	14,340	14,340	0	0	0	95	72,343	72,438
0	0	0	0	0	0	1,033	42,822	43,855
0	0	0	0	0	0	160	2,887	3,047
0	0	0	51	130	181	734	2,430	3,164
0	0	0	202	0	202	1,912	473	2,385
0	0	0	0	0	0	124	95	219
0	14,340	14,340	253	130	383	4,058	121,050	125,108

附錄五~2

中央國民住宅基金來源運用表（中央部分）

中華民國六十七年七月一日至七十七年十月三十一日止

摘要	計	金額 小計	合計	備註	附註
來源					
基金收入					
國庫撥款		3,800,000,000.00	4,714,581,550.00		
累積賸餘撥充		914,581,550.00			
利息收入					
貸款利息收入		420,462,683.76	995,647,828.76		
存款利息收入		575,185,145.00			
合　計			5,710,229,378.76		
運用			231,592,012.90		
長期貸款　無息					
金門戰地政務委員會	117,905,000.00	77,594,120.80			
金門戰地政務委員會還本	−40,310,879.20				
馬祖戰地政務委員會	18,345,000.00	9,997,884.10			
馬祖戰地政務委員會還本	−8,347,115.90				
臺灣省政府	242,000,000.00	144,000,008.00			
臺灣省政府還本	−97,999,992.00				
高雄市政府	144,000,000.00				
高雄市政府還本	−97,999,992.00				
臺北市政府					

項目			
長期貸款　有息			43,992,518.30
臺北市政府還本	60,163,838.00	36,118,683.30	
金門戰地政務委員會	−23,445,154.70		
金門戰地政務委員會還本	11,581,989.00	6,273,835.00	
馬祖戰地政務委員會	−5,308,154.00		
馬祖戰地政務委員會還本			
臺灣省政府			
臺北市政府			
高雄市政府			
短期貸款　有息			2,850,000,000.00
金門戰地政務委員會	3,450,000,000.00	2,350,000,000.00	
馬祖戰地政務委員會	−1,100,000,000.00		
臺灣省政府	3,072,000,000.00	500,000,000.00	
臺北市政府	−2,572,000,000.00		
臺北市政府還本			
高雄市政府			
高雄市政府還本			
小　計			3,124,584,531.20
貼補利息支出			468,915,569.12
臺北市政府 (至10月止)		80,411,714.92	
高雄市政府 (至10月止)		27,075,136.50	
臺灣省政府 (至75/11月止)		205,895,995.33	
金馬戰地政務委員會 (至76/12月止)		6,887,195.25	
勞工住宅貸款 (至76/7月止)		148,645,527.12	
其他支出			983,703.00
基金結存			2,115,745,575.44
合　計			5,710,229,378.76

土地臨時私20%　國宅條例住宅

附錄五～3

省市國民住宅基金財務狀況表

單位: 億元

	臺灣省	臺北市	高雄市	合　計
一、資金來源				
政府撥入基金	243.6	104.1	31.5	379.2
中央國民住宅基金	0	23.5	15.6	39.1
市庫借墊	0	3.3	3.4	6.7
餘絀累計	34.5	13.2	9.1	56.8
銀行融資	0	20.0	3.3	23.3
其　　他	9.9	19.4	0.4	29.7
合　　　計	288.0	183.5	63.3	534.8
二、資金運用				
國民住宅貸款	146.0	65.4	19.1	230.5
國民住宅用地	47.7	14.2	12.7	74.6
在建國民住宅工程	8.8	7.3	3.2	19.3
待售國民住宅	33.0	34.6	6.9	74.5
出租國民住宅	—	20.4	—	20.4
其　　他	8.6	33.1	11.9	53.6
合　　　計	244.1	175.0	53.8	472.9
三、銀行存款	43.9	8.5	9.5	61.9

行資日期 76.12.31.

附錄五～4

國民住宅資金循環運用示意圖

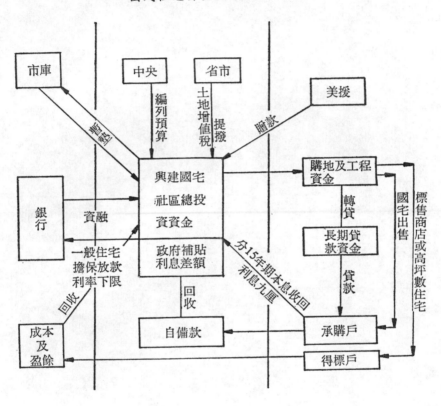

三民大專用書書目——社會